동남아의 선거와 정치과정

이 책에 실린 논문은 2004년 정부재원(교육인적자원부 학술연구조성사업비)으로 한국학술진흥재단의 지원을 받아 연구되었음(KRF-2004-072-BM3010).

서강 동아연구총서 1

동남아의 선거와 정치과정

신윤환 엮음

서강대학교 동아연구소
서강대학교 출판부

서강 동아연구총서 1

동남아의 선거와 정치과정

초판 발행 2008년 6월 30일

엮은이 신윤환
발행인 손병두
편집인 우찬제
발행처 서강대학교 출판부
등록번호 제10-50호(1978년 9월 28일)

주소 서울시 마포구 신수동 1번지(121-742)
전화 (02)705-8212
팩스 (02)705-8612
홈페이지 www.sogang.ac.kr/~sgpress

Printed in Seoul, Korea

ISBN 978-89-7273-133-7 93340

정가 25,000원

책 머리에

이제 동남아 정치에서도 선거는 가장 중요한 정치적 제도이자 과정으로 떠오르고 있다. 지난 20여 년 동안 이 지역에서도 민주화가 꾸준히 진척되어 온 결과이다. 필리핀, 인도네시아, 태국은 비록 비교정치학자들의 표현만큼 "공고화"되지는 못했으나 상당히 "자유롭고 공정한"(free and fair) 선거가 "참여와 경쟁"을 보장하는 민주주의를 확립하였으며, 말레이시아, 싱가포르, 캄보디아와 같은 권위주의 체제에서도 선거는 단순히 집권 연장을 위한 기만적 수단이나 장식품이 아닌 정치변동의 잠재적 기제로서 그 의미와 중요성이 부각되고 있다. 심지어 선거가 아예 시행되고 있지 않거나 사실상 유명무실한 동남아 국가에서조차 이 제도의 도입이나 강화 여부는 종종 중요한 정치적 쟁점을 형성하곤 한다. 오늘날 동남아에서 선거를 실시하지 않는 나라는 브루나이밖에 없다.

현대 민주주의에 있어서 선거가 핵심적인 제도라는 데는 별 이견이 없다. 현존하는 대의제 민주주의 체제를 진정한 민주주의로 보지 않으려는 반대론자들은 이른바 "형식적(절차적)인" 민주주의가 선거만을 민주주의의 유일무이한 요소로 삼고 정책결정에의 시민 참여, 공공선의 실현, 사회경제적 평등의 보장 등, "실질적인" 요소들을 결여하고 있다고 주장하나, 선거제도의 존재와 그것의 자유롭고 공정한 실시 여부를 빼고는 다른 객관적인 척도가 있을 수 없다는 데 대부분 정치학자들이 동의하고 있다. 옹호론자들은 선거를 통한 참여와 경쟁이 보장되는 체제를 민주주의 — 달(Robert A. Dahl)의 표현을 빌면 다두정 또는 다두제(polyarchy) — 라 능히 부를 수 있고, 이 체제는 그 자체로서 정치적 평등과 자유를 실현하는 중요한 의미를 지니며, 나아가 다른 가치들을 구현하게 하는 데 밑거름이 될 수 있다고 주장한다. 이런 "최소한의" 민주주의는 동남아에도 정치적 규범으로 수용되기 시작하였으며, 그 중심에 선거라는 제도가 자리잡고 있는 것이다.

서강대학교 동아연구소는 동남아를 전공하는 정치학자들과 인류학자들을 모아 2년간 동남아 선거를 둘러싼 여러 쟁점들을 주제로 공동연구를 수행하였다. 편자는 이 연구결과를 두 권의 책으로 묶었다. 첫 번째 책 『동남아의 선거와 정치과정』은 이 지역의 선거 제도, 과정, 문화와 정당체계에 관한 이론, 사례, 비교연구를 그 내용으로 하고 있으며, 두 번째 책 『동남아 선거와 정치사회적 변화』는 선거결과가 동남아 각국의 사회와 정치에 미치는 영향과 변화를 사례연구를통해 집중적으로 분석하였다. 이 두 권의 책은 동남아의 선거를 주제로 한 국내 최초의 단행본이다. 그 간 동남아 국가들의 선거를 단편적으로 취급하여 분석한 논문들은 십여 편 출판된 바 있다. 이러한 논문들은 대개 민주적 이행에 성공하여 민주적 선거를 여러 차례 실시한 필리핀, 인도네시아, 태국 중 한 나라에서 실시되었던 한번 내지 복수의 선거를 분석한 것들이었다. 반면 동남아에 속한 나라들을 여럿 골라 그 선거 제도, 과정, 결과 등을 동일하고 일관된 분석틀로써 접근하여, 그 연구결과를 단행본을 통해 병렬적으로 보여 준 비교연구는 일찍이 없었던 것이다. 공동연구자들은 선거가 중대한 정치적, 사회적, 경제적 변화를 만들어 낸다고 보이는 동남아 국가 여섯을 골라, 각 나라의 정치체제, 선거 제도와 그 변화, 선거 과정과 결과, 이에 따른 정치사회적 변화 — 그리고 유형화가 가능한 경우에는 정당체계(party system)까지 — 등을 차례대로 고찰하고 분석하였다.

이 책에는 민주화를 경험한 나라들뿐만 아니라, 말레이시아나 캄보디아와 같이 비록 민주주의는 아니지만 선거가 중대한 정치적 함의를 갖는 나라들까지 포함시켰다. 이 나라들은 대개 권위주의 체제로 분류되어 거기에서 시행되는 선거는 아무런 의미를 갖지 않는 것으로 치부되어 연구에서 제외되기가 일쑤였다. 그러나 최근 "선거권위주의"(electoral authoritarianism)에 대한 개념화에서 밝혀지고 있듯이, 이러한 체제하에서 선거는 복합적이고 다의적인 의미를 지니며, 선거 결과에 따라 정치변동이나 민주화 과정에 결정적인 영향을 미칠 수 있다. 권위주의 하에서 선거는 독재정치를 정당화하는 도구일 수도 있지만, 이를 약화시키는 계기를 제공하기도 하는 것이다. 우리의 공동연구는 베트남 사례도 포함하고 있는데, 이는 일종의 "일탈사례"(deviant case)로서 나름대로 이론적 가치를 지닐 뿐만 아니라, 일부 후기사회주의국가에서 행하고 있는 민주적 선거의 부분적 도입을 비교해 볼 수 있도록 하는 귀중한 사례를 제공한다.

『동남아의 선거와 정치과정』의 필자들은 상호 간에 강조점은 다소 달라도 대개 선거와 관련된 아래 다섯 가지 질문에 초점을 맞춰 나름대로 답을 찾아보고 있다. 첫째, 그 나라의 정치체제(political regime)를 어떻게 유형화할 수 있는가? 민주적인가, 권위주의적인가? 민주적이라면 제대로 된, 이른바 공고화된 민주주의인가? 권위주의적이라면, 나름대로 어떤 특성이 드러나는가? 둘째, 각 나라에서 선거는 어떤 의미를 갖는가? 선거는 과연 효과적인 정권 교체의 수단이 되고 있는가? 또한 민주화되지 못한 나라에서 선거는 어떠한 의미를 가지는가? 비록 정권 교체의 효과적인 수단이 되지는 못할지라도 다른 중대한 정치적 의미나 기능은 없는가? 셋째, 그 나라의 선거제도는 비교적 관점에서 볼 때 어떠한 유형에 속하는가? 또한 어떻게 변화하였는가? 선거제도와 그 변화의 배경에는 어떠한 역사적, 정치적, 사회적 요인이 작용하였는가? 넷째, 선거 과정과 관행은 어떠한가? 모든 참여자는 규칙을 지키며, 그 과정은 순조롭고 평화로운가? 그 나라의 문화나 전통이 독특한 관행을 만들어 내지는 않는가? 마지막으로, 선거 결과가 특정한 유형의 정당배열, 즉 정당체계를 만들어 내지는 않는가? 비교적 관점에서 이러한 정당체계는 어떠한 이론적 함의를 갖는가?

『동남아의 선거와 정치사회적 변화』의 필자들은 동남아 각국에서 선거제도가 도입된 이래, 선거의 직, 간접적인 결과로 일어난 광범위한 정치적, 사회적 변화에 주목하고 각자의 전공 국가와 관심 영역에서 선정한 사례들을 소개, 분석하고 있다. 이현우와 김세걸이 잘 소개하고 있듯이, 서구 민주주의 체제를 주로 다루어 온 정당과 선거 연구는 선거제도와 정당체계의 변화에 초점을 맞추고 그 변화를 초래하는 정치적, 경제적, 사회적 제 요인들을 분석하는 데 주력하고 있다. 그러나 대부분의 동남아 국가에서 선거는 충분히 민주적으로 제도화되어 있지 않으며, 정당체계라고 부를 수 있을 정도의 안정적인 정당배열을 보여주지 못하고 있어, 서구적 연구경향을 접목시키기엔 무리가 따른다. 결국 편자는 이 공동연구의 주제를 '선거와 관련된 정치사회적 변화' 정도로 넓게 설정하여, 구체적 주제의 선정은 필자 개개인에게 위임하였다. 따라서 이 책은 사회구조(박승우), 종교(홍석준, 김형준, 강영순), 지역주의(이동윤), 권력구조(신윤환,최경희, 김홍구, 김동엽), 정부제도(이한우), 지방선거(정연식) 등 다양한 정치적, 사회적 측면에서의 변화를 선거와 관련 지어 분석하고 있다. 이 책에 실린 논문들은 다양한 관점과 연구방법을 동원하여 다채로운 주제와 사례들을 접근하고 있어, 서구정치 분석에 치우쳤던 기존의 선거연구 경향에 많은 시사점을 던져 주리라 기대한다.

이와 같이 선거연구의 다양한 쟁점들을 향해 필자들의 개별연구가 제시하는 답들은 비록 엄격한 비교분석에 의존한 가설검증에는 미치지 못한다 할지라도, 선거 연구와 이론 전반에 대해 중대한 시사점들을 제공해 주었으면 하는 바람이다.

2008년 6월

필자들을 대표하여 신윤환 씀

차례_

제1장 | 동남아의 선거제도와 과정: 이론적 검토

이현우

Ⅰ. 문제제기: 동남아에서의 정치변동과 연구전략

그동안 많은 동남아 정치변동에 대한 연구들이 서구의 정치발전 모형에 근거하여 제 3세계에서 나타나는 정치변동을 권위주의나 전체주의가 붕괴하면서 단선적으로 민주주의 도입으로 이어진다고 상정하였다. 따라서 구정권의 붕괴나 변화는 필연적으로 서구적 형태의 민주주의로 이행할 것으로 간주하여왔다. 그리고 선거를 통한 정권의 수립이라는 정치과정을 민주주의 이행 및 공고화 과정 속에 필수적인 요소로 파악하였다. 헌팅턴(Huntington 1997)을 시발로 오도넬과 슈미터(O'Donnell and Schimitter 1986)로 이어지는 민주화 정치변동이론에 따르면 정치변화는 개방화, 민주주의로의 이행 그리고 공고화라는 단선적 민주주의의 단계들을 거치게 된다는 것이다. 그러나 이러한 서구중심적 정치발전이론의 보편성은 동남아 국가 정치변동의 경험적 검증 속에서 그 타당성을 의심받게 되었다. 특히 1970년대 이후 동남아 권위주의 국가에서 정치변동은 서구이론이 예측하였던 자유민주주의로의 이행이 아니라 비자유적 민주주의나 더욱 정교화된 형태의 권위주의로 변화하는 경우가 남미와 아시아에서 빈번하게 목격되었다.

비록 권위주의체제의 정치변화 방향에 대해 민주주의 이외에 다른 대안이 제시되지 못하는 것이 현실이지만 서구발전이론이 상정하는 것처럼 순차적으로 자유민주주의로 이행하는 것도 아니었다. 국가에 의해 제한적 자유만이 주어지거나 민주주의의 절차적이고 형식적인 면을 갖춘다 해도 내용적으로는 권위주의가 지속되는 국가가 다수를 이루고 있기 때문이다. 이처럼 제 3세계에서 목격되는 서구민주주의와 다른 방향의 정치변화에도 불구하고 이들 국가체제에 민주주의라는 명칭을 붙이는 것은 이전과는 달리 선거를 통한 정치권력의 정통성을 인정받는 형식적 과정을 거치기 때문이다.

이들 국가에서 선거는 서구민주주의 국가에서 의미하는 선거와는 다르다. 자유민주주의 국가에서는 선거를 통해 정치권력의 국민 요구에 대한 반응성과 책임을 물을 수 있고, 선거이전에 선거결과를 예측할 수 없으며 선거결과에 따라 평화적으로 정권이 교체되는 것이 선거의 기능이다(Powell 2004). 그러나 동남아 국가에서 선거는 몇 번의 예외를 제외하곤 거의 모두가 정치체제와 지배권력의 교체 기회가 아니라 집권세력의 권력정당화를 위한 도구로 사용되어 왔다. 즉 대부분의 동남아 국가에서 선거를 통한 집권이라는 정치과정의 외형적 형식은 자유민주주의 국가들과 동일하지만 선거는 자유로운 유권자의 선택이 아니라 구조화되고 강요된 선택일 뿐인 경우가 많았다.

이처럼 다양한 정치변화의 경로를 걷고 있는 동남아 국가들에 대한 선거연구는 분명 서구의 민주화과정과는 구별되어야 한다. 그러나 현재 진행 중인 정치변화를 관찰하면서 분석의 틀을 어떻게 구성할 것인가에 대한 고민은 쉽게 해결되지 않는다. 동남아 각국의 역사, 문화, 사회 및 경제적 조건이 다르고 아직 집적된 연구가 미비한 상황에서 동남아 국가의 정치과정을 함께 아우를 수 있는 일반적 분석틀을 제시하는 것은 매우 어려운 작업이기 때문이다. 따라서 현재 연구단계에서는 서구의 선거에 관한 연구결과를 기반으로 동남아의 선거를 평가 분석하며 이 과정에서 동남아적 요소를 고려하는 것이 바람직하다고 판단된다.

그러나 이러한 분석전략이 기존의 서구분석틀을 그대로 수용한다는 것을 의미하지는 않는다. 서구국가들과 유사한 선거민주주의 발전경로가 동남아 국가에서 발견되지 않는다면 그 원인은 무엇인가를 설명하는 데 많은 관심을 두기 때문이다. 예를 들어 국가와 시민사회의 관계를 보면 아시아에서 국가가 서구에서보다 훨씬 강한 권한을 가지고 있다. 이러한 역사적 경험은 선거과정에도 적용되어 국가권력의 편파적 선거개입 및 유권자 동원 등이 빈번하게 목격된다. 그러나 이러한 현상을 서구국가의 잣대에서 비민주적이라고 단정할 필요는 없다.

선거의 의미를 최소화하여 본다면 동남아에서의 선거는 엘리트들이 국민들에게 최소한의 개방적 태도를 보이는 것이며 이러한 기회를 기점으로 나타나는 시민세력의 의사표출 및 대중동원 노력 등에 초점을 맞출 필요가 있다. 비록 비민주화된 상태에서 집권세력에 의해 통제된 선거지만 권위주의적 엘리트들도 선거가 정치적 정통성을 확보할 수 있는 효과적인 도구라는 점을 인식하고 있다. 그리고 선거를 통해 나타나는 기권이나 선거저항 등은 또 하나의 정치의 변화가능성을 의미하기도 한다. 계속되는 선거과정은 단순히 권력의 정당화뿐만 아니라 때로는 국민들의 폭발적인 정치참여의 기회로서 작용하기도 한다. 즉 선거과정을 통해 다양한 의사가 표출되고 체제변화의 기회가 될 수도 있다.

따라서 동남아 국가의 선거연구는 서구 선거의 의미틀을 기본으로 하되 선거과정에서 발생하는 각국의 다양한 현상을 각국이 처해 있는 조건들을 고려하여 규명하도록 해야 한다. 이러한 작업에서 서구의 분석틀을 가치판단의 기준으로 그대로 준용하는 것은 지양해야 할 뿐만 아니라 결코 정치권력이 선거를 권력정당화의 수단으로 사용하는 것을 합리화하는 것도 경계한다. 현대국가의 지향점이 국민에 의한 권력행사 및 개인의 권리보장이라는 공통성을 갖지만 다선적 경로를 통한 민주주의 달성이라는 인식을 기본틀로 삼아야 하기 때문이다.

Ⅱ. 선거와 민주주의: 서구적 관점

권위주의 체제가 다수인 동남아 국가에서 선거의 의미가 서구와 같을 수는 없지만 선거를 통한 민주정치체제의 도입 및 유지라는 일반적 관계를 부정할 이유는 없다. 따라서 이들 국가에서는 선거와 민주주의가 어떤 관계를 가지는지 살펴보기 위해서 우선 서구의 보편적인 자유주의적 관점에서 양자 간의 관계를 검토할 필요가 있다. 프리덤하우스(Freedom House 2005)가 각 국가들의 자유 정도를 측정한 결과를 보면 완전히 자유로운 국가는 전체의 절반에도 미치지 못하는 46%에 불과하며 자유롭지 못하다고 판단되는 국가가 아직도 26%나 된다. 자유롭지 못한 국가는 물론이고 부분적으로 자유로운 국가에서도 서구적 기준에서 보면 선거가 자유롭고 공정하게 치러진다고 볼 수 없다.

서구국가들의 민주주의 발전경험을 근거로 정치과정의 민주화와 포괄적 자유 사이의 긍정적 관계에 대해서는 오랫동안 당연한 것으로 받아들여졌지만 최근 들어 선거와 자유간의 인과적 관계에 대해서는 여러 가지 의문이 제기되었다. 왜냐하면 선거가 반드시 자유를 촉진시키고 민주주의로 이행하는 필연적 관계를 갖는 것이 아니기 때문이다. 권위주의 정권의 변화가 체제붕괴를 통해 자유주의적 민주주의로 변하는 것이 아니라 권위주의 정권이 이전의 강압에 의한 정치에서 선거라는 방식을 통해 기존의 집권자들이 지배의 외형적 정당성을 확보하고 권위주의의 세련된 형태인 비자유적 민주주의(illiberal democracy)를 유지하는 경우를 동아시아 국가에서 쉽게 볼 수 있다. 여기서 비자유적 민주주의란 선거가 치러지기는 하지만 정치권력자가 시민의 정치적 권리나 자유를 제한하며 또한 정치행위에 대해 국민에게 책임을 지지 않는 반응적이지 못한 민주주의를 의미한다.

선거민주주의 정치체제를 판단하는 데 프리덤하우스는 몇 가지의 기준을 제시하고 있다. 이를 구체적으로 보면, 1) 경쟁적인 정당체제인가 2) 모든 시민들에게 보편적 선거권이 주어지는가 3) 비밀선거가 지켜지고 있는가 4) 대중의 의사와 유리된 대표성 없는 선거결과를 초래하는 대량의 부정선거는 없는가 5) 미디어나 일반적 선거운동을 통해 모든 정당들이 대중에게 접근할 수 있는가 등이 기준이다. 이러한 기준은 달(Dahl 1991)이 다두제의 필요조건으로 제시하는 의미 있는 정치경쟁, 높은 수준의 포용적인 정치참여 그리고 시민적, 정치적 자유의 조건과 유사하다.

그림 1 국가들의 자유 정도

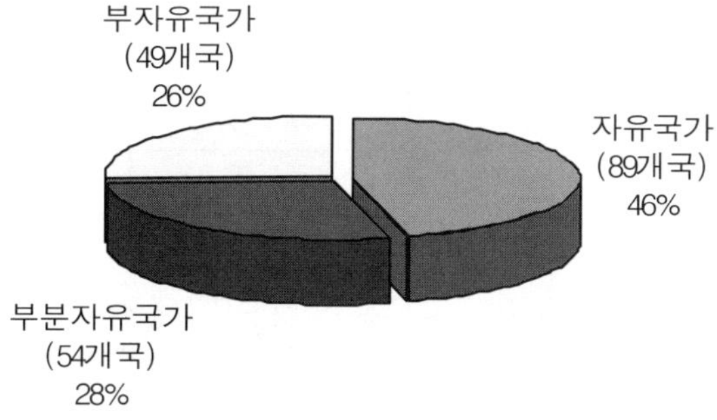

출처: Freedom House. *Freedom in the World 2005*

이러한 기준에 근거해서 보면 2004년 조사대상 192개국 중 62%인 119개 국가가 선거민주주의 국가로 분류된다. 그러나 모든 선거민주주의 국가들이 자유민주주의(자유국가)에 속하는 것은 아니다. 왜냐하면 민주적으로 정치지도자를 뽑는 국가에서도 인권, 법의 지배 그리고 부패 등에 있어 심각한 문제를 노정할 수 있기 때문이다. 따라서 이들 선거민주주의 국가 중 자유민주주의 국가를 꼽아 보면 89개국이 되며 25%에 해당하는 30개 나라는 부분적으로 자유로운 국가에 속한다고 할 수 있다(Freedom House 2005, 4). 이러한 분류는 독자적인 기준으로 국가의 민주성을 측정한 피파 노리스(Norris 2004)의 평가와도 거의 일치하고 있어 타당성을 인정할 수 있다.

표 1 2005년 프리덤하우스 자유 평가

국가	정치권리	시민자유	자유 정도	피파 노리스 평가
인도네시아	3	4	부분적 자유	semi-democracy
말레이시아	4	4	부분적 자유	non-democratic
필리핀	2	3	자유	newer-democracy
태국	2	3	자유	newer-democracy
베트남	7	6	자유 없음	non-democratic
캄보디아	6	5	자유 없음	non-democratic

· 출처: http://www.freedomhouse.org/uploads/Chart33File36.pdf

· 1점은 가장 자유로운 상태를, 7점은 전혀 자유롭지 않은 상태를 의미한다.

· 한국은 정치권리 1, 시민자유 2로, 북한은 두 분야 모두 7로 평가됨.

위의 **표 1**은 프리덤하우스의 평가에 따른 동남아 국가들의 자유 정도를 정리한 것이다. 필리핀과 태국은 자유로운 국가로, 인도네시아와 말레이시아는 부분적으로 자유가 제한되며 베트남과 캄보디아는 자유가 없는 국가로 평가되었다. 이러한 평가 속에는 각국의 선거과정 및 선거결과가 얼마나 민주적으로 이루어졌는가를 포함하고 있다.

민주주의란 정치체제의 한 유형으로써 시민들이 자신들에게 영향을 미칠 정치적 혹은 비정치적 결정에 가장 광범위하게 참여할 수 있도록 보장하는 것을 특징으로 한다. 그러나 현실적으로 모든 시민들이 항상 자기만족을 느낄 수 있도록 조화를 이루면서 함께 살아가는 민주주의는 존재하지 않는다. 에드먼드 버크(Edmund Burke)가 주장한 바와 같이 선하고 합리적인 개인도 많지만 또 다른 많은 사람들은 반사회적이고 악한 것으로 여겨지는 열정이나 이기적 욕구에 의해 지배당하기도 한다. 따라서 민주주의는 개인적 욕구와 사회유지나 번영과 같은 상호적 필요 사이에 끊임없는 균형을 찾아가는 것이라 할 수 있다(니스벳, 맥퍼슨 1997). 이러한 자유주의적 민주주의 시각은 선거의 고전적 의미와 일맥상통한다. 정치권력을 향한 정치집단의 공개적 경쟁 없이는 민주주의가 성립할 수 없으며 이는 선거 없이는 민주주의가 성립할 수 없다는 말과 별반 다르지 않다. 따라서 선거에서 정치경쟁은 민주주의의 특징을 이루며 또한 민주주의를 다른 정치체제와 구별해 주는 것이다(Verba, Nie and Kim 1978, 4). 이처럼 정치경쟁에 주안점을 두고 보면 민주주의는 가장 효과적으로 그리고 지속적으로 대표성 향상을 향해 정치개혁을 제도화하고 수행할 수 있는 제도라고 정의할 수 있다. 달(Dahl 1991, 73-4)은 그리스 도시국가의 민주주의와 비교하여 현대의 대의제 민주주의를 다음과 같이 규정하고 있다.

① 정부의 정책결정은 선출된 공직자에게 법적으로 귀속되어야 한다.

② 정기적이며 공정하고 자유로운 선거를 통해 공직자가 선출되어야 한다.

③ 대다수의 성인이 투표권을 가져야 한다.

④ 대다수의 성인들이 공직에 출마할 수 있어야 한다.

⑤ 표현의 자유가 보장되어 정부나 공직자는 비판의 대상이 될 수 있어야 한다.

⑥ 시민들은 국가에 의해 독점되지 않은 다양한 정보 소스를 가질 수 있어야 한다.

⑦ 시민들은 정당, 이익집단, 비정부단체 등 자율적인 기구에 가입할 수 있어야 한다.

보편적으로 수용되는 달의 민주주의 정의는 최소한 3개 이상의 기준(②, ③, ④)이 선거와 직접 관련되어 있으며 표현의 자유를 포함한 나머지 기준들도 결코 선거와 뗄 수 없는 사항들이다. 선거가 본래의 의미대로 작동할 때 이를 선거민주주의라고 할 수 있는데 이는 개방성(openness), 공정성(fairness), 효율성(effectiveness)의 기준으로 구체화할 수 있다.

개방성이란 모든 시민에 선거에 참여할 수 있는가 여부(보통선거)뿐만 아니라 후보들의 경쟁이 존재하는 가운데 투표결정을 하며(경쟁선거), 선거결과가 미리 결정되어 있지 않은가를 포함하는 개념이다(Hadenius 1992, 42). 선거가 경쟁적이기 위해서는 최소한 두 가지 조건을 만족시켜야 한다. 즉 정치적 이유에서 특정한 후보자나 집단이 배제되지 않아야 한다. 그리고 유권자들이 의미 있는(차별성 있는) 정치적 대안 속에서 투표선택을 할 수 있어야 한다.

공정성이란 모든 후보들이 동일한 법적 기준에서 유권자에게 접근할 수 있는 방법이 보장되어야 한다는 것을 의미한다. 후보자들이 선거운동을 포함한 선거과정에서 차별적 대우를 받지 않아야 한다.[1] 따라서 선거를 주관하는 국가권력은 정치적으로 중립을 지켜야 한다. 마지막으로 유권자의 주권을 현실화

1) 민주주의는 반체제 정당에 대해 제재를 가할 수 있다. 물론 어떤 기준에서 그리고 어떻게 반체제 정당을 결정하고 선거참여를 금할 수 있는가에 대해서는 논쟁의 여지가 많다(Sartori 1976).

시키는 데 있어서 선거가 효율적이라고 할 때, 효율적이란 대통령이나 국회의원직과 같은 선출직이 오로지 유권자 선택인 선거결과에 의해서만 결정되어야 한다는 것을 말한다. 이는 선거제도가 정확하게 유권자의 선호를 의석으로 전환시킬 수 있어야 한다는 것을 의미하며 따라서 이를 판단하기 위해서는 선거제도의 의석 전환의 왜곡 정도가 기준이 될 수 있다. 결국 선거가 민주적이기 위해서 혹은 의미를 갖기 위해서 만족시켜야 할 개방성, 공정성, 효율성은 의미상으로는 각각 독립적이지만 실질적으로는 상호 깊은 연관을 갖는다.

이를 상술하면 정치권력의 정통성을 확보하고 책임성을 물을 수 있는 시민의 정치참여는 시민의 정치권리가 보장된다는 것을 전제로 한다. 따라서 제도적으로 국가권력으로부터 자유로운 정치집단의 형성과 활동이 보장되어야 한다. 뿐만 아니라 표현과 언론의 자유, 항의의 권리, 정보교환과 여론형성의 자유가 수반되어야 하며 정보공유가 정치적 목적에 의해 제한되거나 금지되어서는 안 된다. 이처럼 선거의 민주화라는 개념은 선거과정을 개별적으로 분리하여 살필 수 있는 것이 아니라 정치과정의 한 부분으로 파악하여 전반적인 정치과정에서 총체적으로 평가되어야 한다.

이와 같은 민주적 선거의 실현이 민주주의 정치체제를 위한 충분조건은 아니지만 현대의 대의제 민주주의에서 선거가 필수요소임은 분명하다. 이론적으로 선거는 일반대중의 의사를 정치과정에 전달하고 시민을 통합하는 기능과 아울러 정부권력에 정통성을 부여하며 동시에 권력을 견제하기도 한다. 따라서 유권자들에게 보통 · 평등 선거권을 부여하고 있는가는 중요하다. 그러나 정치발전의 관점에서 본다면 선거가 유권자와 사회집단을 정당, 의회 그리고 정부와 연계하는 데 기여하는지 여부에 초점을 맞추어야 한다.

이러한 관점에서 보면 민주주의와 선거의 관계 분석에 대한 출발점은 국민의사에 대한 대표성의 문제라 할 수 있다. 선거는 궁극적으로 유권자의 정치적 의사를 대변해야 하므로 대표성은 선거의 정당성 확보를 위한 선행조건이다.

국가권력이 국민으로부터 나온다는 민주주의 원칙을 수용하는 국가에서 그 정통성을 유지하기 위해서 권력은 정기적으로 실시되는 선거를 통해 정통성을 검증받아야 한다. 여기서 논하는 바는 형식적인 선거의 주기성 이상을 의미한다. 따라서 대표성은 구체적으로 선거제도가 효율적으로 그리고 적절하게 다원적 사회의 이해관계를 정치위임으로 전달하는 것을 의미한다.

대표 선출이나 정책결정과정에서 국민들이 개인으로 존재하면서 목소리를 내는 것이 아니라 선거를 통해 정당과의 연계 및 집단형성을 이루면서 정치적 의미를 가져야 한다(party building). 그리고 이를 통해 선거는 정부가 안정적으로 통치를 할 수 있을 정도의 다수를 형성토록 하는 데 기여해야 한다(governability). 이러한 기능들이 수행되기 위해서는 선거제도가 국민의 선호도에 따른 권력분배에 비례성을 가져야 한다. 선거를 통해 유권자의 의사가 정치대표성으로 비례성을 가지고 전환되기 위해서는 제도적으로 선거결과에 따른 의석배분이 유권자들이 원하는 정도에 따라 비례적으로 이루지는 것을 보장해야 한다. 뿐만 아니라 통합성의 관점에서 선거의 후보자 구성이 민주적 대표성의 기준에서 부합하는지의 여부가 중요하며, 다양한 계층과 집단에서 엘리트 충원이 개방되어 있는지를 살피는 것이 필요하다. 필리핀의 예에서 보는 바와 같이 선거가 소수의 특권층에 의해 정치적 권력을 독점하는 수단으로 사용된다면 결코 대표성을 갖는다고 할 수 없을 것이다.

앞에서 언급한 바와 같이 선거가 통합의 기능을 수행한다면, 선거가 정당형성에 얼마나 긍정적인 역할을 하는지 그리고 정치적 다수 형성에 기여하는가를 살펴보아야 한다. 서구의 많은 학자들은 현대 정당의 적실성이 점차 감소하고 있다고 주장한다(Schmitter 1995). 특히 후기민주주의를 연구하는 학자들 가운데서 이러한 현상을 당연한 것으로 받아들이는 경우가 많다. 시민과 정당간의 간격이 벌어지고 다양하고 새로운 사회운동과 사회집단이 시민의 정치참여를 위해 다양한 기회를 제공한다는 것이다. 그러나 아직도 정당은 가장 중요한 정치집합체이며 선거제도의 정당형성 기능은 중요하다는 것을 부인할 수는 없다.

선거가 얼마나 통치의 안정성에 영향을 미치는가는 정부구성 방식에 따라 달라진다. 태국과 같은 내각제에서는 다수결주의의 선거제도가 어떻게 정부를 구성하는가와 직접 관련되지만 필리핀에서는 대통령 선출에서는 직접적 영향을 미치지만 의회 형성에는 간접적 영향을 줄 뿐이다. 한편, 정치적 다원주의가 없는 전체주의에서 선거는 정부 구성에 영향을 미치지 못한다. 정부의 정통성뿐만 아니라 정치지도자에 관한 원칙은 지배정당의 이념에 따라 결정되기 때문이다. 따라서 공산당이 지배하는 전체주의 국가에서 선거는 민주주의의 성립과 발전에 기여하는 바가 없다.

그러나 권위주의 국가에서도 선거가 나름대로 의미를 가질 수 있다는 점을 간과해서는 안 된다. 이들 국가에서는 비록 선거가 정치권력의 배분을 규정하지는 못하지만 최소한 반대파에 제한된 범위 내에서 충원의 기회를 제공하기도 하기 때문이다. 선거를 통해 민주적 행태에 관한 사회화가 가능하며 전국적으로 민주화되기 이전에 지역적 수준에서 정치적 충원의 의미를 가질 수 있다. 따라서 선거가 서구적 관점에서의 기능을 하지는 못한다 해도 권위주의 체제에서 민주적 관점의 확산과 내재화에 기여함으로써 민주주의 발전의 초석이 될 수 있다는 점이 간과되어서는 안 될 것이다.

Ⅲ. 동남아에서의 선거

서구 민주주의에서 고안된 선거는 대중에게는 참여를 통한 권리행사를, 그리고 정치엘리트에게는 경쟁을 통한 권력획득이라는 두 가지 의미를 갖는다. 민주주의의 작동원리로서 권력에 대한 개방과 경쟁이 제대로 유지되려면 선거기제가 제대로 작동하고 또한 일정하게 치러져야 한다. 만일 정치적 권리와 자유가 침해된다면 신생민주국가뿐 아니라 민주주의가 공고화된 국가에서도 이질적 민주주의가 발생하게 된다. 그런데 엄격한 원칙에도 불구하고 반드시 고려되어야 할 것이 선거를 포함한 모든 정치제도는 광범위한 사회구조-문화, 경제, 역사-를 반영한다는 사실이다. 그리고 그 제도가 사회에 미치는 영향 역시도 제도 속성에서 기인하는 일반성과 아울러 각 사회구조의 범주 내에서의 특수성을 갖는다는 점이다. 다시 말해서 선거를 통한 민주주의의 성립과 공고화 과정은 각 국가의 여건에 따라 변화속도 및 양태가 다양하게 나타난다.

동남아와 남미에서 1970년대와 80년대에 불완전한 민주정권들이 생겨났는데 이들은 민주주의와 독재 사이의 중간적 형태로서 대의제 민주주의 형태를 띠는 것이 공통적 현상이었다. 유럽이나 미국의 민주주의와 비교해볼 때 아시아에서의 민주주의는 많은 차이를 나타낸다. 따라서 서구적 기준에서 보면 과연 아시아에서 나타나는 민주주의를 민주주의라 할 수 있는가 하는 의문이 제기되기도 한다. 그러나 좀 더 다양한 시각을 수용하는 학자들은 아시아식 민주주의(Neher and Marlay 1995), 비자유적 민주주의(Bell et al., 1995), 유교적 민주주의(Hahm 1997)라는 명칭을 통해 아시아적 역사에 기초한 새로운 형태의 민주주의를 인정하고 있다.

이미 지적한 바와 같이 서구적 관점에서 선거에 대한 정의를 동남아 국가에 그대로 적용할 수는 없다. 동남아에서 선거가 주기적으로 치러져도 금권선거가 일반적이며 한두 의석을 야당이 차지한다 해도 선거결과가 결코 지배권력을 변화시키는 기제가 될 가능성은 전혀 없었다. 이처럼 동남아 국가에서 선거가 민주주의 이론에서 상정하는 기능을 하지 못한다고 선거로서 아무런 의미가 없다고 간주한다면 왜 많은 유권자들이 선거에 참여하는지에 대한 설명이 있어야 한다. 어쩌면 서구유권자들과는 달리 투표참여를 통해 통치과정에 참여한다는 그 자체로 의미를 부여하고 있을 수도 있다. 혹은 승자를 지지함으로써 얻을 수 있는 이득이 있기 때문일 수도 있다. 그리고 물질적 수혜자 관계 속에서 정부의 압력이나 어떤 유도가 있었는지도 모른다.

그러나 선거가 정치엘리트에게 정통성을 부여하는 기능을 한다는 일반론에도 불구하고 유권자들이 불공정하고 조작된 선거캠페인을 알게 되거나 선거과정이 여당에게 유리하게 편파적이었다는 것이 알려진다면 정통성 확보에 어려움이 있을 수 있다. 이 같은 조건 속에서 선거가 계속된다고 해서 국가의 속성이 바뀌거나 서구 민주주의 이론에서 주장하는 바와 같이 정치경쟁이 생길 수 있을까? 서구 민주주의 국가와는 다르다 해도 정권이 최소한 시민의 권리나 의견에 보다 귀를 기울이도록 변화를 가져올 수는 있는가? 아니면 권위주의 정권에 저항해 자신들의 민주적 권리를 주장할 수 있는 시민들의 형성은 가능한 것인가? 이러한 질문들은 동남아 정치에서 선거의 역할을 연구할 때 반드시 검토해야 할 질문들이다.

물질적 후원-수혜관계(patron-client relationship)는 동남아에서 가장 일반적인 엘리트와 대중간의 관계이기 때문에 서구 국가에서 발견된 선거와 민주주의 이론과의 관계에 대한 경험적 결과는 동남아 연구에서 적실성을 갖기 어렵다. 서구 국가의 경험 속에서 선거는 국가의 공고화와 사회적 통합을 강화시키고 시민교육의 기회가 되었지만 동남아 국가에서는 선거의 기능이 서구와는 다르게 나타난다. 동남아에서 선거는 비록 정치에 대한 개인의 자유로운 선택이지만 지배엘리트의 입장에서는 그 결과가 기존의 사회질서를 강화시켜주는 것이 아니라 오히려 불안정을 초래할 수도 있다는 점에 주목할 필요가 있다.

동남아에서 지배정치권력이 선거를 수용하는 것은 선거정치의 정당성을 믿는다는 것뿐만 아니라 투표를 통해 더 많은 권력획득의 기회를 가질 수 있다고 생각하기 때문이다. 선거는 권력에 대한 주기적 평가를 통해 대표성 향상이라는 측면과 장기적이고 안정적인 정치질서 형성이라는 두 가지 기능을 한다. 두 가지 기능 중 특히 동남아에서 선거는 안정화의 도구로 이용된다고 할 수 있다. 선거를 통해서 시민들이 과도하게 정치화되는 것을 막을 수 있었으며 민주정치를 부정하는 좌파집단을 포함한 이질적 파벌을 감소시키는 기능을 하였다. 그러나 다른 한편으로 구태의연하고 비효율적인 정권이 대중을 제대로 설득하지 못하는 경우에 선거는 구정권의 부당성을 알리는 새로운 정치행위의 계기가 될 수도 있다. 그러나 선거가 실제로 새로운 집단에게 정치참여의 기회를 제공하는지 혹은 과거 정권과 연계된 또 다른 구세력이 정치적 영향력을 강화하는 계기가 되는지의 여부가 무엇에 달려있는지에 대한 연구는 경험적으로 검토되어야 한다.

민주주의가 공고화되지 못한 국가에서는 선거를 기득권자의 측면에서 보는가 혹은 권력을 갖지 못한 대중의 입장에서 보는가에 따라 그 의미가 달라질 수 있다. 전자의 입장에서 선거는 정권붕괴의 위기가 될 수 있지만 후자의 입장에서는 기회로 다가올 수 있기 때문이다. 결국 선거가 각국에서 어떤 의미와 역할을 하는지를 알기 위해서는 선거과정에 대한 맥락적 분석이 필요하다. 각국의 선거는 그 국가의 특정한 역사적 배경 하에서 의미를 갖게 된다. 따라서 선거 의미 분석은 비교연구가 되는 것이다.

선거는 자생적(indigenous)인 것이 아니다. 선거를 신봉하는 사람들은 선거가 정치적 갈등을 물리적 힘의 행사 없이 해결할 수 있는 방법이라고 생각한다. 그러나 선거는 서로 다른 내용과 시간 하에서 생겨난 강제적 방법의 하나일 뿐이다. 갈등이 심화된 사회에서 선거는 거의 의미가 없을 수도 있다. 참여하는 자들은 선거를 정당한 정치과정으로 생각하지만 참여를 거부하는 자들은 자신들의 정당성을 주장하게 된다. 선거란 맹목적 경외 태도를 없애고 정치엘리트들이 발전을 위한 반대를 인정하게 만드는 제도이다.

특히 동남아에서의 선거는 정치, 경제, 사회 변화가 중요하다는 것을 명확히 보여준다. 더 이상 세습이나 강제력에 의해 정당성을 인정받을 수 없게 되면서 지배엘리트들은 선거의 중요성을 인정하기에 이르렀다. 새로운 사회계층과 집단들은 법적으로나 현실적으로 제한된 범위이기는 하지만 선거를 조직화와 토론을 위한 기회로 이용하려 노력하고 있다. 선거는 정치, 경제, 사회 환경에 따라 서구적 관점에서처럼 자유를 부여하기도 하고 또 한편으로 동남아의 경험에서 보는 바와 같이 자유를 제한할 가능성을 가지고 있다 .

중요한 사실은 동남아 국가의 선거를 서구적 관점에 묶여 의미 없는 대상으로 간주해서는 안 된다는 점이다. 물론 동남아의 문화적 특성에만 의존하여 이 지역 정치를 설명하려는 시도는 이제는 설득력을 갖지 못한다. 동남아 연구는 지역적 특성과 아울러 정치학의 보편성을 통해 이루어져야 한다. 동남아 각국의 이질성을 인정하는 가운데서도 선거과정이나 선거제도를 비교할 수 있는 분석틀을 만들어야 한다. 이러한 목적을 위해서는 분석수준은 중위수준에 맞춰져야 한다. 즉 연구대상의 유사성과 특수성을 모두 고려하는 수준에서 연구가 이루어져야 한다. 역사적 경험이 각 국가적 특수성을 보여주는 하나의 예가 될 수 있다. 말레이시아와 싱가포르는 영국 지배의 경험이, 캄보디아와 베트남은 프랑스의 식민지 경험이, 그리고 인도네시아는 네덜란드의 통치하에 있었던 경험이 있다. 한편 필리핀은 미국정치의 영향을 받았던 데 비하여 태국은 서구의 지배를 받은 적이 없다. 이러한 역사적 경험은 새로운 정치체제 특히 선거체제를 선택하는 데 중요한 영향을 미치게 된다.

선거는 국가형성(state building)과 정권의 변화(regime change)라는 정치발전과 연관되어 있다. 태국을 제외한 모든 국가에서 국가형성은 서구 제국주의 국가들에 의해서 기틀이 마련되었다. 인도네시아와 베트남은 다른 국가들과 다른 독립국가 형성의 경험을 가지고 있다. 이들 두 국가는 선거나 투표가 아닌 혁명적 방식이나 종교적 정당성을 가지고 제국주의에 저항하였다. 반면에 말레이시아, 캄보디아, 싱가포르, 필리핀 등은 철수하는 외세의 동의를 바탕으로 민족주의자들이 선거에서 승리함으로써 점진적인 과정 속에서 국가를 형성해 갔다. 이처럼 선거와 정권변화의 유형은 매우 다양하게 나타나는데 이는 각국의 역사적 경험과 아울러 정당체제와 상당한 관련을 갖는다.

권위주의 하에서 선거는 정권을 안정화시키는 기능을 한다. 그러나 전체주의에서와는 달리 권위주의 정권에서 선거는 분명히 반대파의 충원기회를 제공한다. 권위주의 정권이 충분한 지지를 확보하지 못한 상태라면 정권은 득표를 위해 부정이나 투표조작을 시도하게 된다. 이러한 부정선거가 알려지게 되면 정권에 대한 반대를 부추기는 결과를 가져온다. 또한 권위주의 정권은 정치적 긴장을 완화하기 위해 제한된 범위 내에서 반대파의 충원을 어느 정도 용인하기도 한다. 이를 통해 권위주의 정권은 정권에 대한 비판을 제도권으로 끌어들이는 것이다. 이러한 전략이 성공할 수 있는가는 각국의 사회, 정치, 경제적 여건에 달려 있다. 선거를 통해 비판을 부분적으로 수용하는 전략은 독재의 정치적 성과가 긍정적이고 대중적 지지가 상당한 수준일 때 성공적일 수 있다. 그러나 이런 경우에도 선거는 민주화의 매개로서 기회를 제공하게 된다. 정통성이 급격히 감소될 때 제도권 내의 반대파는 권위주의 정권을 축출하는 기회로 삼을 것이다. 1998년 인도네시아의 경우가 여기에 해당된다고 볼 수 있다(Tan 2002).

선거와 선거제도는 민주주의의 중요한 요소이다. 왜냐하면 선거과정뿐만 아니라 선거제도의 개혁은 선거의 질을 높이고 더 나아가서 정치제제의 민주적 수준을 향상시킬 수 있기 때문이다. 위에서 살펴본 내용을 바탕으로 동남아 국가들의 선거를 통한 정치변화를 살펴보기 위해서는 다음과 같은 내용들이 기본적으로 검토되어야 할 것이다.

1. 변화의 역사

각국의 사례연구를 위해서 가장 먼저 수행되어야 할 것이 연구대상 국가가 시계열적으로 어떠한 정치변화의 경로를 걸어왔는가를 기술하는 것이다. 그러나 여기에는 단순한 역사적 기술을 넘어 정치변화에 영향을 미치는 요소로서 선거제도가 무엇이며 또한 그 선거제도의 결과가 어떻게 나타났는지에 대한 설명이 필요하다. 뿐만 아니라 과거의 선거제도가 가지는 문제점이 어떻게 노정되었으며 주어진 정치체제에서 변화(개선)의 필요성이 제기된 계기 및 변화경로 등에 대한 분석이 함께 이루어져야 한다. 그리고 여기에는 선거제도를 결정하는 데 중요한 역할을 한 행위자들 그리고 선거결과로 그들이 얻은 이득에 대한 분석도 아울러 이루어져야 한다.

2. 현재의 선거제도

역사적 기술 이후에는 현재의 선거제도가 어떤 유형으로 분류될 수 있는지 정리해야 한다. 대다수 국가에서 현재의 선거제도는 최초가 아니라 많은 변화과정 속에서 최근의 것이라고 볼 수 있다. 따라서 이전의 변화 역사에서보다 현재의 선거제도에 대한 상세한 기술과 분석이 필요하다. 특히 현재의 선거제도를 결정하는 데 참여자들의 동기와 전략적 선택이라는 관점이 중요하게 부각되어야 한다.

3. 현 제도의 성과

위에서 언급한 기준에 따라서 선거제도의 성과를 평가해야 한다. 여기에는 계량적 분석도 포함되지만 이에 못지않게 주어진 사회적, 경제적 맥락 속에서 보편성과 함께 특정 국가의 특수성이 고려되어야 한다. 그리고 민주적 정치참여로서 선거의 의미를 평가하는 작업도 이루어져야 한다. 선거과정의 수준뿐 아니라 참여의 강도 및 수준에 대한 고려도 아울러 필요하다.

4. 민주적 참여와 거버넌스에 기여

선거는 그 자체가 목적이 아니다. 선거를 통해서 국민의 의사표현이 증진되었는지 그리고 정치체제의 정통성이 상승했는지를 평가하는 것이 중요하다. 그리고 부분적 분석을 넘어서 전반적으로 선거와 선거제도의 결과가 정치에 긍정적인 역할을 하였는지도 평가해야 한다. 여기에는 계량적 방법보다는 질적 분석이 적당할 수 있다. 그 구체적 내용으로 수요측면에서 유권자들이 선거를 개인의 독립적 참여의 수단으로 보고 있는가와 공급측면에서 유권자들의 이해를 대변할 대안들이 존재하고 있는가가 중요하다.

5. 제도개혁

선거제도 개혁이 민주적인 대표성과 참여에 기여할 수 있는가 하는 것은 동남아 민주화 연구에 중요한 주제가 될 수 있다. 여성이나 인종적, 종교적으로 소수에 속하는 집단의 정치적 권리를 제고함으로써 정책결정에 대한 제도적 접근을 개혁하려는 신생민주주의 국가들이 많이 있다.

Ⅳ. 선거제도

선거제도가 정치변화 속에서 중요한 이유는 선거제도가 선거결과를 결정하는 요인이 될 수 있기 때문이다. 선거제도에는 선거구 분할, 입후보 방법, 선출방식, 투표계산법 등이 포함된다(안순철 1998). 이 각각의 요인들이 정치적 효과를 갖지만 많은 경우에 이들 요인들이 어떻게 결합되는가에 따라 그 효과가 달라진다고 보아야 한다. 첫 번째로 선거구 분할은 정당의 선거 승리에 매우 중요한 영향을 미칠 수 있다. 선거구 (재)획정은 의회에서 이루어지는 것이 대부분이므로 의회 내 소수당은 많은 경우에 선거구 분할이 여당에 유리하다는 이유로 비난을 한다. 선거구 획정에서 문제는 정당 이익을 반영한 선거구 조작과 필요한 제도개혁을 방치하는 경우에 발생한다.

1. 선거구 분할

선거구 획정에서 대표성이 평등한지의 문제는 기본적으로 각 선거구의 유권자 수가 얼마나 일정한가를 나타내는 표의 등가성에 의해서 판단된다. 이론적으로 국민의 일정수가 각 의석마다 배분되어 동등한 대표조건이 이루어질 수 있다. 그러나 역사적, 문화적으로 이질성이 높은 집단들이 모여 하나의 국가를 이룬다면 전국선거에서 단지 유권자 수에 의한 의석배분 이외에도 각 집단의 대표성을 보완할 수 있는 의석의 배려가 필요하기도 하다.[2] 대표성의 확보는 선거구에서 몇 명의 대표를 뽑는가에 따라 다르다. 한 선거구에서 한 명의 대표만을 선출하는 소선거구제의 경우에는 선거구를 유권자 비율에 따라 정해야 한다. 그리고 한 선거구에서 다수의 대표를 뽑는 선거제도에서는 선거구는 변경하지 않은 채 대표자의 수를 조정하여 대표의 평등성을 유지할 수 있다. 평등성의 원칙이 지켜지거나 개선되기 위해서는 정치권력으로부터 독립적인 위원회가 설치되어 선거를 앞두고 의석당 유권자 수를 검토하고 개선해야 한다.

---

2) 영국의 예에서와 같이 다수의(잉글랜드, 스코틀랜드, 웨일, 북아일랜드) 국가형태가 지리적으로 구분될 때 더욱 뚜렷이 나타난다.

선거구 분할의 불공정에 대해 가장 잘 알려진 것이 게리맨더링(Gerrymandering)이다. 정치적 이해를 위해 선거구를 임의로 설정한다는 의미의 게리맨더링은 어느 한 입후보자가 선거에서 안정된 승리를 할 수 있도록 하기 위한 목적과 어느 한 사회계층이나 정당의 정치적 대표 형성을 향상시키거나 제한시키고자 할 때 이용된다. 전략적으로 유권자의 적대적인 투표 잠재성을 약화시키기 위해 유권자를 혼합(반대파와 지지파의 혼합)하거나 자기의 아성을 구축하여 반대정당의 의석을 제한시키려는 의도에서 게리맨더링이 사용되기도 한다.

선거제도에서 선거구의 크기는 지리적 개념이 아니라 몇 명의 대표를 선출하는가를 의미하는 것이다. 따라서 선거구의 크기와 대표성의 관계를 보면 선거구가 작을수록 선거제도의 비례대표 효과는 작아지며, 군소정당에게 불리하게 작용한다. 선거구의 크기가 작아질수록 유효득표수와 의석 사이의 불균형이 커지고 선거구의 크기가 확대될수록 비례제 효과가 강해진다. 이는 사표비율과 연관이 되는데 소선거구제보다는 중대선거구제에서 사표의 비율이 낮게 나타나기 때문이다.[3)]

2. 후보자 결정방식

입후보 방법 역시도 후보자 선택의 제한을 가할 수 있는 방법이다. 법적으로 입후보방식에 제한을 둘 수가 있는데 가장 대표적인 것이 무소속 후보의 입후보를 허용하는가 여부를 들 수 있다. 정당정치의 활성화를 명분으로 정당의 공천을 받지 못한 후보는 선거에 입후보하지 못하게 함으로써 비제도권의 정치진입을

3) 예를 들어 소선거구제에서는 최대 49.9%까지 사표가 발생할 수 있다. 그러나 3개의 의석이 있는 선거구에서는 대략 18%정도면 당선이 가능하므로 사표율은 18% 보다 작다. 만일 9개의 의석이 있는 선거구라면 9%로 당선이 가능하므로 사표율은 9%보다 작다.

막으려는 의도를 가질 수도 있다. 정당내의 후보자 선정을 보면 일부 국가(미국, 독일, 노르웨이, 핀란드 등)에서는 후보자 선정을 법으로 정하고 있지만 대부분의 국가에서는 정당 내부의 당헌이나 관습에 의해 선정과정이 이루어진다. 후보자 선정은 예전의 정당엘리트에 의해 은밀히 진행되던 관행에서 점차 당원들의 결정권이 높아지는 추세이다. 후보자 선정유형은 정당의 중앙집권화와 분권화의 정도에 따라 달라지는데 6가지 정도로 구분하여 볼 수 있다.

① 일반예비선거(primary): 당원뿐만 아니라 일반 대중이 공천결정에 참여하는 방식으로 가장 개방적인 형태이다. 이를 위해서는 후보자 선정과정의 분권화가 전제되어야 한다. 포괄정당 성격을 가진 미국의 경우가 대표적이다.

② 정당예비선거(party primary): 정당의 책임성을 기본으로 당원만이 참가하여 후보선정에 참여한다. 일반적으로 회비납부를 기준으로 투표권을 준다. 정당의 이념이 중시되는 정치문화에서 수용되는 제도이다.

③ 지구당중심형: 지역선거구 위원회나 대의원이 후보결정을 한다.

④ 중앙당중심형: 중앙당이 공천심사위원회 등 후보자 선정위원회를 구성하여 직접 후보자를 선정하거나 지역조직에서 선출된 후보자를 거부할 수 있는 권한을 갖는다.

⑤ 정당지도자 중심형: 정당 지도자 1인이 후보자 선정을 결정함으로써 가장 강력한 중앙집권의 형태에서 가능하다. 정당의 분권화가 제대로 이루어지지 않은 환경에서 당원의 참여가 배제된 가운데 후보자 선정이 이루어진다. 이런 형식에서 때로는 당원이나 공적조직이 후보자 승인을 하지만 형식적 절차일 따름이다.

⑥ 파벌중심형: 정당의 공식적 기구가 아닌 파벌이 후보결정권을 갖는 경우이다. 대부분의 경우 파벌간의 후보자 수를 협상하고 각파벌이 후보자를 결정한다. 정당의 공식적 기구는 추후 승인하는 형식을 갖는다(안순철 1998, 74-5).

3. 선출방식

1997년 현재 전 세계 184개국 가운데 총 91개국에서 의회선거제도로 채택하고 있는 다수제는 1석 선거구 선거에서 단순다수 또는 상대적 다수 득표자를 당선자로 결정하여 의석을 배정하는 1위대표제(혹은 상대다수제; the Fist Past the Post System)와 과반수 이상의 득표자를 당선자로 결정하는 절대다수제(Majority System)를 기본으로 한다. 현재 사용되고 있는 절대다수제의 대표적 유형은 2차 투표제(혹은 결선투표제; Second Ballot System)와 대안투표제(혹은 선호투표제; Alternative Vote System)이다. 이 가운데 2차 투표제는 1차 투표에서 과반수 이상의 득표자가 없을 경우 2차 투표에서 당선자를 결정하는 방식이며, 대안투표제는 유권자가 투표용지에 후보자에 대한 선호순위를 표시하고, 과반수 이상의 득표자를 당선자로 결정하는 방식으로 과반수 이상의 득표자가 나올 때까지 표를 이양하여 합산할 수 있다.

또한 단순다수제가 변형된 형태로 다수의 후보자가 선출되는 다석 선거구에서 유권자에게 의원정수 내에서 복수의 투표권이 부여되고, 득표순위에 따라 의원정수에 상응하여 당선자를 결정하는 블록투표제(Block Vote System)나 소규모의 다석 선거구 선거에서 유권자에게 1표가 주어지고, 상대적 다수를 점한 후보가 당선자로 결정되는 단기비이양식 체계(Single Non Transferable Vote System)[4] 역시 다수제의 일종으로 분류될 수 있다.

1위대표제와 함께 전 세계적으로 가장 많이 이용되고 있는 선거제도 가운데 하나인 비례제는 1997년 현재 184개국 가운데 64개국이 이용하고 있는 제도로, 62개국에서 채택하고 있는 명부식 비례제와 아일랜드와 말타의 의회선거에서

---

4) 단기비이양식을 사르토리(Sartori, 1994)는 비례제의 일종으로, 레이놀드와 레일리(Reynolds & Reilly, eds. 1997)는 준비례제로 분류하나, 여기에서는 단기이양식 역시 당선을 위해 단순다수가 요구된다는 점에서 노리스(Norris 2004) 등과 마찬가지로 다수제의 일종으로 분류한다.

채택되고 있는 단기이양식제도가 여기에 속한다고 볼 수 있다. 비례제는 각 정당이 획득한 득표율에 상응하여 의석을 배분하는 방식으로 폐쇄형 혹은 개방형 정당명부에 유권자가 자신의 선호 정당 혹은 후보자에 기표하는 명부식 비례제가 일반적이지만, 다석선거구 선거에서 유권자는 자신의 선호순서를 표기하고 — 필요에 따라 표의 이양 합산을 통해 — 일정한 쿼타(quota) 이상을 득표한 후보자를 당선자로 결정하는 방식도 비례제로 분류된다.[5)]

마지막으로 혼합제는 의원정수 가운데 일정 부분을 다수제 방식으로 선출하고 나머지 의석을 비례대표제로 선출하는 방식이다. 이 방식은 다수제와 비례제가 완전히 독립적으로 운영되는 독립형 혼합제와 독일이나 뉴질랜드에서와 같이 정당명부의 득표율에 비례하여 정당의 의석이 결정되는 연동형 비례제로 구분된다.[6)] 이 가운데 연동형 비례제는 의석배정의 결과를 중심으로 본다면 명부식 비례제와 유사한 결과를 가져오기 때문에 비례제로 간주해야 한다는 주장이 있기도 하지만, 혼합제로 구분하는 것이 더 타당하다고 생각한다.

다수선거제는 후보자가 (절대 혹은 상대) 다수의 득표를 함으로써 선출되는 것을 말하며, 비례선거제는 정당의 득표점유율에 따라 의석을 배분함으로써 정치적 대표를 형성하는 것을 의미한다. 다수대표제가 다수의 견해를 집단 전체의 의사로 간주하여 단일성을 강조한 것이라면 비례대표제는 다양한 소수의 견해도 중시하려는 다원적 측면을 중시하고 있다고 할 수 있다. 두 가지 선출방식은 모두 장단점을 가지고 있으므로 한 가지 방식의 잣대로 다른 방식의 단점을 지적하는 것은 의미가 없다.

---

5) 단기이양식에서는 정당별 득표율이 계산되지 않는다는 점에서 이를 비례제로 분류하는 것에 대한 이견이 존재한다(Katz, 1984). 그러나 의석산정방식에서 쿼타를 이용한다는 점과 정당의 득표율과 의석율의 비례성이 높다는 점에서 비례제로 분류하는 것에 커다란 무리가 없다고 여겨진다.

6) 혼합제를 의회선거제도로 채택한 상당수의 국가에서는 일반적으로 1인 2표제를 실시하고 있다. 그러나 2표제라는 형식상의 요건이 강조되어 선거제도를 분류하는 경우 많은 혼란이 가중될 수 있으며, 혼합제로 선거제도를 분류하는 것이 바람직하다.

아래의 표는 다수선거제와 비례선거제의 주요 기대효과를 비교한 것이다. 어떠한 선출제도가 바람직한가 하는 것은 해당 국가의 정치권력 측면에 따라 판단되어야 한다. 예를 들어 안정적이고 정권교체 가능성이 필요한 국가에서는 다수형성에 중점을 두어야 하므로 다수선거제를 선호하며, 다양한 사회세력들의 정치적 대표성이 우선시 되는 국가에서는 비례제 선거를 택하는 것이 유리하다. 정당의 입장에서 보면 군소정당은 의석배분에 유리한 비례제 선거를 선호한다. 군소정당은 비례제 선거를 통해 선거연합을 할 수 있고 정당연합을 통해 집권에 참여할 수 있는 기회를 얻을 수 있다. 반면에 거대정당은 다수선거제를 통해 손쉽게 의회의 다수정당의 위치를 차지할 수 있으므로 당연히 비례선거제보다는 다수제를 선호한다. 특히 다수선거제의 일종인 1위대표제의 경우 득표를 의석으로 전환하는 과정에서 3승의 법칙(cube law)이 적용될 정도로 거대정당에 유리하다.[7)]

다수선거제가 선거의 본래 역할을 제대로 하기 위해서는 사회적 동질성이 높아야 하며 아울러 다수결 원칙에 대한 시민의 정치적 합의가 있어야 한다. 또한 소수도 언젠가는 다수가 될 가능성이 있다고 기대할 수 있을 때 다수에 의해 소수의 의견이 지배될 때에도 선거결과에 따르게 된다. 인종이나 언어 등에 의한 갈등이 존재하여 교차적 균열이 발생할 때 그리고 소수자들이 결코 다수가 될 가능성이 없다고 생각한다면 다수선거제에 의한 결과에 만족할 수 없다. 이런 경우는 처음부터 다수선거제에 대한 합의가 없는 경우가 많다. 그러나 이질적인 국가에서 다수선거제가 채용될 수 없는 것은 아니다. 말레이시아의 경우에서 보는 것처럼 다수제 선거방식에서 의석의 비례적 분할이 종족 간에 합의된다면 지역교차적 정당연합이나 동맹결성에 의해서 종족간의 대립을 막을 수 있다.

---

7) 3승의 법칙이란 1위대표제에서 두정당의 득표비율이 L:S라면 의석비율은 L^3:S^3이 된다는 것이다. 즉 득표비율이 2:1이라면 의석비율은 8:1로 나타난다는 것이다.

표 2 선출방식의 장단점 비교

기대효과	다수제 선거	비례제 선거
양당제	○	×
정당의 다수형성	○	×
안정된 정부	○	×
연합정부	×	○
정치적 책임의 명료성	○	×
공정한 대표형성	×	○
새로운 정치적 세력의 기회	×	○

· 출처: 디터놀렌(1994).

V. 맺음말

이 글은 동남아의 정치변화에 선거가 미친 영향을 분석하는 이론적 틀을 제시하는 것을 목적으로 하였다. 논의의 출발점은 서구적 시각에서의 정치변동과 선거의 의미가 동남아 국가에서 그대로 적용될 수 없다는 지적이었다. 선거의 의미를 서구적 경험과 가치에 따라 유권자의 권리행사에 따른 책임정치 및 평화적 정권교체로 제한할 필요는 없다. 동남아 국가에서 선거를 포함한 정치과정은 한편으로는 구정권의 권력연장의 도구로 이용되는 경우도 많지만 선거과정을 통해 시민세력이나 반대세력의 정치권력 규합이 부분적으로 이루어질 수 있다. 또한 선거과정에 대한 국가간섭은 정치경쟁을 위반하게 되므로 시민세력이 국가세력에 저항할 수 있는 빌미를 제공하기도 한다. 따라서 선거의 기능을 낮은 수준에서 파악한다면 동남아 국가에서도 선거는 민주화를 향한 정치발전에 기여하는 바가 있다고 하겠다.

선거를 통한 정치변동은 다양한 사회정치 및 경제적 조건과 결합한다는 점에서 그 경로가 국가마다 다양하게 나타날 수 있다. 시민의식의 고양 정도와 전통적인 국가권력의 정도뿐만 아니라 어떤 경험을 가지고 독립국가가 형성되었는가 등 수 많은 요인들이 정치문화를 형성하게 된다. 그리고 정치문화가 시민들의 선거의 역할에 대한 기대를 결정하기도 한다. 따라서 일정한 발전경로를 규정하고 정치변화의 시간과 성격을 판단하는 것은 타당하지 못하다. 예를 들어 선거과정에서 불법에 항의하는 시민세력의 득세라는 일반적 현상과 달리 정치개혁과정에서 인도네시아의 정치변화는 "위로부터의 변화"였다. 비례대표제에 따른 정당지도부의 권력남용을 막고 유권자와 의원들의 유대를 강화하기 위하여 소선거구제를 선호하였고 이에 대해 기득권의 정치지도자는 강력한 반대를 하였다. 그 결과 변형된 비례대표제가 선정되고 오히려 이전 어떤 선거보다도 불법이 적은 선거를 치를 수 있었다(King 2003).

선거 그 자체만으로 정치변화 특히 정치민주화를 기대할 수는 없다. 그러나 선거가 민주주의로의 정치변화에 기여할 수 있는 정치영역은 다음과 같은 분야라는 점에서 국가별로 이들 영역이 어떻게 작동하고 있는지를 살펴볼 필요가 있다. 1) 선거법과 유권자 지지의 의석전환, 2) 내각구성과 안정 그리고 의회와 행정부 지지에 대한 정당체제의 영향력, 3) 지역구 획정 및 재획정 문제, 4) 유권자가 선택할 수 있는 후보자 및 정당의 폭, 5) 유권자 참여에 영향을 주는 투표권과 유권자 등록 그리고 투표율(Katz 1997). 이들 다섯 개의 제도적 영역이 민주주의 가치기준에서 어떻게 운용되고 있는지를 검토하게 되면 선거를 통한 민주주의의 가능성과 향후 정치변화를 예측하는 데 도움을 받을 수 있을 것으로 생각된다.

참고문헌

니스벳, R., C. B. 맥퍼슨. 1997. 『에드먼드 버크와 보수주의』. 서울: 문학과 지성사.

디터놀렌. 박병석 역. 1994. 『선거제도와 정당체제: 선거제도의 정치적 효과』. 서울: 다다.

안순철. 1998. 『선거체제비교』. 서울: 법문사.

익명. 2005. "선거제도의 정치적 효과에 대한 국가간 비교연구."

진영재 편. 2002. 『한국의 선거제도 I』. 서울: 한국사회과학데이터센터.

헌팅턴, 사무엘. 신윤환 옮김. 1997. "권위주의체제의 유형과 민주화의 경로." 김웅진 외 역. 『비교정치론강의 2』. 서울: 한울.

Bell, Daniel, David Brown, Kanishka Jayasuriya, and David Martin Jones. 1995. *Towards Illiberal Democracy in Pacific Asia*. New York: St. Martin's.

Dahl, Robert A. 1991. *Modern Political Analysis*. 5th ed. New Jersey: Prentice-Hall.

Duverger, Maurice. 1963. *Political Parties: Their Organization and Activity in the Modern State*. New York: Willy.

Duverger, Maurice. 1986. "Duverger's Law: Forty Years Later." Bernard Grofman & Arend Lijphart, eds. *Electoral Laws and Their Political Consequences*. New York: Agathon Press, Inc.

Freedom House. 2005. *Freedom in the World 2005*.

Hadenius, A. 1992. *Democracy and Development*. Cambridge: Cambridge University Press.

Hahm, Chaibong. 1997. "The Confucian Political Discourse and the Politics of Reform in Korea." *Korea Journal* 37(4).

Katz, Robert. 1984. "The Single Transferable Vote and Proportional Representation." Bernard Grofman & Arend Lijphart, eds. *Choosing an Electoral System: Issues and Alternatives*. Westport: Praeger Publishers.

Katz, Richard S. 1997. *Democracy and Elections*. New York: Oxford University Press.

King, Dwight Y. 2003. *Half-Hearted Reform: Electoral Institution and the Struggle for Democracy in Indonesia*. Conn.: Praeger.

Lijphart, Arend. 1994. *Electoral Systems and Party Systems: A Study of Twenty-Seven Democracies, 1945-1990*. Oxford: Oxford University Press.

Neher, D and Ross Marlay. 1995. *Democracy and Development in Southeast Asia: the Winds of Change*. Boulder: Westview.

Norris, Pippa. 2004. *Electoral Engineering: Voting Rules and Political Behavior*. New York: Cambridge University Press.

Norris, Pippa. 2004. *Shared Global Database*.
(http://kshome.havard.edu/pnorris/data/data.htm 검색일: 2005. 3. 25)

O'Donnell, Guillermo and Philippe C. Schmitter. 1986. *Transitions from Authoritarian Rule: Tentative Conclusions About Uncertain Democracies*. Baltimore: The Johns Hopkins University Press.

Powell, Bingham G. 2004. "The Chain of Responsiveness." *Journal of Democracy* 15(4).

Rae, Douglas. 1971. *The Political Consequences of Electoral Laws*. New Haven: Yale University Press.

Reynolds, Andrew & Ben Reilly, eds. 1997. *The International IDEA Handbook on Electoral System Design*. Stockholm: IDEA.

Rose, Richard, ed. 2001. *The International Encyclopedia of Elections*. Washington D. C: CQ Press.

Sartori, Giovanni. 1976. *Parties and Party System. A Framework for Analysis*. Cambridge: Cambridge University Press.

______. 1986. "The Influence of Electoral Systems: Faulty Laws of Faulty Method?" Bernard Grofman & Arend Lijphart, eds. *Electoral Laws and Their Political Consequences*. New York: Agathon Press, Inc.

______. 1994, *Comparative Constitutional Engineering: An Inquiry into Structures. Incentives and Outcomes*. Basingstoke, GB: Macmillan.

Schmitter, P. C. 1995. "More Liberal, Preliberal, or Postliberal?" *Journal of Democracy* 6(1).

Taagepera, Rein and Matthew Soberg Shugart. 1989. *Seats and Votes*. New Heaven: Yale University Press.

Tan, Paige Johnson. 2002. "Anti-Party Reaction in Indonesia: Causes and Implications." *Contemporary Southeast Asia* 24(3).

Verba, Nie, and Kim. 1978. *Participation and Political Equality*. Cambridge: Cambridge University Press.

제2장 |
말레이시아의 선거제도와 정당체계: 신제도주의적 분석

신윤환

Ⅰ. 문제제기

이 글은 말레이시아의 선거제도, 선거결과 및 정당체계, 유권자 투표행태에 대한 분석과 역사적 고찰을 통해, 정치체제의 성격을 규명하고 정치변동의 추이를 파악하며 나아가 민주화의 가능성을 점쳐 보는 데 그 목적이 있다. 이를 위해 필자는 말레이시아 선거과정에 제약을 가하거나 영향을 미치는 형식적, 공식적인 법규 및 정책과 선거과정에 참여하거나 개입하는 주요 행위자들의 유형화되고 관행화된 행동이나 관계 전반을 넓은 의미의 제도로 규정하고 그 구체적 내용과 변화를 분석해 보고자 한다. 또한 이러한 선거제도들이 어떻게 정당체계의 형성과 변화로 연결되는지를 알아보기 위해, 독립 후 시행된 11번의 총선에서 나타난 주요 결과들을 그에 앞선 선거 관련 법규의 개정을 포함한 제도적 변화와 관련지어 살펴볼 것이다.

이러한 분석을 통해 말레이시아의 정치체제의 성격을 그릇되게 규정하고 그 변동 가능성에 대해 비관적으로 전망하는 대다수 말레이시아 전문가들의 관점과 연구들에 대해 의문과 비판을 제기하고자 한다. 필자는 말레이시아 정치에 대한 이러한 분석 경향이 비교적 시각을 결여한 채 일국 분석에 치중한 탓이라고 판단하고, 이 글의 결론 부분에서 비교적 접근을 시론적으로 시도해 볼 것이다. 본 연구를 통해 필자가 제시하고자 하는 바는 (1) 말레이시아의 정치체제가 대다수 말레이시아 전문가들이 인정하는 정도보다 훨씬 미약한 민주성을 띤 '권위주의' 체제이며, (2) 동맹(Alliance)-국민전선(BN: Barisan Nasional, National Front)으로 이어지는 집권 정당연합이 구가해 온 50년간의 장기 집권과 패권정당적 의회 지배를 고착적으로 보는 전망들과 달리, 말레이시아의 권위주의 체제는 결코 정치변동과 민주화의 가능성으로부터 안전하지 못할 것이라는 점을 강조할 것이다. 바꿔 말하면, 말레이시아의 정치체제가 드러내 보이는 부분적, 유사적 민주주의로서의 특징은 일반적인 권위주의 체제의 전형적인 양상과 크게 다르지 않고, 말레이시아와 같이 장기적 1당지배 아래 안정적 권위주의 체제를 유지한 정권들도 순식간에 붕괴한 선례들이 많으며 말레이시아 또한 예외가 될 수는 없다는 것이다.

이 글은 동남아 국가들의 정치체제와 선거제도 및 과정을 소개한다는 본 공동연구의 취지에 좇아 기존 연구결과들을 종합적으로 정리하고 비판적으로 재구성하고자 하였다. 이 서론에 이어 본문은 정치체제, 선거제도, 정당체계 및 투표행태의 순으로 구성하고 결론을 대신하여 말레이시아 권위주의 체제의 변화 가능성과 선거제도의 개혁방향을 전망해 본다.

Ⅱ. 말레이시아의 정치체제와 선거: '선거권위주의' 체제

말레이시아의 정치체제를 규정하는 개념은 여럿 있지만 내포하는 바는 상호간에 큰 차별성을 보이지 않는다. 자주 언급되는 몇 가지만 들어보면, '반(半) 민주주의'(semi-democracy), '준(準) 민주주의'(quasi-democracy), '의사 민주주의' (pseudo-democracy), '억압적-반응적 체제'(repressive-responsive regime), '혼성국가'(syncretic state) 등으로써(Case 2004; Zakaria 1989; Case 2001; Crouch 1996a, 1996b; Jesudason 1995), 이 수식어들은 공히 말레이시아 정치가 민주주의로도 권위주의로도 볼 수 없는 양면적 성격을 겸비하고 있으며, 일반적인 권위주의 체제와 달리 상당히 장기적으로 안정된, '탄력성'(resilience)이 뛰어난 체제라는 것이다(Case 2001). 이러한 체제유형론과 성격 규정을 통해 말레이시아 연구자 대다수가 보이는 합의점은 사실상 말레이시아 정치의 민주적 요소나 속성이 기만적이거나 표피적인 것이 아니라 체제의 본질을 구성하는 한 부분이며, 바로 그러한 측면이야말로 말레이시아 정치체제가 지속적인 안정을 보이는 중요한 요인이라는 것이다.

그렇다면, 이들이 인정하는 말레이시아 정치의 민주적 측면이란 어떤 것인가? 첫째 이들은 모두 선거제도의 존재에 주목한다. 말레이시아에서 선거는 영국 식민통치 아래서 치러졌던 1952년 지방선거와 1955년 총선 그리고 1959년 최초의 자주 선거 이래 헌법이 규정한 바에 따라 5년 이내에 한 번씩 정례적인 총선과 지방선거를 모범적으로 실시해 왔다(**표 1** 참조). 말레이시아에서 선거는 높은 자발적 투표율을 자랑할 뿐만 아니라, 특정의 유권자 집단을 배제하지 않는 '포괄성'(inclusiveness)을 보인다. 이런 측면은 정례적인 선거의 중요성을 민주주의의 중요한 지표로 본 슘페터(Joseph Schumpeter)나 포괄적인 참여를 민주주의의 한 핵심 요소로 제시한 달(Robert A. Dahl)이 제시한 민주체제의 조건을 충족시키는 것으로 판단하게 하는 것이다.

둘째, 말레이시아 정부나 국민 모두가 선거에 대해 높은 관심과 뜨거운 열기를 나타내는 바, 이것은 말레이시아의 선거가 권위주의 체제가 단순히 불만을 무마하고 여론을 호도하며 대내외에 체제의 정당성을 선전하기 위해 실시하는 선거와 본질을 달리하기 때문이라는 것이다. 이러한 관심과 열기는 그만큼 말레

표 1 총선 실시 일자

총선 차수	독립 전	1	2	3	4	5	6	7	8	9	10	11
실시 연도	1955	1959	1964	1969	1974	1978	1982	1986	1990	1995	1999	2004
실시 일자	7/27	8/19	4/25	5/10	8/24-9/14	7/8	4/22	8/3	10/21	4/25	11/29	3/21

이시아 선거가 정부와 국민 모두에게 중대한 의미를 가지고 있음을 반영하는 것이고, 의미 있는 선거를 실시하는 만큼 말레이시아 정치체제는 민주적이라고 부를 수 있다는 것이다.

마지막으로, 말레이시아 정치, 특히 집권정부의 정책이 국민의 요구, 여망, 불만에 대해 '반응적'(responsive)이라는 점을 들어 그 체제가 민주주의적 성격도 갖고 있는 것으로 본다. 크라우치(Crouch 1996a)는 말레이시아 국가가 '억압적인'(repressive) 수단을 동원하기도 하지만, 선거를 통해 드러나는 국민들, 특히 토착인들의 민심을 읽어 그들의 요구나 불만에 적극적으로 대응함으로써 체제에 대한 지지를 끌어내고 높여 왔다고 주장한다. 인종폭동이 발발한 1969년 이후 말레이시아 정부는 신경제정책, 농촌개발프로그램, 이슬람화 등을 통해 과반수 국민을 구성하는 말레이인들을 물질적, 정신적으로 만족시켜 왔다는 것이다.

과연 이것을 근거로 권위주의와 민주주의 체제의 '중간쯤' 자리에 말레이시아를 놓을 수 있을까? 이상의 세 측면을 좀 더 면밀하게 관찰하고 비교적인 잣대로 평가해 보면, 대다수 권위주의 국가들과 근본적이거나 질적인 차이를 보이지는 않는다는 사실을 알 수 있다. 이 쟁점들에 대한 검토는 말레이시아 정치체제가 과연 민주주의의 가장 기본적인 요건을 충족하는가라는 문제와 밀접하게 관련되어 있다. 필자는 말레이시아는 명백한 권위주의 체제로서, 린쯔(Juan Linz)가 중요한 요소의 하나로 꼽은 '제한된 정도나마 다원주의'(limited pluralism)를 향유하고 있으며, 또 많은 권위주의 국가가 그러하듯이 선거를 정례적으로 실시하고 중시하지만 선거 자체만으로는 정치권력의 변화를 기대할 수 없다는 점에서 민주체제에서의 선거와는 본질적인 차이를 지닌다고 본다.

말레이시아는 민주주의, 그것도 최소한의 민주주의의 기본적인 요건들을 결여하고 있다. 슘페터-달을 좇아 다이아몬드, 립셋, 린쯔는 민주주의를 포괄적인 참여, 자유로운 경쟁, 시민적 정치적 권리의 보장을 그것으로 꼽았지만, 말레이시아는 엄격한 의미에서 이 중 어느 것도 갖추고 있지 못하다. 첫째, 참여의 포괄성과 관련하여 선거가 실시되는 현대 정치체제 대부분이 그러하듯 말레이시아 역시 모든 — 공산주의자들을 제외한 — 성인 남녀에게 참정권이 주어져 있다. 그러나 말레이시아 시민의 참정권은 중대한 결점을 안고 있는 바, 그것은 농촌에 거주하는 말레이인들과 다른 토착인들에게 도시에 거주하는 비토착인들, 특히 화인들에 비해 지나치게 과다한 대표성을 실질적으로 부여하고 있다는 사실이다. 말레이시아 정부는 선거구를 획정하면서 농촌지역에 과도한 가중치를 부여하고 또 게리맨더링을 통해 토착인 당선가능성을 높이는 이중적인 선거구 조작을 가한다. 도시 선거구를 농촌 선거구에 비해 유권자의 수가 최고 5배까지 이를 정도로 크게 만들고, 말레이 인구비율에 비해 20% 이상이나 많은 수의 말레이족 과반수 선거구를 획정함으로써 말레이인들의 과다 대표성을 부추기고 있다. 농촌 거주 말레이인의 한 표가 도시 화인의 두 표 이상과 맞먹을 정도로 표의 등가성에 문제가 크다면, 이는 민주주의의 가장 핵심적인 원칙인 정치적 평등(political equality)을 근본적으로 위배하고 있다고 볼 수밖에 없을 것이다.

다음의 둘째 및 셋째 요건에 대한 침해는 여기에 열거조차 하기 힘들 정도로 그 유형이 다양하고 사례가 많다. 우선 말레이시아인들은 정치적 자유와 권리를 포함한 기본권을 심각하게 제한 받고 있다. 60일까지 무단 구금할 수 있도록 허용하고 있는 국내 치안법(Internal Security Act)은 기회가 있을 때마다 정치적 반대자를 탄압하기 위한 수단으로 사용되어 왔으며, 경찰법(Police Act), 선동법(Sedition Act), 인쇄출판법(Printing Presses and Publication Act), 공무기밀법(Official Secrets Act), 대학법(Universities and University Colleges Act), 긴급법령(Emergency

Ordinance), 위험약품법(Dangerous Drug Act) 등 갖가지 이름의 법규들이 국민들의 언론, 집회, 결사의 자유와 기본적 인권을 제약하고 있다. 모든 주요 언론과 방송은 국민전선(BN) 소속 여당들이나 가까운 기업인들이 소유, 운영하고 있으며, 사법부도 1986~87년 통일말레이국민조직(UMNO: United Malays National Organization)이 내분에 휩싸였을 때 마하티르파에게 불리한 판결을 내린 대법원장을 포함한 대법원 판사 3명이 쫓겨나는 사태를 겪으면서, 전횡적인 정치권력을 감시, 견제할 수 있는 시민사회의 자율성이나 국가 내부의 통제 능력이 현저히 저하되었다. 다음 장에서 상세히 논하겠지만, 이밖에도 선거과정에서 행해지는 반대자에 대한 갖가지 차별, 감시, 통제, 탄압은 민주주의의 두 번째 필수적 요건을 구성하는 '경합'(contestation) 또는 '반대(opposition)의 자유'를 근본적으로 훼손하고 있다.

말레이시아인들이 선거에 대해 부여하는 중요한 의미와 깊은 관심에 대해서 간단히 언급해 둘 필요가 있다. 권위주의체제에서 볼 수 있는 선거에 대한 열기는 비단 말레이시아뿐만 아니라 뒤에 논할 제3세계 '선거 권위주의' 체제 전반에서 나타나는 꽤나 보편적인 현상이다. 과거 인도네시아 수하르또 권위주의 정권하에서 실시된 총선은 그 결과가 아무런 의미가 없었지만 현재의 민주주의 체제하에서보다 더 폭력적이었고, 필리핀은 마르코스 권위주의 시대부터 사회구조적 불평등이 선거를 통해 개혁될 수 없는 한계에도 불구하고 총선이 있을 때마다 매번 백 명 이상의 생명을 앗는 폭력과 테러 사태를 수반하였다. 말레이시아와 같이 이미 '이행 구간'(zone of transition)에 들어설 정도의 경제 수준을 가진 나라에서는 항상 선거에 대해 거는 기대가 크기 때문에 제도의 불공정함에도 불구하고 선거에 대한 관심은 크다고 할 수 있다. 그러나 더 중요한 것은 선거에 대한 관심과 열기가 아무리 높다 할지라도, 선거제도 자체가 지나치게 불공평하여 선거를 통해 정권이나 정치체제가 바뀔 수 없을 정도라면, 단순히 선거제도의 존재 사실로만 정치체제를 평가해서는 안 될 것이다. 실제로 말레이시아만큼 선거결과에 대한 반대파의 기댓값이 낮은 정치체제는 찾아보기 힘들다.

말레이시아의 선거 열기는 남다른 측면이 있다. 그것은 첫째 말레이인이 대다수를 이루는 선거구와 중국인들이 과반수를 차지하는 선거구에서 벌어지는 경합 때문이다. 양당제 민주주의 선거에서 볼 수 있는 치열한 접전이 말레이시아에서는 이러한 선거구에서 벌어진다. 전자에서는 UMNO측 후보와 범말레이시아이슬람당(PAS: Parti Islam Se-Malaysia)측 후보 간에, 그리고 후자에서는 말레이시아화인협회(MCA: Malayan Chinese Association)나 말레이시아민중운동(Gerakan)측 후보와 민주행동당(DAP: Democratic Action Party) 후보 간에 매 총선 때마다 물고 물리는 선거전이 전개된다. 로(Francis Loh Kok Wah)는 이러한 현상이, 그리고 크라우치는 개헌선인 총의석의 3분의 2를 차지하거나 저지하려는 국민전선과 야당들간의 치열한 싸움이, 말레이시아의 선거가 갖는 실질적 의미라고 하였다. 그러나 소수의 선거구에서 벌어지는 치열한 경합이 정치변동을 가져올 수 있는 선거결과에는 큰 영향을 미치지 못한다는 점에서, 이러한 현상이 말레이시아 정치체제의 권위주의적 특성을 바꾸지는 못한다.

간단히 말해, 말레이시아는 권위주의 체제의 일반적 형태에서 크게 벗어나지 않으며, 선거를 중시하는 어느 정도 발전하고 세련된 권위주의 유형으로 보아야 할 것이다. 모두에 언급한 각종 수식어가 붙은 민주주의보다, 헌팅턴이 말하는 '자유화된 권위주의'(liberalized authoritarianism), 다이아몬드(Diamond 2002)나 스케들러(Schedler 2002; 2006) 등이 개념화한 '선거 권위주의'(electoral authoritarianism)나 레비츠키와 웨이(Levitsky and Way 2002)가 제안한 '경쟁적 권위주의'(competitive authoritarianism)로 명명하는 것이 더 적절할 것이다. 여기서는 선거권위주의란 용어를 사용한다.

Ⅲ. 선거제도

선거제도(electoral system)란 통상 선거에 관련된 네 가지 사항을 결정하는 기본 규칙들로 이루어진다(Lim 2002, 102-103). 유권자의 자격, 당선자 결정방식, 선거구 획정, 선거관리 행정이 그것이다. 말레이시아의 경우, 선거제도의 기본 골격은 독립 직전에 실시된 첫 연방선거 때 이미 만들어졌지만, 이후 6차례에 걸친 수정이 가해진 결과, 지금은 말레이시아만큼 선거제도가 선거결과에 결정적인 영향을 끼치고 있는 나라가 없을 정도에 이르렀다.

먼저 투표권 문제를 살펴보면, 선거를 실시하고 있는 현대 국가들은 그 체제가 민주적이든 아니든 일반적으로 성인들에게 포괄적으로 유권자의 자격을 부여하고 있어 큰 문제가 되지 않는다. 다만, 말레이시아의 경우에는 21세라는 상대적으로 늦은 나이에 첫 투표권이 주어지고, 마하티르가 집권한 1981년 이후 집권여당은 항상 헌법이 규정한 시한보다 최소한 6개월을 앞당겨 총선 일자를 잡음으로써 새롭게 유권자가 될 수 있는 젊은 층을 선거에서 배제하는 효과를 얻고 있다. 1999년 11월 마하티르 총리는 헌법이 정한 시한보다 6개월 일찍 선거를 실시하였는데(**표 1** 참조), 그 결과 무려 68만 명 가량의 신생 유권자들이 선거에 참여할 수 있는 기회를 박탈당하였다(Heufers 2002, 47). 야당들의 공천연합인 대안전선(BA: Barisan Alternative, Alternative Front)이 크게 약진한 당시 선거에서 젊은 층의 야당지지율은 무려 27%나 늘었는데(Welsh 2004b, 151-52), 만약 총 등록 유권자 수의 7% 가까이 차지하는 이들이 투표에 참여하였더라면 더욱 중요한 변화가 초래될 수도 있었을 것이다. 2004년 제11차 총선에서 신임 압둘라 바다위(Abdullah Badawi) 총리는 취임 후 첫 총선을 최종 시한보다 무려 9개월이나 앞당겨 실시함으로써 이러한 관행을 반복하였다.

말레이시아 선거결과에 가장 직접적으로 영향을 미치는 것은 역시 뒤베르제 법칙대로 당선자가 결정되는 방식이다. 말레이시아는 한 선거구에서 한 사람을 당선시키는 1인선거구(single-member district)만 허용하고 있고, 거기서 가장 많이 득표한 후보 1인만을 당선자로 결정하는 단순다수제(simple plurality)를 택함으로써, 영국의회의 당선자 결정방식을 그대로 따르고 있다. 정치학 분야에서 몇 안 되는 법칙 중의 하나로 통하는 뒤베르제 법칙이란 다수제 방식은 큰 정당에게 유리하게 작용하여 양당제로 가는 경향을 낳는다는 것인데, 말레이시아의 경우 다음에서 논할 불공평한 선거제도, 다음 절에서 자세히 논할 왜곡된 형태의 협의주의(consociationalism), 그리고 말레이시아 정치를 압도해 온 종족적 균열까지 결합하여, 다수제는 집권연합인 국민전선(BN)에게만 일방적으로 유리하게 작용하는 반면 야당들은 복수의 소규모 정당들로 분열시키는 이른바 패권적 정당체계를 만들어낸 것이다.

말레이시아의 여당연합인 과거의 동맹(Alliance)과 현재의 국민전선(BN)은

표 2 총선별 여당 획득 의석수, 득표율 및 프리미엄

연도	총의석수(T)	BN의석수(G)	의석확보율 (S=G/T, %)	BN득표율 (V, %)	차이 (S-V, %)
1959	104	74	71.2	51.7	19.5
1964	104	89	85.6	58.5	27.1
1969	144	85	66.0	49.3	16.7
1974	154	135	87.7	60.7	27.0
1978	154	130	84.4	57.2	27.2
1982	154	132	85.7	60.5	25.2
1986	177	148	83.6	55.8	27.8
1990	180	127	70.6	53.4	17.2
1995	192	162	84.4	65.2	19.2
1999	193	148	76.7	56.5	20.2
2004	219	198	90.4	63.9	26.5

역대 선거에서 49.3~65.2%의 득표율로써 총의석수의 66~90.4%에 이르는 의석을 차지하였고, 1969년 단 한 차례의 선거를 제외하고 매번 여당 단독으로 개헌 의결을 할 수 있는 총의석수의 3분의 2를 획득하였다. 여당의 의석점유율과 득표율 간의 차이로 나타나는 제1당 프리미엄은 평균 23%로 매우 높게 나타나지만, 그것이 지난 50년간 일관되게 지속되어 왔다는 사실은 말레이시아의 민주화 전망을 더욱 어둡게 하는 것이다. 그러나 이렇게 높은 프리미엄이 오랫동안 지속될 수 있었던 배경으로 선거구의 크기와 다수제가 포함된 당선자 결정방식 한 가지만을 이야기할 수는 없다.

여당에게 유리하고 야당에게 불리한 선거제도는 선거구 획정에서 그 불공평함을 더욱 노골적으로 드러낸다. 선거구 획정은 지역별 의석수 및 선거인수 할당(apportionment)과 선거구역 분할(districting)로 구성된다. 말레이시아에 있어서 선거인수 할당상의 왜곡은 세 수준에서 이루어지는바, 동말레이시아-반도말레이시아로 나뉘는 지역 수준, 주(state) 수준, 마지막으로 도농 수준 등이 그것이다. 우선 사라왁과 사바 두 주로 구성된 동말레이시아는 1999년의 경우 유권자 비율은 17%에 불과하나 할당된 의석 비율은 25.4%에 이르러, 이 프리미엄은 최저 8.2%부터 최고 13.1% 사이에 일관되게 유지되었다. 주 단위의 왜곡은 대체로 농촌지역이면서 말레이족이 거주하는 동부 및 북부에 소재한 주들과 도시지역이면서 비말레이족이 주로 거주하는 서부에 소재한 주들 사이에 이루어지는데, 1994년의 경우 전자는 유권자 수에 대비하여 8석을 더 많이, 그리고 후자는 8석을 더 적게 배정받았다. 마지막으로 농촌-도시 간의 불균형은 가장 심각한 왜곡으로써 1994년 총선을 위해 재할당된 선거인수 가이드라인을 보더라도, 연방선거의 경우 농촌 선거구의 최소 선거인 수는 2만 명, 도시 선거구의 최대 선거인 수는 6만 9,000명으로 정하여 도농 간의 유권자의 불평등을 지나치게 높게 인정하고 있다. 더욱이 그 불평등은 현실에서는 더 크게 나타나, 7만 명이 넘는 도시 선거구의 수만도 무려 6개나 있었다(Lim 2002, 121). 지방선거를 위한 선거구 획정에서는

표 3 동말레이시아와 반도말레이시아 간 의석수 할당의 불균형

(%)	1974 이전	1974	1984	1994	1999
사바	5.5	4.8	5.7	3.4	3.0
사라왁	7.6	6.5	4.8	4.8	5.4
동말레이시아 합계	13.1	11.3	10.5	8.2	8.4
반도말레이시아	-13.1	-11.3	-10.5	-8.2	-8.4

출처: Lim 2002, 119를 볼 것.

도농간 격차가 무려 5배에 이르기도 하였다. 이러한 세 수준에서의 불균형은 모두 전통적인 여당지지 세력인 농촌지역 거주 말레이인들과 동말레이시아 거주 비말레이 토착인들로 구성되는 이른바 부미뿌뜨라(bumiputera)에게 더 높은 대표성을 부여하려는 의도가 담겨 있다. 이 중 특히 말레이시아의 다수민족이면서 제1여당 UMNO의 지지기반인 말레이인들에 대한 특별대우는 선거구 분할(districting)을 통해서도 노골적으로 제공된다.

말레이시아의 선거구 분할은 이른바 게리맨더링(Gerrymandering)의 전형을 보여준다. 말레이시아 선거위원회는 매 선거 직전 선거구 조정을 실시하였고, 그때마다 말레이족에게 유리하도록 선거구 경계를 변경하였다. 그 방법은 말레이족이 다수 내지 과반수를 이루는 선거구를 가능한 한 많이 만들어내는 것이다. 그 까닭은 종족투표의 경향을 보이는 말레이시아 선거에서 비말레이족 후보가 말레이족이 다수를 이루는 지역에서 당선되는 사례가 극히 희소하기 때문이다. 1969년 총선에서 크게 패한 UMNO와 이를 중심으로 새로 구성된 BN은 1973년 선거법 개정을 통해 게리맨더링을 대대적으로 자행하였다. 1969년 60개에 불과하던 말레이족 과반수 선거구수를 79개로 무려 9.6%나 늘였는데, 이는 반도말레이시아 선거구 총수의 69.3%에 해당하는 비율로 인구비율인 57.9%에 비해 무려 11.4%가 더 많은 것으로써, 그 이후 10% 이상의 프리미엄은 지금까지 거의 그대

표 4 반도말레이시아에 있어서 말레인인의 선거구 획정상의 이점

연도	1969	1974	1986	1994	1999
말레이인 과반수 선거구 수(C)	60	79	92	97	98
말레이인 과반수 선거구 비율(Mc)	57.7	69.3	69.7	67.4	68.1
말레이인 유권자 비(Mv)	55.7	57.9	55.3	56.3	56.7
말레이인의 획정 이점 (Mc-Mv)	2.0	11.4	14.4	12.1	11.4

출처:Lim 2002, 128을 볼 것.

로 유지되고 있다. 주별로 살펴보더라도, 1994년 말레이족 과반수 선거구 비율은 말레이족 유권자 비율에 비해 적게는 5~9% 많게는 19~24%에 이르렀다.

말레이시아 선거제도의 마지막 요소인 선거관리행정 역시 공정성을 크게 결여하고 있다. 말레이시아 연방헌법 113조와 선거위원회법(1957년 제정, 1970년 개정)은 선거위원회(Election Commission)에게 독립성을 부여하고, 선거인 명부 작성 및 개정, 선거구 획정, 그리고 선거의 집행 등의 권한을 부여하고 있지만, 독립 초기부터 계속된 정부 여당으로부터의 압력과 간섭 그리고 당파적 위원 임명 탓으로 위원들의 순수성과 위원회의 중립성은 크게 훼손되었다(Lim 2002, 113-15). 종종 선거위원회는 사실상 BN의 선거전 승리를 위한 한 도구(machine)로 전락하고 말았다고 비판을 받기도 한다. 선거인 명부 관리와 관련하여 이른바 '누락'(missing) 유권자와 '유령'(phantom) 유권자 문제가 계속 폭로되고 있다. 말레이계 여당인 UMNO와 여당연합이 대패하였던 1969년 선거 다음 총선인 1974년 총선에서 무려 30만 명 이상이 선거인 명부에서 사라졌는데, 대다수가 비말레이족, 특히 화인이었다(Crouch 1996a, 58). 사바에서는 이미 사망하였거나 실존하지 않는 사람이 버젓이 유권자로 등재되는 이른바 유령 유권자 현상이 선거 때마다 나타났다. 1990년 선거에서 총유권자의 4%에 해당하는 30만 명의 '불일치'(discrepancies)가 있었다는 점을 선거위원회 위원장과 비서가 인정하였다고 한다

(Lim 2002, 115). 선거구 획정에 있어서 선거위원회가 극도로 편파적임은 이미 앞에서 논한 바 있다.

선거위원회의 선거과정 집행은 비교적 공정하다는 평가를 받기도 하였으나, 그것은 이에 관련된 법과 규정이 이미 야당에게 매우 불리하게 되어 있기 때문에 그대로 집행하는 것만으로 충분히 소기의 목적을 달성할 수 있기 때문이다(Lim 2002, 124). 앞에서 언급한 공무기밀법, 소요법, 경찰법 등이 이미 야당의 선거운동에 근본적인 제약을 가하고 있으며, 1978년부터 야외집회가 금지되고 실내에서 행해지는 연설유세(ceramah)조차도 경찰의 허가를 받게 하였고, 1986년 총선부터는 캠페인 기간이 달랑 일주일로 줄었으며, 1990년 총선에 이르러서는 각 투표소에서 직접 개표하게 하는 등, 이 모든 선거관련 법규와 개정이 갈수록 야당에게 불리하도록 이루어져 왔다. 또한 군인과 경찰들의 부재자 투표와 우편투표 과정에 대해서는 아무런 관리감독을 하지 않으며, 투표용지와 부표에 일련번호를 매기는 관행은 비밀투표의 원칙을 근본적으로 침해하는 것이다. 결국, 선거과정과 관련된 제도는 선거위원회가 선거과정 운영과 감시를 굳이 불법적으로 할 필요가 없을 정도로 편파적으로 만들어져 있는 것이다.

선거제도와 직접적인 관련이 없기는 하지만 말레이시아 선거와 관련하여 특별히 언급되어야 할 문제는 선거과정에 있어서 언론과 방송의 역할이다. 말레이시아의 대중매체가 선거운동기간 중 여당과 그 후보를 노골적으로 지원하는 보도나 비평을 한다는 사실은 많은 분석과 연구가 충분히 밝혀낸 바 있다(Mustafa 1990; 2002; 2003; Wong 2001). 1999년 선거에서 '주류'(mainstream) 신문들의 선거 관련 기사의 정당 편향성을 분석한 웡(Wong 2001)의 연구를 보면, BN과 BN측 후보에 유리한 뉴스 보도가 평균 50% 정도, 비평이 20%, 독자투고가 7% 정도인데 반해, 야당연합인 대안전선(BA)과 후보에게 유리한 기사는 각각 15%, 0%, 0%로 도저히 비교가 되지 않을 정도였다. BN에 불리한 기사는 각각 0.6%, 0%, 0%로 거의 찾아 볼 수가 없었다. 이것은 매우 억압적인 언론 관련 법제 및 정부의 언론탄압의 역사 그리고 주류 언론사의 소유구조를 보면 지극히 당연한 결과임을 알 수가 있다. 1984년 여러 언론 탄압법을 하나로 '집대성'한 인쇄 및 출판법(1988년 개정)과 언론인들을 감옥으로 보내기 위해 걸핏하면 거는 국가보안법(ISA)과 공무기밀법의 존재로 인하여, 말레이시아는 국경 없는 기자회(Reporters sans Frontieres)가 매년 매기는 언론의 자유 순위에서 2004년에는 139개국 중 122위, 2005년에는 110위를 얻어 사회주의 및 아랍 국가들과 함께 최하위를 차지하였다. 말레이시아의 일간지들은 거의 모두가 UMNO, MCA, MIC(Malayan Indian Congress, 말라야 인도인의회)를 포함한 여당이 소유하거나 관계된 회사가 소유하거나 통제하고 있으며, 친야적인 일간지는 단 하나도 없는 실정이다(Zaharom 2002).

Ⅳ. 정당체계와 투표행태

말레이시아의 정당체계는 흔히 '1당우위체계'(single-party-dominant system) 내지 '패권정당체계'(hegemonic party system)로 분류된다(MacIntyre 2003, 46; Crouch 1996a, 6). 사르토리(Sartori 1976)에 의하면, 전자는 민주체제에서 후자는 권위주의 체제에서 나타나는 것으로 양자를 구분하고 있으나, 대다수 정치학자들은 이 둘을 동일한 의미로 사용한다. 이것은 한 정당이 압도적으로 우위를 점하고 있을 뿐만 아니라, 제1당의 지위를 다른 정당이 결코 넘볼 수 없을 정도로 강력한 일당과 매우 허약한 야당(들)이 존재하는 정당체계를 말한다. 그러나 유일정당이 지배하는 공산주의 체제와는 달리 야당이 하나 이상 존재하며, 야당들의 정당활동과 선거참여는 제한적이나마 어느 정도 실질적으로 허용된다. 이런 정당체계는 통상 선거권위주의 체제에서 나타나지만, 과거 일본처럼 민주주의 체제에서도 나타나는 경우가 있다. 말레이시아의 국민전선(BN)은 1974년 이후 의석점유율

표 5 1969년 이전 정당별 역대 총선 확보 의석수(비율, %)

연도	1955	1959	1964	1969
총의석수	52(100)	104(100)	104(100)	144(100)
AL(동맹)	51(98.1)	74(71.2)	89(85.6)	77(53.5)
PAS	1(1.9)	13(12.5)	9(8.7)	12(8.3)
PN	0	1(1.0)	0	-
PPP	0	4(4.8)	2(1.9)	4(2.8)
SF	-	8(7.7)	2(1.9)	
MP	-	1(1.0)		-
UDP	-	-	1(1.0)	-
PAP	-	-	1(1.0)	-
DAP	-	-	-	13(9.0)
USNO	-	-	-	13(9.0)
SNAP	-	-	-	9(6.3)
GRM	-	-	-	8(5.6)
SUPP	-	-	-	5(3.5)
PESAKA	-	-	-	2(1.4)
Independents	0	3(2.9)	0	1(0.7)

에서 항상 70%를 넘었으며, 그것의 전신인 동맹(Alliance)도 1969년 총선을 제외하고는 74% 이상을 확보하였다. 반면 어느 야당도 15% 이상의 의석을 차지한 적이 없었다. PAS와 DAP의 의석이 10%를 넘어 선 적은 총 11번의 총선 중 두 차례씩 있었을 뿐이다.

BN은 14개의 독자적인 정당들로 구성된 연합체이지만, 선거법상 1개의 정당으로 등록되어 있고, 총선에 임하여 모든 선거구에서 한 정당의 후보만을 내는 연합공천을 하고, 선거 후에는 연립내각을 구성하여 함께 정부를 운영한다는 점에서 일반적인 정당연합보다 통상적인 정당에 더 가깝다(MacIntyre 2003,

표 6 1974년 이후 정당별 역대 총선 의석 수(비율, %)

연도	1974	1978	1982	1986	1990	1995	1999	2004
총의석수	154 (100)	154 (100)	154 (100)	177 (100)	180 (100)	192 (100)	193 (100)	219 (100)
BN(국민전선)	135 (87.7)	131 (84.4)	132 (85.7)	148 (83.6)	127 (70.6)	162 (84.4)	148 (75.6)	198 (90.4)
DAP	9 (5.8)	16 (10.4)	9 (5.8)	24 (13.6)	20 (11.1)	9 (4.7)	10 (5.7)	12 (5.4)
PAS*	-	5 (3.2)	5 (3.2)	1 (0.6)	7 (3.9)	7 (3.6)	27 (13.5)	7 (3.2)
Semangat 46					8 (4.4)	6 (3.1)		
KeADILan							5 (2.6)	1 (0.5)
PBS					14 (4.8)	8 (4.2)	3 (1.6)	
SNAP	9 (5.8)							
PEKEMAS	1 (0.6)							
SAPO		1 (0.6)						
Others & Independents	0	1 (0.6)	8 (5.2)	4 (2.3)	4 (2.2)	0	0	1 (0.5)

주: *PAS는 1974년 총선에서 BN에 참여하였고 총선 직후 탈퇴하였음.

45-47). 또한 선거 후 연립내각을 구성하기 위해 일회적으로 모인 정당연합(multi-party coalition)과 달리, 말레이시아의 BN은 선거에서 승리하기 위해 지속적인 연대 및 협력 관계를 유지한다. BN이 단일 정당이 아님에도 불구하고, 말레이시아의 정당체계를 패권적 또는 1당우위로 규정하는 근거가 여기에 있다. 그러나 다른 한편으로 BN의 회원 정당들은 독자적인 당헌, 정강, 당원, 지지기반, 구조를 가진 독립 정당으로써 평상시에는 따로 활동한다. 심지어는 이 정당들 간에 존재하는 이념이나 정체성의 차이가 심각한 갈등을 빚기도 한다.

표 7 정당별 총선 득표율 추이, 1955-2004

정당 \ 선거연도	1955	1959	1964	1969	1974	1978	1982	1986	1990	1995	1999	2004
투표율	82.8	73.3	78.9	73.6	75.1	75.3	74.4	68.1	72.3	68.3	71.1	
AL(동맹)	81.7	51.8	58.5	44.8								
BN(국민전선)					60.8	57.2	60.5	57.3	53.4	65.2	56.6	63.9
PAS	4.1		14.6	20.9		15.5	14.5	15.6	7.0	7.2	15.0	15.2
DAP				12.1	18.3	19.1	19.6	21.0	17.6	12.0	12.7	9.9
S46									14.8	10.4		
KeADILan											11.5	8.9
SF		12.9	16.1									
PN	7.9	2.1										
PPP	0.1	6.3	3.4	3.4								
MP		0.9										
UDP			4.3									
PAP			2.0									
GRM				7.5								
SUPP				3.0								
SNAP				2.7	5.6							
USNO				1.3								
PESAKA				1.3								
PR				1.1								
PEKEMAS					5.0							
PSRM					4.0							
PBS									2.3	3.3	2.2	
PRM											1.0	
SAPO						0.3						
기타	3.1		0.4	0.1	0.5	3.2	1.6	3.0				
무소속	3.2	4.8	0.7	1.8	5.9	4.6	3.8	3.2				
기타 및 무소속									4.9	2.0	1.0	2.1

BN이 정당연합이라고 하더라도 회원 정당들이 권력을 평등하게 균점하는 그런 연합은 결코 아니다. 맥킨타이어(MacIntyre 2003, 45-47)는 BN의 권력구조를

동심원으로 해석하여, 그 중심에 수상이 있고, 다음에 UMNO 지도부, 그 다음에 내각에 참여하는 다른 정당의 지도부가 자리잡고 있으며, 외곽에 평당원들이 있다고 보았다. 실제로, BN의 핵심에는 UMNO가 있어 UMNO 지도부 선거는 매우 경쟁적이다. UMNO의 의장과 부의장의 한 사람은 각각 수상과 부수상이 된다. 25개의 선출직에 뽑히게 되면 전국적 인물로 부상하여 장차 내각과 지도부에 이르는 출셋길이 보장된다.

말레이시아 정당체계를 형성한 첫 번째 균열은 단연 종족(인종) 문제이다. BN의 전신인 동맹(Alliance)을 구축하기 이전에 이미 세 종족을 대표하는 정당들이 설립되어 있었으므로, 종족균열이 주요 정당을 만들어낸 것이다. 그 이후 창설되어 존속한 대다수 정당들, 특히 동말레이시아의 정당들도 종족성에 기반을 둔 정당이었다. 현재 BN에 참여하고 있는 14개 정당 모두가 말레이인, 화인, 인도인, 그리고 다양한 사바와 사라왁의 토착 소수종족을 지지기반으로 둔 정당들이다. 심지어 양대 야당인 범말레이시아이슬람당(PAS)과 민주행동당(DAP)도 종교적, 정치적 목표를 지향하기는 하나 주요 지지기반은 역시 종족이다. 민주주의와 사회정의의 실현을 최우선으로 내세운 정의당(KeADILan: Parti Keadilan Nasional: National Justice Party)이 범종족적 지지를 받으며 등장하여 1999년 선거에서는 강한 바람을 일으켰으나, 2004년에는 겨우 1석을 얻는데 그쳐 존폐위기까지 몰렸다. 2004년 9월 전 부수상 안와르 이브라힘(Anwar Ibrahim)이 석방되어 부인 아지자(Wan Azizah Wan Ismail)가 이끌고 있던 정의당이 큰 힘을 얻기는 했으나 반세기 넘게 말레이시아 정치를 종단해 온 종족정치에 얼마만큼 근본적인 변화를 가져다 줄 것인지는 다음 선거 때까지 기다려 보아야 할 일이다.

말레이시아 정당체계를 만들어 낸 두 번째 균열은 종교적, 문화적 다원주의 대 일원주의라고 할 수 있다. 양대 야당 중의 하나인 PAS는 이슬람교에 대한 신념과 태도를 놓고 UMNO와 더 많은 말레이인들의 지지를 얻기 위해 대결을 벌인다. 상당히 원리적인 이슬람을 추구하는 PAS와 이보다 세속적인 UMNO

그림 1 말레이시아 주요 정당들의 공간경쟁

(이념 및 정책) ← 다원주의적, 세속국가 일원주의적, 이슬람국가 →

(정당 및 연합) DAP <----> [MCA → BN ← UMNO] <----> PAS

주) <----> 경합
→ BN ← BN(국민전선)을 통한 선거연합

간에는 이슬람법의 도입과 이슬람국가의 건설 문제에 대해 첨예하게 대립되는 입장을 보인다. 다른 한편, BN의 다른 회원 정당인 말레이시아화인협회(MCA: 馬華公會)는 야당인 DAP와 민주주의와 화인의 문화적 권리를 놓고 지지기반인 화인사회를 공략한다. 다소 단순한 도식화를 시도하여 UMNO, MCA, PAS, DAP를 동일 스펙트럼에 놓아 본다면, **그림 1**에서 보는 것처럼 좌에서 우로 DAP, MCA, UMNO, PAS를 각각 위치시킬 수 있을 것이다.

이 그림은 왜 말레이시아 정당체계가 쉽게 변화하지 않고 있는지를 쉽게 이해하게 해 준다. 즉 BN은 이 스펙트럼에서 중앙을 차지하고 있어 지지자를 모으기 쉬운 반면, 두 야당은 양 극단에 자리하고 있어 그렇지 못하다. 다운즈(Downs 1957)의 공간경쟁(spatial competition) 이론에 따르면 이념적으로 양 극단에 있는 정당들은 중앙으로 다가가야만 더 많은 지지자들을 확보할 수 있으므로 점점 중앙으로 움직이게 되고 그러다보면 이념정당보다는 포괄정당(catch-all party), 급진 정당보다는 온건 정당을 지향하는 경향이 생겨난다. 그러나 말레이시아 정치가 보여주는 바는 다운즈의 가설과는 다르게 이 두 정당이 오히려 더 극단으로 움직이는 경향을 볼 수 있다. 왜냐하면 말레이시아 정당과 유권자들은 다운즈의 정당이나 유권자들처럼 경제적 정책이나 이익을 추구하는 것이 아니라 종교적, 종족적 정체성이나 가치와 같이 결코 타협하거나 교환할 수 없는 가치를

표 8 중국인 과반수 선거구 24곳의 후보별 득표수, 1999

선거구	MCA	Gerakan	DAP	Others	Spoilt	Total	당선자 소속 정당
Bagan	24,999	n.a.	27,757	n.a.	1,084	53,840	DAP
Bukit Mertajam	23,937	n.a.	26,874	n.a.	1,107	51,918	DAP
Bukit Bendera	n.a.	24,280	24,176	n.a.	1,051	49,507	Gerakan
Tanjong	n.a.	18,960	23,437	n.a.	993	43,390	DAP
Jelutong	n.a.	21,491	20,716	n.a.	1,012	43,219	Gerakan
Bayan Baru	35,762	n.a.	26,281	n.a.	1,144	63,187	MCA
Ipoh Timor	25,273	n.a.	23,146	427	808	49,654	MCA
Ipoh Barat	25,155	n.a.	21,477	215	1,016	47,863	MCA
Batu Gajah	17,796	n.a.	19,867	186	925	38,774	DAP
Beruas	n.a.	14,256	12,801	457	782	28,296	Gerakan
Kampar	23,030	n.a.	15,567	n.a.	1,084	39,681	MCA
P. J. Utara	25,603	n.a.	23,122	706	517	49,948	MCA
P. J. Selatan	24,581	n.a.	20,736*	457	772	46,546	MCA
Seradang	37,210	n.a.	33,111	n.a.	1,707	72,028	MCA
Klang	30,201	n.a.	24,528	570	956	56,255	MCA
Kepong	n.a.	23,319	25,085	1,003	271	49,678	DAP
Bukit Bintang	17,981	n.a.	19,115	198	733	38,027	DAP
Seputeh	23,457	n.a.	28,657	591	249	52,954	DAP
Cheras	18,587	n.a.	27,579	n.a.	217	46,383	DAP
Rasah	28,725	n.a.	27,437	n.a.	1,826	57,988	MCA
Kota Melaka	23,944	n.a.	33,611	n.a.	1,277	58,832	DAP
Bakri	25,676	n.a.	12,316	n.a.	1,375	39,367	MCA
Senai	32,237	n.a.	14,704	n.a.	1,581	48,522	MCA
Gelang Patah	40,570	n.a.	14,165	n.a.	1,251	55,986	MCA

주: 평균득표율은 BN (MCA and Gerakan)이 51%, BA (DAP and PRM)가 46%임.

* PRM.

n.a. = Not applicable

출처: *New Straits Times*, 1 December 1999를 변형.

추구하는 까닭에, 만약 더 중앙으로 옮겨가게 되면 BN과 차별성이 사라져 오히려 지지기반을 상실하게 되기 때문이다.

나아가 이러한 양상의 스펙트럼은 PAS와 DAP를 항상 딜레마 상황으로 몰아넣었다. 이슬람국가를 지향하는 말레이족 정당 PAS와 세속적인 민주국가를 목표로 삼는 화인 정당 DAP는 원래부터 가치, 세계관, 이념, 지지기반 등을 둘러싸고 근본적인 차이를 보여 서로 연대하거나 협력할 수 없는 한계를 가지고 있었다. 지난 30여 년 동안 BN 연립정권이 추구한 경제성장 정책과 인종주의적인 신경제정책(NEP)은 이슬람정당인 PAS와 화인정당인 DAP로 하여금 정책에 대한 평가를 둘러싸고 더욱 대립적으로 만들었다. 그럼에도 불구하고, 갖가지 제도적 이점을 이용하여 압도적인 우위를 유지하고 있는 BN에 대항하기 위해서는 야당들도 힘을 합쳐 BN처럼 정당연합을 구축하는 길밖에 없다고 볼 수 있다. 실제로 과거의 총선 결과를 살펴보면, 주요 정당들이 모두 또는 부분적으로 연합하거나 협력했던 선거가 그렇지 못한 선거보다 더 좋은 결과를 가져다주었다는 것을 알 수 있다. 그러나 이념적, 종교적으로 서로를 수용하고 다가가려는 노력 없이 일시적 변통으로 이루어진 선거 연합은 총선 직후 항상 분열과 대립으로 되돌아가는 관행을 반복하여 왔다(Lim 2002, 136-37).

종족성과 종교에 기반을 둔 패권적 정당체계가 지속적, 고착적인 탓에 변화를 기대하기가 힘들다면, 유권자들에게 기대를 걸어 볼 수밖에 없을 것이다. 유권자들의 투표행태에 대해서는 말레이시아에서는 여론조사가 흔하지 않아 자세히 알아 볼 길이 없다. 그래도, 선거구의 인구학적 특성과 정당별 득표를 연계시켜 보면 단편적으로나마 말레이시아인들의 투표성향을 추론해 볼 수가 있다. 최근에는 투표행태를 분석한 연구들도 다수 등장하기 시작하였다. 투표행태에 관하여는 이 글의 결론을 맺는 다음 장에서 말레이시아 정당정치의 변화 가능성과 민주화 전망과 관련시켜 논의하기로 한다.

Ⅴ. 정당정치의 변화 가능성과 민주화 전망

서론에서 얘기하였듯이 제11대 총선이 실시된 2004년 이후 대다수 말레이시아 전문가들은 말레이시아 정치의 변화 가능성에 대해 비관적인 전망을 내놓았다. 1997년의 경제위기와 뒤이은 안와르 이브라힘에 대한 탄압과 구속으로 인해 확산된 개혁(Reformasi) 열기, 다종족 온건정당인 KeADILan의 출현, 특히 3대 야당의 대안전선(BA) 구축 성공 등의 유리한 상황 전개와 요인들은 1999년 총선에서 야당들로 하여금 1990년에 못지 않은 성공적인 선거결과를 거두게 하였지만(**표 6**과 **표 7** 참조), 민주화의 계기로 이어가기에는 총선 이후 반동적인 추세가 너무 강하였다. 마하티르의 반IMF 정책에도 불구하고 성공을 거둔 금융위기로부터 탈출과 성장세의 회복, 야당지도부에 대한 탄압과 KeADILan 지도부의 분열, 안와르에 대한 국민들의 망각, 전반적인 개혁 열기의 약화, 마하티르의 퇴진과 특히 압둘라 바다위 수상의 성공적인 권력승계, 특히 2004년 총선에서 BN의 압승은 총선 직후 가득 부풀어 올랐던 변화에 대한 기대를 점차 사라지게 만들었다. 대다수 유권자들은 변화보다는 안정을 택했고 민주주의 대신 발전을 택하는 '개발주의'(developmentalism)의 구매자가 되고 말았다(Loh and Khoo 2002; Loh 2003).

그렇다면, 말레이시아의 권위주의 체제는 오히려 '공고화'되고 있는가? 민주주의로의 이행 가능성은 다시 사라지고 말았는가?

그 답은 말레이시아 선거정치를 비교적인 시각에서 조망하고 말레이시아인들의 투표행태를 면밀하게 분석해 봄으로써 찾을 수 있을 것이다. 대다수 말레이시아 전문가들의 비관적인 전망과는 달리 필자는 아래 몇 가지 중요한 변화로부터 말레이시아 정치의 민주화 가능성을 읽을 수 있다고 판단한다.

우선 말레이시아인들이 선거에 대해 갖는 관심을 들 수 있다. 앞서 언급하였듯이, 선거 자체가 충분히 자유롭고 공정하지 못하고 선거에 대한 열기와 관심이 일부 지역이나 특정 후보에 한정되기는 하지만, 적지 않은 선거구에서 금권(money), 대중매체(mass media), 관권(machine)을 뜻하는 3M을 극복하고 여당 후보와 접전을 벌이고 이를 총선 때마다 반복하는 민주적인 선거정치를 연습해 왔다. 1999년 총선결과에 대한 로(Loh 2003, 267)의 분석에 의하면 득표율 5% 미만의 차이로 당락이 결정된 선거구가 26곳이고 5~10% 차이를 보인 선거구가 24곳으로, 말레이시아 전체 선거구의 35% 가까이가 10% 미만의 차이로 결과가 갈라진 것이다. 그 중에서 여당이 29군데, 야당이 21군데를 승리하였는데, 50개 선거구 중 37개가 말레이인 밀집 선거구와 화인 과반수 선거구였다. 이러한 결과는 몇 가지를 시사하고 있는데, 특정 종족 밀집 지역에서는 종족정치가 사라지고 다른 요인이나 쟁점이 작용하고 있으며, 불과 5~6% 정도의 지지층을 변화시키는 바람이 있었다면 50석 모두를 야당이 휩쓰는 엄청난 결과를 가져다 줄 수 있고, 만약 BN이라는 여당 정당연합이 깨어지면 종족 복합 선거구의 장점이 한꺼번에 사라질 가능성이 있다는 것이다.

둘째, 말레이시아 유권자들이 야당의 통합이나 연합에 대해 거는 기대이다(Brown 2004). 야당이 1990년과 1999년과 같이 실제로 연합을 구성하거나 1969년 총선처럼 정당연합을 결성하지는 않았어도 연합공천을 한 경우, 야당의 지지도는 크게 상승하였다. 반면 1995년이나 2004년과 같이 연합 구축에 실패하고 많은 선거구에 복수후보를 낸 경우는 크게 실패하였다. 유권자들은 정확하게 자신이 던질 표의 가치를 계산하고 있다고 볼 수 있다. 야당이 연합공천을 하느냐 않느냐에 따라 득표율이 4~10%씩 상승하락하고 있는 것이다. 이제 몇 차례 반복된 실험을 통하여 야당들도 충분히 그 효과를 인식하고, 2004년의 패배 경험이 야당으로서는 중요한 교훈이 될 수 있다면, 다음 선거에서는 좀 더 진지한 연대와 협조의 노력이 있을 것이다.

셋째, 말레이시아 젊은 유권자 층의 투표성향의 변화를 꼽을 수 있다. 앞서 언급한 웰쉬(Welsh 2004b)가 밝힌 바와 같이, 1999년 선거에서 젊은 층은 개혁과 변화를 표방하는 새로운 정당 KeADILan에 대거 투표하였다. 비록 2004년 선거에서는 등을 돌려 발전과 위로부터의 개혁에 투표한 것으로 보이지만, 젊은 세대의 투표행태가 전통적인 종족성의 벽을 뛰어 넘어 새로운 변화와 미래에 투표할 가능성은 얼마든지 있다. 이러한 가능성을 열어주기 위해서는 야당들이 연합하여 여당의 대안이 될 수 있음을 보여주든지, 아니면 새로운 정당이 등장하여 야당을 통합할 수 있는 잠재력을 보여주어야 할 것이다.

넷째, 1986년 선거 이후 새로운 정당이 꾸준히 등장하여 부분적인 성공을 거두고 있는 점을 들 수 있다. 1990년과 1995년 Semangat '46 그리고 1999년과 2004년 KeADILan의 사례가 바로 그것이다. 비록 전자는 지도자의 이반으로 실패하고 말았지만 새로운 말레이 정당을 갈망하는 말레이인들의 여망을 보여주었고, 후자는 비록 2004년 선거에서 크게 위축되어 비록 1명을 당선시키는 것에 그쳤으나, 아직도 지지율이 9% 선에 이르고 있다는 점과 최근에 석방된 안와르가 정당 재건에 나섰다는 점이 이 다종족 정당에 대한 지속적인 기대를 갖게 한다. 이 선거들은 통합적, 실용적, 민주적 정당이 새롭게 등장한다면, 선풍적인 인기를 모을 수 있음을 보여 주었다.

다섯째, 말레이시아 유권자들의 자각을 들 수 있다. 말레이시아는 국민소득이 4,000달러를 넘어, 헌팅턴이 말하는 민주주의를 위한 '이행구간'(zone of transition)에 이미 들어섰다고 할 수 있다. 말레이시아는 교육수준도 높을 뿐만 아니라, 지도자들의 적극적인 외교자세로 인해 외부세계에 대한 정보도 많고 세계화 수준도 인근 국가에 비해 높다고 볼 수 있다. 이러한 사회경제적 수준에 비해, 말레이시아의 정치수준은 과도하게 낮은 편이라고 할 수 있다. 여기에는 국가보안법 등 각종 악법으로 기본권을 제약하고 정치적 자유를 해칠 뿐 아니라, 불공평한 선거관련 제도와 법규, 편파적인 선거위원회, 정부 여당의 언론 및 방송 독점 등, 국가의 책임이 누구보다 크다는 사실을 말레이시아 유권자들이 서서히 자각하기 시작했다고 볼 수 있다(Lim 2002, 137).

마지막으로, 비교적 관점이 가져다 줄 수 있는 낙관적 전망을 생각해 볼 수 있다. "제3의 민주화 물결"을 탄 나라들의 경험을 비교해 보면, 민주화 직전 정치적 상황이 말레이시아보다 못한 나라들이 수없이 많았다는 사실을 깨닫게 된다. 한국, 대만, 멕시코, 인도네시아와 같은 나라들도 모두 1당우위나 패권적인 정당체계를 가지고 있었고, 야당은 분열되어 국민들의 전폭적인 지지를 얻지 못했다. 말레이시아 또한 야당이 허약하고 분열되어 있지만, 총선에 출마한 모든 야당후보에 대한 지지율을 합하면 최소한 35%에서 최대 50%에 육박하고 있다. 10% 정도의 지지율 하락은 여당연합에게 결정적인 타격을 줄 수 있으며, 이 정도의 정당지지도 변화는 상황적 요인에 의해서도 초래될 수 있다는 점을 다른 민주화 사례들은 보여준다. 무엇보다도 세계화 시대에는 민주적 가치와 제도의 범지구적 확산을 막기가 쉽지 않다. 특히 인도네시아, 태국, 필리핀 등, 이웃 국가들이 연달아 민주주의로 이행하고 있는 시점에서, 아세안 국가들의 경제발전과 지역통합의 선도자를 자처한 말레이시아가 언제까지 기만적인 '선거권위주의'로써 체제를 유지할 수 있을 것인지 의구심을 갖지 않을 수 없다.

정치변동은 하룻밤 사이에 일어날 수도 있다.

보론

2008년 3월 8일에 실시된 제12대 총선은 말레이시아 정치의 새로운 장을 열었다. 이 선거에서 여당 연합인 국민전선(BN: Barisan Nasional, National Front)은 역사상 최악의 참패를 기록하였는데, 득표율이 63.9%에서 50.3%로 13.6% 줄고, 의석수는 198석에서 140석으로 58석(27.3%) 감소하였다. 또한 BN은 지방의회 선거에서 더 큰 패배를 맛보았는데, 총 13개 주 중 5개 주에서 과반의석을 얻는 데 실패하여 그 지방정부를 야당에게 내 주어야 했다. 반면 야당들이 총선 직전 결성한 인민전선(PR: Pakatan Rakyat, People's Front)은 21석에서 82석으로 무려 61석이나 늘어나는 대승을 거두었고, 특히 안와르 이브라힘(Anwar Ibrahim)이 사실상 이끄는 신생 정당 인민정의당(PKR: Parti Keadilan Rakyat, People's Justice Party)은 31석을 획득하여 일약 원내 제2의 정당으로 부상하였다. 전신 정의당(KeADILan)의 의석수는 안와르의 부인인 아지자(Wan Azizah Wan Ismail)가 갖고 있던 1석에 불과하였다. BN의 참패와 PR의 대승은, 별도의 엄격한 분석을 통해 그 요인들이 밝혀져야겠지만, 필자가 이 글의 결론에서 제시했던 야당 연합 구축의 성공, 유권자들의 새로운 정당에 대한 희구, 민주화 물결의 확산 효과 등의 적극적 요인들과 압둘라 바다위(Abdullah Badawi) 총리의 지리멸렬한 개혁 추진에 대한 실망감과 같은 소극적 요인에서 비롯된 것으로 보인다. 본고는 이번 총선이 실시되기 2년 전인 2006년 6월에 완성되었으며, 총선 결과를 반영하여 내용이나 주장을 수정하지는 않았다.

참고문헌

The Election Commission Malaysia (Suruhanjaya Pilihanraya Malaysia). *Report on the Parliamentary and State Elections, 1959.*

______. *Report on the Parliamentary and State Legislative Assembly General Elections 1964 of the States of Malaya.*

______. *Report on the Parliamentary (Dewan Ra'ayat) and State Legislative Assembly General Elections 1969 of the States of Malaya, Sabah and Sarawak.*

______. *Report on the Parliamentary (Dewan Ra'ayat) and State Legislative Assembly General Elections 1974 of the States of Malaya and Sarawak.*

______. *Report on the General Elections to the House of Representatives and the State Legislative Assemblies other than the State Legislative Assemblies of Kelantan, Sabah and Sarawak 1978.*

______. *Report on the Malaysian General Elections 1982.*

______. *Report on the Malaysian General Elections 1986.*

______. *Report on the Malaysian General Elections 1990.*

______. *Report of the General Election Malaysia 1995.*

______. *Report of the General Election Malaysia 1999.*

신명순 · 이선향. 2002. "말레이시아 정당 정치의 특성과 민주화의 문제." 『한국정치학회보』 36(4).

정영국. 1996. "말레이시아 협의민주주의와 UMNO정치." 『동남아의 정치리더십』. 서울: 서울프레스.

황인원. 2003. "말레이시아에서의 정치위기와 체제변동의 동학." 『동남아시아연구』 13(2).

Abdul Aziz Bari. 2003. *Malaysian Constitution: A Critical Introduction.* Kuala Lumpur: The Other Press.

Barraclough, Simon. 1985. "The Dynamics of Coercion in the Malaysian Political Process." *Modern Asian Studies* 19(4).

Brown, Graham. 2004. "The Enemy of My Enemy?: Opposition Parties during the Mahathir Years." in Welsh(2004a).

Case, William. 1996. *Elites and Regimes in Malaysia: Revisiting a Consociational Democracy.* Clayton: Monash Asia Institute.

______. 2001. "Malaysia's Resilient Pseudodemocracy." *Journal of Democracy* 12(1).

______. 2004. "Semi-democracy under Mahathir." in Welsh(2004a).

Cham, B. N. 1975. "Class and Communal Conflict in Malaysia." *Journal of Contemporary Asia* 5(4).

Chandra Muzaffar. 1982. "The Malaysian General Election: An Analysis." *Contemporary Southeast Asia* 4(1).

Crouch, Harold. 1996a. *Government and Society in Malaysia.* Ithaca and London: Cornell University Press.

______. 1996b. "Malaysia: Do Elections Make a Difference?" R. H. Tayor, ed. *The Politics of Elections in Southeast Asia.* Cambridge: Cambridge University Press.

Crouch, Harold, Lee Kam Hing and Michael Ong, eds. 1980. *Malaysian Politics and the 1978 Election.* Kuala Lumpur: Oxford University Press.

Dahl, Robert A. 1971. *Polyarchy: Participation and Opposition.* New Heaven: Yale University Press.

Diamond, Larry. 2002. "Thinking about Hybrid Regimes." *Journal of Democracy* 13(2).

Downs, Anthony. 1957. *An Economic Theory of Democracy.* New York: Harper and Row.

Gomez, Edmund Terence. 1996. *The 1995 Malaysian General Elections: A Report and Commentary.* Occasional Paper 93. Singapore: ISEAS.

______, ed. 2004. *The State of Malaysia: Ethnicity, Equity and Reform.* London and New York: RoutledgeCurzon.

______ and K. S. Jomo. 1998. "Authoritarianism, Elections and Political Change in Malaysia." *Public Policy* 2(3).

Haji Maarof bin Haji Salleh and Noorashikin Abdul Rahman. 2004. "Malaysia's 2004 General Elections: An Assessment." Trends in Southeast Asia Series 11. Singapore: ISEAS.

Heng Pek Koon. 1988. *Chinese Politics in Malaysia: A History of the Malaysian Chinese Association.* London: Oxford University Press.

Heufers, Rainer. 2002. "The Politics of Democracy in Malaysia." *ASIEN* 85(October).

International Law Book Services. 2004. *Election Laws.* Petaling Jaya, Selangor, Malaysia: International Law Book Services.

Jesudason, James V. 1995. "Statist Democracy and the Limits to Civil Society in Malaysia." *Journal of Commonwealth and Comparative Politics* 33(3).

Jomo K. S. 1996. "Deepening Malaysian Democracy with More Checks and Balances." Muhammd Ikmal Said and Zahid Emby, eds. *Malaysia: Critical Perspectives.* Petaling Jaya: Persatuan Sains Sosial Malaysia.

Kamarudin Jaffar. 2000. *Pilihanraya 1999 dan Masa Depan Politik Malaysia.* Kuala Lumpur: IKDAS.

Khong, Kim Hoong. 1986. "Results of the 1986 Malaysian General Elections." *Review of Indonesian and Malaysian Affairs* 20(2).

______. 1991. *Malaysia's General Election 1990: Continuity, Change, and Ethnic Politics.* Singapore: ISEAS.

Levitsky, Steven, and Lucan A. Way. 2002. "Elections without Democracy: The Rise of Competitive Authoritarianism." *Journal of Democracy* 13(2).

Lim Hong Hai. 2002. "Electoral Politics in Malaysia: 'Managing Elections in a Plural Society." Aurel Croissant, Gabriele Bruns, Marei John, eds. *Electoral Politics in Southeast and East Asia.* Singapore: Friedrich Ebert Stiftung.

Loh, Kok Wah Francis. 2003. "Towards a New Politics of Fragmentation and Contestation." in Loh and Saravanmuttu(2003).

______ and Khoo Boo Teik, eds. 2002. *Democracy in Malaysia: Discourse and Practices.* Richmond, Surrey: Curzon.

______ and Johan Saravanamuttu, eds. 2003. *New Politics in Malaysia.* Singapore: ISEAS.

MacIntyre, Andrew. 2003. *The Power of Institutions: Political Architecture and Governance.* Ithaca and London: Cornell University Press.

Mauzy, Diane K. 1979. "A Vote for Continuity: The 1978 General Elections in Malaysia." *Asian Survey* 19(3).

______. 1983. "The 1982 General Election in Malaysia: A Mandate for Change?" *Asian Survey* 22(4).

______. 1983. *Barisan Nasional: Coalition Government in Malaysia.* Kuala Lumpur: Marican & Sons Sdn Bhd.

______. 1993. "Malaysia: Malay Political Hegemony and Coercive Consociationalism." John McGarry and Brendan O'Leary, eds. *The Politics of Ethinic Conflict Regulation.* London: Routledge.

Means, Gorden P. 1996. "Soft Authoritariansim in Malaysia and Singapore." *Journal of*

Democracy 34(7).

Mohammad Agus Yusoff. 1992. *Consociational Politics: The Malaysian Experience.* Kuala Lumpur: Perikatan Pemuda Enterprise.

Mukerjee, Dilip. "Malaysia's 1982 General Election: The Tricky Triangulars." *Contemporary Southeast Asia* 4(3).

Mustafa K. Anuar. 1990. "The Malaysian 1990 General Election: The Role of the BN Mass Media." *Kajian Malaysia* 8(2).

______. 2002. "Defining Democratic Discourse: The Mainstream Press." in Loh and Khoo(2002).

______. 2003. "The Role of Malaysia's Mainstream Press in the 1999 General Election." in Loh and Saravanamuttu(2003).

NSTP Research and Information Services. 1994. *Elections in Malaysia: A Handbook of Facts and Figures on the Elections 1955-1990.* Kuala Lumpur: The New Straits Times Press.

Rachagan, S. Sothi. 1993. *Law and the Electoral Process.* Kuala Lumpur: University of Malaya Press.

Ramanathan, Sankaran and Mohd. Hamdan Haji Adnan. 1988. *Malaysia's 1986 General Election: The Urban-Rural Dichotomy.* Occasional Paper 83. Singapore: ISEAS.

Ratnam, K. J. and R. S. Milne. 1967. *The Malaysian Parliamentary Election of 1964.* Singapore: University of Malaya Press.

Sartori, Giovanni. 1976. *Parties and Party System: A Framework for Analysis.* Cambridge: Cambridge University Press.

Schedler, Andreas. 2002. "Elections without Democracy." *Journal of Democracy* 13(2).

______. 2006. "The Logic of Electoral Authoritarianism." Schedler, ed. *Electoral Authoritarianism: The Dynamics of Unfree Competition.* Boulder and London: Lynne Rienner.

Shamsul A. B., 1988. "The 'Battle Royal': The UMNO Elections of 1987." *Southeast Asian Affairs.* 1988.

Snyder, Richard. 2006. "Beyond Electoral Authoritarianism: The Spectrum of Nondemocratic Regimes." Andreas Schedler, ed. *Electoral Authoritarianism: The Dynamics of Unfree Competition.* Boulder and London: Lynne Rienner.

Tan, Kevin YL. 2001. "Malaysia." Dieter Nohlen, Florian Grotz, and Christof Hartmann, eds. *Election in Asia and the Pacific. Vol II. Southeast Asia, East Asia and the South Pacific.*

Oxford and New York: Oxford University Press.

Welsh, Bridget, ed. 2004a. *Reflections: The Mahathir Years*. Washington, D.C.: The Southeast Asia Program, SAIS, Johns Hopkins University.

______. 2004b. "Real Change? Elections in the *Reformasi* Era." in Gomez(2004).

Wong Kok Keong. 2001. "Unfair Coverage: A look at the Mainstream Media's Bias in the 1999 General Election." *Aliran Monthly* 1.

Zaharom Nain. 2002. "The Structure of the Media Industry: Implications for Democracy." in Loh and Khoo(2002).

Zakaria,Haji Ahmad. 1989. "Quasi Democracy in a Divided Society." Larry Diamond, Juan Linz, and Martin Seymour Lipset, eds. *Democracy in Developing Countries: Asia* . Boulder: Lynne Rienner.

제3장 | 인도네시아의 선거제도 변화와 정치변동의 역동성

최난경

Ⅰ. 문제제기

1998년 5월 21일 수하르또(Soeharto)가 하야한 이후 인도네시아는 급격한 정치변동을 겪어왔다. 1999년 6월 총선을 성공적으로 치르면서 부활한 선거와 정당은 2004년 4월에 한 번 더 총선을 치르면서 인도네시아의 핵심적인 정치제도로 확립되었다. 선거정치와 정당정치의 부활은 수하르또가 집권하는 동안 행정부의 결정을 형식적으로 지지하는 역할을 하는 데 그친 의회의 기능을 회복시키고 그 영향력을 크게 강화시켰다. 의회의 격상된 위상과 권력은 2001년 7월 국회(DPR: Dewan Perwakilan Rakyat)의 제청으로 국민협의회(MPR: Majelis Permusyawaratan Rakyat)가 비상회기를 소집하고 인도네시아 역사상 처음으로 대통령을 탄핵하는 과정에서 명확하게 입증되었다. 다른 한편으로, 2001년부터 실시된 지방자치제는 예산결정, 입법, 실행, 감독 등의 권한을 지방정부에게 이양함으로써 정책결정구조를 분권화시켰다. 1999년 하비비(B.J. Habibie) 임시정부에 의해서 마련된 지방자치에 관한 법은 2004년 국회에서 개정되었는데, 그 결과 중의 하나로 2005년 6월부터 군수와 시장, 그리고 주지사를 유권자들이 직접 선출하는 선거가 진행되어 왔다. 이상으로 볼 때, 지난 10년 여 동안 인도네시아의 정치구조는 보다 더 민주적이고 지방분권적으로 발전한 것으로 평가할 수 있다.

이러한 전반적으로 긍정적인 평가에 동의함에도 불구하고, 필자는 선거 및 정당제도의 개혁을 비롯하여 민주적 제도와 규율이 강화되는 이면에서 진행되어 온 정치변동의 실질적인 내용과 결과에 초점을 둘 것을 제안한다. 그 근거로 민주적 이행 및 공고화에 대한 기존의 논의가 인도네시아를 비롯한 소위 말하는 '제3의 물결'(Huntington 1991)의 사례들을 분석하는 데 시사하는 바를 지적하고 싶다. 그것은 바로 민주적 이행 이후의 정치변동의 과정에서 정치구조 및 제도가 형식적 혹은 절차적으로 개혁되는 것 자체가 민주적인 규범이나 관행들이 실질적으로 제도화되는 것을 보장하지는 않는다는 점이다. 이러한 민주주의의 형식적 도입과 실질적 민주화 사이의 격차는 많은 사례들에서 관찰되어 왔음에도 불구하고 민주화 혹은 정치변동과정에 대한 논의는 여전히 형식적인 변화의 중요성을 중심으로 진행되고 있다. 반면에 그러한 형식적 변화가 정치행위자들—특히 태국이나 인도네시아처럼 민주화와 지방자치화가 동시에 진행되는 경우 지방정치인들—의 일상적인 정치활동 및 관행들에서 어떻게 반영되는지에 대한 관심은 거의 부재하다. 따라서, 필자는 정치변동과정을 분석하는 데 있어서 정치행태 및 관행에 대한 연구의 중요성을 강조한다. 정치행태와 관행에 초점을 둠으로써 필자는 민주적 공고화에 대한 낙관적이고 안일한 기대로 인해서 소홀하게 다루어져 온 정치변동과정의 일상적(혹은 풀뿌리) 차원, 즉 형식적으로 민주적인 제도와 규범이 일상의 정치에서는 곧잘 비민주적으로 운영되는 측면을 강조하고자 한다.

이러한 필자의 정치변동과정에 대한 기본적인 시각, 즉 형식적 민주주의와 실질적 민주화 사이의 간극에 주의를 기울여야 한다는 입장이 형식적 민주주의의 중요성 자체를 간과하는 것은 아니다. 형식적 민주주의는 그 자체로서 (민주적 가치나 신념 또는 관행이 정치과정을 지배하는) 실질적 민주화를 보장하지는 않지만,

최소한 실질적 민주화를 위한 법적 · 제도적 틀을 마련한다는 점에서 주의 깊은 분석과 이해를 요구하기 때문이다. 또한 형식적 민주주의와 실질적 민주화 사이의 간극을 분석하기 위해서는 먼저 법적 · 제도적 변화, 즉 게임의 법칙이 어떻게 변화하였는지 이해할 필요가 있다. 이 글은 인도네시아가 민주적 이행 이후 절차적 민주주의의 정비와 강화라는 측면에서 단행한 일련의 정치법 개정, 특히 민주주의 제도의 꽃으로 간주되는 선거를 둘러싼 법적 · 제도적 변화의 내용과 그것이 실질적으로 선거 및 정당정치의 발전에 미친 영향을 분석하고자 한다.

이 글은 1999년 6월 총선 이후 2004년 선거를 치를 때까지 단계적으로 이루어진 인도네시아의 헌법개정과 정치체제의 정비과정을 고찰하고, 그러한 제도적 변화가 2004년 총선과 대선이 치러지는 과정과 결과에 미친 영향을 분석하고자 한다. 이 글이 보다 구체적으로 추구하는 목표는 다음과 같다. 첫째, 2004년 선거가 인도네시아의 정치변동과정에서 차지하는 정치적 의미와 중요성을 1998년 이후 진행되고 있는 민주화와 2001년부터 실행되고 있는 지방자치제의 측면에서 살펴보고자 한다. 둘째, 인도네시아 정치체제의 틀을 제공하는 1945년 기본헌법이 네 차례에 걸쳐서 개정된 이후 재개정된 정치법의 내용을 살펴봄으로써 2004년 선거의 제도적 배경을 이해하고자 한다. 마지막으로 2004년 4월 5일 치러진 의회선거와 7월과 9월 두 차례에 걸쳐서 치러진 대통령선거의 전개과정 및 결과를 분석함으로써 제도변화가 선거 및 정당정치의 변화와 발전에 미친 영향을 분석하고자 한다.

다음에 이어지는 Ⅱ절에서는 2004년 선거가 인도네시아의 민주화와 지방자치화의 전망과 관련하여 갖는 중요성을 살펴보도록 하겠다. 민주화와 지방자치제에 대한 기존의 논의가 인도네시아의 사례를 분석하는 데 있어서 기여하는 바와 제약하는 측면을 살펴봄으로써 민주적 이행 이후의 정치변동과정에 대한 필자의 시각을 발전시키도록 하겠다. Ⅲ절에서는 인도네시아의 정치제도 개혁이 1998년 이후 단계적으로 진행되었다는 점을 고려해서 1998년 5월 개혁국면으로 들어선 이후 이루어진 1차 선거 및 정당제도의 변화의 내용을 고찰하고 그렇게 마련된 제도적 틀 속에서 치러진 1999년 총선의 과정과 결과를 살펴보도록 하겠다. Ⅳ절에서는 1999년부터 2002년까지 네 차례에 걸쳐서 진행된 1945년 기본헌법의 개정내용에 따라서 2002년부터 2003년 사이에 이루어진 2차 선거 및 정당제도의 변화의 내용을 고찰하도록 하겠다. Ⅴ절에서는 재개정된 정치법에 따라서 치러진 2004년 총선과 대선의 과정과 결과를 분석하겠다. 결론에서는 법적 · 제도적인 변화가 실질적으로 적용되는 과정에서 드러낸 한계를 분석하고 보다 광범위한 차원에서 인도네시아의 정치변동의 역동성에 대한 함의를 도출하도록 하겠다.

Ⅱ. 민주적 이행 이후의 정치변동의 역동성: 제도적 개혁과 실질적 민주화

인도네시아 선거제도의 변화와 그것을 둘러싼 정치과정을 이해하고 분석하기 위해서는 보다 광범위한 차원의 흐름인 1998년 이후 인도네시아가 겪어온 정치변동과정을 어떻게 이해하고 접근할 것인지에 대한 시각을 정리할 필요가 있다. 그리고 인도네시아의 민주적 이행 이후의 정치변동과정에 대한 입장을 정리하기 위해서는 민주적 이행 혹은 공고화 및 지방자치화에 대한 기존의 논의를 검토하는 것이 중요해진다. 하지만 그러한 이론적인 논의가 상당한 지면을 요구할 뿐만 아니라 이 글이 근본적으로 추구하는 주요 목적이 아니라는 점에서 간략하게 몇 가지만 지적하고 넘어가겠다.

우선, 일반적으로 확립되어 온 견해에 따르면 민주적 이행 이후의 정치개혁과 지방자치제의 실시는 중앙정부의 권력을 축소시키고 지방정치기구의 책임성을 강화하는 한편, 대중들의 폭넓은 정치참여를 촉진시킨다. 하지만, 이러한 견해는 상당히 빈약한 경험적 근거를 갖고 있다. 많은 제3세계 또는 동유럽의 민주화

(때로는 지방자치화와 동시에 이루어지는) 사례들은 민주적 이행 이후의 정치변동과정이 곧바로 민주적 '공고화'의 단계로 접어들기보다는 권위주의적인 잔재들이 혼란스럽고 불확실한 민주화 초기의 상황에서 유지되거나 심지어 확대된다는 점을 잘 보여준다(O'Donnell & Schmitter 1986; O'Donnell 1992; Hagopian1993; Collier & Levitsky 1997; Huber, Rueschemeyer, & Stephens 1997; Munck 2001; McFaul 2002; Carothers 2002; Schedler 2002). 1998년 이후의 인도네시아의 정치변동과정도 예외는 아니다. 그럼에도 불구하고 민주적 이행 이후의 정치변동과정에 대한 분석은 여전히 '민주적 미래에 대한 희망'을 강조하는 한편 과거에 덜미가 잡혀 있는 현재를 간과하는 경향을 보이고 있다. 여기에서 필자는 많은 경험적인 연구들이 정치개혁이 도모되고 지방자치제가 실시되는 것 자체를 지방정부 차원에서 민주적 관행이 제도화되는 것으로 혼동하지 않도록 경고해 왔음을 다시 한 번 강조하고자 한다. 민주적 '공고화'는 민주적으로 (재)정비된 정치체제가 일상적으로 민주적인 규범과 관행을 바탕으로 해서 운영될 때 비로소 이루어진다고 할 수 있다. 다시 말하면, 형식적으로 민주적 정치제도를 도입하고 지방자치제를 실시하는 것이 민주주의를 촉진할 수는 있지만, 민주적 공고화, 특히 지방에서 민주적 통치(governance)가 제도화되는 것은 여전히 장기적으로 추진되어야 할 계획으로 남아 있을 뿐이다. 따라서 이러한 민주적 이행과 공고화 사이의 긴 여정에 대한 연구는 "무엇이 발생해야 하는가"(what should be happening)보다는 "무엇이 실제로 발생하고 있는가"(what is happening)에 대한 보다 주의 깊은 관찰을 요구한다.

둘째, 기존 연구들이 이미 충분히 강조하였음에도 불구하고 종종 간과되는 또 다른 사실은 바로 정치변동과정의 역동성을 결정하는 것은 (아무리 세심하게 설계되고 재정적으로 충분히 지원되더라도) 제도나 기구가 아니라 행위자, 특히 지방의 행위자들이라는 점이다. 성공적으로 치러진 선거와 재정적으로 잘 설계된 지방자치제는 민주주의를 촉진하는 데 도움이 되기는 하지만 그 자체로서 정치행위자들로 하여금 정치제도 및 기구를 민주적으로 운영하도록 강제하지는 않는다

(Crook & Manor 1995; Kerkvliet & Mojares 1991; Trocki 1998; Arghiros 2001). 그것은 성공적인 민주적 이행 이후에도 "권위주의적인 잔재가 견고하게 남아 있는 지방에서는 여전히 투표를 매수하는 등의 선거법 위반과 정부의 부정부패, 그리고 권력의 남용이 발생"한다는 점에서 잘 입증된다(Diamond 1997, 31-2). 본질적으로 규율과 그것을 강제하는 기구가 정치개혁과 지방자치제를 실질적으로 실행하는 행위자들의 해석 및 적용과정, 그리고 그에 따른 결과를 결정하지는 않는다. 따라서, 민주적 개혁과 지방자치제의 실질적인 결과를 이해하기 위해서는 형식적인 규율과 법률에 근거를 둔 기대를 넘어서서 어떠한 유형의 정치적 규범과 관행들이 새로이 도입되거나 정비된 민주적 정치제도에 정착하는가에 대한 경험적인 관찰을 요구한다.

민주적 이행 이후의 정치변동과정은 새로 도입되거나 부활된 민주적 제도와 관행들을 정착시키는 과정일 뿐만 아니라 그 이전의 권위주의적인 잔재들을 청산하는 과정이기도 하다. 그러한 점에서, 민주적 이행 이후의 정치변동과정은 바로 민주적 공고화로 이어지는 단선적인 과정이 아니며 그것의 궁극적인 결과 또한 새로운 정치제도와 규범을 이해하고 해석하며 운영하는 행위자들에게 달려 있다. 1998년 이후 인도네시아가 겪어온 정치변동과정 역시 일련의 성공적인 제도적 개혁의 이면에서 비민주적인 관행들이 여전히 유지되는 한편 비민주적이고 부패한 관행들이 지방의 정치기구의 운영과정에 제도적으로 정착되는 양상을 동반하여 왔다. 하지만 상당수의 인도네시아의 정치변동과정에 대한 분석들은 전국적 수준에서의 정치변화—특히, 제도적 변화—에 초점을 두면서 향후의 민주화 전망에 대해 낙관적인 결론을 제시하는 한편, 풀뿌리 대중들 사이에서 빠르게 확산되어 온 민주화에 대한 실망과 환멸을 간과하여 왔다. 오랜 권위주의적 통치에서 벗어난 인도네시아 대중들은 민주화와 지방자치화가 자신들의 일상적인 생활에 큰 변화를 가져올 것으로 기대하였지만, 자신들이 민주적으로 선출한 정치인[1])들이 공공

1) 정당명부식 비례대표제를 통해서 선출되었다는 점에서 인도네시아의 국회 및 지방의회 의원들이 직접적으로

의 이익보다는 개인이나 정당의 이해관계를 위해서 비민주적이고 때로는 부패한 방식으로 권력을 행사하는 것을 발견하면서 상대적으로 빠르게 정치적 무기력감에 사로잡히게 된 것으로 보인다. 이러한 대중적인 정치적 환멸과 실망은 2004년 선거에서 개혁의 진전과 부패추방을 약속한 신생정당에 대한 지지로 표출되기도 하였지만, 정치적 토론이나 의사결정과정 자체를 기피하는 입장으로 이어지기도 하였다(이러한 태도는 1998년 수하르또의 퇴진과 레포르마시[Reformasi, 개혁] 운동을 주도하였던 학생들과 지식인들 사이에서 두드러지게 관찰되었다).

이러한 민주적 이행 이후의 정치변동과정의 역동성에 대한 이해는 앞으로 살펴볼 인도네시아 선거제도의 변화와 그것을 둘러싼 정치과정에 대한 분석에서 유용한 시각을 제시한다. 그리고 그 유용성은 제도적 변화가 인도네시아의 새로운 선거정치와 정당정치에 실질적으로 미친 영향을 분석하는 결론 부분에서 다시 한 번 확인될 것이다.

Ⅲ. 정치법 개정과 선거제도의 변화, 그리고 1999년 총선

인도네시아 선거제도의 개혁은 1999년 6월 총선을 준비하는 과정에서부터 시작되었다. 1998년 5월 수하르또 대통령이 사임한 이후 들어선 하비비 임시정부는 정통성과 권위의 부족을 극복하고 보다 광범위한 대중적 지지를 얻기 위해 일련의 개혁정책들을 추진하였다. 1999년 초반, 일련의 정치법 — 정당법, 선거법 및 의회구성법 — 이 개정되었다. 우선, 개정된 정당법(UU No.2/1999)은 수하르또 정부가 1973년 정당법을 개정하면서 1개의 기능집단, 즉 골까르(Golkar: Golongan Karya)

유권자들에게 책임을 지지 않는다는 제도적 측면을 고려할 수 있다.

와 2개의 정당 — 즉 이슬람 정당을 통합한 통일개발당(PPP: Partai Persatuan Pembangunan)과 나머지 정당을 통합한 인도네시아민주당(PDI: Partai Demokrasi Indonesia) — 으로 정당설립을 제한한 것을 해제하고 정당형성의 자유를 허용하였다. 1998년 5월 수하르또가 물러난 직후 우후죽순처럼 생겨나기 시작한 정당의 수는 1999년 총선이 실시될 즈음 150여 개를 넘어섰다. 그 중 선거법이 규정하는 자격요건을 갖춘 48개의 정당이 1999년 6월 7일 총선에 참여하였다. 총선에 참가할 수 있는 자격요건 중 하나는 전국에 과반수 이상의 주(州)와 각 주의 과반수 이상의 군(郡)이나 시(市)에 지부(지구당)를 갖고 있어야 한다는 것으로, 이는 지역주의에 기반한 군소정당의 출현 및 성장을 불가능하게 하였다.

선거제도와 관련해서는 지역대표제나 변형된 비례대표제에 대한 논의가 있었지만, 개정된 선거법(UU No.3/1999)은 독립 이후부터 다양한 지역, 인종, 종교집단의 이해관계가 정책결정과정에 반영되는 데 가장 적합하다고 여겨진 비례대표제를 그대로 적용하였다. 각 정당은 선거 이전에 후보명단을 선거위원회에 제출해야 하는데, 그 지역에 배정된 의석수의 두 배까지 후보자 명단을 작성할 수 있었다. 유권자는 지지하는 정당의 그림을 못으로 뚫어 투표권을 행사하였다. 선거결과에 따라서 정당명부의 상위에서부터 당선자를 정하도록 되어 있었지만, 거의 모든 정당들의 중앙당이 명단의 순서를 무시한 채 당선자를 정함으로써 '금권정치'의 의혹을 불러일으켰다. 선거제도의 변화를 정당제도와 연관시켜서 보면, 우선 모든 정당이 집권여당이었던 골까르의 들러리에 불과하였던 수하르또 시절과는 달리 정당이 핵심 정치기구로 재등장한 점을 들 수 있다. 또한 패쇄형 정당명부식 비례대표제(closed party-list proportional representation system)가 결과적으로 정당의 내부운영에 있어서 중앙당의 권한을 강화시킨 점을 지적해야겠다.

1999년 총선 결과 다음 선거에 다시 참가할 수 있는 기준선인 2퍼센트 이상을 득표한 정당은 6개였다. 수까르노(Sukarno) 전 대통령의 딸로서 1996년 이후 민주화 투쟁의 상징적 인물로 등장한 메가와띠 수까르노뿌뜨리(Megawati Sukarnoputri)

가 이끄는 인도네시아투쟁민주당(PDI-P: Partai Demokrasi Indonesia-Perjuangan)[2]이 33.7퍼센트의 득표율로 제1당이 되었다. 수하르또 정권유지의 정치적 도구로 이용되었던 골까르는 22.4퍼센트의 표를 얻었는데, 이는 1971년부터 1997년 총선까지 62퍼센트에서 75퍼센트까지 득표율을 기록한 것과 비교하면 큰 실패로 볼 수도 있지만, 정권교체 이후 첫 선거에서 제2당이 되는 선전을 한 것으로 해석되었다. 압두라흐만 와히드(Abdurrahman Wahid)가 이끌고 주로 전통주의 이슬람 세력으로부터 지지를 얻은 민족각성당(PKB: Partai Kebangkitan Bangsa)이 12.6퍼센트의 표를 얻어 제3당이 된 반면, 아민 라이스(Amien Rais)가 이끌고 근대주의 이슬람 세력에 지지기반을 둔 국민수권당(PAN: Partai Amanat Nasional)은 7.1퍼센트의 득표율로 제5당이 되었다. 수하르또 정권에 의해 1973년 5개의 이슬람 정당이 강제로 통합되면서 형성된 통일개발당(PPP)은 10.7퍼센트의 득표율로 제4당이 되었으며, 또 다른 이슬람 정당인 월성당(PBB: Partai Bulan Bintang)은 1.8퍼센트의 득표율로 제6당이 되었다.

선거결과에 따라 구성된 국회(DPR)는 선거를 통해서 선출된 462명의 국회의원과 투표권이 없는 군(軍)과 경찰(警察)에 의해 임명된 38명의 대표의원으로 구성되었다. 국가의 최고정치기구인 국민협의회(MPR)는 전체 국회의원 500명에 각 주에서 5 명씩 선발된 지역대표의원 135명과 각 사회부문을 대표하는 기능대표의원 65명을 더해서 총 700명의 의원으로 구성되었다. 헌법이 명시한 국민협의회의 주요한 기능 중 하나는 대통령과 부통령을 선출하는 것인데, 1999년 10월 첫 정기총회를 갖고 개혁정부의 첫 번째 대통령과 부통령을 선출하였다. 총선 승리당인 인도네시아투쟁민주당의 당수인 메가와띠는 국민협의회 내에서 절대다수의 의석을 확보하지 못한 상태에도 불구하고 소극적인 협상활동을 벌인데다 여성이 국가원

2) 인도네시아투쟁민주당은 아버지의 명성에 힘입어 인도네시아민주당(PDI) 의장으로 선출된 메가와띠가 수하르또 정부의 지원을 받은 전 의장 수르야디(Suryadi) 세력에 의해 축출된 1996년부터 사실상 존재해 왔다. 공식적인 창당은 1998년 10월 10일 발리(Bali)에서 선언되었으며 메가와띠가 초대 의장으로 추대되었다.

수가 되는 것을 반대한 이슬람 세력의 저지로 대통령에 당선되는 데 실패하였다. 한편 국회 내부의 다양한 이슬람 세력은 국민수권당의 아민 라이스를 중심으로 '중심축'(Poros Tengah)이라는 한시적 연합을 결성하고 민족각성당 대표인 압두라흐만 와히드를 대통령으로 선출하였다. 부통령은 대통령과 별도로 다음날 선출되었는데, 정치지도자들이 선거결과를 무시하고 정치적 협상의 결과로 대통령을 선출한 것에 대한 비판의 목소리가 높았을 뿐만 아니라 메가와띠의 열성지지자들을 중심으로 한 폭동의 가능성이 제기되어 메가와띠가 부통령으로 선출되는 데 기여하였다.

따라서 1999년 총선을 통해 모습을 드러낸 개혁정권은 절대다수당이 존재하지 않는 불안정한 국회와 소수당 출신의 대통령이 이끄는 약한 정부로 구성되었다. 결국 와히드 대통령은 2001년 7월 국회(DPR)의 제청으로 소집된 국민협의회(MPR) 비상회기에서 자신을 대통령으로 선출하는 데 결정적인 공헌을 한 아민 라이스를 포함한 이슬람 중심축에 의해서 탄핵되었다. 같은 회기에서 메가와띠와 통일개발당의 함자 하스(Hamzah Haz)가 각각 대통령과 부통령으로 선출되었다.

Ⅳ. 1945년 기본헌법 개정과 정치법 재개정, 그리고 선거제도의 변화

1999년에 개정된 정치법은 1999년부터 2002년까지 네 차례에 걸쳐서 개정된 1945년 기본헌법의 내용을 반영하기 위해 2002년 말부터 2003년 중반까지 다시 개정되었다. 그렇게 개정된 정치법은 수하르또의 신질서(Orde Baru) 정권이 무너진 이래 두 번째로 치러진 총선(2004년 4월 5일)과 인도네시아 역사상 처음으로 직접선거로 치러진 대통령선거(같은 해 7월 5일의 1차 투표와 9월 20일의 결선 투표)의

법적 · 제도적 틀을 제공하였다. 2004년 선거의 결과 2009년까지 임기인 국회(DPR) 및 지역대표의회(DPD: Dewan Perwakilan Daerah), 그리고 전국의 주 및 군/시의 지역의회(DPRD: Dewan Perwakilan Rakyat Daerah)가 구성되었으며, 10월에는 수실로 밤방 유도요노(Susilo Bambang Yudhoyono)와 유수프 깔라(Yusuf Kalla)의 정부가 출범하였다. 정치법의 재개정이 1945년 기본헌법의 개정된 내용을 반영하기 위해서 이루어졌다는 점에서, 재개정된 정치법에 따른 제도적 변화의 내용을 살펴보기에 앞서서 인도네시아 정치체제의 골격을 이루는 1945년 기본헌법이 개정된 과정과 내용을 이해할 필요가 있다.

1945년 기본헌법은 예상보다 독립이 앞당겨지자 훗날 재정비할 것을 염두에 두고 인도네시아 독립을 위한 준비위원회(PPKI: Panitia Persiapan Kemerdekaan Indonesia)가 준비하고 있던 헌법 초안을 수까르노와 무하마드 하따(Mohammad Hatta)가 독립을 선언한 다음날인 1945년 8월 18일에 일시적(untuk sementara)인 것으로 선포한 법이다. 이후 여러 차례에 걸쳐서 수정, 보완이 이루어졌지만, 1959년 수까르노가 건국이념으로의 복귀를 위해 1945년 헌법으로 회귀할 것을 선언한 이후 국가운영의 기본원리를 명시한 것으로 신성화, 절대시되었으며, 그 절정은 1966년 집권한 수하르또의 신질서 정권에 의해서 이루어졌다. 따라서, 독립 이후부터 1998년 수하르또가 퇴진할 때까지 인도네시아의 정치체제는 1945년 기본헌법에 의해서 규정된 것으로 볼 수 있는데, 다음 세 가지 측면을 지적할 필요가 있다. 첫째, 1945년 헌법은 '견제와 균형'의 원리와 그것에 필요한 기제를 명시하지 않고 대통령에게 너무 많은 권한을 부여함으로써 '행정부 과도체제'를 낳았다. 둘째, 1945년 헌법은 핵심적인 국가기구의 역할과 기능, 그리고 각 기구가 행사할 수 있는 권한의 경계선을 명확하게 규정하지 않음으로써 집권세력의 해석에 따라 운영될 수 있는 여지를 남겼으며, 결과적으로 권위주의적인 정권을 정당화시키는 도구로 이용되었다. 마지막으로, 이러한 1945년 헌법의 모호함과 왜곡의 가능성은 그것이 제정, 선포된 역사적 배경에서 그 원인을 찾을 수 있다. 즉, 독립국가 건설 이후 보다 영구적인 성격의 헌법을 제정할 수 있을 것으로 기대하면서 선포된 1945년 헌법을 새 헌법으로 대체하고 그에 따라서 인도네시아 정치체제를 정비하는 과제는 건국의 아버지들이 복잡한 이데올로기 논쟁과 권력다툼에 휘말리면서 1998년 수하르또가 퇴진할 때까지 미완의 숙제로 남게 되었다. 결국, 1945년 헌법은 1959년 수까르노가 1955년 총선의 결과로 형성된 새 국회와 헌법준비위원회를 해체하고 강력한 대통령제로의 복귀를 선언한 이후 집권세력의 정치적 이해관계에 따라서 해석 — 때로는 재해석 — 되고 적용되는 한편, 민주적 정치체제의 발달에 기본적으로 필요한 법치주의나 인권보장과 같은 문제에 대한 논의를 억압하는 도구로 이용되었다.

이러한 상황에서 1998년 수하르또의 퇴진은 새로운 정치질서에 대한 논의의 장을 열었다. 우선, 정당정치 및 선거정치가 부활하고 그에 따라서 의회의 위상과 권력이 강화되는 현상을 목격하면서 1945년 기본헌법이 강력한 대통령제가 아니라 의회주의의 토대를 제공한다는 새로운 해석이 제기되었다.[3] 다른 한편으로는, 1999년 중반에 법으로 제정(UU No. 22 & 25/1999)되었고 2001년 1월부터 실행된 지방자치제(Otonomi Daerah)로 인하여 중앙과 지방의 관계는 물론 지방차원에서의 정치질서도 크게 변화하기 시작하였다. 이러한 일련의 변화의 와중에서, 1999년 10월부터 2002년 8월까지 4년간 4차례에 걸쳐서 진행된 1945년 기본헌법의 개정작업은 개혁정국의 불확실성과 혼란을 극복하고, 더 나아가 정치적 안정과 경제적 번영을 보장할 수 있도록 법적 · 제도적 기반을 재정비한 것으로 평가할 수 있다.[4] 그리고 이러한 과정을 통하여 개정된 1945년 헌법을 기반으로 해서 2002년 후반부

---

3) 이러한 입장을 제기한 학자 중에는 가자마다대학(Universitas Gadjah Mada)의 정치학과 교수 목타르 마숫(Mohtar Mas'oed)도 포함된다(2001년 8월 인터뷰, 족자까르따). 그는 1945년 헌법인 수하르또의 권위주의 체제가 무너진 이후 "대통령을 더 이상 강력하지 않은 것으로 보는 새로운 해석"이 개혁정국의 정치적 담론을 지배해 왔음을 지적하였다.

4) 원래 77개의 조(條)로 구성되어 있던 1945년 기본헌법은 네 차례에 걸친 개정의 결과 현재 199개의 조로 구성되었다. 1945년 기본헌법이 개정된 과정과 내용에 대한 보다 자세한 논의는 최난경(2002)을 참조.

터 2003년 중반까지 정당법(UU No. 31/2002), 선거법(UU No. 12/2003) 및 의회구성법(UU No. 22/2003)이 재개정되었으며 대통령 및 부통령 선거법(UU No. 23/2003)이 새로이 제정되었다.

이 글의 목적에 맞게 선거제도의 변화에 초점을 두면서 재개정된 정치법의 내용을 분석하도록 하겠다. 우선, 2004년 4월 총선을 앞두고 재정비된 선거제도를 살펴보도록 하자. 국회와 지방의회, 그리고 새롭게 설립된 지역대표의회(DPD) 의원들을 선출하는 선거제도를 살펴보면, 국회는 물론 주 및 군/시의 지방의회에서 군, 경 대표의 임명직 의원제가 폐지되었다. 대신 군인과 경찰의 투표권이 복권되었다. 둘째, 1999년 총선에서 2퍼센트 이상 득표한 여섯 개 정당을 제외하고 총선에 출마할 수 있는 신생정당의 자격요건이 한층 더 강화되었다. 2004년 총선부터는 전국의 모든 주 중 3분의 2 이상, 그리고 각 주의 3분의 2 이상의 시나 군에 지부(지구당)나 지도부를 갖춘 정당만이 후보를 공천할 수 있게 되었다. 셋째, 국회와 주 및 시, 군의 지방의회는 1999년 총선과 유사하게 정당명부식 비례대표제를 통해서 의원을 선출하는데, 달라진 점이 있다면 2004년 총선부터는 유권자들이 정당에게 투표를 행사할 수 있을 뿐만 아니라 선택한 정당의 명부에서 특정후보를 선택할 수 있게 된 것이다. 이러한 복잡한 투표방식은 개방형 정당명부식 비례대표제(open party-list proportional representation system)를 통해 기존의 비공개 정당명부식 비례대표제에 투명성과 책임성을 보완하였다는 점에서 긍정적인 평가를 받았지만, 그것이 실질적으로 운영된 내용과 가져온 파급효과에 대해서는 상당한 논란이 있었다. 우선 선택한 정당과 다른 정당의 후보를 선택하거나 정당을 선택하지 않고 후보만 선택할 경우에는 무효표가 된다는 점이 문제가 되었다. 실제로 선거운동 기간 동안 대부분의 정당들이 지지자들에게 특정후보를 선택할 필요 없이 정당에게만 투표하도록 권유하였는데, 이는 무효표가 많이 나올 것이라는 우려에서 비롯된 것으로 이해할 수도 있지만, 정당명부를 위한 후보자 선발과정이나 선거결과에 따라서 당선자를 최종적으로 결정하는 과정에서 중앙당이 개별후보들에게 행사할 수 있는 영향력과 직결되기 때문이기도 하였다.

새로운 선거법은 정당명부의 30퍼센트 이상을 여성에게 배분하도록 하였는데, 이슬람 소수정당의 경우 이 조항을 무시하고 명부를 작성하기도 하였고 이 조항을 따른 주요 정당의 경우에는 여성후보자들을 현실적으로 당선가능성이 적은 하위순번으로 배치하는 경우가 많았다. 실질적으로 당선된 여성의원의 수는 1999년 총선결과와 크게 다르지 않은 전체의석의 10퍼센트를 조금 넘는 것으로 집계되었다. 2004년 총선부터 유권자들이 직접 선출하게 된 지역대표의회(DPD)[5]는 정당에서 활동하지 않는 개인만이 출마할 수 있도록 규정되었다. 모든 주는 같은 수의 지역대표의회 의원을 선출하도록 되어 있는데, 국회의원 총 수의 3분의 1 이상을 초과할 수 없도록 되어 있다(2004년 총선에서는 각 주에서 4명씩, 총 128명을 선출하였다). 지역대표의회가 형성되는 대신 국민협의회는 국회와 지역대표의회의 공동회기의 성격을 갖게 되었으며, 국민협의회를 위해 따로 선출되었던 지역대표 및 기능대표 의원직은 폐지되었다.

총체적이기보다는 부분적인 개혁으로 평가할 수 있는 총선제도의 변화와는 달리 대통령선거와 선거위원회에 대한 제도개혁의 내용은 선거의 기본목적인 깨끗하고 공정한 선거를 통해 정통성 있는 정부를 창출하는 데 보다 충실하였던 것으로 평가할 수 있다. 우선, 대통령의 임기가 5년 중임제로 제한되었다. 대통령선거는 2004년부터 직접선출 방식이 도입됨으로써 보다 광범위한 대중적 지지를 기반으

---

5) 지역대표의회(DPD)는 지방자치나 중앙-지방 관계 등의 사안에 대한 법안을 국회에 제안하는 역할을 하도록 되어 있는데, 형식적으로는 양원제에서의 상원과 비슷해 보이지만 그 실질적인 권한과 기능이 극히 제한되어 있으며 특히 입법권이 없다는 점을 고려할 때 미국이나 영국에서의 상원에 비유하는 것은 적절하지 않다. 지역대표의회는 지방자치, 중앙-지방정부 관계, 주의 형성, 확장 및 합병, 천연자원관리, 그리고 지방정부의 회계균형 등과 관련된 사안을 논의하고 입법을 제안할 수 있는 권한을 갖는다. 지역대표의회는 또한 국가예산, 조세, 교육 및 종교와 관련한 입법안에 대해서 의견을 제출할 수 있는 권한도 갖고 있다. 하지만 지역대표의회가 직접적으로 입법의 권한을 갖고 있지 않다는 점에서 그것이 효율적이고 강력한 정치제도로 작용할 수 있을지 또는 지역대표의회 의원들이 국회로부터의 정치적 흥정이나 뇌물수수에 연루되는 것을 막을 수 있을지 좀 더 지켜봐야 할 것이다.

로 정부를 운영할 수 있게 되었다. 대통령과 부통령은 한 팀으로 출마하는데, 총선에서 5퍼센트 이상 득표하거나 국회의석 중 3퍼센트, 즉 16석 이상을 확보한 정당만이 후보팀을 지명할 수 있다(2009년 선거부터는 총선의 결과 국회에서 15 퍼센트 이상의 의석을 차지한 정당이나 정당연합만이 후보를 지명할 수 있게 된다). 1차 투표에서 전국적으로 50 퍼센트 이상, 그리고 각 주에서 최소한 20퍼센트 이상 득표한 팀이 나오지 않을 경우에는 결선투표를 통해 1차 투표에서 가장 많이 득표한 두 팀 중 한 팀을 선출하도록 하였다. 마지막으로, 선거위원회(KPU: Komisi Pemilihan Umum)가 정부의 소속 기관이 아닌 독립적인 지위와 권한, 그리고 예산을 갖게 되어 정치적 중립성을 갖고 보다 투명하고 공정한 선거과정을 보장할 수 있게 되었다.

Ⅴ. 2004년 총선과 대선에서 나타난 선거제도 변화의 실질적 영향

인도네시아의 2004년 4월 총선은 32년 동안 유지되었던 수하르또의 권위주의 정권이 무너진 이후 두 번째로 민주적이고 평화적으로 치러진 선거라는 점에서 1998년 이후 진행된 정치개혁의 내용과 성과를 평가하고 향후의 민주화 전망을 가늠하는 중요한 계기를 제공하였다. 또한 개혁정국에 들어선 이후 두 차례에 걸쳐서 개정된 정치법이 인도네시아의 선거정치와 정당정치에 미친 영향을 평가하는 기회도 제공하였다.

2004년 총선을 통해서 인도네시아 유권자들은 550명의 국회(DPR) 의원과 128명의 지역대표의회(DPD) 의원, 그리고 1,838명에 이르는 32개 주와 400여 개의 구 또는 시의 지방의회(DPRD) 의원을 선출하였다. 약 1억 2천만 명의 등록된 유권자가 전국적으로 58만 5천여 곳의 투표소에서 6억 장이 넘는 투표용지를 이용하여 투표권을 행사하였다. 2004년 총선의 결과는 기본적으로 절대다수당이 없는 다당제구도를 낳았다는 점에서 1999년 총선결과와 크게 다르지 않다. 전반적으로 모든 주요 정당들이 1999년에 비해서 낮아진 득표율을 기록하였다. 그 중에서도 1999년 총선에서 33.7퍼센트의 득표율로 제1당의 위치를 차지하였던 인도네시아투쟁민주당(PDI-P)은 18.5퍼센트의 득표율로 대패를 기록하였다. 이전 총선에 비해서 약 1천 1백만 표를 잃은 인도네시아투쟁민주당의 대패는 이미 어느 정도 예상되었는데, 2001년부터 집권한 메가와띠 정부의 실정과 인도네시아투쟁민주당 출신의 지역의회 의원들에 대한 지방의 지지자들의 실망이 가장 크게 작용한 것으로 보인다. 1999년 총선에서 22.5퍼센트의 표를 얻은 골까르(Golkar)는 이전 선거보다는 낮지만 인도네시아투쟁민주당보다는 3퍼센트 높은 21.6퍼센트의 표를 득표함으로써 제1당의 위치를 회복하였다. 다른 주요 정당들에 대한 지지율도 전반적으로 감소하였다. 1999년 총선에서 12.6퍼센트의 표를 얻은 민족각성당(PKB)은 10.5퍼센트의 득표율로 제3당의 위치를 유지하였고, 통일개발당(PPP) 역시 1999년의 10.7퍼센트보다 낮은 8.2퍼센트의 득표율로 제4당의 자리를 유지하였다. 국민협의회(MPR) 대변인으로서 총선 전부터 대선에 출마할 의사를 밝힌 아민 라이스가 이끄는 국민수권당(PAN)은 1999년 7.1퍼센트보다 낮은 6.4퍼센트의 득표율로 제7당의 위치로 밀려났다(1999년과 2004년 총선결과 비교는 **표 1** 참고).

이미 어느 정도 예상되기는 하였지만 총선결과가 많은 이들을 놀라게 한 점은 바로 부정부패 척결과 보다 심도 있는 개혁을 주장한 신생정당들의 약진이었다. 2003년 당시 정치사회안보조정장관을 지내던 수실로 밤방 유도요노의 부인이 의장을 맡으면서 출범한 민주당(PD: Partai Demokrat)이 7.45퍼센트의 표를 얻고 제5당의 위치를 차지한 반면, 1999년 총선에서 1퍼센트 약간 넘는 득표율을 기록한 정의당(PK: Partai Keadilan)은 복지정의당(PKS: Partai Keadilan Sejahtera)으로 이름을 약간 바꾸어서 신생정당의 자격으로 참여하여 7.34퍼센트의 표를 얻어 제6당의 위치를

표 1 1999년 총선과 2004년 총선 결과비교

정당	2004년 총선		1999년 총선	
	득표율(%)	국회(DPR)* 의석수	득표율(%)	국회(DPR)** 의석수
골까르(Golkar)	21.6	128	22.5	120
인도네시아투쟁민주당(PDI-P)	18.5	109	33.7	154
민족각성당(PKB)	10.5	52	12.6	51
통일개발당(PPP)	8.15	58	10.7	58
민주당(PD)	7.45	57	-	-
복지정의당(PKS)	7.34	45	1.3***	6
국민수권당(PAN)	6.44	52	7.1	35

· 주: * 총 국회 의석수는 550석, ** 총 국회 의석수는 500석, *** 1999년 총선에는 정의당(PK)으로 참여함.

차지하였다. 민주당이 약진한 배경으로는 수실로 밤방 유도요노의 개인적인 카리스마와 총선 직전인 2004년 3월에 안보조정장관직에서 물러나는 과정에서 그의 대선출마에 대한 의지를 못마땅하게 여긴 메가와띠로부터 부당한 처우를 받았다는 동정적인 여론이 크게 작용한 것으로 분석되었다. 반면, 복지정의당은 개혁적인 마인드를 갖고 있는 젊은 무슬림(Muslim)들을 중심으로 정의당 시절의 엘리트주의적인 이미지를 탈피하고 체계적인 당원교육과 실용적인 대중활동을 통해서 깨끗한 이미지를 구축하고 대중적인 지지를 얻는 데 성공한 것으로 평가되었다.

2004년 7월 5일 인도네시아 역사상 처음으로 직접선거로 치러진 대통령 선거에는 총 다섯 팀이 출마하였다. 앞에서 설명한 대로, 2004년 총선에서 5퍼센트 이상 득표하거나 국회에서 3퍼센트, 즉 16석 이상의 의석을 차지한 정당만이 후보팀을 추천할 자격을 갖추었는데, 절대다수당이 존재하지 않는 상황에서 정당간의 연합이 불가피하였다. 따라서, 4월 총선의 결과가 윤곽을 드러내기 시작하면서 다양한 정당연합의 구도가 논의, 타진, 무산되기를 반복하는 과정이 이어졌다. 대선후보팀을 선정하는 과정은 정당간의 정치적 타협 및 거래의 과정이었을 뿐만 아니라

거의 모든 주요 정당이 오랫동안 겪어온 당파적 분열의 양상이 심각한 수준으로 발전하여 표면화되는 계기를 제공하기도 하였다. 결국 민족각성당(PKB)과 골까르(Golkar)는 각각 두 명의 후보가 다른 정당의 후보와 팀을 이루는 것을 막지 못하였다. 7월 1차 투표에 출마한 다섯 팀은 다음과 같다. 1) 민주당의 수실로 밤방 유도요노와 골까르의 유수프 깔라, 2) 인도네시아투쟁민주당의 메가와띠와 민족각성당의 하심 무자디(Hasyim Muzadi), 3) 전직 장성 출신으로 골까르의 공식적인 후보로 지명된 위란또(Wiranto)와 압두라흐만 와히드 전 대통령의 동생인 민족각성당의 살라후딘 와히드(Salahuddin Wahid), 4) 국민수권당의 아민 라이스와 시스오노 유도 후소도(Siswono Yudho Husodo), 그리고 5) 부통령이었던 통일개발당의 함자 하스와 3성 장성 출신인 아굼 구멜라(AgumGumelar). 1차 투표에서는 어느 후보팀도 전국적으로 50 퍼센트 이상 득표하지 못하였으며, 따라서 34퍼센트의 표를 얻은 유도요노-깔라 팀과 27퍼센트의 표를 얻은 메가와띠-하심 팀이 결선 투표에서 경합을 벌이게 되었다. 그리고 9월 20일에 치러진 결선투표의 결과 유도요노-깔라 팀이 60퍼센트가 넘는 득표율로 인도네시아의 제6대 대통령과 부통령으로 선출되었다.

이상으로 볼 때, 앞서 실시된 총선을 통해서 국회에서 제1, 2당의 위치를 차지한 골까르와 인도네시아투쟁민주당은 단일한 선거연합을 이루는 데 실패하고 대선에서도 패배하였다. 이러한 사실은 인도네시아 유권자들의 투표형태를 분석하는 것은 물론 제도적 변화가 어떻게 선거정치 및 정당정치에 영향을 미쳤는지 평가하는 것을 어렵게 하기도 한다. 우선, 2004년 총선 과정에서 드러난 개선된 선거제도의 한계를 살펴보도록 하자. 두 가지 새로운 선거제도가 2004년 총선에 적용되었다. 국회와 지방의회를 위한 부분적 개방형 정당비례대표제와 새로이 구성되는 지역대표의회를 위한 비이양식 투표제도가 그것이다. 이 새로운 선거제도는 인도네시아 국민들에게 보다 나은 대표성(representativeness)을 보장해 주기는 하지만 이전에 적용되어 왔던 선거제도에 비해서 상당히 복잡해졌다. 2004년 총선부터 유권자들은 국회와 지방의회를 위한 투표에서 정당뿐만 아니라 각 정당이 미리 제출한 정당명부에서 후보자를 선택할 수 있게 되었다. 1999년 선거에서는 폐쇄형 정당명부가 적용되었고 그에 따라서 유권자들이 정당에 대해서만 투표를 행사하였기 때문에 변화된 선거제도를 알리기 위해 유권자들을 대상으로 하는 선거교육을 대대적으로 실시할 뿐만 아니라 투표소 진행요원들을 위한 교육도 선행되어야 했다. 국회와 주의회, 군/시의회 및 지역대표의회 선거를 위해 각각 다른 후보자명단이 표기된 투표용지를 준비해야 했는데 투표용지를 인쇄하고 배포하는 과정에서 중앙선거위원회와 지방선거위원회 사이에 불협화음이 끊이지 않아서 선거를 제 때에 치르지 못할 것이라는 우려가 투표당일 아침까지 이어지기도 하였다(실제로 1,176개의 투표소 — 전체 투표소의 0.2퍼센트 — 에서는 투표가 뒤늦게 치러졌다(Mar'iyah 2004)). 또 투표방식의 변경으로 정당명부의 개별 후보들이 유권자들의 투표에 의해서 선출될 가능성을 열어주었지만, 실제로 2004년 총선에서 정당명부상의 순위와 관계없이 개별적으로 득표한 결과(BPP: Bilangan Pembagi Pemilih)에 따라서 당선된 후보는 전국에서 단 두 명뿐이었다(*Economist* 2004/12/11). 대부분의 후보들이 유권자들에게 잘 알려져 있지 않았으며 캠페인 일정이나 방식이 개인적으로 선거활동을 하기에 적합하지 않았다. 무엇보다도 많은 유권자들이 새 투표방식을 제대로 이해하지 못한 상태에서 선택한 정당과 다른 정당의 명부에서 후보를 선택하거나 정당을 선택하지 않은 상태에서 후보만 선택함으로써 상당수의 표가 무효표로 처리되었다. 4월 18일 선거위원회가 발표한 내용에 따르면 전체투표 중 약 천 백만 표(8.5퍼센트 정도)가 무효표로 집계되었다. 결국 최종적으로 당선된 후보자들은 정당명부상의 순위에 따라서 혹은 중앙당의 개입의 결과로 결정되었다. 이러한 사실은 이미 선거 이전부터 폐쇄형 정당명부가 적용되었던 1999년 총선과는 달리 정당명부상의 순위가 당락을 결정하는 데 중요한 역할을 할 것으로 보고 많은 후보자들이 당선 가능한 번호를 받기 위해서 사전에 정당지도부를 대상으로 로비를 벌이거나 청탁을 하는 등 정당내부의 금권정치가 오히려 확대되었다는 비판을 주의 깊게 고려할 필요를 제기한다.

인도네시아 선거제도 개혁이 정당발전에 미친 영향과 관련해서 다음의 두 가지 측면을 지적하고자 한다. 첫째, 수하르또가 물러난 이후 인도네시아 정치제도의 핵심으로 복귀한 정당의 입지가 한층 더 강화되었다. 이것은 정당만이 국회와 지방의회 선거의 후보는 물론 대선 후보를 추천할 수 있다는 점에서 잘 반영된다. 2005년 6월부터 전국적으로 실시되어 온 군수 및 시장, 그리고 주지사의 선거에서도 각 단위의 지방의회에서 15퍼센트 이상의 의석을 확보한 정당이나 정당연합만이 후보를 지명할 수 있도록 되어 있다. 둘째, 이렇게 강화된 정당중심의 정치는 주요정당의 중앙당의 권한 및 영향력이 한층 강화되는 과정과 함께 병행하여 진행되어 왔다. 2004년 총선에 앞서서 대부분의 주요 정당들은 정당명부를 작성하는 과정에서 당 간부들을 당선가능성이 높은 1, 2번에 배치하였는데, 결과적으로 중앙당에 충실한 당원들이 원내에 대거 진입하는 데 성공한 것으로 보인다.[6] 새로운 정당법과 의회구성법 역시 중앙당의 입지를 한층 더 강화시켰는데, 그 중의 한 예가 이미 당선된 의원이라도 임기를 마치기 이전에 중앙당이 소환할 수 있게 된 것이다. 수하르또 정권 아래에서 적용되었던 이 소환제는 1999년에 개정된 정치법에서는 삭제되었었는데, 따라서 1999~2004년 임기 동안에는 탈당하거나 다른 정당으로 이전하는 의원들에 대해 중앙당이 아무런 제재를 가할 수 없었다(재개정된 정당법 UU No. 31/2002, 12조 NDI 2003; *Kompas* 2003/07/10).

2004년 총선은 또한 인도네시아의 정당제도가 절대다수당이 존재하지 않는 다당제로 고착될 가능성을 높게 시사하였다. 1999년 총선에 이어 절대다수당이 등장하지 않은 상황에서 주요 정당들은 국회(DPR) 및 국민협의회(MPR)에서 다수를 확보하고 대선에 승리하기 위해 정당간의 연합을 시도할 수밖에 없었다. 인도네시아투쟁민주당과 골까르는 민족각성당과 평화번영당(PDS: Partai Damai Sejahtera)

6) 예를 들면, 족자까르따 시의회(DPRD II Kotamadya Yogyakarta)를 위한 인도네시아투쟁민주당(PDI-P)의 명부에서 상위를 차지한 15명의 후보자 중 9명이 시(kotamadya) 또는 군(kecamatan) 지구당의 지도부였다. 유사한 경향이 골까르(Golkar)나 민족각성당(PKB)의 사례에서도 발견되었다.

의 지지를 바탕으로 국민연합(Nationhood Coalition)을 형성하고 골까르 출신의 아궁 락소노(Agung Laksono)를 국회 대변인으로 선출하는 데 성공하였다. 반면에 국민연합에 대응하여 신생정당인 민주당과 복지정의당, 그리고 이슬람정당인 통일개발당과 국민수권당은 다른 군소정당들과 함께 민중연합(People's Coalition)을 형성하고 복지정의당 출신의 히다얏 누르 와히드(Hidayat Nur Wahid)를 국민협의회 대변인으로 선출하는 데 성공하였다. 이 두 정당연합은 대선에서도 각각 메가와띠-하심 팀과 유도요노-깔라 팀을 지지하면서 대결하였다. 이 두 정당연합은 이데올로기나 정책을 중심으로 한 안정적인 국정운영을 위한 연합으로 보기는 어렵지만, 절대다수당이 없는 다당제 구도에 양당제적인 구조를 형성할 수 있는 것으로 기대할 수도 있을 것이다.

2004년 대선의 결과 출범한 수실로 밤방 유도요노-유수프 깔라 정부는 직접선거를 통해서 강력한 정통성을 확보하기는 하였지만 국회로부터 강력한 통제를 받는 약한 정부를 이끌게 되었다. 유도요노가 이끄는 민주당은 국회에서 10퍼센트 정도의 의석(**표 1** 참고)을 차지하는 소수정당이며 부통령인 유수프 깔라는 골까르를 효과적으로 통제할 수 있는 위치에 있지 않았다. 그러한 상황에서 2004년 12월 발리(Bali)에서 열린 골까르의 전당대회는 유도요노-깔라 정부의 대국회 관계에 중요한 전환점을 마련하였다. 수하르또가 의장직에서 물러난 이후 골까르당의 의장을 맡아온 악바르 딴중(Akbar Tanjung)이 지지하는 후보를 제치고 부통령 깔라가 당의장직에 선출된 것이다. 의외의 결과로 받아들여진 깔라의 의장직 당선과 관련하여 다양한 해석들이 제기되었는데, 그 중에서도 수하르또 정권 아래에서 독점적 지위를 누렸던 골까르 당원들이 깔라를 지지함으로써 다시 한 번 권력의 핵심에 접근하고자 한 것으로 보는 입장이 지배적이었다. 여하튼, 깔라 부통령의 골까르 의장직 당선으로 유도요노-깔라 정부는 국회에서 다수당을 통제할 수 있게 되었으며 인도네시아투쟁민주당과 골까르가 형성한 국민연합의 존속에도 치명적인 위협을 가할 수 있게 되었다.

마지막으로, 앞에서도 지적하였듯이, 인도네시아의 정치변동과정의 한 부분으로 지방자치화 과정이 함께 진행되고 있다는 점에서 선거제도의 변화가 전국적 차원의 선거결과와 권력관계에 미친 영향뿐만 아니라 지방에서 적용된 과정과 결과, 특히 지방정치인들의 선거 및 정당활동에 주의를 기울일 필요가 있다. 이와 관련하여 필자가 2004년 3월초부터 4월 총선이 실시될 때까지 중부자바의 족자까르따(Yogyakarta)에서 수행한 현지조사가 중요한 일차자료를 제공한다. 족자까르따에서 관찰한 2004년 총선과정을 다른 지방이나 전국적 차원으로 확대시켜서 주장할 수는 없지만, 언론 또는 시민단체나 학생활동가들과의 토론을 통해서 얻은 정보에 따르면 족자까르따에서 관찰된 현상이 도처에서 진행되고 있음을 짐작할 수 있었다. 더구나 족자까르따가 독립 이후부터 인도네시아 정치의 중요한 지표로 간주되어 왔다는 점에서 일반화의 가능성을 떠나서 하나의 척도로서 진지하게 고려할 수 있을 것이다. 여하튼, 족자까르따에서 2004년 총선과정을 직접 관찰한 필자의 일차적인 결론은 1999년 이후 금권정치와 폭력집단을 통한 정치동원을 중심으로 한 정당발전의 패턴에 큰 변화가 없었으며 심지어 더 퇴보하기도 하였다는 것이다. 한편으로는, 정당정치인들이 지방의회의 의원직을 개인적으로 부를 축적하거나 집단적으로 이권을 추구하는 데 이용하는 것이 일반적인 풍토로 자리잡으면서 정당정치에서 돈의 위력이 한층 더 커진 것으로 관찰되었다. 특히, 개방형 정당명부제로 바뀌었음에도 불구하고 명부상의 순위가 당락의 결정에 중요한 영향을 미칠 것으로 본 많은 후보자들이 당선 가능한 순위를 얻기 위해서 정당과 정당지도부를 대상으로 로비를 벌임으로써 거의 모든 정당들이 후보자 선택과정을 둘러싼 불신과 갈등을 겪어야 했다. 다른 한편으로는, 거의 모든 주요 정당들의 내부 운영에 있어서 소위 정당의 특수임무부대(satgas: satuan tugas)로 알려진 폭력집단의 영향력이 보다 커지고 심지어 제도적인 접근통로마저 갖게 된 것을 확인할 수 있었다. 선거유세 직전 거의 모든 주요정당들은 공식적으로든 비공식적으로든 정치동원의 역할을 담당했던 폭력집단들을 해체하고 공식적인 정당조직의 한 부분으로 편입시키는 데 성공하였다고 발표하였다. 하지만, 다양한 경로를 통해서 얻은 정보에 따르면, 그러한 집단들의 지도층이 정당명부의 후보로, 때로는 당선가능성이 높은 순위로 포함되어 있었다. 따라서, 2004년 총선은 선거유세 기간 동안 폭력이나 무력충돌이 거의 발생하지 않았다는 점에서 역사적인 선거로 기록됨에도 불구하고 폭력집단에게 정치참여의 기회가 제도적으로 보장되는 기점이 되기도 한 것으로 평가할 수 있겠다.[7)]

Ⅵ. 맺음말: 선거제도의 변화와 정치변동의 역동성

1998년 이후 인도네시아가 겪어온 정치변동과정은 절차적 민주주의의 부활 및 강화로 요약할 수 있다. 그러한 절차적 민주주의의 부활 및 강화가 실질적 민주화, 특히 지방에서의 일상적인 정치활동이나 관행에 어떠한 영향을 미쳤는가에 대해서는 논의의 여지가 많이 남아 있다. 우선, 지난 8년이 넘는 시간 동안 선거제도의 개혁이 인도네시아의 선거 및 정당정치에 미친 영향을 살펴본 후 보다 넓은 차원에서 인도네시아의 정치제도의 개혁, 특히 선거제도의 변화가 민주적 이행 이후의 정치변동과정에 미친 실질적 영향에 대해서 잠정적인 결론을 도출하도록 하겠다.

인도네시아투쟁민주당의 대패와 신생정당인 민주당과 복지정의당의 약진 등 약간의 놀라움을 안겨준 총선결과와 대선에서 인도네시아 유권자들이 보여준 정치적으로 한층 성숙한 태도에 대한 긍정적인 평가에도 불구하고, 각 주요 정당들이 2004년 선거과정에서 보여준 모습은 민주적 이행 이후의 정당정치가 내재적으

---

7) 민주적 이행과 지방자치제의 실시 이후 지방정치에서의 금권정치와 폭력집단의 영향력이 강화되는 측면에 대한 보다 자세한 논의는 Choi(2003; 2004)와 최난경(2004)을 참조.

로 갖고 있는 딜레마를 다시 한 번 확인시켜 주었다. 그것은 바로 "누구든 선거를 지지하지 않고서는 민주주의자가 될 수 없지만 민주주의자가 아니더라도 누구든지 선거를 잘 수행할 수 있다"는 점이다(Zakaria 2003). 다시 말하면, 선거의 실행이나 결과 자체가 민주화나 민주적 전망의 정도를 반영하는 것은 아니다. 그러한 측면에서 볼 때, 인도네시아의 2004년 총선은 1998년 이후 진행되어 온 정치변동과정의 모순적인 결과를 드러내었다고 평가할 수 있다. 즉, 선거제도를 포함한 정치제도는 보다 더 민주적으로 발전해 온 반면 동시에 정치인들의 정치적 태도와 관행은 보다 더 부패해지고 점점 더 비제도적인 수단에 의존하는 경향을 보여왔다. 따라서, 인도네시아 민중들이 집권여당 — 즉, 인도네시아투쟁민주당 — 에게 단죄를 내리고 새로운 정치세력에게 힘을 실어주는 것도 그 이면에서 보면 새로운 민주주의적 시도들에 대한 그들의 정치적 실망과 환멸이 그만큼 빠르게 찾아온 것으로 해석할 수 있는 것이다(Mar'iyah 2004).

민주적 이행 이후의 정치변동과정은 지방에서, 특히 일상적인 정치생활의 차원에서 관찰될 때, 제도의 민주적 정비가 그 자체로써 정치행위자들로 하여금 민주적인 가치나 태도, 관행들을 일상적인 정치과정에서 실행하고 제도화하도록 강제하지 않는다는 점을 보다 더 명확하게 드러낸다. 정치변동과정에 내재하는 정치적 불안정과 확고한 리더십의 등장을 제도적으로 어렵게 하는 다당제 의회주의 체제에서 인도네시아 정치인들은 정치권력을 추구하는 일차적인 목표로 부를 축적하고 사회적 영향력을 확대하는 것으로 규정해 왔다. 그리고 정당은 그러한 목적을 추구하는 데 가장 효율적인 수단이 되어 왔다. 정치권력과 정당에 대한 이러한 태도는 금권정치를 통해서 후보자격을 얻거나 폭력집단을 이용해서 대중을 동원하는 것을 정당화시켜준다. 따라서, 인도네시아의 민주화 전망과 관련하여 2004년 총선이 남긴 교훈 중의 하나를 지적하자면, 그것은 민주적 이행 이후의 정치변동과정에서 선거경쟁 자체가 "정당의 혁신이나 발전을 촉진하는 경우가 극히 드물다"는 점이다(Carothers 2002, 15). 다시 말하면, 민주적 이행 이후의 정치변동과정에서 정당이 항상 민주적인 방식으로 발전하는 것은 아니다. 민주적 이행 이후의 정치변동과정에 내재되어 있는 문제는 공식적인 규칙과 절차가 의도되지 않은 방식으로 해석되고 적용되는 것이 빈번하게 발생한다는 점이다. 그러한 점에서, 제도상의 공식적인 변화와 그것이 해석되고 적용되는 정치변동의 실질적 패턴 사이의 거리를 이해할 필요성과 그러한 이해가 일상적인 정치활동과 관행을 분석하는 것을 통해서 얻어진다는 점을 다시 한 번 강조할 필요가 있겠다.

참고문헌

최난경. 2002. "인도네시아의 민주화와 헌법개정." 『동아연구』 43.

______. 2004. "인도네시아의 2004년 총선과 탈권위주의적 정당정치: 족자카르타 사례를 중심으로." 한국동남아학회 추계학술대회 발표문(11월 5일).

Arghiros, Daniel. 2001. *Democracy, Development and Decentralization in Provincial Thailand*, Richmond, Surrey: Curzon.

Carothers, Thomas. 2002. "The End of the Transition Paradigm." *Journal of Democracy* 13(1).

Choi, Nankyung. 2003. "Democratization, Decentralization, and Local Party Politics in Post-Soeharto Indonesia." Ph.D. dissertation, Canberra: Research School of Pacific and Asian Studies, Australian National University.

______. 2004. "Local Elections and Party Politics in Post-Reformasi Indonesia: A View from Yogyakarta." *Contemporary Southeast Asia* 26(2).

Collier, David & Steven Levitsky. 1997. "Democracy with Adjectives: Conceptual Innovation in Comparative Research." *World Politics* 49 (April).

Crook, Richard C. and James Manor. 1995. "Democratic Decentralization and Institutional Performance: Four Asian and African Experiences Compared." *Journal of Commonwealth and Comparative Politics* 33.

Diamond, Larry. 1997. "Is the Third Wave of Democratization Over? The Imperative of Consolidation." The Helen Kellogg Institute for International Studies Working Paper 237, University of Notre Dame.

Hagopian, Frances. 1993. "After Regime Change: Authoritarian Legacies, Political Representation, and the Democratic Future." *World Politics* 45(3).

Huber, Evelyne, Dietrich Rueschemeyer, and John D. Stephens. 1997. "The Paradoxes of Contemporary Democracy: Formal, Participatory, and Social Dimensions." *Comparative Politics* 29(3).

Huntington, Samuel P. 1991. *The Third Wave: Democratization in the Late Twentieth Century*. Norman and London: University of Oklahoma Press.

Kerkvliet, Benedict J. & Resil B. Mojares, eds. 1991. *From Marcos to Aquino: Local Perspectives on Political Transition in the Philippines*, Manila: Ateneo de Manila University Press.

Mar'iyah, Chusnul. 2004. "Indonesia Outlook 2005 Political Outlook 2005: General Elections and Triumph of Pragmatism." *The Jakarta Post* (http://www. thejakartapost.com/outlook/pol05b.asp)

McFaul, Michael. 2002. "The Fourth Wave of Democracy and Dictatorship: Noncooperative Transitions in the Postcommunist World." *World Politics* 54(2).

Munck, Gerardo L. 2001. "The Regime Question: Theory Building in Democracy Studies." *World Politics* 54(1).

NDI (National Democratic Institute for International Affairs). 2003. "Laws on the Structure and Composition of the MPR, DPR, DPD and DPRDS (Susduk Law) passed by the DPR on 9 July 2003: A Short Guide" (16 July).

O'Donnell, Guillermo. 1992. "Transitions, Continuities, and Paradoxes." Scott Mainwaring and J. Samuel Valenzuela, eds. *Issues in Democratic Consolidation: The New South American Democracies in Comparative Perspective*. Notre Dame: University of Notre Dame Press.

O'Donnell, Guillermo, and Philippe C. Schmitter. 1986. *Transitions from Authoritarian Rule: Tentative Conclusions about Uncertain Democracies*. Baltimore: Johns Hopkins University Press.

Schedler, Andreas. 2002. "The Menu of Manipulation." *Journal of Democracy* 13(2).

Trocki, Carl A. 1998. "Democracy and the State in Southeast Asia." Carl A. Trocki, ed. *Gangsters, Democracy, and the State in Southeast Asia*. New York: Southeast Asia Program Publications, Cornell University.

Zakaria, Fareed. 2003. *The Future of Freedom: Illiberal Democracy at Home and Abroad*. New York: W.W. Norton & Co.

제4장 | 인도네시아의 선거과정: 2004년 국회의원 및 지방의원선거를 중심으로

김형준

Ⅰ. 문제제기

인도네시아의 2004년은 선거의 해였다. 4월의 국회의원 및 지방의회의원 선거로부터 7월의 1차 대통령 선거, 9월의 2차 대통령 선거까지 3차례의 선거가 연이어 치러지면서, 선거 분위기가 고조되었다. 수하르또 체제 하에서 5년에 한 번씩 의례적으로 선거가 치러졌던 상황과 비교할 때, 2004년은 일반인들로 하여금 정치적 자유화의 결실을 자연스럽게 경험할 수 있도록 해주었다.

2004년 선거는 전반적으로 평화롭고 질서 있게 진행되었다는 평가를 받고 있다(Heru Cahyono 2004, 9; I Made 2004, 138-9; Santoso 2004, 22). 1999년 선거에서 나타났던 정당 지지자간의 충돌이나 캠페인 기간 중의 무질서가 대규모로 발생하지 않았고, 군부와 집권 여당의 선거 개입이 두드러지게 나타나지 않았으며, 매스미디어를 통한 선거 운동이 새로운 캠페인 형태로 부상하였다. 인도네시아 역사상 최초의 직선제 선거가 큰 문제없이 행해졌다는 사실은 수하르또 퇴진 이후 전개된 민주화 과정이 제 궤도에 올랐음을 보여주는 징표로 해석될 수 있다.

국회의원 선거 결과 역시 이러한 해석을 뒷받침해준다. 3% 이상을 득표한 7개 정당 중 민주당(Partai Demokrasi, 이하 PD)과 복지정의당(Partai Keadilan Sejahtera, 이하 PKS)[1]는 신생 정당이라 규정될 수 있을 정도로 기존 정치 세력과는 직접적 관계를 가지고 있지 않았기 때문에, 두 정당의 약진은 기존의 정치 구조에 커다란 변화를 가져왔다고 평가될 수 있다(Baswedan 2004, 187-8). 기존 정치 세력의 지지를 받지 않던 수실로 밤방 유도요노(Susilo Bambang Yudhoyono)의 대통령 선출 역시 과거의 정치체제가 약화되고 새로운 정치적 다이나믹스가 형성되고 있음을 보여주었다.

2004년 선거과정에 대한 평가가 모두 긍정적인 것은 아니었다. 일부에서는 선거의 성공이 절차상에 국한된 것일 뿐이며, 실제적으로는 과거의 부정적 정치 행태가 그대로 유지되었다는 평가를 제기했다(Heru 2004, 17; Koirudin 2004). 국회의원 및 지방의회의원 공천 과정에서 유권자보다 정치 엘리트의 입김이 강하게 작용했던 점, 캠페인과 투표 과정에서 금권 선거가 행해진 점은 이 번 선거가 부정부패와 후진적 정치행태로 특징지어질 수 있는 것임을 보여주는 사례였다. 또한, 선거 전반을 통해 인도네시아 사회의 당면 문제가 공론화되지 못하고 인물과 이미지 중심의 세몰이가 나타났다는 점, 열 명의 대통령과 부통령 후보 중 군인 출신이 3명이었고, 전직 군인이 대통령으로 선출된 점 역시 이번 선거가 과거와 단절되지 못한 것임을 보여주었다.

이번 선거에 대한 상이한 평가의 타당성은 그 평가의 준거가 무엇인가에 따라 달라질 수 있다. 수하르또 체제 하의 선거나 1999년 선거와 비교될 때, 이번 선거가 보다 민주적으로 치러졌음은 부정되기 힘들지만, 오랜 민주화 역사를 갖는 국가의 상황과 비교될 때, 이번 선거가 비민주적인 요소를 많이 포함하고 있었음 역시 부정될 수 없다.

---

1) 본문에 제시된 정당명은 약자로써, 그 완전한 정당명은 〈부록 1〉에 제시되어 있음.

이 글의 목적은 2004년 인도네시아 선거 과정에서 나타났던 특성을 분석하고, 이를 통해 인도네시아의 민주화 과정을 이해하는 데 있어 이번 선거가 갖는 함의를 검토하는 데 있다. 세 차례에 걸쳐 행해진 선거 중 국회의원 및 지방의회의원 선거에서 정치적 특성이 보다 다이나믹하게 나타났다는 점을 고려하여 이 글의 초점은 이 선거에 놓일 것이며, 대통령 선거와 관련된 자료는 제한적인 수준에서만 사용될 것이다.

Ⅱ. 국회의원 및 지방의원 선거과정

1. 정당 공천과 후보자의 특성

과거 선거와 비교할 때 2004년 국회의원 및 지방의원 선거에서 나타난 가장 큰 변화는 유권자가 후보자를 대상으로 하여 직접 투표할 수 있게 되었다는 점이다. 유권자가 정당을 선택하고, 정당에 의해 선택된 후보자가 공천순서와 정당 득표수에 따라 선출되던 이전의 방식과 비교할 때, 직접 투표 방식은 중앙당의 영향력을 축소시키고 유권자에게 더 넓은 선택권을 제공할 수 있으리라고 기대되었다. 하지만, 기득권을 빼앗기지 않으려는 기존 정치 엘리트 간의 야합으로 인해, 완전한 의미의 직접선거방식이 아닌 절충적인 방식이 적용되었다. 즉, 하나의 선거구에 여러 의석이 배분되어 있는 상황에서 정당이 후보자를 복수 공천할 수 있도록 하고, 유권자가 후보자 대신 정당을 선택하는 방식이 허용되었으며, 당선 기준이 되는 득표수를 충족시키지 못한 후보의 표와 정당에 기표된 표가 합산되어 공천순서에 따라 후보자에게 배분되는 복잡한 방식이 채택됨으로써, 득표수보다 공천순서가 당선을 위해 보다 중요한 요인으로 부상하였다.

새로운 선거방식은 각 정당의 공천과정이 민주적으로 진행될 수 있다는 전제하에서만 그 긍정적인 효과를 실현시킬 수 있었다. 하지만, 대다수의 정당이 비민주적인 방식으로 운영되고, 일반 당원보다 정치 엘리트에게 막강한 권력이 집중되어 있는 현실 하에서, 이러한 선거방식은 정치 엘리트의 영향력을 강화시키는 방향으로 운용될 수밖에 없었다. 지역 수준에서 높은 지지를 받고 있거나 하위 지부에서 추천되었다는 사실[2] 자체는 대다수 정당의 공천과정에서 커다란 의미를 갖지 못했고, 중앙의 정치 엘리트를 대상으로 한 로비가 공천 순위를 보장하는 보다 확실한 방법으로 작용했다.

후보 공천과정에서 중앙당과 지부, 지부와 후보 사이의 역학 관계가 어떻게 작동하였는지를 보여줄 자료 중의 하나는 공천 1순위자로 선정된 후보자의 출신지 및 활동지로써, 이는 공천된 후보가 어느 정도의 지역 기반을 가지고 있는지를 보여줄 수 있다. 하지만, 후보자의 출신지 관련 자료의 부재[3]로 인해, 아래에서는 후보자의 거주지만이 분석될 것이다. 이를 위해 공천 1순위자를 자까르따 생활권 거주자와 지역구 거주자로 구분하였다. 69개 국회의원 선거구 중 자까르따 생활권에 포함되는 5개 선거구[4]를 제외한 나머지 64개 선거구의 공천 1순위자 중 선거구에 거주하는 후보자의 비율을 살펴보면 **표 1**과 같다.

표 1에서 볼 수 있는 것처럼, 공천 1순위자 중 지역선거구에 거주하는 후보의 비율은 30~40% 사이에서 가장 많이 나타났으며, 3% 이하 득표 정당보다는 3% 이상 득표 정당에서 중앙에 거주하는 비율이 높았다. 이는 당선가능성이 높을수록 지역 수준에서 정치적 영향력을 가진 인물보다는 중앙 무대에서 정치활동을

2) 대다수 정당은 선거구를 단위로 하여 공천 심사위원회를 구성하였으며, 이 위원회에서 후보자의 공천 순위를 결정, 중앙당에 추천하였다. 하지만, 지역에서 추천된 공천순위를 최종 확정할 권한이 중앙에 부여됨으로써, 지역의 정치적 요구가 자동적으로 반영될 수는 없었다.

3) 국회의원 후보에 대해 선관위가 유권자에게 제시한 정보는 이름, 소속 정당, 현 거주지였다.

4) 자까르따 생활권으로 선택된 선거구는 자까르따 1, 자까르따 2, 땅그랑(Tanggerang), 보고르(Bogor), 데뽁 · 버까시(Depok & Bekasi)였다.

표 1 공천 1순위자 중 선거구 거주 비율

	3% 이하 득표 정당	3% 이상 득표 정당
20-30%	PBB, PDS, PIB, PNI, PBR, PPNUI	Golkar
30-40%	PSI, PKDB, PPDI, PPPanca, PP	PD, PDI-P, PPP, PAN, PKB, PKS
40-50%	PM, PKP, PNBK	
50-60%	PPDK, PPD	

· 출처: 인도네시아 선관위(KPU) 웹사이트 자료, http://www.kpu.go.id

표 2 공천 순위에 따른 선거구 거주 비율, PDIP & Golkar

	PDIP			Golkar		
	1순위자	2순위자	3-4순위자	1순위자	2순위자	3-4순위자
수마뜨라 (16)*	37.5	56.3	56.3	25.0	18.8	37.5
서부자바 (9)**	40.0	40.0	15.0	44.4	66.7	50.0
중부자바 (11)***	54.5	54.5	68.2	36.4	45.5	27.3
동부자바 (10)	30.0	70.0	50.0	30.0	60.0	35.0
술라웨시, 깔리만딴 (10)	44.4	44.4	50.0	20.0	50.0	40.0
기타 지역 (8)****	12.5	25.0	37.5	14.3	14.3	21.4
전체 (64)	37.5	50.0	47.7	28.6	41.3	35.7

* 괄호안은 의석수.

** 서부자바에는 반뜬(Banten)이 포함되었으며, 자까르따 생활권에 포함되는 3개의 지역구가 제외되어 있음.

*** 중부자바에는 족자까르따가 포함됨.

**** 기타 지역에는 발리, 누사뚱가라띠무르(NTT), 누사뚱가라바랏(NTB), 말루꾸(Maluku), 서빠뿌아(Papua), 이리안(Irian) 지역이 포함됨.

하며 중앙의 정치 엘리트와 연계된 인물이 1번 후보로 공천될 가능성이 높았음을 의미하며, 동시에 공천과정에서 중앙 정당이 가졌던 높은 권한을 시사한다.

신생 정당과 달리 지역 수준에 뿌리를 내리고 있었던 기성 정당의 경우 후보로 선출될 지역 정치인의 풀(pool)을 충분히 가지고 있으리라는 전제하에서, **표 2**에서는 골까르(Golkar: Golongan Karya: 직능집단, 이하 Golkar)와 인도네시아투쟁민주당(Partai Demokrasi Indonesia Perjuangan, 이하 PDIP)의 공천을 받은 후보자의 거주지가 공천 순위에 따라 비교되어 있다.

PDIP와 Golkar의 지역 선거구 후보자 중 과반수 이상이 공천순서와 관계없이 자까르뜨 주변 지역에 거주하는 인물이었다. 두 당 모두 1순위자와 비교했을 때 2순위자의 지역거주 비율이 10% 정도 높게 나타났으며, 3~4순위자의 지역거주비율은 2순위자보다 조금 낮아졌다. 이는 당선 가능성이 거의 절대적이라 할 수 있을 자리에 대해서는 지역에 대한 배려가 보다 적었음을 보여준다.

지역적으로 보았을 때, 2순위자의 선거구 거주 비율은 자바 지역이 비(非)자바 지역보다 높게 나타났으며, 특히 동부자바의 경우, PDIP는 70%, Golkar는 60%의 후보자가 지역 거주자였다. 이는 다른 지역보다 정치활동이 더욱 활발하였고, 지역의 요구가 보다 강력하게 중앙에 전달될 수 있는 자바에서 지역의 목소리가 더 많이 반영되었음을 보여준다. 이러한 사실은 자바의 주요 도시라 할 수 있는 스마랑(Semarang), 수라바야(Surabaya), 족자까르따(Yogyakarta)의 후보 구성에서도 드러났다. 세 선거구에서 공천된 PDIP 전체 후보자 26명 중 23명이, 그리고 공천 1순위자 모두가 지역 거주자이었다. Golkar의 전체 후보자 31명 중 16명이, 3명의 공천 1순위자 중 2명이 지역 거주자이었다.

지역구에 거주하지 않는 후보가 공천 1순위자로 대거 선정되었다는 사실은 공천과정에 금권과 유착관계(kolusi)로 대표되는 비민주적 요소의 개입이 많았음을 보여준다. 실제로 공천 명단이 발표된 후, 중앙당에 대한 지역구 당원의 분노는 집단적인 방식으로 표출되었다. 이들은 지역에서 추천된 공천순위가 뒤바뀐 점, 지역출신자가 아닌 외부인이 대거 공천되었고, 심지어 지역에 알려지지 않은 인물이 공천 명단에 포함된 점, 주요 지역 정치인이 외부인에 밀려 1순위 공천을 받지 못한 점 등을 지적하며, 중앙당의 공천과정에 금권정치(politik uang)가 횡행하였고 정치 엘리트 중심의 공천이 이루어졌음을 비판하였다.[5] PDIP 중앙당의 부사무총장(wakil Sekjen) 쁘라모노(Pramono)가 공천 1순위자로 결정된 것에 항의

하며 농성을 했던 한 정당원의 지적은 중앙 중심적 공천에 대한 지역 활동가의 불만을 예시하고 있다(*Suara Merdeka*, 2004/01/07).

> 중앙당은 외부인이 아닌 지역민을 우선시해야 한다. 우리는 쁘라모노가 공천 1순위자로 선택된 것을 [도지부의] 열망을 무시한 행동으로 평가한다. ……후보 공천은 위로부터 아래로 일방적으로 행사되어서는(top down) 안 되며, 아래에서 위로 이루어져야 한다(bottom up). 우리는 지역구의 유권자에 의해 광범위하게 지지되는 후보를 원한다.

위 사례에서 지방 당원들의 요구는 수용되지 않았고, 쁘라모노가 1순위자로, 지역구에서 1순위로 추천된 후보자가 5순위자로 확정되었다. 이는 선거구에서의 인지도, 지역 정당원에 대한 영향력, 지역 유권자에 대한 인기도, 선거구에서의 활동경력과 기여도와 같은 요소가 중앙중심적 공천과정에서 중시되지 않았음을 보여준다.

아이러니컬하게도 국회의원 후보 공천에 중앙당이 커다란 영향력을 행사했던 상황은 지역 수준의 지방의원 공천과정에도 적용되었다. 하위 선거구의 공천과정, 즉, 도(Kabupaten)의회 후보의 공천 결정이 주(Provinsi) 수준에서 이루어짐에 따라, 국회의원 후보 공천에서 나타난 '낙하산 공천'이 지방의원 공천에서도 나타났으며, 중앙에 대한 지방의 불만은 지방에서도 반복되었다.[6] 결과적으로, 공천

---

5) 중앙당에서 결정한 공천 후보에 반대하는 지역구 정당원의 집단행동에 대해서는 2004년 1월 초 일간지 기사를 참조할 것. 이 글에서는 "Massa Bakar Bendera Golkar di Makassar"(*Tempo Interaktif*, 05/01/2004); "Deftar Caleg Diwarnai Pensiunan TNI, Aktivis dan Akademisi"(*Kompas*, 05/01/2004), "Kader Curigai Politik Uang"(*Suara Merdeka*, 07/01/2004), "Ratusan Massa PDIP Protes Caleg"(*Tempo Interaktif*, 10/01/2004)등의 기사가 이용됨.

6) 이에 대해서는 "Kader PDIP Protes DPC Soal Urutan Nomor Caleg"(*Pikiran Rakyat*, 04/01/2004), "700 Massa PDIP Protes Caleg di Surabaya"(*Tempo Interaktif*, 14/01/2004) 등을 참조할 것.

1순위자가 가장 많은 정치헌금을 내거나 유력 정치인과 가장 긴밀한 관계를 갖는 인물로 동일시되던 과거의 인식은 2004년 선거과정에서도 그대로 유지되었다.

공천순위제 그리고 정치 엘리트에 의한 공천 결정은 여성 후보자의 의회 진입을 용이하게 하기 위해 도입된 선거법 규정을 왜곡된 방식으로 적용시키는 결과를 가져왔다. 개정 선거법은 국회의원 후보의 30% 이상을 여성에게 공천하도록 규정하고 있는데, 대다수의 정당에서는 당선가능성이 거의 없는 순위에 여성 후보를 포진시켰다. 예를 들어 여성이 1순위로 공천된 선거구는 전체 69개 선거구 중 PDIP 4곳, PKS 4곳, PKB 5곳, Golkar 6곳, PPP 6곳, PD 7곳, PAN 10곳[7]에 불과하였다. 공천 1순위를 부여받은 여성의 비율은 1999년 국회의원 중 여성 의원이 차지하는 비율과 거의 동일했다. 군소 정당에서도 1순위를 받은 여성의 비율은 높지 않았으며, 신인도네시아연합당(Partai Perhimpunan Indonesia Baru)과 인도네시아민주정립당(Partai Penegak Demokrasi Indonesia)에서만 20% 이상이었다(Evans 2004, 198).

선거법 개정을 통해 도입된 후보자 직접선출방식은 과거의 정당투표방식보다 유권자에게 보다 넓은 선택권을 제공하려는 의도를 가지고 있었다. 하지만, 하나의 선거구에 복수 공천이 가능하고, 1순위자가 높은 당선가능성을 가지게 됨으로써, 공천을 둘러싸고 정치 엘리트들이 정치공작을 행할 수 있을 여지는 그대로 유지되었다. 그 결과, 유권자의 선택권 확대와 정치적 요구 수용이 정치 시스템이 아닌 개별 정당의 민주화 정도에 의존하는 상황이 전개되었다. 대다수의 정당이 비민주적 방식으로 운영되어 왔었던 상황을 고려해보면, 민주적 방식의 후보 선출이라는 선거법 개정의 목적이 실제 정치 과정에서 왜곡된 방식으로 적용되었다고 평가될 수 있다.

---

7) PKB는 Partai Kebangkitan Bangsa(민족각성당), PPP는 Partai Persatuan Pembangunan(통일개발당), PAN은 Partai Amanat Nasional(국민수권당)의 약자임.

2. 캠페인 과정

2004년 선거에 대한 평가를 긍정적으로 만든 가장 주요한 요소는 선거 캠페인이다. 집단간 충돌, 폭력, 파괴 등이 광범위하게 나타났던 1999년 선거 과정과 달리, 이번 선거기간 동안 정당 지지자 간의 충돌, 불특정 다수에 대한 위협, 상점 파괴와 같은 상황이 대규모로 나타나지 않았다.[8] 상대적으로 질서정연하게 진행된 캠페인 과정은 민주주의적 관행이 일반인들 사이에서 확립되어 가고 있음을 보여주는 사례로 취급될 수 있다.

캠페인 과열을 막기 위해 선관위(KPU)[9]는 적절한 역할을 했다. 규정된 캠페인 일정과 시간 준수, 공직자들의 선거 참여 관리, 정당 홍보물 설치 규제, 도로 캠페인 과열 방지 등과 관련된 선관위의 통제는 선거 참여자들에 의해 수용되는 듯한 모습을 보였다. 평화로운 캠페인 과정은 대통령 선거에서 보다 가시적으로 나타나서, 캠페인의 무질서를 상징적으로 보여주는 오토바이를 이용한 캠페인 행렬이 심각한 교통혼란이나 폭력사태를 유발하는 방향으로 발전하지 않았다.

캠페인 과정에서 나타난 물리적 충돌의 감소와 질서 유지는 성숙된 정치적 분위기를 상징적으로 보여주었지만, 동일한 상황이 캠페인 과정 전체에 적용될 수 있었던 것은 아니었다. 특히 문제가 되었던 것은 금권 선거였다. "돈 없이는 캠페인도 없다(tanpa uang, tiada kampanye)"라는 한 후보자의 지적처럼, 캠페인의 전 과정이 돈으로 이루어졌다고 해도 과언이 아닐 정도의 심각한 상황이 전개되었다.

---

8) 캠페인 기간 중 4,127건의 위반 사례가 보고되었고, PDIP가 557건으로 가장 많은 수를 차지했다. 하지만, 이러한 사례의 대다수는(3,728건) 정해진 시간외 선거운동, 미인가 지역에 선거홍보물 설치 등과 같이 행정적인 문제와 관련된 것이었다(Santoso 2004, 22-23).

9) 중앙선관위의 구성, 법적 지위 및 활동에 대해서는 Chidmad(2004, 66-100), Legowo(2004, 97-102)를 참조할 것.

캠페인 비용의 증가를 야기한 요인 중의 하나는 후보자와 선거운동원 사이의 관계가 맺어지는 방식이었다. 종교나 혈연과 같이 특별한 관계로 연결된 경우를 제외하고는, 같은 정당의 후보자와 지지자라 할지라도 이 관계는 계약적인 성격의 것으로 이해되었다. 따라서 도로에 걸려 있는 깃발 한 개 당 15,000루삐아, 벽보 하나당 500루삐아, 거리 캠페인 일 회당 50,000루삐아 식의 인식이 일반인들 사이에서 광범위하게 유포되었고, 후보자들은 선거운동원을 보상 없이 동원할 수 있을지에 대해서 회의적인 태도를 취했다.

표 3 도의회 의원 후보자의 예상선거 비용(면 단위, 루삐아*)

항목	세부 비용		소계	합계
홍보물 제작	현수막	Rp 200,000 x 18마을	3,600,000	11,750,000
	깃발	Rp 500 x 50개 x 18마을	450,000	
	포스터	Rp 500 x 1,000	500,000	
	T 셔츠	Rp 5,000 x 80벌 x 18마을	7,200,000	
선거원 회의비	전체 모임	Rp 7,000** x 30명 x 6회	1,260,000	6,300,000
	마을 모임	Rp 7,000 x 10명 x 4회 x 18마을	5,040,000	
선거원 활동비	휘발유값	Rp 20,000 x 30명	600,000	1,650,000
	전화비	(Rp 50,000x15명)+(Rp 20,000x15명)	1,050,000	
주민 만남	식대 A **	Rp 7,000 x 200명 x 1마을	1,400,000	17,540,000
	식대 B	Rp 7,000 x 60명 x 17마을	7,140,000	
	기부금	Rp 500,000 x 18모스크	9,000,000	
거리 캠페인	캠페인 동원	Rp 30,000 x 100명	3,000,000	3,000,000
투표참관인	참관인 비용	Rp 50,000 x 45선거구 x 1명	2.250.000	2,940,000
	식대	Rp 5,000 x 45선거구 x 2회	450,000	
	관리자 비용	Rp 80,000 x 3명	240,000	
(총합계)				43,180,000

* 조사 당시 미화 1$는 8,500루삐아 전후였음.

** 식대: Rp 5,000의 식사비용과 Rp 2,000의 스넥비용.

선거비용 중 표면적으로 드러나는 부분을 개략적으로나마 이해하기 위해 족자까르따(Yogyakarta)주, 슬레만(Sleman) 도의회 선거에 참여한 한 후보의 선거비용 계획서가 검토될 것이다. PAN 소속의 현직 도의원인 이 후보는 공천 1순위를 받았기 때문에 당선이 거의 확실시 되었지만, 지역과 정당내 위상을 높여야 할 필요로 인해 높은 지지도를 이끌어내야만 했다. **표 3**에 제시된 비용 계획서는 후보 자신이 거주하는 A면(kelurahan) 선거팀(tim sukses)에 의해 작성된 것인데, A면에는 18개의 마을(dusun)이 있었고, 전체 유권자 수는 만여 명이었다. 후보자가 거주하고 있었고, A면의 주도적 종교단체인 무함마디야(Muhammadiyah)에 의해 PAN이 암묵적으로 지지되는 분위기가 형성되어 있었기 때문에, 선거운동원에 대한 인건비 지출 규모는 상대적으로 많지 않았다.[10)]

후보자의 선거구는 2개 군, 10개 면으로 구성되어 있었기에, 산술적으로 계산하면 **표 3**의 열 배인 4억 3천만 루삐아 정도가 예상 선거비용이라 할 수 있다. 하지만, 이러한 경비 이외에도 핵심 선거원 관리비용, 지역지도자나 유권자에 대한 직접 보상과 같이 상대적으로 은밀하게 지급되는 비용이 존재하기 때문에 실제 지출규모는 이보다 훨씬 많았으리라 추정된다.

높은 공천순위를 얻기 위한 헌금이 포함된 전체 선거경비에 대해 몇몇 핵심 선거참모들은 10억 루삐아의 약어인 'satu M(milliar)'을 거론했다. 후보자 자신은 이러한 주장을 부인하였지만, 선거를 위해 수억 루삐아가 소요될 것이라 예상하였고, 자기 주변에 10억 루삐아를 예상하는 후보가 있음을 인정하였다. 당선 가능성, 소속 정당, 지역에 따라 선거비용은 천차만별이었지만, 주요 정당 소속으로서 1, 2번의 공천을 받은 후보자의 경우 수억 원대에 이르는 비용을 지출해야 했음이 거의 확실했던 것처럼 보인다.[11)]

---

10) 이 경비 내역은 선관위에 공식 보고된 자료가 아니며, 후보자의 선거팀 중 핵심 인사가 선거 캠페인 시작 이전 내부용으로 만든 자료이다. 실제 이 계획에 맞추어 예산이 집행되었는지는 불분명하다.

11) 개정 선거법에는 선거비용 상한선에 대한 규정이 존재하지 않는다. 선거법에는 개인으로부터 10억 루삐아

선거 비용을 높이고, 지출의 불투명성을 야기한 요인은 선거참여자 대다수에게 공유되었던 '선거 운동=돈'이라는 인식이며, 그로 인해 매표와 관련된 변형된 관행들이 암묵적으로 용인되는 경향이 나타났다. 이러한 관행을 보여줄 대표적인 사례는 종교시설에 대한 기부행위였다.

선거 분위기가 고조되면서 정치인들이 빈번하게 방문하는 장소 중의 하나는 이슬람 기숙학교인 빠산뜨렌(pesantren)이다. 빠산뜨렌을 운영하는 끼야이(kiyai)의 학생(santri)에 대한 통제력과 주변 지역에 대한 사회적 영향력이 지역의 표심을 얻기 위한 중요한 요소이기 때문이다. 빠산뜨렌을 방문할 때, 정치인들은 거의 예외 없이 기부를 하며, 끼야이의 정치적 후원을 얻기 위해서는 더 많은 기부가 추가적으로 이루어져야 한다.[12] 빠산뜨렌이 없는 지역에서는 후보자가 모스크의 종교 모임에 참석하는 것이 관례이며, 이 경우에도 일정 정도의 기부금이 요구된다.[13]

끼야이나 모스크 외에도 특정 집단을 이끌거나 지역 주민에게 영향력을 미칠 수 있다고 생각되는 지역지도자(tokoh masyarakat) 역시 기부의 대상이었다. 때로 일정 규모의 집단(massa)을 영향력 하에 두고 있다고 주장하는 지역지도자가 자기 집단의 표를 놓고 정치인과 흥정을 벌이기도 하며, 일부 지역에서는 마을이나 통반(RW, RT)이 자신들의 정치적 지지를 공동사업을 위한 기부금과 교환할 것을 요청하는 경우도 있었다.

이상, 법인으로부터 75억 루삐아 이상의 기부금을 받을 수 없다는 조항이 있다(선거법에 대해서는 선관위 웹사이트 참조할 것).

12) 정치인의 기부금 규모는 빠산뜨렌의 역사와 산뜨리의 수, 끼야이의 영향력에 따라 결정되는 듯하다. 몇몇 관련자의 주장에 따르면, 지명도가 높지 않은 빠산뜨렌이라도 유명 정치인은 천만 루삐아 정도를 제공해야 하며, 주요 빠산뜨렌의 경우에는 그 규모가 수억 루삐아에 이른다고 했다. 이들의 의견은 일정 정도 과장된 것처럼 보이지만, 몇 백만 루삐아 이상의 기부금이 제공되는 것은 관행처럼 보인다. 필자가 참여했던 한 사례의 경우, 족자까르따 근교에서 개원한 빠산뜨렌의 기념식에 참석했던 한 부통령 후보는 5백만 루삐아를 현금 기부하였고, 5대의 컴퓨터를 기증할 것을 약속하였다.

13) **표 3**에서 후보자는 각 마을 모스크 모임에 참가하기 위해 오십만 루피아의 기부금을 책정했다.

선거기간에 제공되는 다양한 성격의 기부금은 표면상으로는 집단을 대상으로 제공된 것이다. 이러한 성격으로 인해, 기부금 공여는 '새벽의 공격'(serangan fajar)이라는 말로 대표되는 유권자에 대한 금품 제공과 동일하게 금권선거의 핵심에 놓여 있음에도 불구하고 후자와 달리 사회적으로 용인되는 경향을 보였다. 일반 유권자의 인식뿐만 아니라 매스컴의 보도, 심지어 선거감시위원회의 해석에서도 개인이 아닌 집단을 대상으로 한 기부행위는 심각한 선거부정으로 취급되지 않았다.

기부행위에 비해서는 보다 엄격한 잣대가 적용되었지만, 그와 거의 유사한 취급을 받았던 선거운동방식은 빈민을 대상으로 하여 집단적으로 행해지는 생필품 및 서비스 제공이었다. 생필품 제공은 쌀과 설탕 등을 지역 주민에게 공개적으로 분배해주거나, 시장가격보다 훨씬 낮은 가격에 판매하는 방식을 취했으며, 서비스 제공은 무료 진료나 소독과 같은 의료, 방재활동이 주를 이루었다. 이러한 행동은 특정한 정당의 이름 하에 지지자들에 의해 수행되기 때문에 그 불법적 성격이 명백하다. 하지만, 이러한 활동이 공개적으로 이루어지며 불특정 다수의 사람을 대상으로 행해진다는 이유로 인해 일반인들 사이에서 매우 관용적으로 받아들여졌다.[14] 이러한 태도는 아래의 사례에서 보이는 것처럼 선거감시위원회(Panwaslu)의 판단에까지 적용되었다(*Tempo Interaktif*, 04/04/2004).

> 한 정당이 솔로(Solo)에서 25,000루삐아 정도의 생필품을 5,000루삐아 이하로 판매하였다. 솔로 선거감시위원회 위원은 이러한 활동에 대해 자신들이 어떠한 행동도 취하지 않았음을 인정했다. 이는 생필품 판매 활동이 선거에 영향을 미치려는 의도를 가지고 있음을 보여주는 증거를 찾을 수 없기 때문이었다고 한다.

---

14) 일부 유권자들은 부정부패를 통해 얻어진 부가 선거와 같은 기회를 통해 재분배되도록 해야 한다는 식의 논리를 펼쳤다. 금권 선거의 결과 더 많은 부정부패가 이루어지지 않겠느냐는 질문에 대해 이들은 부정부패를 막을 수 없는 상황에서 일부나마 선거 운동을 통해 반환받는 것이 좋다는 식의 답변을 제시하였다.

솔로시 선거감시위원회에 따르면 선거법 규정, 즉 의도적으로 현금이나 물건을 유권자에게 제공하거나 약속함으로써 특정한 정당을 선택하거나 선택하지 않도록 하는 것을 금지하는 규정이 이 사례에 적용될 수 없다고 하는데, 이는 판매자가 구매자들에게 특정 정당을 선택하도록 이야기하였다는 증거가 없기 때문이다. 선거감시위원회의 이러한 해석에는 선거법을 형식 논리로 해석하려는 의도가 나타나 있으며, 그 저변에는 개인이 아닌 집단을 대상으로 한 서비스 및 현금 제공에 대한 관용적 인식이 놓여 있다. 이러한 식의 법해석이 적용될 경우, 정당에서 일반적으로 이용하는 방식, 즉 특정 정당의 옷을 입고 생필품이나 서비스를 제공하는 방식은 특정 정당이나 후보에 대한 지지를 명시적으로 거론하지 않는 한 법적 제재로부터 자유롭게 된다.

높은 선거운동 비용, 기부나 서비스 제공을 당연시하는 분위기, 느슨한 법 적용 등은 선거 캠페인을 돈 없이 진행될 수 없는 것으로 만들었다. 그에 비례하여, 정당이나 후보자의 정책이나 정당간의 정책적 차이는 소수 집단을 제외하고는 중요한 문제로 부각되지 못하였고, 그보다는 정당이나 주요 정치인의 이미지가 핵심적 문제로 떠올랐다.

각 정당은 긍정적 이미지 창출을 위해 많은 노력을 경주하였는데, 이를 위해 이용된 주요 수단은 매스미디어였다. 인도네시아 부패감시단의 보고에 따르면 (*Tempo Interaktif* 19/03/2004), 2004년 3월 11~17일 사이, PDIP와 Golkar의 중앙당은 캠페인 비용으로 각기 18억 9천 루삐아와 6억 4천 루삐아를 사용했는데, 그 중 광고비용이 14억 6천만 루삐아와 3억 4천만 루삐아에 달했다. 공식 선거비용에서 차지하는 높은 광고비 비율은 미디어 선거전의 중요성에 대한 정당의 높은 인식을 보여준다.

선거에 미칠 수 있는 미디어의 영향력, 미디어 소유주와 정치인과의 유착관계, 높은 광고비용 등은 미디어, 특히 신문이 선거와 관련되어 중립적 위치에 놓이지 않았으리라는 의혹을 불러일으켰다. 대통령 후보 중 수실로 밤방 유도요노(Susilo Bambang Yudhoyono)가 신문 보도에서 가장 호의적인 취급을 받았다고 하는데(Kusmawarni & Pahlemy 2004), 메가와띠와 유도요노의 정치적 갈등을 극적으로 부각시켰던 보도 양식이 유도요노에 대한 대중적 인지도를 높이고 호감을 증가시킨 결정적 계기였다는 점에 대해서는 이견이 존재하지 않는다. 유도요노에 대한 호의적인 태도는 대다수의 신문에서 나타났는데, 흥미로운 점은 중앙 일간지 중 이슬람의 이익을 가장 강력하게 대변하는 『레뿌블리까(*Republika*)』에서도 이러한 경향이 보여졌다는 점이다. 2004년 6월의 『레뿌블리까』 신문에서 다섯 명의 후보와 관련된 기사가 게재된 비율을 보면, 유도요노 24.4%, 메가와띠 23.5%, 위란또(Wiranto) 21.9%, 아민 라이스(Amien Rais) 18.5%, 함자 하스(Hamzah Haz) 11.8% 순이었다(Kusmawarni & Pahlemy 2004, 84). 비록 단일한 사례이지만, 이는 선거 문제와 관련된 미디어 보도에 특정 정당과 후보를 선호하는 경향이 존재하였음을 시사하고 있다.

선거 캠페인 과정이 금권선거와 이미지선거로 특징지어질 수 있었던 데에는 정치권에 대한 유권자의 회의적 태도와 낮은 기대치가 일정 정도의 역할을 했다. 유권자들은 1999년 선거에서 선출되었던 정치인의 활동에 많은 불만을 가지고 있었지만, 새롭게 선출된 정치인들에게 커다란 기대를 하고 있지 않았던 것처럼 보인다. 선거 직전에 행해진 여론조사에 따르면, 1999년 선출된 국회의원의 활동에 대해 응답자의 18%만이 만족한다는 답변을, 정당이 자기 역할을 제대로 수행하고 있는지에 대해서는 22%만이 긍정적인 답변을 제시하였으며, 33%의 응답자만이 2004년 선거에서 선출될 정치인들에 의해 현실 변화가 가능할 것이라고 기대하였다(CESDA-LP3ES 2004). 현실 정치에 대한 불만과 정치인 및 정당에 대한 낮은 기대치 등은 정치 참여자들로 하여금 자기 이익을 극대화시킬 수 있을 행동을 선택하도록 유도하였고, 이는 정책보다는 금전적 이득이나 이미지의 중요성을 부각시켰다.

3. 선관위의 선거관리상의 문제점

선거관리의 공정성을 강화하기 위해 민간인들로 새롭게 구성된 선관위는 선거물품 조달 및 분배, 정당 및 후보자격심사, 캠페인, 개표 집계 등을 관리, 감독하는 과정에서 불투명한 의사결정, 부정부패, 권위적 태도, 행정적 미숙 및 비효율성과 같은 심각한 문제점을 드러냈다. 선관위의 문제 중 가장 치명적이었던 것은 불완전한 선거인명부 작성이었으며, 이로 인해 일부 유권자가 국회의원 및 지방의회 선거에서 투표권을 행사하지 못하는 결과가 초래되었다.

선거인명부 작성을 위해 선관위는 과거와 달리 통계청을 이용하였다. 하지만, 통계청 분소는 군(kecamatan) 수준까지 설치되어 있었기 때문에, 통계청 직원이 지역 사정에 밝지 않다는 문제점을 가졌다. 게다가, 이들 직원들에게 각 가구를 순회하거나 통반장과 함께 명부를 작성해야 한다는 식의 규정이 강제되지 않았기 때문에, 지역에 따라 몇몇 주민을 통해 마을 전체의 명부가 작성되는 경우가 발생했다. 주민등록증 대신 선거인 카드를 도입했던 점 역시 상황을 악화시켰다. 선거 당일까지 선거용품이 분배되지 못할 지역이 존재할 정도로 촉박했던 선거준비과정[15]에서 선거인 카드는 선거 직전에야 배분될 수 있었고, 이는 카드를 받지 못한 유권자의 문제가 심각하게 인식되지 못하도록 했다. 선거가 시작되자, 투표장에 도착한 유권자 중 0.5% 정도가 투표권을 행사하지 못하는 최악의 상황이 나타났다.

유권자가 투표권을 행사하지 못하는 심각한 사태에 대해 제집단이 보였던 반응은 민주주의에 대한 이들의 인식을 보여준다. 선관위는 사건의 책임을 유권자에게 돌리며 방관자적인 자세로 일관했다. 즉, 선거인 명부를 공개적으로 열람

---

15) 선거법에는 선거관련시설, 투표용지, 투표함이 투표 10일 전까지 투표소에 배치되어야 한다고 규정되어 있다. 하지만, 상당수 지역에서 선거관련 용품이 10일 이전까지 구비되지 못하였고, 이에 정부는 관련 조항을 선거 3일전에 개정하였다.

하는 기간이 있었지만, 유권자들이 확인하지 않아 이런 문제가 발생했다는 것이다. 미디어 보도 내용을 보면, 자신에게 투표권이 주어지지 않았음을 투표장에서야 확인할 수 있었던 유권자들 사이에서는 분노하거나 항의하는 모습 대신 현실을 수용하는 태도가 지배적으로 나타났다. 통계청 직원이 부지런하지 않았던 곳에서는 선거권을 박탈당한 유권자가 300명 기준의 투표소당 수십 명에 달했지만,[16] 이들의 집합적 대응은 나타나지 않았다. 정치인과 지식인, 시민단체들의 대응 역시 소극적이었다. 사건이 불거지고 난 후, 선관위에 책임을 물어야 한다는 주장이 잠시 제기되었을 뿐, 이러한 주장을 관철시키기 위한 움직임은 지속되지 않았고, 누구도 책임지지 않은 상황이 초래되었다. 이들의 대응에서 나타난 보다 중요한 문제점은 국민에게 투표권이 주어지지 않았다는 사실이 갖는 의미에 대한 심각한 고민 없이 이 사건을 선관위의 비효율성이라는 차원에서 접근하려는 경향이 지배적이었다는 것이다.[17]

선거권 박탈 문제가 심각하게 취급되지 않음으로써, 명목적으로나마 민주주의의 필수조건이라 할 수 있는 선거권의 의미가 일반인들 사이에서 공론화될 수 있는 기회 역시 사라졌다. 이 사건은 지식인과 시민단체 사이에서 시민사회와 민주주의의 본질적인 문제에 대한 논의가 심도 깊게 진행될 분위기가 형성되어 있지 못하며, 민주주의가 제한된 의미로만 이해되고 있음을 보여주었다.

시민사회에서 평등권이 갖는 의미가 공론화될 수 있는 기회가 PKB의 대통

16) 필자가 직접 참관했던 투표소의 경우, 320여명의 유권자가 투표를 했고, 대략 20명 정도가 선거인 카드 부재로 인해 투표권을 행사하지 못했다.

17) 하나의 시민단체(Tim Advokasi Pemilu)가 다섯 명의 유권자 이름으로 KPU를 제소한 행동이 선거권 박탈과 관련되어 시민사회가 보였던 단 하나의 공식 대응이었다. 하지만, 이 단체 역시 선거권 박탈 문제를 KPU의 비효율성과 무책임성이라는 측면에서 접근하였는데, 이들은 선거권 박탈자의 재투표와 같은 보다 근본적인 수준의 요구가 아니라 KPU의 금전적 보상과 공식적 사과만을 요구하였다. 이와 관련되어서는 "KPU Digugat Rp 1 Triliun"(*Tempo Interaktif* 13/04/2004), "Sidang Class Action KPU Ditunda"(*Tempo Interaktif* 26/05/2004)를 참고할 것.

령 후보 압두라흐만 와히드(Abdurrahman Wahid) 전(前) 대통령의 후보 자격을 둘러싼 논란을 통해 또 다시 제공되었다. "정신적으로 육체적으로 대통령직을 수행할 능력이 있는"이라는 선거법상의 명목적 규정을 와히드 후보가 충족시킬 수 있는지에 대한 문제가 불거졌고, 선관위는 인도네시아 의료인협회의 입을 빌어 그의 후보 자격을 박탈하였다. 대통령직을 수행하던 3년 전과 비교하여 와히드 후보의 건강 상태가 더 이상 악화되지 않았고, 퇴임 후 그가 왕성한 사회활동을 행했던 점을 고려해보면, 선관위의 결정은 장애인에 대한 명백한 폭력과 차별이었다. 하지만, 이 사건의 핵심이라 할 수 있을 시민의 평등권 문제는 공론화되지 못했고, 이 사건을 정략적으로 접근하려는 태도가 미디어와 시민단체 사이에서 주도적으로 나타났다.[18)]

선관위는 개표와 합산 과정에서도 문제를 일으켰다. 첫 번째 대선 투표에서 유권자들은 투표용지를 넓게 펼쳐서 기표해야 했지만, 이러한 방식이 적절하게 홍보되지 못함으로써, 상당수 유권자가 투표용지 두 군데에 걸쳐 기표하게 되었다. 이러한 투표용지는 개표과정에서 무효표 판정을 받았고, 투표소에 따라 무효표가 과반수에 달하는 경우까지 발생했다. 문제의 심각성을 인식한 선관위가 유효표 기준을 바꾸었지만, 이러한 사실이 개표 완료 후 전달된 지역이 많았기 때문에 상당수 지역에서 재개표가 행해져야 했다.

선거 합산과정에서도 문제가 발생했다. 1999년 선거 집계를 완료하기까지 몇 달이 걸렸던 문제점을 고려하여, 선관위는 군 단위에서 중앙으로 집계 결과를 직접 전달하는 방식을 계획하였다. 이를 위해 인도네시아 전역의 군청에 컴퓨터와 인터넷망을 설치하는 대규모 투자가 이루어졌지만, 실제 개표과정에서 새로

18) 압두라흐만 와히드의 후보자격 박탈과 관련하여서는 "Lima Pasangan Capres-Cawapres Jadi Peserta Pemilu 2004"(*Tempo Interaktif* 22/05/2004), "Gus Dur Akan Gugat KPU Rp. 1 Triliun"(*Tempo Interaktif* 22/05/2004)를 볼 것. KPU의 결정에 불복하여 그가 제기한 제소를 법원은 받아들이지 않았다. 이와 관련해서는 "Pengadilan Tolak Gugatan Gus Dur"(*Tempo Interaktif* 12/10/2004)을 참조할 것.

운 방식은 적절하게 운용되지 못하였다. 일부 지역에서는 컴퓨터 대신 수작업으로 집계가 이루어졌고, 중앙선관위 대신 도 단위 혹은 주 단위 선관위로 합산 결과가 전달되는 경우도 발생했다. 선관위의 공언과 달리, 합산이 완료되기까지에는 한 달여의 시간이 소요되었고, 이러한 잡음으로 인해 19개 정당이 선관위 집계 결과에 불복하는 연합체를 결성하기까지 하였다(Sebastian 2004, 263).

개표와 집계 과정에서 발생한 문제는 단순한 기술적 문제로 취급될 수 있다. 하지만 이번 선거가 대통령을 직선으로 선출하는 첫 번째 선거였으며, 1999년 선거와 달리 정치적으로 안정적인 분위기에서 치러진 민주주의의 실험장이었다는 사실을 고려해보면, 이러한 혼란은 민주화 과정에 부정적 영향을 가져온 것처럼 보인다. 또한, 선거관리상의 실수의 원인을 일반인들에게 전가하고 어떠한 책임도 지지 않으려 했던 선관위의 태도 역시 심각한 문제를 제기한다. 이번 선거를 주관한 선관위가 시민사회의 주도 세력이라 규정될 수 있을 지식인과 시민단체 활동가로 구성된 첫 번째 경우였기 때문에,[19] 선관위의 실수와 부적절한 대응은 시민사회가 기존 정치인과는 차별적인 행동과 비전을 제시하는 데 성공하지 못하였음을 보여주었다. 선관위 위원들은 정치인의 행동을 그대로 답습하였고, 다루기 힘든 문제에 대해 미온적인 방식으로 대응하였으며,[20] 민주주

19) 중앙선관위 위원 9명 중 8명이 교수, 1명이 이슬람 시민단체의 장이었으며, 이들 중 4명이 외국 대학의 박사 학위 소지자, 1명이 국내 대학의 박사, 나머지 4명이 석사 학위 소유자였다. 지방의 선관위 위원 역시 지식인과 시민운동가로 구성되어 있었는데, 예를 들어 족자까르따 선관위 위원 5명은 2명의 교수, 1명의 종교활동가, 2명의 시민단체회원으로 구성되었으며, 이들 모두는 석사 학력 소유자였다. 선관위 위원의 이력에 대해서는 중앙선관위와 족자까르따 지방선관위 웹사이트를 참조할 것.

20) 2004년 선거과정 전체를 통해 부정선거의 가장 큰 사례로 주목받았던 알자이뚠(Al Zaytun) 사건에 대해 선관위는 극히 정치적이고 미온적인 방식으로 대처하였다. 공식 등록유권자 수가 5,000여명에 불과했던 서부자바의 이슬람 교육기관 알자이뚠에서 약 25,000명에 이르는 사람이 1차 대통령선거에 참가, 투표한 사건이 선거감시위원회(Panwaslu)에 의해 밝혀졌지만, 지역선관위는 재투표를 행하는 선에서 이 사건을 마무리하려 했으며, 중앙선관위 역시 그 이상의 추가적인 조치를 요구하지 않았다. 알자이뚠 사건과 관련되어서는 "Panwascam Laporkan Kecurangan di Pesantren Al Zaytun"(*Tempo Interaktif* 06/07/2004), "Anggota KPU Jabar: TPS Khusus Al Zaytun Tidak Terbukti"(*Tempo Interaktif* 08/07/2004), "Soal

의 확립에 있어 선거가 갖는 의미에 대한 반성적 사고를 담론화시키는 데 실패했다.

Ⅲ. 선거 결과를 통해 본 선거제도상의 문제

이번 선거 결과에서 나타난 흥미로운 점은 새로운 정치세력의 부상이다. 3% 이상을 득표한 7개 정당 중 PD와 PKS는 신질서(New Order) 체제하에서 형성된 정치구조의 외부에 존재하는 세력이었으며, 유도요노 역시 주요 정당과 주요 종교집단의 지지를 받는 후보들을 물리치고 당선되었다. 이러한 결과는 선거라는 공식적 절차를 통해서도 기존의 정치 및 종교 세력[21]과 연결되지 않는 새로운 세력이 등장할 수 있으며, 변화를 갈망하는 일반인들의 목소리가 정치적 힘으로 결집될 가능성이 인도네시아에 존재함을 보여주었다. 하지만, 그 새로운 가능성에도 불구하고 이번 선거는 대중에 대한 기존 정치세력의 영향력을 확인시켜 주는 계기이기도 했다. 특히, 구체제와 동일시될 수 있는 Golkar의 성공은 정책이 아닌 정치적 이미지와 지역 조직이 선거 결과에 중요한 영향을 미쳤음을 보여준다.

선거제도 역시 선거 결과에 중요한 영향을 미쳤다. 이번 선거에서 사용된 의석배분방식으로 인해 정당과 후보자의 득표율이 의석수에 직접적으로 반영되

Al Zaytun, KPU Tetap Pada Putusan KPU Jawa Barat"(*Tempo Interaktif* 12/07/2004), "Pemilu Ulang di Al Zaytun Tanpa Pencoblos"(*Tempo Interaktif* 25/07/2004) 등을 참조할 것.

21) 1999년 선거와 2004년 선거에 참여한 정당 중 이슬람을 정당의 기초로 제시한 정당들과 그 득표율, 그리고 그 정치적 영향력에 대해서는 Romli(2004)를 참조할 것. 1955년부터 2004년까지 이슬람에 기반을 둔 정당이 선거에서 획득한 득표율은 〈부록 6〉에 제시되어 있음.

지 못하는 결과가 초래되었다. 아래에서는 이번 선거의 의석배분과정을 통해 드러난 선거제도의 문제점이 검토될 것이다.

이번 선거에서 나타난 가장 큰 변화는 후보자를 대상으로 한 투표가 가능해 졌다는 점이다. 하지만, 하나의 선거구에 여러 의석이 배분되었다는 점, 정당이 순위를 정해 복수 공천을 할 수 있었다는 점, 유권자가 후보자를 선택하지 않고 정당만을 기표하는 방식이 허용되었다는 점, 당선기준 득표수를 충족시키지 못한 후보자들의 득표와 정당에 기표된 표가 합산된 후 공천순서에 따라 배분되었다는 점,[22] 그리고 새로운 투표방식에 유권자가 익숙하지 않기에 정당만을 선택할 가능성이 높았다는 점 등으로 인해 직접 투표의 긍정적 효과가 실현되기에는 한계가 있었다. 선거 결과 역시 이러한 한계를 드러냈다. 전체 유권자중 48%가 후보에 기표하지 않고, 정당만을 선택함에 따라(KPU 2004), 거의 예외 없이 공천순서에 따라 당선자가 결정되었다.

이러한 상황을 보다 구체적으로 이해하기 위해 아래에서는 족자까르따주

---

22) 2003년에 개정된 인도네시아 선거법(Undang-undang No 12, 2003)에 규정되어 있는 의석배분 및 당선자 선정과 관련된 주요 내용을 발췌하면 다음과 같다.

(105조 2항) 특정 선거구에서 모든 정당이 획득한 유효득표수를 그 선거구에 할당된 의석으로 나누어 '의석배분기준 득표수'(Bilangan Pembagi Pemilihan, 이후 BPP)를 정한다.
(106조 a) 한 정당의 득표수가 BPP와 같거나 그 이상이면, 첫 번째 배분 단계에서 의석을 얻게 되며, 나머지 득표수는 두 번째 배분 단계에서 계산된다.
(106조 b) 정당의 득표수가 BPP보다 적으면 첫 번째 단계에서 의석을 얻지 못하며, 이 득표는 잔여득표로 분류되어 두 번째 배분 단계에서 계산된다.
(106조 c) 첫 번째 배분 단계에서 각 정당에 의석을 배분한 후에도 잔여 의석이 있을 경우 두 번째 배분 단계가 실행되며, 잔여득표수가 가장 많은 정당으로부터 의석배분이 이루어진다.
(107조 2항) 특정 정당의 당선후보자 확정은 선거구에서 그 정당이 얻은 의석수에 기초하는데, 그 과정은 다음의 규정을 따른다.
(107조 2항 a) BPP와 같거나 그보다 많은 표를 획득한 후보자는 당선후보자로 확정된다.
(107조 2항 b) 득표수가 BPP에 도달하지 못한 후보자는 정당의 후보자 명부 순서에 따라 당선후보자로 확정된다.

남부에 위치한 반뚤(Bantul)의 사례가 검토될 것이다.[23] 반뚤의 5개 선거구에 배당된 의석수는 8명에서 10명(전체 45명), 유표투표수는 87,909~109,653표였기에, 당선 확정을 위한 기준득표는 모든 선거구에서 만 표 이상이었다.[24] 하지만, 전체 후보자 중 단 한 명도 만 표 이상을 득표하지 못하였기 때문에, 정당에 기표된 표와 후보자에 기표된 표의 수를 합산한 후 이를 공천 1순위자로부터 배분하는 방식을 통해 최종 의원 선출이 이루어졌다.[25] 아래에 제시된 **표 4**에는 24개 정당 중 전국 득표율 상위의 7개 정당의 선거결과만이 제시되어 있다.

반뚤 지역의 유권자 중 50.1%는 후보자를 선택한 반면, 49.9%는 정당에만 기표하였다. 후보자 선택율은 각 정당마다 차이를 보여서 가장 낮은 PDIP의 경우 39,6%, 가장 높은 PPP의 경우 63,9%였다. 이러한 차이는 유세 활동의 적극성 및 후보자의 영향력과 관계되었던 것처럼 보인다. 정당만을 기표한 비율이 높았기 때문에, 전체 선거구를 통해 가장 많이 득표한 후보는 6,339표를 얻는데 그쳤고, 자력 당선을 위한 기준을 충족시킨 후보는 존재하지 않았다.

공천 1순위자가 같은 정당의 후보 중 최고 득표를 한 경우는 PDIP와 PKB에서는 1명에 불과했고, PAN과 Golkar에서는 3명이었다. 후보자 기표 비율이 낮았던 PDIP의 경우 당선자보다 많은 득표를 했음에도 불구하고 낙선한 후보가

---

23) 반뚤의 선거 결과는 웹사이트(http://kpu.bantul.go.id)에 제시된 반뚤 선관위의 공식 자료에 기초하고 있음.

24) 각 선거구의 의석수, 유효투표자수, 의석배분기준 득표수는 다음과 같았다: 반뚤 I 선거구(8석; 87,909명; 10,989표), 반뚤 II 선거구(9석; 101,652명; 11,295표), 반뚤 III 선거구(10석; 109,653명; 10,965표); 반뚤 IV 선거구(9석; 107,807명, 11,979표), 반뚤 V 선거구(9석; 102,680명, 11,409표).

25) 예를 들어, 10,000표가 당선 기준득표인 선거구 A에서 B정당의 공천 1순위자가 2,000표, 2번 순위자가 3000표, 3순위자가 7000표를 획득하고, B정당에 기표된 표가 13,000표였다고 가정한다면, 당선 기준을 득표한 후보가 부재하기 때문에 모든 표가 합산되어 공천 순위에 따라 배분되게 된다. B정당의 전체 유효득표수는 25,000표이기 때문에 1순위자와 2순위자는 각각 당선이 확정되게 되지만, 3후보자는 자신이 획득한 7,000표가 아닌 1,2후보자에게 배분하고 남은 나머지 5,000표만을 배당받게 되기 때문에 (잔여의석 배분과정에서 다른 정당보다 잔여득표수가 적다는 전제하에서) 가장 많은 표를 얻고도 당선되지 못하게 된다. 보다 극단적인 상황을 가정해보면, 당선을 위한 기준이 10,000표인 선거구에서 9,999표를 득표한 공천 2순위자는 당선되지 못하지만, 공천 1순위자는 1표만을 득표해도 당선되게 된다.

표 4 반뚤(Bantul) 도의회 의원 선거 결과

정당	정당의 전체 득표*	후보자 기표 비율	최고 득표**	당선 의원	공천 1순위자가 최고 득표를 한 선거구 (5개 선거구 중)	당선자보다 높은 득표를 한 낙선자***
PDIP	183,154	39.6	6,339	16	1	10
PAN	79,335	62.2	3,968	7	3	7
PKB	58,506	56.9	4,342	6	1	6
Golkar	39,649	50.8	2,377	5	3	3
PKS	32,539	59.6	1,279	5	5	0
PPP	25,801	63.9	1,257	3	4	0
PD	15,493	43.5	1,415	1	5	0
합계(평균)		(50.1)		43****		26

* 정당만이 기표된 경우와 후보자가 기표된 표를 합산한 수치로서 5개 선거구 득표수의 총합.
** 같은 정당 후보자 중 최고 득표자의 득표수.
*** 한 정당에서 두 명 이상의 당선자가 있을 경우, 당선자 중 가장 적은 득표를 한 경우를 기준으로 하여 그보다 더 많은 표를 획득하고 낙선한 후보.
**** 도의회의원 정원 45명 중 2명은 표에 제시된 7개 정당이 아닌 다른 정당 소속임.

10명에 달하였으며, PAN과 PKB의 경우에도 각각 7명과 6명에 이르렀다. 이러한 결과는, 이번 선거제도 하에서 후보자의 개별 득표와 당선가능성이 비례하지 않았음을 보여준다.

당선에 미치는 공천순위의 중요성을 보다 극명하게 보여준 사례는 전체 선거구를 통해 가장 많은 표를 얻었던 PDIP 후보로써, 공천순서 10번이었던 그는 6,339표를 얻고 낙선한 반면, 같은 선거구의 PDIP 공천 1순위자는 1,803표만을 얻고서도 당선되었다. 가장 많은 의석을 획득한 PDIP의 경우 16명의 의원 중 3명이 1,000표에도 미치지 못하는 득표를 하고서도 당선되었으며, 그 중 최소 득표 후보의 득표수는 586표였다.

이와 같은 당선자 결정방식 하에서는 유권자들에게 영향력을 가지고 있으며, 선거캠페인을 성공적으로 행한 후보라 할지라도 안정적인 공천순위를 받지 못할 경우 당선될 가능성은 극히 희박했다. 역으로 주요 정당의 공천 1순위를 얻어낸 후보자의 경우, 유권자를 대상으로 선거운동을 행하지 않을지라도 높은 당선가능성을 가졌다. 이러한 모순적 상황은 국회의원 선거보다는 주의회 의원 선거에, 주의회보다는 도의회 의원 선거에서 보다 명확하게 드러났다. 즉, 선거구 규모가 작은 도의회의 경우, 후보자와 유권자간의 접촉이 보다 빈번하게 이루어지기 때문에, 유권자를 대상으로 하여 적극적인 활동을 펼친 후보가 낮은 공천순위로 인해 낙선되는 상황이 보다 극명하게 드러날 수 있었다.[26] 득표수가 당선여부와 직접적인 관계를 가지고 있지 않은 이러한 제도는 당선된 의원들의 활동에도 영향을 미치게 된다. 이들에게 있어 중요한 고려 대상은 유권자이기보다는 공천순위를 결정할 위치에 놓인 사람이기 때문에, 정치적 문제에 대처하는 과정에서 유권자보다는 정당의 입장이 우선시되게 된다.

의석배분과정에서 나타난 또 다른 문제점은 득표율과 배분된 의석수 비율간의 차이이다. 앞서 지적된 대로, 의석배분기준 득표수는 특정 선거구의 유효표를 배정된 의석수로 나누는 방식을 통해 결정된다. 이 기준을 충족시키는 표를 얻은 후보가 있을 경우 자동적으로 당선이 확정되지만, 그렇지 않을 경우 합산된 정당의 표가 공천순위에 따라 배분된다. 이러한 시스템에 따라 의석배분이 이루어질 경우 다음과 같은 이유로 인해 정당의 전체 득표율과 의석수 비율 사이에 차이가 발생할 수 있다. 첫째, 당선기준이 되는 득표수가 각 선거구마다 상이하기 때문에, 국회의원 선거의 경우 인구가 많은 자바 지역에서는 40만 표 이상을 얻어야 당선될 수 있었던 반면, 인구가 적은 빠뿌아에서는 15만 표로도 당선이 가능했다. 둘째, 선거구의 기준득표를 충족시킨 후보자에게 의석을 배분한 후

---

26) 주의회의원과 국회의원 선거는 이러한 문제점을 보다 완화된 형태로 드러냈다. 주의원 선거에서 당선자보다 높은 득표를 하고도 낙선한 경우는 3사례였으며, 족자까르따주가 하나의 선거구를 구성하는 국회의원 선거에서 당선자보다 높은 득표를 하고 낙선한 경우는 1사례였다.

잔여 의석이 남는 경우가 발생할 수 있다. 예를 들어, 기준득표수가 만 표이고 의석이 10개인 선거구에서 만 표를 배정받은 후보자가 9명일 경우, 나머지 한 석은 만 표 미만이 배정된 여러 정당의 후보 중 가장 많은 표를 가지고 있는 사람에게 주어진다.

이러한 두 요인으로 의해 득표율과 의석비율 사이의 불일치는 1999년 선거에서도 발생했었고, 선거법 제정과정에서도 이미 예상되었던 문제였다. 특히 첫 번째 요인은 인구가 적은 지역 주민의 목소리를 국정에 보다 많이 반영시킴으로써 국가통합을 유지하려는 정치적 고려의 결과였다. 하지만, 아래의 표에서 볼 수 있는 것처럼 이번 선거에서는 그 차이가 1, 2위 정당을 제외한 다른 정당의 순위 모두를 바꿀 정도로 뚜렷하게 나타났다.[27)]

표 5 득표율과 국회의원 당선자 비율 사이의 차이

	전체득표	국회의원수	득표율*	국회의원비율*
Golkar	24,480,757	128	21.6(1)	23.3(1)
PDIP	21,026,629	109	18.5(2)	19.8(2)
PKB	11,989,564	52	10.6(3)	9.5(6)
PPP	9,248,764	58	8.2(4)	10.5(3)
PD	8,455,225	55	7.5(5)	10.0(4)
PKS	8,325,020	45	7.3(6)	8.2(7)
PAN	7,303,324	53	6.4(7)	9.6(5)

· 출처: 인도네시아 중앙선관위 http://www.kpu.go.id. *괄호 안은 순위.

27) 1999년 선거와 2004년 선거의 정당 득표율 및 의석수 비교자료는 〈부록 3〉에 제시되어 있음.

표 5에 제시되어 있는 것처럼, PAN의 경우 득표율 6.4%로써 득표순위 7위에 머문 반면 의원비율은 3%이상 상승한 9.6%로서 5위에 위치되었다. 이러한 차이로 인해 투표 직후 일정기간 동안 선거 패배에 당혹스러워하며 대책 마련에 부심했던 PAN 지지자들이 의석수가 확정 발표된 후 선거 승리를 축하하는 해프닝이 발생하기까지 했다. 1999년 선거에서 득표율 7.1%로 35석만을 배정받았던 상황과 비교해 보면, 53석을 획득한 이번 선거는 승리로 인정될 수 있었다.

득표율과 의석비율 사이의 차이가 예견되어졌음에도 불구하고 이번 선거에서 그 불공정성이 보다 뚜렷하게 인식될 수 있던 이유는 그 차이가 1999년 선거보다 더욱 커졌으며, 투표 후 한 달여 동안 전체 득표수만 집계, 발표되었기 때문이었다. 총선 이후 대선을 준비하는 선거 분위기 속에서 유권자들의 고양된 정치적 관심 역시 이러한 불일치를 보다 직접적으로 느낄 수 있도록 했다. 이러한 상황에도 불구하고, 현행 선거제도가 민의를 정확하게 반영할 수 있는지에 대한 논의는 여론의 중심부에 놓이지 못하였는데, 이러한 제도로 인해 보다 많은 불이익을 받아야 했던 군소 정당[28] 역시 선거 결과에 항의하는 태도를 보이지 않았다.

Ⅳ. 맺음말

2004년 선거를 통해 PKS와 PD같이 기존의 정치구조 외부에 존재했던 정치집단이 주요 정치세력으로 부상하였다. 이는 수하르또 퇴진으로 촉발된 민주화 과정이 점진적으로나마 지속되고 있으며, 새로운 정치적 패러다임의 대두가 가

---

28) 주요 정당은 군소 정당보다 높은 국회의원 당선율을 보였다. **표 5**에 제시된 7개 상위 득표 정당 중 6개 정당에서 국회의원 비율이 득표율을 초과한 반면, 대다수의 군소 정당에서는 득표율보다 낮은 의원비율이 나타났다. 전체적으로 상위 7개 정당은 80% 득표를 하였지만, 의원수 비율에서는 90%에 육박하였다.

능할 수 있음을 시사한다. 신질서 하에서 '민주주의 축제(pesta demokrasi)'라 불리며 억압된 정치적 욕구를 일탈적으로 분출시키는 장으로 이해되었던 선거 캠페인이 이번 선거기간을 통해 상대적으로 질서 있게 진행되었다는 사실은 민주적 선거관행이 대중들 사이에서 일상화되어 가고 있음을 보여준다.

민주적 정치문화의 확립이라는 견지에서 볼 때, 이 번 선거에서도 많은 문제점이 드러났다. 광범위한 수준에서 전개된 금권선거, 그에 대한 온정주의적 태도, 선거권 미부여나 후보자격 제한과 같은 문제가 심각하게 논의되지 않았던 사회 분위기 등은 민주주의에 대한 대중적 인식이 절차상의 민주주의 수준에 머물러 있음을 보여준다. 특히, 비민주적 관행에 대해 지식인과 시민단체가 보였던 무비판적 태도는 이들에게 있어 민주주의가 갖는 의미가 무엇인가에 대해 의문을 제기하도록 한다.

민주적 정치문화의 확립 가능성과 관련되어 PKS의 활동은 많은 시사점을 제시해준다. PKS 지지자들은 금권에 기초한 동원정치를 거부하고 자발적으로 선거활동에 참여하였다. PKS는 마을 수준까지 연결된 체계화된 조직을 갖추고 있었으며, PKS 소속 정치인들은 부정부패로부터 가장 멀리 떨어져 있다고 평가되었다. 대통령 후보를 출마시킬 수 있었음에도 불구하고, 후보자를 내세우지 않은 사실에서 나타났던 것처럼 PKS는 최소한의 정치적 명분과 대중에 대한 정치적 약속을 지키려는 태도를 취했다. 이러한 사실을 고려해보면, PKS의 성공은 기존의 정당과는 다르게 운영되는 정치집단이 인도네시아 정치 토양에서 자생적으로 성장할 수 있음을 보여주었다.

PKS가 민주적 정치 활동을 예시하였음에도 불구하고, PKS의 성공을 서구식 민주주의의 확립 가능성과 직접 연결시키는 데에는 무리가 있다. 무엇보다도, PKS가 이슬람에 기초한 정당이며, PKS 지지자들을 연결시키는 가장 중요한 힘이 종교적 열정이었기 때문이다. PKS 정치가와 지지자들은 진정한 이슬람 사회와 정치체계를 확립하려 했고, 이 과정에서 민주적 관행이 채택되었지만,

이들의 지향점은 서구식 민주주의의 그것과 차이를 보였다. 이슬람과 민주주의가 양립할 수 있음은 명백하다. 하지만, 그 표면적 유사성에도 불구하고 양자가 역사적 그리고 내용상의 차이를 가지고 있다는 점 역시 부정될 수 없다. 이러한 의미에서, 제도권에 진입한 PKS가 앞으로 전개할 활동의 방향은 인도네시아 민주화의 장래뿐만 아니라 이슬람 사회에서의 민주주의의 전개 양상을 이해하기 위한 중요한 자료를 제공해 줄 것이다.

참고문헌

Ananta Aris, Arifin Evi Nurvidya & Suryadinata. 2004. *Indonesian Electoral Behaviour: A Statistical Perspective*. Singapore: ISEAS.

Baswedan Anies. 2004. "Sirkulasi Suara dalam Pemilu 2004." *Analisis CSIS* 33(2).

CESDA-LP3ES. 2004. *Rakyat & Pemilu 2004: Laporan Survai tentang Persepsi Masyarakat terhadap Pemilu 2004*. Jakarta: LP3ES.

Chidmad Tataq. 2004. *Kritik Terhadap Pemilihan Langsung*. Yogyakarta: Penerbit Pustaka Widyatama.

Evans Kevin. 2004. "Hasil Pemilhan Umum 2004." *Analisis CSIS* 33(2).

Feith Herbert. 1957. *The Indonesian Elections of 1955*. Ithaca: Modern Indonesia Project, Cornell University.

Hering B.B. & Willis G.A. 1973. *The Indonesian General Election of 1971*. Brexelles: Centre D'Etude du Sud-Est Asiatique et de L'Extreme orient.

Heru Cahyono. 2004. "Pelanggaran Pemilu Legislatif 2004." *Jurnal Penelitian Politik* 1(1).

I Made Leo Wiratma. 2004. "Perkembangan Politik Triwulan Kedua (April-Juni) 2004: Dari Pemilu Legislatif Menuju Pemilu Presiden." *Analisis CSIS* 33(2).

Koirudin. 2004. *Profil Pemilu 2004: Evaluasi Pelaksanaan, Hasil dan Perubahan Peta Politik Nasional Pasca Pemilu Legislatif 2004*. Yogyakarta: Pustaka Pelajar.

KPU. 2004. *Berita KPU* (May 5, 2004).

Kristiadi, J. et al. 1997. *Pemilihan Umum 1997 Perkiraan, Harapan dan Evaluasi*. Jakarta: CSIS.

Kusmawarni Intantri & Pehlemy. 2004. "Wenny Media Bicara Soal Capres dan Cawapres." *Jurnal Demokrasi & HAM* 4(1). *Jurnal Penelitian Politik* 1(1).

Legowo et al., eds. 2004. *Pemilihan Presiden Secara langsung 2004: Dokumentasi, Analisis dan Kritik*. Jakarta: CSIS.

Liddle, William. 1978. "The 1977 Indonesian Election and New Order legitimacy." *Southeast Asian Affair 1978*. Singapore: ISEAS.

Romli, Lili. 2004. "Partai Islam dan Pemilih Islam di Indonesia." *Jurnal Penelitian Politik* 1(1).

Santoso, Topo. 2004. "Pelanggaran Pemilu 2004 dan Penangannya." *Jurnal Demokrasi & HAM*

4(1).
Sebastian Leonard. 2004. "The Paradox of Indonesian Democracy." *Contemporary Southeast Asia* 26(2).
Suara Merdeka. 2004(07/Jan). "Kader Curigai Politik Uang."
Sudibjo, M., ed. 1995. *Pemilihan Umum* 1992: Suatu Evaluasi. Jakarta: CSIS.
Tempo Interaktif. 2004(19/March). "PDIP dan Golkar Pembelanja Kampanye Terbesar."
Tempo Interaktif. 2004(04/April). "Panwaslu Solo Akui 'Serangan Fajar' Sudah Dimulai."

웹사이트

인도네시아 중앙선거관리위원회 http://www.kpu.go.id
족자카르타주 선거관리위원회 http://www.kpu-diy.go.id
반뚤도 선거관리위원회 http://kpu.bantul.go.id

〈부록 1〉 정당명과 약자, 국회의원 선거 득표율

선거번호	정당명	약어*	득표율	의석수
20	Partai Golongan Karya	Golkar	21.58%	128
18	Partai Demokrasi Indonesia Perjuangan	PDIP	18.53%	109
15	Partai Kebangkitan Bangsa	PKB	10.57%	52
5	Partai Persatuan Pembangunan	PPP	8.15%	58
9	Partai Demokrat	PD	7.45%	55
16	Partai Keadilan Sejahtera	PKS	7.34%	45
13	Partai Amanat Nasional	PAN	6.44%	53
3	Partai Bulan Bintang	PBB	2.62%	11
17	Partai Bintang Reformasi	PBR	2.44%	14
19	Partai Damai Sejahtera	PDS	2.13%	13
14	Partai Karya Peduli Bangsa	PKPB	2.11%	2
10	Partai Keadilan dan Persatuan Indonesia	PKPI	1.26%	1
6	Partai Persatuan Demokrasi Kebangsaan	PPDK	1.16%	4
8	Partai Nasional Banteng Kemerdekaan	PNBK	1.08%	0
21	Partai Patriot Pancasila	PPPanca	0.95%	0
1	PNI Marhaenisme	PNI	0.81%	1
12	Partai Persatuan Nahdlatul Ummah Indonesia	PPNUI	0.79%	0
24	Partai Pelopor	PP	0.77%	3
11	Partai Penegak Demokrasi Indonesia	PPDI	0.75%	1
4	Partai Merdeka	PM	0.74%	0
22	Partai Sarikat Indonesia	PSI	0.60%	0
7	Partai Perhimpunan Indonesia Baru	PPIB	0.59%	0
23	Partai Persatuan Daerah	PPD	0.58%	0
2	Partai Buruh Sosial Demokrat	PBSD	0.56%	0

* 이 글에서 사용된 약어로서 인도네시아에서 사용되는 약어와는 차이를 보임.

〈부록 2〉 2004년 국회의원 선거 주요정당 득표수(지역별)

주(provinsi)	GOLKAR	PDIP	PKB	PPP	PD	PKS	PAN	전체투표수
아쩨	340,971	86,312	80,781	291,410	128,659	192,469	280,249	2,105,477
북부수마뜨라	1,133,411	825,584	125,270	397,811	427,522	427,724	317,697	5,538,736
서부수마뜨라	577,323	75,839	30,738	234,806	101,260	236,858	284,432	2,010,545
리아우	619,056	211,513	66,468	167,858	78,902	135,903	164,523	2,066,708
잠비	316,039	142,588	64,503	74,388	73,824	68,846	224,825	1,278,080
남부수마뜨라	714,399	576,596	143,501	218,019	358,718	204,870	234,608	3,369,800
벙꿀루	178,513	63,499	28,384	62,270	39,422	61,906	67,777	752,696
람뿡	772,890	676,798	266,405	171,228	238,452	290,796	215,717	3,574,522
방까벌리뚱	87,698	91,785	16,970	35,953	25,014	26,619	23,299	478,748
리아우 군도	90,034	81,447	21,777	34,092	36,802	61,565	64,941	566,126
자까르따	433,966	664,245	164,249	386,614	958,763	1,057,246	333,116	4,736,652
서부자바	5,775,780	3,625,476	1,062,963	2,189,484	1,634,523	2,369,231	1,119,011	20,702,455
중부사바	2,803,991	5,245,879	2,578,241	1,593,219	1,179,898	839,356	1,352,029	17,631,806
족자까르따	266,444	503,321	193,476	94,268	108,544	141,114	342,921	1,924,647
동부자바	2,691,619	4,325,918	6,297,366	1,407,803	1,568,587	608,810	1,001,002	20,558,798
반뜬	943,050	615,098	189,838	454,033	382,652	520,202	237,585	4,381,788
발리	320,710	999,889	27,050	17,226	121,665	18,837	20,456	1,904,600
서부누사뜽가라	491,394	139,158	84,350	174,386	89,468	111,471	124,357	2,010,517
동부누사뜽가라	758,869	396,619	54,031	36,330	83,281	19,827	29,398	2,049,895
서부깔리만딴	459,252	330,226	52,662	157,351	114,950	66,608	79,455	1,877,409
중부깔리만딴	223,498	190,630	37,902	70,627	66,430	25,137	49,402	874,163
남부깔리만딴	323,298	137,989	115,799	220,735	74,500	166,847	125,239	1,557,199
동부깔리만딴	368,782	187,000	48,812	108,250	75,281	129,819	77,251	1,346,699
북부술라웨시	388,469	195,090	26,562	37,814	172,321	18,939	18,709	1,201,938
중부술라웨시	431,929	77,476	28,056	78,339	59,606	42,768	52,222	1,119,319
남부술라웨시	1,847,306	189,539	72,494	273,364	126,487	303,950	266,677	4,166,333
동남부술라웨시	329,376	69,082	19,747	101,416	18,363	39,397	65,048	894,886
고론딸로	254,525	29,204	16,548	62,384	4,279	16,184	20,979	479,632
말루꾸	136,483	121,588	14,186	38,183	26,453	47,947	34,773	658,037
북부말루꾸	97,401	37,651	5,254	27,943	26,651	43,772	24,415	413,983
서부이리안	70,781	37,239	6,620	16,553	10,718	8,130	7,513	285,032
빠뿌아	233,500	76,351	48,561	14,607	43,230	21,872	43,698	945,188
합 계	24,480,757	21,026,629	11,989,564	9,248,764	8,455,225	8,325,020	7,303,324	113,462,414

· 출처: 중앙선관위 자료

〈부록 3〉 주요정당 득표율 및 의석수 비교(1999년과 2004년)

정당	득표율		의석수	
	1999	2004	1999	2004
Golkar	22.4	21.6	120	128
PDIP	33.7	18.5	154	109
PKB	12.6	10.6	51	52
PPP	10.7	8.2	59	58
PD	-	7.5	0	55
PKS*	1.4	7.3	6	45
PAN	7.12	6.4	35	53
PBB	1.9	2.6	13	11

· 출처: 중앙선관위 자료 *1999년 선거에서 PKS는 PK(Partai Keadilan)라는 이름으로 참가.

〈부록 4〉 1955년 선거 주요 정당 득표율

지 역*	PNI	Masjumi	NU	PKI
자까르따	19.6	26.0	15.7	12.0
서부자바	22.1	26.4	9.6	10.8
중부자바	33.5	10.0	19.6	25.8
동부자바	22.8	11.2	34.1	23.2
남부수마뜨라	14.6	43.1	7.2	12.1
중부수마뜨라	2.7	50.7	4.6	5.8
북부수마뜨라	14.0	36.4	4.2	10.8
서부깔리만딴	13.7	33.2	8.1	1.8
남부깔리만딴	5.9	31.9	48.6	2.2
동부깔리만딴	25.0	25.7	10.7	4.8
북부술라웨시	13.6	25.1	2.9	4.4
남부술라웨시	4.2	40.0	14.3	1.6
말루꾸	9.1	35.4	na	1.4
동부누사뜽가라	5.8	13.9	1.6	0.5
서부누사뜽가라	37.1	21.1	8.3	5.3
합 계	22.3	20.9	18.4	16.4

· 출처: Feith(1957).

* 1955년 선거집계의 기준이 되는 지역은 1971년 이후와 차이를 보임. 1955년의 지역이 이후의 선거집계구역에서 어떻게 분화되었는지는 〈부록 5〉에 제시되어 있음.

〈부록 5〉 1971년 선거 주요 정당 득표율

1955년 지역	1971년 지역	Golkar	NU	PNI	Parmusi
북부수마뜨라	아쩨	49.7	9.3	0.4	18.8
	북부수마뜨라	70.1	5.4	6.5	7.3
서부수마뜨라	서부수마뜨라	63.2	3.0	0.4	22.7
	리아우	76.7	7.2	1.3	9.2
	잠비	88.2	4.8	0.7	4.3
남부수마뜨라	남부수마뜨라	62.6	10.8	5.0	12.0
	벙꿀루	82.7	2.5	0.5	8.9
	람뿡	71.8	11.4	4.2	6.5
자까르따	자까르따	46.7	23.7	11.6	7.7
서부자바	서부자바	76.1	13.1	1.7	4.0
중부자바	중부자바	50.3	23.2	19.5	4.6
	족자까르따	63.3	10.9	10.3	9.3
동부자바	동부자바	54.9	35.2	5.0	2.7
서부깔리만딴	서부깔리만딴	66.7	10.8	2.9	6.9
남부깔리만딴	중부깔리만딴	81.4	12.0	0.4	3.1
	남부깔리만딴	64.8	26.5	0.4	6.5
동부깔리만딴	동부깔리만딴	54.8	20.7	5.4	5.8
서부누사뜽가라	발리	82.8	1.6	12.4	0.5
	서부누사뜽가라	69.8	14.2	4.5	5.0
동부누사뜽가라	동부누사뜽가라	61.5	1.3	3.1	0.6
북부술라웨시	북부술라웨시	60.7	5.1	5.8	5.4
	중부술라웨시	76.8	4.4	1.2	3.2
남부술라웨시	남부술라웨시	78.4	9.2	0.3	5.0
	동남부술라웨시	92.4	2.3	0.3	2.1
말루꾸	말루꾸	47.7	6.6	4.2	14.9
	합 계	62.8	18.7	6.9	5.4

· 출처: Hering & Willis(1973).

〈부록 6〉 1977년~1997년 선거 Golkar, PPP, PDI 득표율

	Gokar					PPP					PDI				
	77	82	87	92	97	77	82	87	92	97	77	82	87	92	97
아쩨	41.4	37.0	52.0	58.4	64.8	57.3	59.1	43.0	34.5	31.9	1.6	4.0	5.1	7.1	3.3
북부수마뜨라	66.5	72.5	72.8	71.3	80.3	22.2	20.4	13.5	10.9	12.8	5.0	7.0	13.8	17.8	6.8
서부수마뜨라	66.5	60.4	78.6	82.1	91.1	32.5	38.8	19.6	14.4	7.7	2.2	0.8	1.7	3.5	1.1
리아우	63.3	71.7	79.7	76.6	82.7	33.9	25.8	15.0	14.3	13.8	1.2	2.5	5.2	9.1	3.5
잠비	83.5	84.8	88.9	90.7	92.6	15.7	13.8	8.2	4.9	5.9	0.8	1.4	2.9	4.4	1.5
남부수마뜨라	49.8	56.0	69.3	70.2	85.0	42.6	38.1	18.8	11.9	11.3	7.6	5.9	11.9	17.8	3.7
벙꿀루	76.4	70.6	84.8	86.1	94.8	21.9	26.1	10.3	5.8	3.8	1.7	3.2	4.9	8.2	1.4
람뿡	61.8	59.4	87.0	90.5	93.2	30.8	30.0	7.3	3.7	4.8	7.4	10.6	5.6	5.8	2.0
자까르따	39.3	45.0	50.2	54.4	65.3	43.5	39.2	21.4	23.8	32.9	17.3	15.8	28.3	21.8	1.8
서부자바	66.3	63.3	71.3	70.5	72.3	28.5	27.2	13.8	14.9	26.0	5.2	9.5	14.9	14.6	1.7
중부자바	52.6	60.5	68.2	55.4	68.3	28.3	27.7	18.2	22.9	29.0	19.1	11.8	13.6	21.7	2.7
족자까르따	56.6	60.6	70.2	58.6	62.6	23.2	23.3	14.5	20.4	34.2	20.2	16.1	15.3	21.0	3.2
동부자바	58.8	56.8	71.2	58.8	63.0	36.0	36.6	20.8	25.2	33.9	5.1	6.6	8.0	16.0	3.1
서부깔리만딴	68.9	71.0	68.7	63.9	69.7	21.8	20.7	15.5	14.6	15.1	9.3	8.3	15.8	21.5	15.1
중부깔리만딴	69.9	84.2	89.2	86.3	86.6	26.6	14.6	8.5	7.8	9.8	3.5	1.2	8.0	5.9	3.6
남부깔리만딴	49.6	59.3	71.8	69.7	72.0	49.4	39.6	24.8	21.0	25.1	1.0	1.1	15.8	9.3	2.9
동부깔리만딴	57.0	61.3	67.8	61.5	70.0	35.4	31.9	21.1	17.9	23.7	7.6	6.9	2.4	20.6	6.3
발리	85.4	88.3	87.7	78.5	93.2	1.6	1.9	1.7	2.0	3.3	13.0	9.7	10.6	19.5	3.5
서부누사뜽가라	57.5	68.6	82.6	78.5	80.7	36.6	28.2	11.9	11.0	14.6	5.9	3.2	5.6	10.5	4.8
동부누사뜽가라	90.3	96.4	94.7	91.2	94.9	1.9	1.3	1.3	1.8	1.5	7.8	2.4	4.0	6.9	3.6
북부술라웨시	72.9	87.1	87.5	88.2	95.9	17.6	6.8	5.4	4.5	2.4	9.5	6.1	7.1	7.3	1.7
중부술라웨시	79.3	81.3	83.1	80.8	84.9	19.3	15.5	12.0	11.0	10.4	1.4	3.2	4.9	8.3	4.7
남부술라웨시	85.2	89.2	90.0	89.8	91.6	14.0	10.2	8.9	1.8	7.3	0.8	0.6	1.1	2.5	1.0
동남부술라웨시	96.1	96.9	97.1	94.3	97.2	3.1	2.6	2.0	7.7	2.1	0.8	0.5	0.9	3.8	0.7
말루꾸	71.9	75.2	81.5	73.9	82.1	10.9	19.0	13.3	16.0	13.0	9.1	5.8	4.2	10.1	5.0
이리안자야	86.9	92.5	93.0	86.6	88.9	4.2	3.2	2.7	2.4	3.6	8.9	4.4	4.3	11.0	7.5
동띠모르	-	99.4	93.7	82.6	84.7	-	0.2	0.7	1.4	1.8	-	0.3	5.6	16.0	13.5
합 계	62.1	64.3	73.2	68.1	74.5	29.3	27.8	16.0	17.0	22.4	8.6	7.9	10.9	14.9	3.1

· 출처: 1977년(Liddle 1978); 1982년, 1987년 & 1992년(Sudibjo 1995); 1997년(Kristiadi et al. 1997).

〈부록 7〉 이슬람 정당의 득표율 비교(1955~2004)*

	1955**	1971	1977	1982	1987	1992	1997	2004
아쩨	45.4	48.9	57.3	59.1	43.0	35.0	31.9	55.7
북부수마뜨라		15.8	22.2	20.4	13.5	11.0	12.8	30.2
서부수마뜨라	79.7	34.5	32.4	38.8	19.6	14.5	7.7	49.5
리아우		20.3	33.9	25.8	15.0	14.6	13.8	37.2
잠비		10.4	15.7	13.8	8.2	4.9	5.9	41.4
남부수마뜨라	63.4	30.0	42.6	38.1	18.8	12.0	11.3	35.7
벙꿀루		15.4	21.8	26.1	10.3	5.7	3.8	37.3
람뿡		21.6	30.8	30.0	7.3	3.6	4.8	33.7
자까르따	44.7	34.8	43.5	39.2	21.4	24.2	32.9	45.8
서부자바	42.1	20.3	28.5	27.2	13.8	15.0	26.0	38.7
중부자바	30.3	28.7	28.3	27.7	18.2	22.9	29.0	38.6
족자까르따		21.4	23.2	23.3	14.5	20.4	34.2	43.3
동부자바	45.8	39.2	36.0	36.6	20.8	25.2	33.9	48.5
서부깔리만딴	41.9	18.7	21.8	20.7	15.5	14.5	15.1	25.4
중부깔리만딴	81.4	16.0	26.6	14.6	8.5	8.0	9.8	28.5
남부깔리만딴		33.9	49.4	39.6	24.8	21.2	25.2	54.0
동부깔리만딴	40.7	30.1	35.4	31.9	21.1	17.9	23.7	33.3
발리	29.9	2.3	1.6	2.0	1.7	2.0	3.3	4.8
서부누사뜽가라		24.7	36.6	28.2	11.9	11.1	14.6	45.6
동부누사뜽가라	17.5	3.4	1.9	1.3	1.3	1.8	1.5	8.3
중부술라웨시	50.9	19.0	19.3	15.5	12.0	11.1	10.4	25.9
북부술라웨시		22.9	17.6	6.8	5.4	4.5	2.4	17.5
남부술라웨시	64.3	18.8	14.0	10.2	8.9	7.8	7.3	28.3
동남부술라웨시		5.8	3.1	2.6	2.0	1.9	2.1	35.2
말루꾸	38.8	25.4	19.0	19.0	13.3	15.8	13.0	31.1
이리안자야	-	-	29.3	3.2	2.8	2.4	3.6	16.2
동띠모르	-	-	-	0.2	0.7	1.4	1.8	-
합　계	43.5	27.1	29.3	27.8	16.0	17.1	22.4	38.3

· 출처: 부록 2-5와 동일.

* 이슬람정당은 공식적으로 이슬람을 이념으로 내세운 정당이 아니라, 이슬람조직에 그 대중적 기반을 두고 있으며, 지지자층의 대다수가 무슬림인 정당을 의미한다. 1995년의 경우, Masyumi, NU, PSII, Perti, 1971년에는 NU, Parmusi, PSII, Perti, 1977~97년 사이에는 PPP, 2004년에는 PBB, PPP, PNUI, PAN, PKB, PKS, PBR이 이슬람 정당으로 분류되었다.

제5장 | 태국의 선거제도 변화와 정당체제*

김홍구

Ⅰ. 문제제기

1932년 입헌혁명이 성공한 이후 도입된 태국의 선거제도는 항상 다당제와 취약한 연립내각, 이로 인한 만성적 정치 불안정을 초래하여 왔다. 과거 정치과정에서 이런 현상을 개선하기 위해 헌법, 정당법, 선거법 등을 수차례 바꾸어 적용해 보았으나, 다당제로 인한 정치 불안정 현상은 변하지 않았다. 1932년 입헌혁명 이래 2000년까지 태국에서는 임기 4년을 모두 채우고 물러난 내각이 단 한 차례도 없을 정도였다. 이 기간 중에 태국 내각의 수는 총 53개이며, 평균 수명은 1년 남짓에 불과했다(Thiravekhin 2003, 392-394). 잦은 내각 교체의 중요한 이유는 쿠데타와 내각의 직을 두고 다투는 연립정부 내부의 불화 때문이었다. 지금까지 임기 4년을 다 채운 정권은 2001년 1월 하원의원선거 이후 출범한 탁씬(Thaksin Shinawatra) 정권이 유일하다. 탁씬 정권의 장수는 정치적 안정에 기인했으며

*이 논문은 『국제지역연구』(한국외국어대학교 외국학종합연구센터) 제9권 4호(2006. 1)에 같은 제목으로 게재된 것이다.

정치적 안정은 다당제의 약화와 안정적 연립정부의 수립과 밀접한 관련이 있다.

이런 의미에서 2001년 1월 하원의원선거는 커다란 정치적 중요성을 갖는 선거였다. 1997년 신헌법에 의해 태국은 소선거구 · 정당명부비례대표병립제를 채택하여 최초로 선거에 적용하게 되었는데 과거와는 확연히 다른 선거결과가 도출되고 기존 정당체제에도 커다란 변화가 생겼다. 더구나 이런 변화 양상은 2005년 2월 치러진 하원의원선거를 통하여 일정한 경향으로 자리잡게 되었다. 1932년 입헌혁명 후 2001년 선거 이전까지 태국의 선거방식을 살펴보면 소선거구, 중선거구, 또는 소선거구와 중선거구 혼합선거구 방식을 채택했으며 1위대표제를 사용해왔으나 항상 다당제가 형성되고 정치 불안이 초래되어 왔다. 하지만 태국 최초로 소선거구제, 정당명부비례대표병립제 하에서 치러진 2001년과 2005년 선거 결과 다당제적 성격은 크게 약화되고 정치적 안정을 급속히 찾아가고 있다.

그렇다면 이런 현상을 어떻게 설명할 수 있을 것인가? 선거제도와 정당체제 사이에는 어떤 인과관계가 있으며, 어떤 요인들이 이러한 변화를 촉진시키게 되었는가? 정당체제에 영향을 미치는 것은 선거제도뿐인가 혹은 다른 요인도 작용하는가? 선거제도 변화의 결과는 태국의 정치 안정에 어떤 영향을 미치게 되었는가? 이러한 의문점에 대해서 답을 구하는 것이 이 글의 목적이다. 이 글은 다음과 같이 구성된다. 우선 제2절에서는 일반적인 선거제도와 정당체제와의 인과관계를 살펴보고 태국의 사례를 살펴볼 것이다. 제3절에서는 1997년 신헌법에서 나타난 선거제도 변화의 배경과 원인을 파악하고, 선거제도의 내용을 살펴보기로 한다. 제4절에서는 2001년과 2005년 두 차례의 하원의원선거를 통해 변화된 선거제도의 정치적 결과를 분석해 본다. 마지막으로 제5절에서는 이 글을 전반적인 맥락에서 통합적으로 분석해 본 후 선거제도 변화가 정치적 안정을 갖고 왔나를 살펴보고 앞으로 태국 정당체제의 변화를 전망해 본다.

Ⅱ. 선거제도 변화와 정당체제: 태국의 사례

이 절에서는 일반적으로 언급하는 선거제도와 정당체제 사이의 관계를 살펴보고 1997년 신헌법 공포 이전까지의 태국의 사례를 살펴 볼 것이다.

1. 선거제도와 정당체제

일반적으로 정당체제는 선거제도와 밀접한 관계를 유지한다고 한다. 선거제도와 정당체제에 관한 일반법칙을 처음 제시한 사람은 뒤베르제(Maurice Duverger)였다. 뒤베르제의 법칙에 따르면 첫째, 비례대표제는 독립된 다당제를 유도하는 경향이 있고, 둘째, 결선투표를 내포하는 다수선거제는 서로 연립된 다당제를 유도하며, 셋째, 상대다수제(1위대표제)는 양당제를 촉진하는 경향이 있다(Duverger 1986, 70).

특히 뒤베르제는 제도적 효과와 심리적 요인이 제3당을 불리하게 함으로써 1위대표제가 양대정당제를 유도한다는 이론적 연유를 밝힌다. 다시 말하면 1위대표제가 나타내는 비비례적 특성은 크게 두 가지에서 비롯되는데 첫째는 득표수를 의석으로 전환하는 방식 자체에서 비롯되는 것이고, 둘째는 당선 가능성을 나름대로 예측해 자기 투표의 효용성을 최대한 높이고자 하는 투표자의 심리적 측면에서 기인할 수 있다. 이 두 가지를 뒤베르제는 제도적 효과와 심리적 요인으로 규정하고 이 두 요인을 중심으로 제3당이 불리해지는 이론적 이유를 밝히고 있다(Duverger 1963; Riker 1986, 33).

그러나 많은 연구자들은 정당체제의 구조는 결코 한 가지 요인에 의해서만 결정적으로 영향을 받지 않기 때문에 사회 전체의 모든 부분을 상호의존적인 시각으로 접근해야 한다는 사실을 강조한다. 선거제도에 영향을 주는 사회정치적 조건들(사회적, 정치적 균열구조, 형태유형)은 가변적이다. 유사한 선거제도들이 갖는 효과는 단지 국가에 따라서만 다른 것이 아니다. 전래된 선거제도는 한 국가에서도 시간의 흐름과 함께 사회구조와 행태의 변동에 따라 변화된 효과를 가질 수 있다고 보아야 할 것이다.

이와 관련해 사르토리는 경향적 법칙으로 뒤베르제의 법칙성을 완화하는 한편 선거체제 이외의 변수와 선거체제의 상호작용을 포괄적으로 일반화했다. 사르토리는 특히 선거체제적 효과가 무엇인지를 밝힘으로써 선거체제와 정당체제의 인과관계를 규명하고자 했다. 사르토리는 선거체제가 충분조건이 아니라는 입장에서 다음의 세 가지를 강조하고 있다. 첫째, 양대정당제가 1위대표제에 의해 유지될 수는 있지만 그 형성은 구조적으로 공고한 정당체제와 결합되었을 때 장기적 과정을 거쳐 이루어진다. 둘째, 1위대표제를 채택해도 다른 사회적 균열구조(언어, 인종, 이데올로기 등을 중심으로 하는)가 존재하고 이런 균열구조가 지역적으로 높은 집중도를 나타낼 경우 양대정당제의 성립은 불가능하다. 셋째, 1위대표제에서 비례대표제로의 전환이 이루어졌을 경우(정당체제의 장애효과에도 불구하고) 새로운 원내정당이 등장한다면 그 실질적 원인은 1위대표제가 없어지면서 생기는 부수효과에 의한 것임을 강조하고 있다(Sartori 1986, 58).

2. 태국의 선거제도 변화와 정당체제

태국의 선거제도와 정당체제에 직접적인 영향을 미치는 것은 헌법, 정당법, 선거법 등이다. 1932년 입헌혁명 이후 1997년 이전까지 태국은 15개의 헌법(32, 32, 46, 47, 49, 52, 59, 68, 72, 74, 76, 77, 78, 91, 92년), 6차례의 정당법(55, 68, 74, 81, 92, 95년)과 8차례의 선거법(32, 33, 36, 51, 56, 68, 74, 79년)을

운영하면서 21차례(33, 37, 38, 46, 46, 48, 49, 52, 57, 57, 69, 75, 76, 79, 83, 86, 88, 92, 92, 95, 96년)의 선거를 치른바 있다(Phakhaphaatwiwat 2002, 199-202).

15개의 헌법 중 6 차례(46, 52, 68, 74, 78, 91년)만이 정당 설립의 자유가 부여되었을 뿐이며, 이른바 반민주형(59, 72, 76, 77년) 및 준민주형 헌법(32, 32, 47, 52, 68, 78, 91년)이 민주형 헌법(46, 49, 74, 92년)보다 훨씬 많았다. 헌법에 의해 정당이 해산된 횟수가 무려 6차례였으며 1946년 최초로 정당이 설립된 이래 정당 활동을 보장받은 기간은 31년에 불과했다. 1932년 입헌혁명 후 지금까지 기간(70년)과 비교해 절반에도 미치지 못하고 있다.

정당법은 정당의 형태와 활동을 규정짓는 중요한 요소 중 한 가지다. 정당의 발전은 한편으로는 선거법에 의해서 또 한편으로는 정당법의 영향을 받게 되기 때문이다. 1997년 헌법까지 태국에는 모두 6차례의 정당법 — 1955년 정당법(52년 헌법에 의한), 1968년 정당법(68년 헌법), 1974년 정당법(74년 헌법), 1981년 정당법(78년 헌법), 1992년 정당법(91년 헌법에 의해서 만들어졌으나, 95년에 한 차례 개정) — 이 있었다.

태국 정당법은 무소속 금지, 대정당 육성과 소수정당을 줄이는 데 목적을 두고 발전되어 왔다. 1974년 선거법에 따르면 무소속을 금지하고 정당은 1,000명 이상의 당원을 확보해야 하며 그렇지 않으면 해산된다고 규정했다. 최저 당원수를 500명으로 한정한 1968년과 비교하면 한층 강화된 것이었다(Phakhaphaatwiwat 2002, 203). 1978년 헌법은 하원의원 입후보자는 정당 소속이어야 하고, 입후보자 공천권이 있는 정당은 선거에서 총의석수의 반 이상의 후보자를 공천해야 하며, 의원이 탈당하거나 자신이 속한 정당으로부터 출당당하면 자동적으로 의원자격을 상실한다고 규정하고 있다. 정당의 난립을 방지하고 기존 정당 발전을 꾀하기 위한 목적으로 81년 7월 8일에는 새로운 정당법(4차)이 제정되었다. 이 정당법에 따르면 정당등록을 위하여 적어도 15인 이상의 발기인이 필요하며 태국의 4개 지역에서 각 지역마다 최소 5개 도에서 5,000명의 당원을 확보해야 하며 각도에서는 최소 50명 이상의 당원이 확보되어야 한다. 선거에 출마하는 각 정당은 하원 총 의석수의 과반수 이상의 후보자를 출마시켜야 했으며 무소속의 출마는 금지되었다(김홍구 1996, 56). 또 가장 최근에 만들어진 1998년 정당법에 따르면 정당 설립을 허가받은 후 180일 이내에 태국의 4개 전 지역에서 5,000명 이상의 당원을 확보해야 하며 지역당 최소 1개 이상의 지구당을 갖추어야 하며 정당의 재정과 후원에 대해 선거관리위원회의 규정을 준수하고 감독을 받아야 한다고 규정하고 있다(Miiwongukhot 1999, 140-146). 그러나 이런 노력에도 불구하고 태국 정당의 다당제적 성격은 조금도 변화되지 않았으며 정당 난립과 다당제로 인한 정치불안의 문제점도 별로 개선되지 않았다.

1974년 헌법과 정당법에 의해 치러진 1975년 선거에는 42개 정당이 참여하여 23개의 정당이 의석을 획득하였고, 1976년 선거에서는 37개의 정당이 참여하여 18개의 정당이 의석을 획득하는 등 수 많은 정당이 난립해 원자화된 정당체제의 전형을 보여주었다고 할 수 있다. 1981년 정당법에 따라 치러진 최초의 선거인 1986년 7월 27일 선거에 15개 정당, 1988년 7월 24일 선거에 15개 정당, 1992년 3월 22일 선거에 11개 정당, 1992년 9월 선거에 11개 정당, 1995년 7월 2일 선거에 11개 정당, 1996년 11월 17일 선거에 11개 정당이 의석을 확보하여 의회에 진출하였다. 어떤 정당도 의회 내 과반수를 확보하지 못했다(김홍구 1996, 57-58; 이병도 2000, 67-86).[1)]

1) 태국 다당제의 성격에 대해서 진영재(1999)는 1957년부터 1996년 선거까지 10 차례 선거를 대상으로 다음과 같이 분석하고 있다. "정당체계 수준에서 본다면 다당제적 형태가 안정적으로 나타난다. 비록 이런 다당제가 서구에서 말하는 다원주의적 경향의 반영이라고까지 할 수는 없을 지라도 합의주의형(consensus) 정치체제에 가까운 형식을 보이고 있다. 단 이러한 다당제적 형식 그 자체가 내용적으로 얼마나 안정성을 띠는지에 대해서는 개별정당 분석수준에 동시에 논의되는 선거진동성(electoral volatility)의 개념과 함께 해석될 경우 그러한 다당제적 형식의 안정성이 개별정당의 제도화를 반영하는 안정성은 아니다. 태국의 정당체계는 다당제적인 형태로서 안정되어 있으나 선거 때마다 새로이 태동하는 정당과 기존 정당들의 짧은 생명력으로 인해서 선거 진동폭이 크며 불안정한 성격도 동시에 가지고 있다." 이에 대한 설명은 이동윤(2002, 75-112)에서도 찾아 볼 수 있다.

태국에서 최초로 선거의 개념이 생긴 것은 라마 6세(Rama Ⅵ: 1910-1925년) 때였다. 영국에서 교육을 받은 경험이 있었던 라마 6세는 본인 스스로 지방자치도시 모델인 "므엉두씻타니"(Muang Dusitthani)를 만들어 민주주의를 본격적으로 연습하기 시작했다.[2] 그러나 아쉽게도 민주주의 발전을 촉진시킬 수 있었던 이 기회는 실현되지 못했다. 절대군주제 하에서 또 한 차례의 선거제도 실험의 기회는 1931년에 있었다(Miiwongukhot 1999, 103). 1931년 라마 7세에게 전달된 영어로 작성한 헌법초안에는 입법의회를 만들도록 주장하고 있으며 의원의 수를 50~75명으로 둘 것을 제안했다. 또 의원 선출방식을 임명과 선출 두 가지를 사용하는 절충식을 제안했다. 선출직 의원의 선출방식은 간접선거를 채택했는데 단계별로 군(암퍼, Amphoe) 대표를 선출해 이들이 몬톤(Monthon) 수준에서의 의원을 선출토록 하는 것이었다. 의원의 수는 유권자 수에 맞추어 뽑도록 하고 다수대표제 선출방식을 선택했다(Miiwongukhot 1999, 105). 그러나 이 선거제도가 사용되기 전인 1932년에 입헌혁명이 발발하여 절대군주제는 붕괴되었다.

1932년 입헌군주제 도입 이래 1997년 신헌법 공포 전까지 태국에는 모두 19차례의 총선을 치렀으며 한 차례 빼고는 모두 직접선거였다(**표 1** 하원의원선거 방식 참조). 간접선거는 태국 최초 선거인 1933년에 채택되었다. 이후 선거방식은 시기에 따라 소선거구제, 중선거구제, 소선거구와 중선거구 혼합선거구제를 사용해왔으나 어떤 경우든 1위대표제 방식을 사용해 왔다.

각 선거제도별 선출방식을 살펴보면 다음과 같다. 소선거구제에서는 선거구 당 1명의 의원을 선출했다. 중선거구제에서는 도 전체가 한 개의 선거구이다. 도민의 수에 따라서 국회의원의 수를 정해 놓았다. 어떤 도는 1명, 어떤 도는 3명의 국회의원을 뽑았다. 어떤 곳에서는 10명이 넘는 경우도 있었다. 유권자의

---

2) 이의 실현을 위해서 1918년에는 "두씻타니 자치체 통치헌장"을 만들었다. 이 통치헌장에 따르면 두 개의 중요한 직책인 크라비반(Khraphiban)과 쳇타부룻(Chethaburut)을 선출했는데 크라비반은 오늘날의 도지사에 해당하고 쳇타부룻은 지방의회 의원인 셈이었다.

표 1 태국 하원의원선거 방식

횟수	일/월/년	선거방식	의원수	선거원인
1	15/11/1933	간접선거	78	통치체제변경
2	07/11/1937	소선거구	91	의회임기만료
3	12/11/1938	소선거구	91	의회해산
4	06/01/1946	소선거구	96	의회해산
5	29/01/1948	중선거구	99	새헌법공포
6	26/02/1952	중선거구	123	새헌법공포
7	26/02/1957	중선거구	160	의회임기만료
8	15/12/1957	중선거구	160	새헌법공포
9	10/02/1969	중선거구	219	새헌법공포
10	26/01/1975	혼합선거구	296	새헌법공포
11	04/04/1976	혼합선거구	279	의회해산
12	22/04/1979	혼합선거구	301	새헌법공포
13	18/04/1983	혼합선거구	324	의회해산
14	27/07/1986	혼합선거구	347	의회해산
15	24/07/1988	혼합선거구	357	의회해산
16	22/03/1992	혼합선거구	360	새헌법공포
17	13/07/1992	혼합선거구	360	의회해산
18	02/07/1995	혼합선거구	391	의회해산
19	17/11/1996	혼합선거구	393	의회해산

· 출처: Chaiyasaan 1998, 44.

경우도 투표권을 한 표 갖는 경우, 어떤 경우는 10표 이상을 행사하는 등 등가성의 원칙에 크게 위배되는 것이었다. 혼합선거구제의 경우도 1명에서 3명까지 선출함에 따라 똑같은 문제점이 발생했다. 예를 들어 1992년 9월 13일 선거에서 나컨나욕(Nakhonnayok) 제1선거구 유권자들은 1표를 행사한 반면 깔라씬(Kalasin) 제1선거구 유권자들은 3표를 행사할 수 있었다(Chaiyasaan 1998, 51-52).

태국의 선거구제와 정당체제와의 관계를 살펴보면 중요한 인과관계를 찾아볼 수 없다. 어떤 형식의 선거구제 하에서도 모두 다당제가 형성되었다. 최초로 소선거구제가 사용되었던 1933~1946년 동안은 정당법이 제정되기 이전이라 사실상 정당들이 합법적인 근거를 갖지 못했으며 선거구제와 정당체제간의 인과관계를 논하기는 어렵다. 태국에 정당법이 최초로 제정된 것은 1955년이었다. 1948~1969년 사이에 사용된 중선거구제 하에서나 1975년 이후 1997년 이전까지 사용된 소선거구제와 중선거구제 혼합선거구제하에서도 다당제가 형성되었지만 한 개 정당이 한 선거구에서 여러 명의 후보를 낼 수 있도록 허용함으로써 이 역시 선거구제와 정당체제간의 뚜렷한 인과관계를 논하기는 어렵다고 볼 수 있다.

태국에서는 어떤 선거구제를 사용했던지 간에 최종 선거결과의 결정은 1위대표제 방식을 사용해 왔으나 1위대표제는 양당제 형성에 전혀 기여하지 못했다. 도리어 1위대표제는 부정적인 측면만을 노정시켜 매표행위를 광범하게 만들었으며 태국에서 자주 발생한 쿠데타의 명분이 되기도 했다. 1위대표제는 타당 후보보다 조금만 표가 더 많으면 당선되었기 때문에 과도한 매표행위를 조장했다. 또한 이 제도 하에서는 어떤 당의 경우 전체적으로 득표를 많이 하고도 후보자는 선거에 당선되지 못하는 경우도 생겨났다. 예를 들어 1992년 9월 13일 총선에서 우본라차타니(Ubonrachathani) 제4선거구(선거구당 3명을 선출) 선거결과는 낏쌍콤당의 득표수(127,899표)가 찻팟타나당(112,161표)보다 많았지만 낏쌍콤당은 1석, 찻팟타나당(Chart Pattana Party)은 2석을 확보했다. 심지어는 10만명 유권자로부터 단지 몇 천표를 얻고서도 당선되는 경우도 있었다. 1위대표제는 이른바 소수대표 현상을 초래했다(Chaiyasaan 1998, 50-51).

태국에서는 1997년 이전까지 선거구제의 변화를 통한 정당체제의 변화를 꾀한 의미 있는 시도는 별로 없었다고 할 수 있다. 선거구제의 변화는 주로 매표행위와 금권선거를 개선하기 위한 목적을 가졌다. 최초로 사용된 소선거구제에서 중선거구제로의 변화는 매표행위를 근절하기 위한 것이었으며 다시 혼합선거구제로의 변화도 유사한 목적을 갖는 것이었다. 다만 1978년 헌법에서 대선거구제로의 선거구제 변화를 모색한 적이 있었다. 이에 따르면 각 정당은 선거구 의석수만큼 입후보자를 내도록 하고 동일 정당 입후보자는 동일기호를 갖는 명부에 올라 있었다. 유권자들은 명부에 투표함으로써 그 명부에 올라 있는 사람은 모두 당선되는 제도이다. 이 제도는 소수정당을 도태시키고 대정당을 육성하기 위한 정치적 목적을 가졌으나 1985년 헌법개정에 따라 실제로 사용되지는 못했다(Miiwongukhot 1999, 111).

결국 태국의 경우 다당제가 만연한 이유는 선거제도 이외의 다른 요인에서 찾아 볼 수밖에 없다. 이와 관련해 가장 많이 인용되는 것은 정치문화이다. 태국의 정치문화가 정당의 형태 구성과 정당 발전에 영향을 미치는 중요한 변수가 된다는 것이다. 전통적 태국의 정치문화는 관료주의정치체제를 지탱하는 후원-수혜관계(patron-client relationship)를 특징으로 했다. 이 같은 정치문화는 인물중심의 정당발전에 기여했으며 정당의 중요한 임무는 개인이나 집단에게 권력의 정당성을 부여하는 것이다. 그래서 선거 때도 정책보다는 개인을 중요시 하게 되고 매표현상을 만연하게 만들었다. 태국의 후원-수혜 정치체제는 오늘날도 잔존하여 태국적 정치적 특징을 만들어내고 있다(Phakhaphaatwiwat 2002, 204).

나롱 박사(Narong 1996)는 『태국정치: 심리학적 분석』이라는 저서에서 다당제의 이유를 다음과 같이 종합적으로 분석하고 있다. 첫째, 다당제의 이유는 태국 정당의 분열에서 찾아 볼 수 있다. 태국에서 가장 오래된 정당인 쁘라차티빳당(Democrat Party)의 경우에도 유명정치인들이 자주 탈당하여 여러 개 정당으로 옮겨갔다. 그 이유는 지역구 공천, 정당대표 선출, 당이나 내각의 주요 직책 분배 등에 불만을 품기 때문이다. 이런 현상은 다른 정당의 경우 — 낏쌍콤당(Social Action Party), 찻타이당(Chat Thai Party), 팔랑탐당(Phalang Dharma Party), 쾀왕마이당(New Aspiration Party) — 도 마찬가지였으며 태국인의 국민성 — 공과 사를 구별하지 않고, 자유의사대로 행동하며, 타협하지 않으려는 성격 — 과도 밀접한 관계를 갖는다고 볼 수 있다. 둘째, 태국의 정당들은 권력자를 지지하기 위해서 만들어짐으로써 정당이 설립된 후 권력자가 사라지면 정당도 사라지고 또 다른 정당이 생긴다. 셋째, 유권자들은 정당보다 인물을 보고 뽑는다. 유명 정치인은 어떤 정당에서 출마해도 당선된다는 것이다. 그 이유를 정당에서 찾자면 정당의 이상이나 정책의 차이가 크게 나지 않기 때문이다. 이것은 태국인들이 복잡한 것을 싫어하는 국민성을 반영하는 것이기도 하다. 또한 태국인들은 창조성이 없기 때문에 신당을 만드는 정치인들은 다른 당과 차별적인 이데올로기나 정책을 강조하지 않는다. 한편 국민들 편에서 그 이유를 찾자면 전통적으로 태국인들의 문화는 정치를 "높은 사람들"의 일로 생각했다. 권력을 쟁취한 사람이 국가를 통치하고 정치인들이 통치를 잘하고 못하는 것은 국민들의 운명으로 생각했다. 정치인들과 자신과는 개인적인 이익이 개재된 후원-수혜관계로 맺어져 있기도 하다. 따라서 정당을 옮기거나 신당을 만들어 출마하는 것은 당선에 아무런 영향을 미치지 못한다. 마지막으로 태국인들의 권력지향적인 성격이다. 정치에 입문하는 사람들은 신당을 만들게 되며, 기존 정당에 소속된 경우는 탈당하여 신당을 만들기도 한다. 이런 경향은 권력지향적인 성격에서 비롯된다. 스스로 능력이 있다고 생각하는 권력지향적인 사람들은 신당을 만들어 당수가 되기를 바라게 되는 것이다(Sinsawat 1996, 333-344).

Ⅲ. 1997년 신헌법과 선거제도의 변화

1. 선거제도 변화의 배경과 원인

위에서 언급한 바와 같이 과거 태국의 선거제도 변화는 주로 금권선거와 매표행위를 개선시키는 데 그 초점을 맞추어 왔다. 그러나 1974년 이래 1990년대 초반까지 사용되었던 혼합선거구제 하에서도 이런 현상은 변함이 없었으며,

1991년 군사쿠데타의 주요한 명분 중 하나가 되었다. 그래서 1992년 5월 민주화 사태 이후 본격적으로 정치개혁과 민주헌법 개정에 관한 논의가 진행 중인 가운데 선거제도 변화는 주요한 이슈가 되었다. 선거제도 변화가 의도한 주요한 부분 중 또 다른 하나는 만성적인 정치적 불안을 야기시켰던 정당정치의 문제점을 극복하는 것이었다.

민주헌법 논의의 구체적 과정은 다음과 같다. 1994년 추원(Chuan Leekpai)정부에서 만들어진 헌법개정위원회(CRC: Constitutional Reform Committee)의 권고사항에 따라 반한(Banharn Silapaarcha)정부 때인 1995년 8월 민주주의발전위원회(CDD: Committee for Developing Democracy)가 만들어졌다. CDD는 헌법에 대한 전면개정이 필요하다는 보고서를 작성했다. 이 보고서에는 1992년 이래 헌법개정 논의가 지지부진하게 된 이유를 의회의 방해 때문이라는 결론을 내리고 의회 밖 기구를 만들어 헌법개정안을 마련토록 할 것을 건의했다. 마침내 시민사회의 압력 속에서 의회는 1996년 11월 헌법초안위원회(CDA: Constitution Drafting Assembly) 구성에 합의하게 되었다. 의회의 간섭을 전혀 받지 않고 활동할 수 있었던 지방대표와 학계 및 전문가 집단으로 구성된 CDA는 1997년 5월 헌법개정안을 발표했다. 개정안은 획기적인 정치개혁의 내용을 담고 있었으나 정치권의 강력한 반대 때문에 의회통과 가능성은 낮았다(Klein 1998, 9-14).

헌법개정안 논의는 경제성장과 사회구조 변화에 따라 정치세력화된 시민운동세력들과 정치인, 군, 정당, 민간관료들 사이의 갈등을 초래했으며 이런 가운데 1997년 외환위기가 발생했다. 외환위기는 신헌법 제정과 선거제도의 변화를 촉발시키는 결정적인 계기가 되었다. 외환위기로 야기된 정치 · 사회적 불안 요인이 오히려 자극이 되어 헌법개정안은 1997년 9월 27일 상하 양원 합동회의에서 통과되었던 것이다.

태국에서는 외환위기의 구조적 요인을 정치적 측면에서 찾게 되었다. 정치적 요인으로는 재벌과 정치권의 정경유착과 정치적 불안정을 들 수 있다. 이

중 정치적 불안정은 잦은 정권교체로부터 비롯된 것이었다. 다당제를 특징으로 하는 태국의 정당정치 하에서 취약한 연립내각은 정당간 정책적 차이를 비롯해 내각직 분배에 대한 불만과 부정부패 등으로 불화가 야기돼 자주 교체되었다. 이로 인해서 만성적인 정치적 불안정이 조성돼 확고한 정치적 리더십형성에 실패했으며 그 결과 정책의 일관성이 유지되지 못하고 시장의 변화를 적절히 통제하고 조정하는 제도건설은 지체되었다. 따라서 경제문제는 단순히 금융부문의 취약성과 경기침체에서 비롯된 것이 아니라고 판단하게 되었던 것이다. 1990년대 들어 1997년 경제위기가 발생하기 전까지 치러진 4차례 선거에서 각 선거마다 11개 정당이 의회에 진출했으며, 1차례의 쿠데타(1991년 2월)와 1차례의 민주화 운동(1992년 5월)이 발생했고 찻차이(Chatichai Choonavan), 쑤찐다(Suchinda Kraprayoon), 아난(Anand Panyarachun), 추원, 반한, 차왈릿 정권 등 무려 6개의 정권이 교체됐다. 내각의 평균수명이 1년 남짓씩 이었던 셈인데 쑤찐다와 아난정권을 제외한 정권들의 주요 교체이유는 정경유착과 부정부패 때문이었다. 경제위기에 직면하게 되는 차왈릿 내각은 1996년 11월 17일 총선을 통해 등장했다. 1996년 총선은 태국 역사상 가장 타락한 선거라는 오명을 들을 정도로 다시 한 번 금권선거의 문제점이 부각되었다. 총선 후 쾀왕마이당, 찻팟타나당(Chart Pattana Party), 낏쌍콤당(Social Action Party), 쁘라차껀타이당(Prachakorn Thai Party), 쎄리탐당(Seritham Party), 무언촌당(Muanchon Party) 등이 연정을 구성하게 되었으며 이전의 연립정부와 같이 정치인들간의 파벌안배를 고려해 경제팀을 구성했기에 경제관료집단은 1996년 말부터 나타나기 시작한 경기침체의 와중에서도 정책결정 및 집행에 있어서 줄곧 무능을 드러내 왔다(김홍구 1999, 256-257).

2. 신헌법과 선거제도

신헌법은 선거제도 개혁을 통해 다당제를 극복하여 정치적 안정을 이루고 금권선거를 지양하고자 했다. 이를 위해서 우선 하원의원 선출방식을 지역구의원은 선거구당 1명씩 400명을 선출하고 정당명부비례대표의원 100명을 별도로 선출한다. 두 종류 의원 선출은 서로 영향을 미치지 않으며 유권자들은 2장의 투표용지에 1인당 2표를 행사하게 된다. 지역구의원의 선출은 종전과 같이 1위대표제 방식을 채택한다. 그러나 정당명부비례대표의원 선출방식은 별도로 정해두었다. 만일 전국 총 유권자의 5% 이하의 득표율을 획득한 정당은 의석수를 획득할 수 없게 된다.

1) 지역구 의원의 선거방식

헌법 98조 1항은 소선거구제 하에서 400명의 의원을 선출하되, 선거구당 1명의 의원을 선출토록 규정하고 있다. 102조 1항에서는 유권자는 1표를 행사하고 103조 1항은 도를 한 개의 선거구로 삼도록 했다. 국회의원이 1명을 초과하지 않는 도는 도를 한 개의 선거구로 삼고 1명 이상을 초과하는 도는 국회의원 수만큼 도의 선거구를 나누도록 했다. 가장 많은 표를 얻은 출마자는 국회의원에 당선된다. 그러나 여러 사람이 똑 같은 수의 표를 획득한 경우는 소속 선거구 선거관리위원 앞에서 제비뽑기를 한다(75조). 만일 단독출마의 경우 그 지역구 유권자의 20%를 획득하지 못하면 선거관리위원회는 다시 선거를 실시하도록 한다(74조).

① 전국은 모두 400개의 선거구로 나뉜다.

② 하원의원 1인당 평균 국민의 수=전체 인구수/400=X

③ X보다 적은 인구수를 갖는 도는 1개의 선거구로 계산하며, 다른 도의 경우는
전체인구수/X=선거구수+나머지/X

④ 만일 위의 계산 후에 선거구의 수가 400개가 안 될 경우는 나머지가 많이 남는

도 순으로 선거구를 배정한다. 2000년 12월 31일 태국의 전체 인구수는 61,661,701명이었다. 따라서 하원의원 1인당 평균 인구수는 154,154명이었다 (Chaiyasaan 1998, 123).

위와 같이 소선거구제를 채택한 이유는 다당제를 극복하고 인구에 비례해 선거구를 나누어 각 선거구당 1명의 의원을 선출함으로써 표의 등가성 문제를 해결하기 위한 것이었다.

2) 비례대표의원 배정 계산법

태국의 비례대표제는 정당 명부를 사용하는 명부식 비례대표제이다. 비례대표제는 주로 단일 정당에 의석을 집중시켜 정부구성의 효율화를 모색하는 다수제와는 달리 투표수와 의석수의 비례관계를 강조한다. 따라서 모든 정당으로 하여금 그 실제의 세력에 비례하여 대표자를 선출시키는 동시에 다수당의 횡포를 제거하며 무효표를 적게 함으로써 투표자의 의사를 존중하려는 데 그 목적이 있다. 일반적으로 비례대표제는 다당제를 유도한다고 하지만 태국의 비례대표제에서 주의할 것은 최저조항의 신설이다. 최저조항을 신설한 이유는 군소정당의 난립을 방지하고자 하는 것이다. 그러나 군소정당의 난립방지에 효과적이지만 대정당의 의석을 부풀려주는 방편이 되고 결국 비례성을 왜곡시키는 부작용을 수반하게 된다고 볼 수 있다. 태국의 비례대표제는 폐쇄형 명부제이다. 폐쇄형이란 당선순위가 이미 결정된 각 정당의 후보명부를 대상으로 정당에 투표하는 제도로 투표자의 선호도가 반영되지 않는다는 것을 의미한다(안순철 2000, 172-177).

① 전국 400개 지역구 정당명부의 표를 합산한 수를 A라고 하고,

② A의 5%에 미달하는 표를 획득한 수는 제외시킨 후,

③ 나머지를 합산한 수를 B라고 하면,

④ B/100은 하원의원 1인당 평균 투표수가 된다

⑤ 각 정당이 획득한 투표수를 1인당 평균 투표수인 B/100으로 나누면 각 당이 획득한 의석수가 산출되며 정당명부에 기재된 수대로 의석수를 채우게 된다.

⑥ 만일 이렇게 하고도 100석을 채우지 못하는 경우는 나머지가 가장 많이 남는 정당순대로 의석을 추가 배분하다.

한편 신헌법에서는 지금까지 정치발전을 저해해 왔던 매표행위와 금권선거의 폐해를 개선하기 위해 선거관리위원회를 신설했다. 신설된 선거관리위원회는 독립적이고 엄정한 선거관리를 위하여 만들어졌다.

헌법 제4부에 규정돼 설치된 선거관리위원회는 선거제도의 중요한 변화로 볼 수 있다. 과거에는 내무부가 선거의 주무 부서였으나 신헌법에서는 상원의 권고에 따라 국왕이 임명하는 선거관리위원회(136조)가 하원선거, 상원선거, 지방의회의원선거와 자치단체장선거 및 국민투표를 공정하게 감독하고 실행하게 규정하고 있다(144조 1항). 뿐만 아니라 선거관리위원회 위원장은 정당 등록인의 역할을 하도록 했다(144조 2항). 선거관리위원회는 만일 어떤 선거구나 전체 선거구에서 부정선거가 발생하면 새로운 선거나 국민투표를 실시할 수 있는 권한도 갖는다(145조 4항).

선거비용과 관련한 조항으로 두 개의 주목할 조항이 신설되었다. 1998년 정당법 41조에서는 입법부가 선거관리위원회가 정당의 당수와 협의하여 입후보자와 정당의 선거비용을 규정하는 권한을 위임하고 있으며 42조에는 선거비용을 감시하기 위해 회계담당관을 두도록 하고 있으며 선거결과 발표일 90일 내에 선거관리위원회에 선거비용을 보고하여 확인받도록 하고 있다.

Ⅳ. 선거제도 변화의 정치적 결과

1. 2001년과 2005년 하원의원선거 결과

1997년 신헌법에 따라 소선거구제 · 정당명부비례대표병립제 하에서 치러진 2001년 1월 6일 선거에서는 모두 43개 정당이 출마했다. 지역구와 정당명부에서 모두 의석을 획득한 정당은 5개 정당(타이락타이, 쁘라차티빳, 찻타이, 찻파타나, 콰왕마이)이었으며, 4개 정당(쎄리탐, 랏싸던, 낏쌍콤, 틴타이당)은 지역구의석만을 획득하였고 나머지 34개 정당은 한 석도 얻지 못했다. 출마자는 모두 3,722명이었으며, 정당명부제 출마자가 940명, 지역구 출마자가 2,782명이었다(**표 2**). 정당명부제 출마자 100명을 모두 출마시킨 정당은 5개 정당(타이락타이, 쁘라차티빳, 찻타이, 찻파타나, 콰왕마이당)뿐이었으며, 전 선거구에 후보자를 모두 출마시킨 정당은 타이락타이당 한 개 정당이었다. 2위는 쁘라차티빳당으로 398명을 출마시켰다. 각 정당이 획득한 의석수를 **표 3**에서 살펴보면, 타이락타이당은 지역구 200석, 정당명부 48석, 모두 248석을 확보하였으며 쁘라차티빳당은 128석(지역구 97석, 정당명부 31석), 찻타이당 41석(지역구 35석, 정당명부 6석),

표 2 하원의원선거 출마자수

	2001년 1월		2005년 2월	
	출마자수	당선자수	출마자수	당선자수
정당명부	940	100	582	100
지역구	2,782	400	1,707	400
합계	3,722	500	2,289	500

· 출처: Phakhaphaatwiwat 2002, 248;
http://www.bangkokpost.com/election2005/graphic/ policies1. gif(2005/03/08)

표 3 하원의원선거 결과 비교

정당명	1992/03		1992/09		1995/07		1996/11		2001/01				2005/02			
									지역구		정당명부		지역구		정당명부	
	의석수	지지율	의석수	지지율	의석수	지지율	의석수	지지율	의석수	지지율	의석수	지지율	의석수	지지율	의석수	지지율
싸막키탐	79	21.94														
쁘라차티빳	44	12.22	79	21.94	86	21.99	123	31.30	97	24.3	31	31	70	17.5	26	26
찻타이	74	20.56	77	21.39	92	23.53	39	9.92	35	8.8	6	6	18	4.5	7	7
찻팟타나			60	16.67	53	13.55	52	13.23	22	5.5	7	7				
쾀왕마이	72	20.00	51	14.17	57	14.58	126	31.81	28	7	8	8				
팔랑탐	41	11.39	47	13.06	23	5.88	1	0.25								
낏쌍콤	31	8.61	22	6.11	22	5.63	20	5.09	1	0.3						
엑까팝	6	1.67	8.	2.22	8	2.05	8	2.04								
무언촌	1	0.28	4	1.11	3	0.77	2	0.51								
쁘라차껀타이	7	1.94	3	0.83	18	4.60										
쎄리탐					11	2.81	4	1.02	14	3.5						
타이락타이									200	50	48	48	310	77.5	67	67
틴타이										1	0.3					
랏싸던	4	1.11	1	0.28					2	0.5						
마하촌													2	0.5		
남타이					18	4.60										
타이							1	0.25								
뿌엉촌차우타이	1	0.28														
합 계(의석수)	360	100	360	100	391	100	393	100	400	100	100	100	400	100	100	100

· 출처: Sinsawat 1996; Phakhaphaatwiwat 2002, 251; *Bangkok Post* 2005/02/25.

쾀왕마이당 36석(지역구 28석, 정당명부 8석), 찻파타나당 29석(지역구 22석, 정당명부 7석), 쎄리탐당 14석(지역구 14석)이다.

2005년 2월 6일 치러진 하원의원선거에는 모두 20개의 정당이 출마했다. 지역구와 정당명부에서 모두 의석을 획득한 정당은 3개 정당(타이락타이, 쁘라차티빳, 찻타이당)이며 지역구의석만을 획득한 정당은 1개 정당(마하촌당)이었다. 16개 정당은 한 석도 얻지 못했다. 출마자는 모두 2,289명이었으며 정당명부출마자는 582명이고 지역구 출마자는 1,707명이었다. 정당명부출마자 100명을 모두 출마시킨 정당은 4개 정당(타이락타이, 쁘라차티빳, 찻타이, 마하촌당)이며 지역구 전 선거구에 출마시킨 정당은 타이락타이당 뿐이었다. 2위는 쁘라차티빳당으로 395명을 출마시켰다. 각 정당이 획득한 의석수를 **표 3**에서 살펴보면. 타이락타이당은 지역구 310석, 정당명부 67석 모두 377석을 확보하여 단독정권을 구성하였다. 쁘라차티빳당은 96석(지역구 70석, 정당명부 26석), 찻타이당 25석(지역구 18석, 정당명부 7석), 마하촌당(지역구 1석)이다.

2. 선거제도 변화의 정치적 결과

변화된 선거제도에 따라 치러진 2001년과 2005년의 선거는 다음과 같은 중요한 정치적 결과를 초래했다. 첫째, 소선거구제 · 정당명부비례대표병립제가 도입되어 치러진 2001년 1월 하원의원선거 결과 타이락타이당(TRT: Thai Rak Thai Party)이 태국 정치사상 처음으로 하원 과반수 의석에 육박하는 248석을 확보(총 의석수 500석)했으며 2005년 2월 선거에서는 과반수 의석을 훨씬 상회하는 377석을 확보했다. 양 차례 선거결과는 소선거구 · 중선거구 혼합선거구제와 1위대표제를 선거방식으로 채택한 그 이전의 선거결과와 비교해 크게 달라졌다. 2001년 선거결과를 보면 다당제적 특성이 여전히 나타나고 있지만 타이락타이당 한 개 정당이 과반수 의석에 육박하고 있다. 2001년과 2005년 선거결과를 비교하면 다당제적 특성이 급격히 사라지고 있는 것을 알 수 있다. 또한 타이락타이당의 의석수가 무려 377석에 달함으로써 1당우위제(predominant party)의 경향이 확고히 나타나고 있음도 알 수 있다.

다당제의 퇴조와 더불어 출마자들의 급격한 감소도 눈여겨 볼 점이다. **표 2**를 보면 2001년 출마자수는 모두 3,722명(지역구 2,782명, 정당명부 940명)에서 2005년 선거에서는 2,289명(지역구 1,707명, 정당명부 582명)으로 급격히 감소했다. 출마 정당의 경우도 2001년도에는 44개에서 2005년도에는 20개 정당으로 대폭 감소했다. 물론 현재 나타나는 태국 정당체제의 변화는 진행 중이기 때문에 이런 현상은 과도적인 것일 수도 있다. 그러나 두 차례 선거를 통해서 나타나고 있는 방향성과 논리적 경향, 또는 정치사회적인 특수성을 고려하면 태국에서는 당분간 1당우위제가 지속될 가능성이 높다.

둘째, 두 차례 선거에서는 과거와 달리 정책선거가 주요 이슈로 떠올랐으며 정책선거를 주도한 타이락타이당이 압승할 수 있었다. 타이락타이당의 승리요인 중 한 가지는 정당명부비례대표제에 따라 유권자들이 정당선택의 기준을 정책으로 삼은 결과가 크게 반영된 것으로 볼 수 있다. 2001년 하원의원선거에서 탁씬은 1997년 IMF 위기 후의 부실채권문제 해결, 농가부채상환 3년 유예, 농가 마을당 100만 바트 지원, 의료보험제도 전국 확대, 국영자산관리공사 설립과 감세와 함께 재정지출을 통한 경기부양 등 획기적인 경제정책을 추진할 것을 공약으로 내세워 농촌과 서민층 유권자뿐 아니라 기업의 지지도 이끌어 냈다. 2005년 선거에서도 도농지역 서민층은 그의 지도력에 전폭적인 신뢰를 보냈다. 5년 내 빈곤을 추방, 고루 잘 사는 나라로 만들겠다는 그의 메시지가 서민층 유권자들에게 상당한 설득력을 발휘한 것이다. 2005년 선거직전 조사한 여론조사 결과 탁씬은 무려 77.5%의 지지율을 얻었다(Krungthep Turakit 2005/02/08).

다른 정당들은 탁씬의 대중영합주의 정책을 비난하면서도 뚜렷한 정책적 대안을 제시하지 못했다. 쭐라롱껀대 경제학과의 한 교수는 타이락타이당과 다른 정당의 정책적 차이를 다음과 같이 비교했다. "어떤 당도 단 · 중 · 장기적 경제 활성화 정책을 갖고 있지 못하다. 야당들은 보다 많은 것들을 준다고 경쟁적으로 약속하지만 중산층에 호소력 있는 정책을 갖고 있지 못하며 그들이 어떤 브레인들을 갖고 있는가를 보여주지 못한 채 오직 선거에만 이기려고 한다. 야당은 비전이 부족하고 타이락타이당의 대안으로서 자리매김하지 못하고 있다. (다른 정당들은) 그들의 정책이 타이락타이당과 다르다는 것을 보이려고 하나 정책기조를 타이락타이당과 비교하면 덜 전략적이고 잘 조직되지 못했다."[3)]

셋째, 두 차례 선거에서는 1990년대 초반부터 뚜렷하게 나타나고 있는 정당의 지역화 현상의 성격이 변화했다. 1990년대 초 이래 태국에는 지역별로 선호정당이 뚜렷이 나타나고 있다. 일반적으로 찻팟타나당은 북부, 찻타이당은 중부, 쾀왕마이당은 동북부, 쁘라차티빳당은 남부를 기반으로 하고 있는 정당이었다. 그러나 **표 4**에서 보는 바 같이 이런 현상은 2001년 선거 이전과 이후에 큰 차이를 보이고 있다. 즉, 남부지역을 제외하고는 정당의 지역화 현상이 거의 사라져 가고 있다는 사실이다. 그 가장 큰 이유는 2001년 선거 후 타이락타이당이 쾀왕마이당, 쎄리탐당, 찻팟타나당 등 지역기반을 가진 연정 참여정당 합당에 성공했기 때문이다. 그 결과 타이락타이당은 남부지방에서는 참패했지만 북동부와 북부에서 의석을 휩쓸었다. 타이락타이당은 지역별로 강세를 보였던 정당들을 합당함으로써 남부지역을 제외하고 지역적인 균열요인을 없앴다고 할 수 있다.

3) Http://www.bangkokpost.com/election2005/populist.html.

표 4 지역별 선거결과

정당명	중부				북부				동북부				남부				합계			
	1992/9	1996/11	2001/01	2005/05	1992/9	1996/11	2001/01	2005/05	1992/9	1996/11	2001/01	2005/05	1992/9	1996/11	2001/01	2005/05	1992/9	1996/11	2001/01	2005/05
쁘라차티빳	18	43	27	11	8	21	16	5	17	12	6	2	36	47	48	52	79	123	97	70
찻타이	38	28	21	11	18	6	3	-	21	5	11	6	-	-	-	1	77	39	35	18
찻팟타나	12	11	4	-	21	20	2	-	27	21	16	-	-	-	-	-	60	52	22	-
콤왕마이	6	22	3	-	8	20	1	-	31	78	19	-	6	5	5	-	51	125	28	-
팔랑탐	29	1	-	-	6	-	-	-	9	-	-	-	3	-	-	-	47	1		-
낏쌍콤	4	5	-	-	3	3	-	-	15	12	1	-	-	-	-	-	22	20	1	-
엑까팝	6	3	-	-	-	-	-	-	2	5	-	-	-	-	-	-	8	8	-	-
무언촌	1	1	-	-	1	1	-	-	2	-	-	-	-	-	-	-	4	2	-	-
쁘라차껀타이	2	14	-	-	1	4	-	-	-	-	-	-	-	-	-	-	3	18	-	-
쎄리탐	2	-	-	-	2	-	-	-	4	4	14	-	-	-	-	-	8	4	14	-
타이락타이	-	-	76	112	-	-	54	71	-	-	69	126	-	-	1	1	-	-	200	310
텐타이	-	-	-	-	-	-	-	-	-	-	1	-	-	-	-	-	-	-	1	-
랏싸던	-	-	1	-	-	-	-	-	-	-	1	-	-	-	-	-	-	-	2	-
마하촌	-	-	-	-	-	-	-	-	-	-	-	2	-	-	-	-	-	-	-	2
합계 (의석수)	118	128	132	134	68	75	76	76	128	137	138	136	45	52	54	54	359	392	400	400

· 출처: Maisrikrod 1993, 338; Samnakphimmatichon 1997; Nelson 2001, 396; http://www.nationmultimedia.com/Election2005/

하지만 남부지역의 지역화 현상은 더 심화되고 있음을 알 수 있다. 두 차례 선거에서 타이락타이당은 전국적인 강세를 보였음에도 불구하고 남부지역에서만은 단 1석씩을 얻는 데 그쳤으나 제2당인 쁘라차티빳당은 이 지역에서 48석과 52석을 얻었다. 태국의 경우 다른 동남아 국가들과 비교해 언어, 인종, 이데올로기 등으로 인한 사회 균열적 요인은 비교적 적은 편이라고 할 수 있지만 남부지역만은 예외다. 전 인구의 95%가 상좌부불교를 믿고 있는 태국에는 무슬림이 약 4% 정도 있다. 이들은 태국 전역에 거주하고 있지만 가장 큰 무슬림집단은 말레이시아 국경에 인접한 빳따니(Pattani), 얄라(Yala), 나라티왓(Naratiwat), 싸뚠(Satun) 등 남부 4개도에 집단적으로 거주하고 있으며 역사적으로 분리독립운동을 벌여 왔다. 이 지역은 과거부터 쁘라차티빳당의 아성으로 인식되어 왔는데 탁씬정권이 집권한 이래 폭탄테러, 방화, 무장폭동이 발생해 2004년 한 해 동안 수백명의 인명손실이 있었다. 이 사건에 강경대처한 탁씬정권에 대한 지역적 불만이 타이락타이당의 참패를 불러 왔다고 볼 수 있다.

넷째, 신헌법 하에서 만들어진 독립적인 선거관리위원회 신설로 매표행위와 금권선거를 단속하는 등 어느 때 보다 엄정한 선거관리를 했으나, 2001년 선거의 경우 부정선거 시비로 무려 4차례씩이나 재선거를 실시했으며 2005년 선거에서도 금권선거 시비가 끊이지 않았다. 2001년 하원의원 두 번째 선거는 29개 지방 62개 선거구에서 치러졌으며 세 번째는 7개 선거구, 네 번째는 2개 선거구에서 치러졌다(McCargo 2002, 257). 매표행위를 비롯한 부정선거, 금권선거, 투표과정과 개표절차에 대한 불만이 재선거의 주요한 요인으로 꼽혔다. 매표행위가 만연해 유권자 1인당 50~1,000바트(약 1.25달러~25달러)가 뿌려졌다. 한 조사에 따르면(Thai Farmers Research Center), 선거캠페인 기간 중 유통된 통화량은 250억 바트(6억 2,500만 달러)였는데 이 금액은 1996년 선거와 비교해 25% 증가한 것이다. 또 이 금액을 모든 입후보자수로 똑같이 나누면 입후보자 1인당 법정 선거비용의 약 9배를 사용한 셈이 된다(Ockey 2003, 671). 이 같은 사실은 부정선거, 금권선거에 대한 감시기능이 강화되고 있다는 긍정적인 측면의 이면에 아직까지 부정선거의 관행이 뿌리 깊게 남아 있음을 확인시켜 주는 것이다.

2005년 선거에서도 금권선거에 대한 우려는 여전히 남아 있었다. 특히 한 선거감시기구(The Pollwatch Foundation)에 의하면, 북동부와 북부지방에서의 매표행위가 극심했으며 2005년 선거의 매표행위는 2001년 선거보다 심각했다고까지 주장했다. 이 기구에는 전국적으로 161건의 선거부정사건이 접수되었다. 이 중에서 84건이 매표행위, 18건이 공무원의 중립성 시비였다. 고소당한 건수는 타이락타이당 56건, 마하촌당 15건, 찻타이당 8건, 쁘라차티빳당 5건이다(*Bangkokpost* 2005/02/07). 또한 선거관리위원회에서는 328건의 부정선거 사례를 접수받았다(*Bangkokpost* 2005/02/10). 빈자들의 연합(The Assembly of the Poor) 고위 관계자는 각 정당들이 전국적으로 사용한 선거자금은 200억 바트로 추산되며 이 중 70억 바트가 136개 의석이 걸린 동북부에 사용되었다고 언급했다. 후보들은 동북부에서 이기기 위해서는 적어도 3, 000만 바트를 써야 한다고 했으며 선거 마지막 단계에서는 한 표를 얻기 위해 500바트는 써야 할 것이라고 했다(*Bangkokpost* 2005/02/07).

2005년 선거에서는 선거관리위원회의 편파성 논란이 많이 불거졌다. 그래서 "선관위를 종이 호랑이라고 부를 것도 없다. 그것은 단지 아무것도 할 수 없는 고양이일 뿐이다"라는 비하의 말까지 나돌기도 했다. 국민들 사이에는 입후보자뿐 아니라 깨끗하고 공정한 정치 만들기에 실패한 선거관리위원회를 주의 깊게 살펴보아야 할 것이라는 모욕적인 언급도 있었다. 선거관리위원회가 선거에서 돈, 영향력, 국가권력의 세 가지 악을 추방하는 데 실패했다는 주장도 있었다. 타이락타이당에 의한 라디오, TV 등의 미디어 장악에 대해서도 선거기간 내내 논란이 많았는데 이와 관련된 일도 선거관리위원회의 주요 업무였다. 대중민주주의(The Campaign for Popular Democracy) 사무총장은 많은 선거부정이 밝혀졌는데도 선거관리위원회는 어떤 후보에게도 레드카드나 옐로우 카드를 발행하지 않았다고 불만을 털어 놓았다. 선거관리위원회는 쁘라차티빳당이 왕실연설을 캠페인 스티커에 부쳐 사용했다는 이유로 고소한 반면에 남부지방에서 타이락타이당을 위해 매표행위를 한 네윈(Newin Chidchob) 농업부 차관에 대해서는 증거가 없다는 이유로 고소하지 않았다(*Bangkokpost* 2005/02/03).

V. 맺음말: 정치적 안정과 정당체제의 전망

지금까지 살펴 본 바 같이 신헌법 하에서 치러진 2001년과 2005년 선거에서 태국의 소선거구 · 정당명부비례대표병립제는 다당제를 약화시키고 1당우위제를 촉진시켰다. 이런 결과를 통해 선거제도의 변화가 정당체제에 영향을 미치고 있음을 알 수 있었다. 또 두 차례 선거를 비교해 볼 때 2005년 선거 출마자나 출마정당의 수가 2001년과 비교해서 크게 줄어든 것도 다당제에서 탈피하고 있는 태국 정치변화의 경향성을 더욱 뚜렷하게 보여주고 있다고 볼 수 있다.

일반적으로 소선거구 · 1위대표제는 양당제를 유도한다고 한다. 태국의 경우는 소선거구 · 1위대표제와 정당명부비례대표제를 병립해서 사용하고 있다. 하지만 태국의 정당명부비례대표제는 그 최소조항으로 인해 비례성을 살리는 측면보다 군소정당의 난립을 방지하고자 하는 측면이 강조된다는 점을 고려한다면, 태국에서 양당제가 형성되지 못하고 1당우위제가 형성된 이유의 일단은 태국 정당들의 구조적인 취약성에서 찾아 볼 수 있을 것이다. 사르토리는 양대정당제 형성은 구조적으로 공고한 정당체제와 결합되었을 때 장기적 과정을 거쳐 이루어진다고 했다. 태국의 경우는 이런 조건들이 충족되었다고 볼 수 없다. 2005년 선거를 통해서 타이락타이당은 압도적인 다수를 의회 내에 구축하고 있지만 2000년 초 만들어진 정당이며 마하촌당은 2004년 만들어진 신생정당이다. 태국에서 가장 오랜 역사를 갖는 정당은 1946년에 창당된 쁘라차티빳당이며 찻타이당은 1974년에 만들어졌다. 태국의 정당들은 쁘라차티빳당을 제외하고는 역사가 오래되지 못했을 뿐 아니라 앞에서도 언급한 바 같이 잦은 탈당현상이 나타나는 등 분열적 요소가 강하게 나타나고 있다. 타이락타이당은 기존정당들로부터 100명이 넘는 의원들을 흡수해서 만든 정당이다. 마하촌당도 쁘라차티빳당에서 탈당하여 만든 정당이다. 2001년 선거 때까지 활동했던 찻파타나당은 1992년 찻타이당으로부터 분리된 정당이었다.

한편 1당우위제 형성은 선거제도 외적인 요인에 의해서도 영향을 받았다. 정당체제의 구조는 결코 한 가지 요인에 의해서만 결정적으로 영향을 받지는 않는 것이며 선거제도에 영향을 주는 정치 · 사회적 조건들의 영향을 무시할 수 없을 것이다. 이런 점에서 중요한 정치 · 사회적인 요인으로는 첫째, 경제위기라는 특수상황을 들 수 있겠다. 그리고 이 위기를 극복하는 과정에서 유권자들에게 정치적으로 호소력 강한 대중영합주의적 정책을 들고 나온 탁씬 개인과 타이락타이당에 대한 국민적 기대감이 크게 영향을 미쳤다고 볼 수 있다. 둘째는 2001년 선거 후 지역적 기반을 갖는 쾀왕마이당, 쎄리탐당, 찻파타나당과의 합당효과를 들 수 있다. 합당을 통해 타이락타이당은 1당 우위의 기반을 확고히 할 수 있었고 2005년 선거에서 압승을 거두었다고 볼 수 있다.

이외에 선거제도와 정당체제간의 일반적인 인과관계를 통해 설명할 수 있는 태국적인 예들은 다음과 같다. 두 차례 선거에서 정당명부비례대표제의 채택으로 유권자들은 정책을 정당 선택의 기준으로 삼아 투표하는 일정한 경향을 보이고 있으며 가장 큰 수혜자는 정책선거를 주도했던 타이락타이당이었다. 사르토리는 1위대표제를 채택해도 다른 사회적 균열구조(언어, 인종, 이데올로기 등을 중심으로 하는)가 존재하고 이런 균열구조가 지역적으로 높은 집중도를 나타낼 경우 양대정당제의 성립은 불가능하다고 했다. 그러나 이런 요인이 태국의 양당제를 방해하는 것은 아니라고 볼 수 있다. 태국은 남부지역을 제외하고는 사회적 균열구조가 심각하지 않기 때문이다.

태국의 선거제도 변화가 또 다른 목표로 설정해 왔던 금권선거와 매표행위 개선현상을 살펴보면 두 차례 선거 결과 기존의 부정적인 양상은 여전했다. 2001년 선거 후에는 무려 4차례나 재선거를 치러야 했고 2005년 선거후에는 공정선거 관리를 담당하고 있는 선거관리위원회의 편파성 논란이 그 어느 때보다 심하게 나타났다.

소선거구 · 정당명부비례대표병립제로 치러진 2001년 선거를 통해 과반수에 가까운 다수의석을 확보한 타이락타이당은 안정된 연립정부를 구성하여 4년의 임기를 채울 수 있었다. 선거 직후 쾀왕마이당(36석), 쎄리탐당(14석)과 합당하고 찻타이당(41석)과는 연립정부를 구성하였으며 이어서 찻팟타나당(29석)도 연정에 끌어 들임으로써 정치적 안정성을 높일 수 있었다. 실질적인 야당은 쁘라차티빳당(128석)뿐이었다. 뿐만 아니라 1997년 신헌법은 수상에 대한 불신임 논의를 위해서는 하원의원 5분의 2이상(200석 이상)의 발의를 필요로 하고 개별 각료에 대한 불신임 논의를 위해서는 5분의 1이상(100석 이상)의 발의(헌법 185조와 186조)를 필요로 한다고 규정했기 때문에 타이락타이당 연립정부는 그 어느 때보다 안정되고 강력했다. 더욱이 2005년 선거를 통해서 타이락타이당은 1당우위정당의 지위를 더욱 확고히 구축하고 태국 최초로 단독정권을 세우게 됨으로써 다당제로 인한 정치불안정 현상은 현저히 사라지고 있다.

그러나 정치적 안정의 이면에는 아이러니컬하게도 권력의 권위주의화와 1당 독주에 대한 우려가 나타나게 되었다. 두 차례 선거 결과 안정된 정치적 기반을 확보한 탁씬 정권은 대중영합주의정책을 추진해 가면서 국민들의 큰 지지를 받게 되었으며 견제할 수 있는 야당세력의 약화 속에서 점차 권위주의화되어 갔다.[4] 탁씬의 권위주의적 성향은 독선적인 당 운영방식, 대언론정책, 선거관리위원회, 반부패위원회 등 준 사법기구에 대처하는 자세, 합당과 다른 정당의 국회의원 빼내오기, 마약문제를 비롯한 사회악 일소와 남부 폭력사태에 대한 지나친 강경대응에 이르기까지 다양하게 나타나고 있다. 이런 현상을 비난하면서 전직 수상 아난은 1976년 10월 6일 사건 25주년 기념행사 연설에서 다음과 같이 언급하기도 했다.

---

4) 흔히 탁씬 정권의 정치체제를 민주적 권위주의(democratic authoritarianism) 또는 연성 권위주의(soft authoritarianism)라고 부르기도 한다(Pongsudhirak 2003; Mutebi 2003).

……과거에 민주주의의 위협이 독재로부터 연유했다면 오늘날 이 위험은 우리가 예기치 않은 곳으로부터 나오고 있다. 독재는 더 이상 군이나 카키색 유니폼을 입은 사람들로부터 나오는 것이 아니다. ……독재적인 성향의 사람에 의해 야기되는 위험은 태국에서 사라지지 않았다. 비록 정도가 적어지거나 변화되었지만…… 따라서 28년의 투쟁은 아직 끝나지 않았다(Nelson 2001, 392).

권력의 권위주의화와 더불어 1당 독주에 대한 우려도 강하게 나타나게 되었다. 2001년 선거 후 일부에서는 적어도 8년 또는 12~16년을 목표로 하는 타이락타이당의 정권 장악전략을 예측하기도 하고 타이락타이당을 싱가포르나 말레이시아(리콴유와 마하티르가 탁씬의 역할 모델일 수 있다)의 정당, 또는 일본의 자민당(Liberal Democratic Party)과 비교하기도 했다. 태국의 양대 영자 일간지는 태국의 민주주의가 위험에 빠졌다고 주장했다(Nelson 2001, 377-378). 2005년 선거를 앞두고 야당들이 제기한 가장 큰 이슈는 타이락타이당의 1당지배 가능성에 대한 '견제와 균형'의 논리였다. 제1야당인 쁘라차티빳당은 타이락타이당의 1당 독주를 견제하기 위해서 "201석 이상 뽑아주세요"라는 구호와 함께 선거운동을 전개하였다. 2005년 2월 선거가 끝나고 탁씬의 압도적 승리가 민주주의와 인권의 원칙을 무시하게 만들 가능성이 경고되었으며 현재 정치상황의 취약한 견제기능이 완전히 와해될 가능성을 염려하는 소리도 높았다. 개표결과가 발표되기 직전 쁘라차티빳당의 아피씻 부총재(Abhisit Vejjajiva)는 다음과 같이 주장하기도 했다. "다음 정부는 안정될 것이다. 그러나 민주주의 사회에서는 소수의 목소리와 의회 밖의 목소리가 인정되어야 한다. 비록 국민들이 타이락타이당에게 통치를 위임했지만 절대 권력을 준 것은 아니다." 그는 또 새 정부가 언론의 견제와 감시를 폭넓게 수용해야 한다고 희망하기도 했다(*The Nation* 2005/02/07). 어떤 유권자는 "나는 타이락타이당이 이기기를 기대하지만 쁘라차티빳당을 찍은 이유는 견제와 균형을 바라기 때문이었다"라고 1당 지배에 대한 우려를 나타내기도 했다(*The*

Nation 2005/02/07).

앞으로도 태국의 정당체제에서 타이락타이당의 1당우위제는 당분간 지속될 가능성이 크다. 타이락타이당의 압도적인 세력을 견제할 수 있는 강력하고도 인기 있는 야당이 부재하다는 점은 타이락타이당 1당우위제의 지속적인 가능성을 예상하게 하는 유력한 요인이 된다. 태국의 야당이 타이락타이당의 대안세력으로서 자리매김하고 1당우위제에서 벗어나 양당제로 가기 위해서는 정책계발과 대중적 인기를 모을 수 있는 지도자의 배출에 힘을 기울이는 일이 무엇보다 중요하다. 이 같은 전략은 탁씬과 타이락타이당이 압승할 수 있었던 전략이었다고도 볼 수 있다. 2001년 선거와 2005년 선거에서 제2당인 쁘라차티빳당을 포함한 어떤 정당도 타이락타이당과 차별화된 정책을 선보인 정당은 없었다. 또한 타이락타이당은 "백마 타고 온 기사" 탁씬이라는 스타 정치인을 가지고 있었지만 야당의 경우는 그렇지 못했다. 쁘라차티빳당의 반얏(Banyat Bantadtan) 총재는 대중적인 인기를 끌지 못했으며 찻타이당의 반한 총재도 "어제의 정치인(yesterday's politician)"이라는 이미지에서 벗어나지 못했다. 이런 점에서 2005년 선거 직후 쁘라차티빳당의 반얏 총재가 선거 패배의 책임을 지고 서둘러 사임한 후 전당대회에서 아직 만 40세가 안되는 젊은 피 아피씻(Abhisit Vejjajiva) 부총재를 만장일치로 새 총재로 선출한 것은 쁘라차티빳당의 중요한 대권전략의 일단을 보여주는 것이다.[5)]

---

5) 영국 옥스퍼드대학 경제학 석사 출신인 그는 27세 때인 1992년 총선에서 짬렁(Chamlong Srimuang)이 이끄는 팔랑탐당이 방콕 전 지역구를 휩쓸고 있을 때 쁘라차티빳당 후보로는 유일하게 방콕에서 당선된 적이 있다. 그는 국가의 가장 오래된 정당을 살리기 위해서 젊은세대를 영입하여 당을 개혁할 것이라고 언급했다(*Bangkokpost* 2005/02/04).

참고문헌

김홍구. 1996. 『태국군과 정치』. 서울: 전예원.

______. 1999. 『태국학 입문』. 부산: 부산외국어대학교 출판부.

안순철. 2000. 『선거체제비교 — 제도적 효과와 정치적 영향』. 서울: 법문사.

이동윤. 2002. "동남아시아의 정당정치와 민주주의 — 필리핀, 태국, 인도네시아의 사례비교." 연세대학교 대학원 박사학위논문.

이병도. 2000. "태국 정당정치의 변동과 제도화 수준에 관한 연구." 한국외국어대학교 대학원 국제관계학과 박사학위논문.

진영재. 1999. "태국 정당정치와 민주주의의 공고화." 한국동남아학회 1999년도 추계학술회의.

Bangkok Post 2005/02/03; 2005/02/07; 2005/02/10; 2005/02/24; 2005/02/25.

Chaiyasaan, Watcharaa. 1998. *Rabop Kaanruaktang kap Kaanmuang Thai Yuk Mai*[새시대 선거제도와 정치]. Bangkok: Samnakphimnititham.

Duverger, Maurice. 1963. *Political Parties: Their Organization and Activity in the Modern State*. Barbara and Robert North, trans. New York: Wiley.

______. 1986. "Duverger's Law: Forty Years Later." Bernald Grofman and Arend Lijphart, eds. *Electoral Laws and Their Political Consequencies*. New York: Agathon Press.

Klein, James R. 1998. *The Constitution of Kingdom of Thailand, 1997: A Blueprint for Participatory Democracy*. The Asia Foundation Working Paper, No. 8. Hongkong: Maruzen Asia.

Krungthep Turakit 2005/02/08.

Maisrikrod, Surin. 1993. "Thailand 1992: Repression and Return of Democracy." *Southeast Asian Studies 1993*. Singapore: Stanford Press.

McCargo, Duncan. 2002. "Thailand's January 2001 General Elections: Vindicating Reform." Duncan McCargo, ed. *Reforming Thai Politics*. Copenhagen: NIAS Publishing.

Miiwongukhot, Bunsrii. 1999. *Kaanruaktang lae Phakkaanmuang botriian caak Yerman*[선거와 정당: 독일로부터의 교훈]. Bangkok: Institute of Public Policy Studies.

Mutebi, Alex M. 2003. "Thailand in 2003: Riding High Again." *Asian Survey* 44(1).

Nelson, Michael H. 2001. "Thailand's House Elections of 6 January 2001: Thaksin's Landslide Victory and Subsequent Narrow Escape." Michael H. Nelson, ed. *Thailand's New*

Politics KPI Yearbook 2001. Bangkok: White Lotus.

Ocekey, James. 2003. "Change and Continuity in the Thai Political Party System." *Asian Survey* 43(4).

Phakhaphaatwiwat, Somchaai. 2002. "Phakkaanmuang Thai." Siida Sonsri, eds. *Phakkaanmuang nai Asiatawanookchiangtai*[동남아시아의 정당]. Bangkok: Rongphim Chulalongkorn Univ.

Pongsudhirak, Thitinan. 2003. "Thailand: Democratic Authoritarianism." *Southeast Asian Affairs 2003.* Singapore: ISEAS.

Riker, William H. 1986. "Duverger's Law: Revisited." Bernald Grofman and Arend Lijphart., eds. *Electoral Laws and Their Political Consequences.* New York: Agathon Press.

Samnakphimmatichon. 1997. *Banthukprawatisaatkaanruaktang39*[1996년 선거기록].

Sartori, Giovanni. 1986. "The Influence of Electoral System: Faculty Laws of Faculty Method?" Bernald Grofman and Arend Lijphart, eds. *Electoral Laws and Their Political Consequences*d. New York: Agathon Press.

Sinsawat, Narong. 1996. *Kaanmuang Thai: Kaanwikhrochungcittawithayaa*[태국정치: 심리학적 분석]. Bangkok: Duangkamonsamai Camkat.

The Nation 2005/02/07.

Thiravekhin, Likhit. 2003. *Wiwatthanaakaan Kaanmuang Kaanpokhrong Thai*[태국의 정치통치의 발전]. Bangkok: Samnakphim Mahaawithayalai Thammasat.

Http://www.bangkokpost.com/election2005/populist.html(2005/03/01).

Http://www.bangkokpost.com/election2005/graphic/policies1.gif(2005/03/08).

제6장 | 태국의 선거과정과 민주주의: 2005년 하원의원선거를 중심으로*

이동윤

Ⅰ. 문제제기

현대 정치과정에 있어서 선거는 민주주의를 구현하기 위한 최소한의 제도적 상치로서 국민이 정지에 참여하는 가장 기본적인 행위이자 수권을 행사하는 가장 구체적인 방법이다. 대의민주주의를 기반으로 하는 현대 국가에서 국민은 정기적인 선거를 통해 그들의 대표를 선출하며, 정당과 공직후보들의 정책 대안을 선택한다. 선거는 국민의 정치적 욕구를 집약하여 국가정책에 반영하는 정치과정의 중요한 구성요소일 뿐만 아니라 정부에 대한 국민의 평가를 통해 정치권력의 새로운 충원과 교체를 가져온다는 측면에서 민주정치의 본질이라고 말할 수 있다.

한편 지난 2005년 2월 6일 태국에서 실시된 제23차 하원의원선거에서는 총 25개 정당이 선거에 참여하여 여당인 태국애국당(Thai Rak Thai Party)이 전체

---

*이 논문은 『동남아시아연구』 제15권 2호(2005. 8)에 "태국 선거과정의 변화와 지속성: 2005년 하원의원선거를 중심으로"라는 제목으로 게재된 것을 수정 · 보완한 것이다.

500석의 의석 중 지역구 의석 310석과 정당명부 의석 67석 등 377석을 획득하여 압도적인 승리를 거두고 제1당이 되었으며, 야당인 민주당(Democrat Party)은 지역구 의석 70석과 정당명부 의석 26석 등 총 96석을 차지하여 제2당이, 태국국가당(Chart Thai Party)은 지역구 의석 18석과 정당명부 의석 7석 등 총 25석을 얻게 되어 제3당이 되었다. 당초 신생정당으로 주목을 받았던 대중당(Mahachon Party)은 지역구 의석 2석만을 획득하여 아넥(Anek Laothamatas) 총재와 싸난(Sanan Kachomprasart) 고문마저 낙선한 군소정당으로 전락하였으며, 기타 정당들은 의석 획득에 실패하여 원외정당으로 사라지게 되었다. 이에 따라 태국 역사상 처음으로 태국애국당은 단독으로 정부 내각을 구성하여 탁씬(Thaksin Shinawatra) 총리의 제2기 정부를 출범시키게 되었다.1)

사실상 이번 선거는 지난 2001년 1월 하원의원선거에서 태국 정치사상 유례없는 압도적 지지를 획득하여 출범한 탁씬 총리와 태국애국당의 제2집권을 위한 새로운 도전이었다는 점에서 그 정치적 의미가 큰 선거였다. 특히 탁씬 정부와 태국애국당은 선거 이전부터 이번 선거를 통해 400석 이상의 의석을 확보하여 확고한 일당지배체제를 형성하고, 향후 20년 동안 통치를 계속하겠다고 공언한 바 있다(*BP* 2003/04/28: *The Nation* 2003/10/11). 이에 따라 이번 선거결과는 탁씬 총리의 강력한 리더십과 통치 스타일에 기인하는 야당과 언론, 일부 시민단체들의 비판과 탁씬 정부의 집권 1기에 대한 국민적 평가가 그대로 반영된 것이라고 평가할 수 있다.2) 다른 한편으로 지난 2004년 1월부터 확산된 남부 이슬람지역의

1) 2001년 하원의원선거 이후 태국애국당과 탁씬 정부는 정의자유당(Seritham Party)과의 합당에 뒤이어 새희망당(New Aspiration Party)과 통합한 이후, 국가개발당(Chart Pattana party), 태국국가당 등과도 연립함으로써 의회 내에서 70% 이상의 의석을 확보한 바 있다(Thitinan 2003, 279; Mutebi 2003, 102). 이후 국가개발당, 태국국가당 등은 태국애국당과의 내부 알력과 공직 배분에 대한 불만 등으로 연립정부를 탈퇴하여 다시 야당의 길을 걷게 되었다.

2) 탁씬 총리와 태국애국당에 대한 비판은 정부가 정치적으로 탁씬 총리 개인의 권위주의적 리더십을 중심으로 운영되고 있다는 '탁씬화'(Thaksinization) 혹은 '민주적 권위주의'(democratic authoritarianism)에 대한

폭력 사태와 탁씬 정부의 강경진압, 그리고 2004년 12월 말 남부 해안지역의 지진해일(Tsunami) 피해에 따라 다각적으로 변화하고 있는 남부 지역주의의 향방도 이번 선거를 통하여 표출되었다.[3] 선거 이전부터 민주당에 대한 지지냐 혹은 새로운 대안 창출이냐를 놓고 고심하던 남부지역 유권자들의 민심은 이번 선거과정에서 또 다른 관심거리를 제공하기에 충분한 것이었다.

그렇다면 2005년 2월 실시된 태국의 제23차 하원의원선거는 어떤 양상으로 전개되었으며, 어떤 결과를 초래하였는가? 이번 선거를 통하여 태국의 선거과정은 어떤 변화와 지속성을 표출하였으며, 이것은 태국의 민주주의 발전 및 공고화와 어떤 상관관계가 있는가? 이러한 의문점들에 기초하여 본 연구는 태국의 선거과정과 관련된 기존 연구들을 포괄적으로 검토함으로써 그 주요한 특징들을 고찰하고, 2005년 2월 6일 실시된 태국의 하원의원선거를 중심으로 태국의 선거과정에서 나타난 다차원적인 변화와 지속성 요인들을 심층적으로 분석하고자 한다. 특히 본 연구는 태국의 2005년 선거과정을 제도적 수준, 정당 및 후보자 수준, 유권자 수준 등으로 나누어 선거과정의 제반 특징들을 분석함으로써 태국의 선거과정과 민주주의 문제를 포괄적으로 점검하고자 한다.

논쟁(Chookiat 2004, 257-66; McCargo *et al.* 2005; Thitinan 2003, 277-90)과 국가관리 방식으로서 탁씬 총리의 최고경영자(CEO: Chief Executive Officer) 스타일 자체가 국가정책을 사유화시키고 있다는 우려(Bidhya 2004, 7-36), 그리고 경제 부문에 있어서 국가 중심적 개발주의와 대중영합주의를 표방하는 이른바 '탁씨노믹스'(Thaksinomics)에 대한 비판(Pran 2003; Pasuk *et al.* 2004, 99-103; Baker 2005, 107-37) 등으로 나누어 살펴볼 수 있다.

3) 2004년 1월부터 확산된 남부 무슬림 지역에서의 분리 · 독립운동 움직임과 연쇄적인 폭력 사태, 그리고 이에 대한 탁씬 정부의 강경진압은 2004년 10월 발생한 이른바 '딱바이'(Tak Bai) 사건을 기점으로 탁씬 정부의 권위주의적 통치 행태와 인권 문제에 대한 새로운 논란을 가중시켰으며, 2004년 12월 말 발생한 남부 해안지역의 지진해일 피해 또한 선거과정에서 남부지역 유권자들의 민심을 가늠하기 어려운 상황을 초래하였다.

Ⅱ. 기존 논의의 검토: 태국의 선거와 민주주의

흔히 '민주주의'는 다원적 정의가 가능하지만, 통상 "일반 시민들에 의해 통치자가 그들의 통치활동을 수행할 수 있는 정당성을 부여받고, 자유롭고 공정한 선거를 통해 선출된 시민들의 대표가 경쟁과 협력을 통해 정치활동을 수행하는 통치체제"(Schmitter *et al.* 1993, 40)를 의미한다. 달(Dahl 1971, 3-7)은 그의 '다두제'(polyarchy) 개념을 통하여 '민주주의'의 핵심은 "모든 정부 공직을 획득함에 있어서 폭력의 사용을 배제하되 정해진 규칙에 따라 이루어지는 개인 또는 조직화된 집단들 사이의 의미 있고 광범위한 경쟁이 보장되고, 지도자와 정책을 선택함에 있어서 최소한의 규칙적이고 공정한 선거를 통해 주요한 사회집단이 배제되지 않을 만큼 포괄적인 수준에서의 정치참여가 이루어지고, 이러한 요소들이 충분하게 표현되고 조직화될 수 있는 정치적 · 시민적 자유가 제약받지 않는 상태"라고 논의한 바 있다.

그러나 한 국가의 정치체제가 권위주의로부터 민주주의로 이행되는 민주화 과정을 겪었다고 하더라도 그 국가의 정치제도나 과정이 자동적으로 민주적인 법 · 질서를 회복하고 제도화되는 것은 아니다. 오히려 민주화가 추진되어 새롭게 형성된 정치체제가 안정적으로 정착되지 못하고 불안을 유발하게 된다면, 이것은 다시금 권위주의체제로 회귀될 수도 있다. 따라서 민주화를 통해 수립된 새로운 민주주의체제가 공고화되기 위해서는 "새롭게 형성된 민주주의가 오래도록 지속되어야 하며, 권위주의체제로의 회귀나 민주주의를 거스르려는 흐름이 방지되어야 한다"(Schedler 1998, 91). 특히 새로운 민주주의체제가 오래도록 지속되기 위해서는 민주적 정치제도와 과정이 경쟁적이면서도 안정적으로 유지되는 제도화과정을 필요로 하며, 이것은 필연적으로 선거나 정당정치의 본원적인 기능과 연계되어 고려될 수 있다(Linz *et al.* 1996, 65).

일반적으로 선거과정에서 표출되는 선거제도와 선거행태, 정당 및 후보자, 유권자 등 선거행위자들의 제반 행동과 역학관계, 선거문화 등은 한 국가의 민주주의 수준을 평가하는 좋은 지표로 활용될 수 있다. 한 국가의 선거과정을 평가함에 있어서 제반 특징들을 파악하고 그 문제점을 분석하는 방법으로는 다양한 기준과 접근방법이 고려될 수 있는데, 제도론적(institutional) 시각에서 선거제도 및 정당체계 등 선거과정의 제도적 환경과 구조에 대한 심층적인 분석이 이루어지기도 하며, 행태론적(behavioral) 시각에서 정당 및 후보자, 유권자들의 선거행태에 대한 다차원적인 연구가 진행되기도 한다. 또한 선거 연구는 인지심리학적(cognitive-psychological) 차원에서 유권자들의 정치의식이나 투표요인 등에 대한 통계적 분석이 이루어지기도 하며, 선거과정에서 각 행위자들 사이의 다양한 역학관계와 선거결과의 특징에 대한 경험적 고찰이 이루어지기도 한다.

그러나 한 국가의 선거과정을 보다 포괄적인 차원에서 분석하고 그 특징을 파악하기 위해서는 선거의 구조적 환경요인을 가늠하는 제도적 수준, 선거의 행위주체들을 분석하는 정당 및 후보자 수준과 유권자 수준, 그리고 선거결과를 통하여 나타나는 제반 특징들이 종합적으로 고찰되어야 할 것이다. 선거의 구조적 환경을 조성하는 선거제도와 정치구조, 선거과정에서 전개되는 각 정당 및 후보자들의 선거운동 방식과 이에 따른 상호 역학관계, 그리고 유권자들의 정치의식 수준과 투표행태 등은 선거결과에 직 · 간접적인 영향을 미치는 중요한 변수이며, 선거결과를 통해 나타나는 제반 특징들은 한 국가의 선거과정 수준을 나타내는 종합적인 결과이기도 하다.

우선 한 국가의 선거제도와 환경은 선거과정과 그 결과에 영향을 미치는 구조적 요인으로 작용하게 된다(Farrell 1997; Katz 1980). 선거제도는 정치권력의 정당성을 보장해 주는 가장 기본적인 구성요소일 뿐만 아니라 선거과정에서 공정성과 경쟁성을 판가름해 주는 중요한 환경을 조성한다. 정당체계나 입법구조, 행정체계 또한 선거제도와 밀접하게 연계되어 선거과정과 결과에 직 · 간접적인 영향을 미칠 수 있다. 선거제도의 제반 특징들은 선거과정 및 결과와 연계되어 불가분의 필요 · 충분조건을 형성하고 있으며, 선거업무를 담당하는 선거위원회의 권한 및 기능 또한 선거의 공정성과 경쟁성을 보장하는 중요한 구성요인으로 간주될 수 있다.

표 1 태국의 역대 하원의원선거 현황

차수	선거방식	선거일	의석수	투표율 (%)
1	간접 (임명+간선)	1933. 11. 15	78	41.5
2	소선 (단순다수)	1937. 11. 7	91	40.2
3	소선 (단순다수)	1938. 11. 12	91	35.1
4	소선 (단순다수)	1946. 1. 6	96	32.5
5	소선 (단순다수)	1946. 8. 5	82	34.9
6	중선 (인구 기준)	1948. 1. 29	99	29.5
7	중선 (인구 기준)	1949. 6. 5	21	24.7
8	중선 (인구 기준)	1952. 2. 26	124	39.0
9	중선 (인구 기준)	1957. 2. 26	160	57.5
10	중선 (인구 기준)	1957. 12. 15	160	44.1
11	중선 (인구 기준)	1969. 2. 10	219	49.2
12	혼합 (소선+중선)	1975. 1. 26	269	47.2
13	혼합 (소선+중선)	1976. 4. 4	279	44.0
14	혼합 (소선+중선)	1979. 4. 22	301	43.9
15	혼합 (소선+중선)	1983. 4. 18	324	50.8
16	혼합 (소선+중선)	1986. 2. 27	347	61.4
17	혼합 (소선+중선)	1988. 2. 24	357	63.6
18	혼합 (소선+중선)	1992. 3. 22	360	59.4
19	혼합 (소선+중선)	1992. 9. 13	360	61.6
20	혼합 (소선+중선)	1995. 7. 2	391	62.0
21	혼합 (소선+중선)	1996. 11. 17	393	62.4
22	혼합 (소선+정당명부)	2001. 1. 6	500	69.9
23	혼합 (소선+정당명부)	2005. 2. 6	500	72.5

태국의 선거제도는 **표 1**에서 보는 바와 같이 1932년 궁정쿠데타로 입헌군주제를 채택한 군부 및 관료세력이 1933년 11월 15일 최초의 의회선거를 실시함으로써 도입되었다. 그러나 이 당시 선거제도는 전체 156명의 의원들 중 절반인 78명을 국왕이 임명하고, 나머지 절반인 78명도 간접선거로 선출하는 비민주적 방식으로 진행되었다(Bajunid 1989, 2). 이후 1937년 제2차 의회선거부터 직접선거 방식이 도입되었으나, 이 시기의 선거과정 역시 국민들의 의사를 대변할 수 있는 마땅한 정당이나 정당체계가 형성되어 있지 못한 가운데 소속 정당이 없는 후보들이 개인적인 자격으로 선거에 출마하는 등 체계적이고 제대로 된 선거·정당정치가 이루어지지 못하였다. 1946년 의회선거부터 정당 설립이 보장됨으로써 태국의 선거과정은 보다 경쟁적인 선거체계를 확립할 수 있었으나, 1932년 이래 17 차례에 걸쳐 발생된 연이은 군부쿠데타는 '태국 정치의 악순환'(vicious cycle of Thai politics)을 초래함으로써 선거제도는 단지 쿠데타 세력이나 군부정권의 절차적 정당성을 확보해 주는 제도적인 장치로 오용되었을 뿐이다(Chai-anan 1982, 1-2). 물론 1973년부터 1976년 사이 제1차 민주화 시기와 1980년내 쁘렘(Prem Tinsulanonda) 정권의 준민주주의(semi-democracy) 시기를 거치면서 태국의 선거과정은 점진적으로 민주적인 선거체계를 확립하게 되었으나, 보다 자유롭고 경쟁적인 선거제도가 보장된 것은 1992년 제2차 민주화 이후부터이다.

특히 선거제도와 관련하여 1997년 10월 개정된 신 헌법은 태국 역사상 가장 민주적인 헌법으로 평가되고 있는데(Paichart *et al.* 1997, 1), 이 헌법은 그 동안 임명제로 운영되었던 상원의원의 직선제 선출을 규정하고, 하원의원의 경우에도 소선거구제에 의한 지역구 대표의원 400명과 정당명부에 의한 비례대표의원 100명을 선출하되 정당명부제의 경우 전체 유권자의 5% 이상 득표를 획득한 정당들만 의석을 할당받을 수 있도록 규정함으로써 정당정치의 강화를 추진하였다. 또한 1997년 헌법은 독립된 선거위원회(ECT: Election Commission of Thailand)의 설치를 보장하고 그 권한과 기능을 강화하는 조항들을 신설함으로써 선거과정의 경쟁성과 공정성을 확충시켰으며, 1998년에는 선거법 및 정당법 개정이 이루어져 정당의 자격요건이 강화되고 정당의 선거자금 및 선거운동에 대한 세부규정이 보강되는 등 보다 민주적인 선거제도의 기틀을 마련하였다(Callahan 2000, 165; 윤진표 2001, 93; 이동윤 2003b, 279).

한편 선거행위자로서 정당 및 공직 후보자들에 관한 기존 연구는 선거제도와 정당체계 사이에 밀접한 연관관계가 있으며, 이들은 선거과정과 결과에도 직·간접적인 영향을 미치는 것으로 논의되고 있다(Rae 1971; Katz 1980). 실증적으로 미국이나 영국 등 양당제에 입각한 정당체계보다 다당제를 형성하고 있는 정당체계에서 선거과정은 보다 경쟁적일 수밖에 없으며, 이념과 정강정책이 뚜렷하게 구분되는 다당제 국가보다 뚜렷한 정책이나 이념적 차이 없이 군소정당들이 난립하는 다당제 국가에서 선거과정과 운동이 보다 치열하게 전개되고 있다. 선거운동 방식은 각 국가들의 제도적 차이와 문화적 특수성에 기인하여 보편적으로 일반화될 수는 없으나, 각 국가의 정치구조와 정치문화에 따라 그 전개방식과 양상이 다양하게 표출된다.

태국의 선거과정에서 정당 및 후보자들의 선거운동 방식 및 선거행태 등과 관련하여 가장 큰 특징으로 지적되고 있는 것은 엄청난 선거비용과 매표(vote buying) 행위를 기반으로 하는 금권·부정선거 현상이다(Sombat 1993, 13-6; Arghiros 1995; Callahan *et al.* 1996, 376-92; Ockey 2003, 671-2). 1970년대 초반부터 일부 경제적으로 빈곤한 지방들을 중심으로 나타나기 시작한 매표행위는 1980년대부터 정당과 후보자들의 선거 승리를 위한 최고의 선거운동 전략으로 일반화되었으며, 특히 1992년 민주화 이후 보다 경쟁적인 선거체계가 형성됨으로써 광범위하게 확산되는 경향마저 나타내고 있다(King 1992, 1109-23; Arghiros 1995, 13; Murry 1996b, 368-90; Nelson 1998, ch 5). 주로 경제적으로 낙후한 북부 산간지역이나 동북부지역에서 나타나고 있는 매표행위는 후원자-추종자 관계(patron-client relation)를 중심으로 한 태국의 정치문화와 다당제를 기반으로 한 정치지도자 중심의 복잡한 정당체계 및 구조적 특성, 그리고 태국 지방주민들의 빈곤 문제와 밀접한 관련이 있는 것으로 분석되고 있으며, 선거과정에서 금권 · 타락선거를 촉발시키는 주요한 원인으로 작용하고 있다(Anusorn 1999, 12).

선거과정의 또 다른 행위자로서 유권자 수준에 대한 연구는 한 국가의 선거과정 수준을 평가하는 중요한 기준으로 활용될 수 있다. 선거과정에서 나타나는 유권자들의 선거관심도와 투표참여율은 국민들의 정치의식 수준을 측정할 수 있는 좋은 지표이며, 유권자들의 투표행태 또한 선거과정의 합리성을 평가할 수 있는 기준으로 활용될 수 있다(Norris 2004). 일반적으로 한 국가의 선거 수준은 유권자들의 선거관심도와 투표참여율이 높게 나타날수록 그 수준이 높은 것으로 평가할 수 있으며, 유권자들의 투표행태가 인물 중심적 투표행태보다 정당 · 정책 중심적 투표행태를 많이 표출할수록 선거과정이 보다 합리적인 것으로 평가되고 있다(Harrop *et al.* 1987, 145-57). 유권자들의 투표행태는 그 국가의 정당체계 수준과도 깊은 관련이 있어서 뚜렷한 정책적 · 이념적 차이를 나타내는 정당들의 정당체계가 보다 안정적으로 정착될수록 유권자들의 정당 · 정책 중심적 투표행태가 심화되어 나타나고 있다.

태국의 유권자 수준을 통하여 나타나는 선거과정의 또 다른 특징은 유권자들의 낮은 투표율과 정치적 무관심, 그리고 전통적인 후원자-추종자 관계를 중심으로 한 유권자들의 인물 중심적 투표행태이다(Suchit 1988, 56-7; Bajunid 1989, 20; 이병도 2000, 273). 2001년 1월 실시된 제22차 하원의원선거 이전까지 역대 선거과정에서 태국 유권자들의 투표참여율은 앞의 **표 1**에서 보는 바와 같이 60% 내외를 크게 넘지 못하였는데, 이것은 태국의 정치문화가 정치적 겸양을 미덕으로 하고 그 동안 지속된 군부쿠데타와 정치적 불안이 선거를 통한 민의의 수렴을 제대로 보장하지 못함으로써 유권자들을 정치적으로 무관심하게 만들었기 때문인 것으로 평가되고 있다. 일반적으로 태국의 투표참여율은 도시보다 지방의 투표참여율이 상대적으로 높은 것으로 나타나고 있으며, 이것은 후원자-추종자 관계와 매표행위를 통한 유권자들의 선거동원이 도시보다 지방에서 보다 빈번하게 이루어지기 때문이기도 하다(Suchit 1996a, 82).

이와 더불어 태국 유권자들의 투표행태는 정당의 이념이나 정책보다 후보자 개인의 인물됨을 중심으로 한 투표행태를 나타내고 있다. 대중적 지지기반이 빈약하고 뚜렷한 이념 및 정강정책이 취약한 정당체계와 유권자들의 낮은 정치의식 등은 태국 유권자들의 투표행태를 정책 · 정당이 아닌 인물 중심적 투표행태로 발전시켰다(Kanok 1993, 62-3; 이병도 2000, 267). 사실상 태국의 정당체계는 대중적 지지기반이나 사회적 욕구에 의해 형성되었다기보다는 집권자나 정치지도자들의 정치적 이해관계에 따른 외생적 설립과정을 거쳤으며, 이념과 정책을 중심으로 한 대중정당이기보다는 후원자-추종자 관계와 각종 수혜를 기반으로 한 정치엘리트 중심의 파벌집단을 형성하여 왔다. 각 정당의 정치지도자는 자신의 추종자들에게 후보 공천이나 정치자금, 공직 보장 등과 같은 경제적 이익과 정치적 혜택을 제공함으로써 정당을 유지하였으며, 선거에 임하는 정치인과 후보자들 또한 기부 및 매표행위와 사회 · 경제적 후원 등 편법적인 방법들을 동원하여 유권자들의 지지를 유도하였다(Suchit 1988, 67-72; Kanok 1993, 134; Murashima 1987, 363-84; Suchit 1996b, 191-5; 윤진표 2001, 123-7). 이에 따라 태국 유권자들은 각 정당과 후보자들의 정당 이념이나 정책에 관심을 갖기보다는 금품 제공이나 선거 이후의 보상을 전제로 한 인물 중심적 투표행태를 표출하여 왔다.

최근 태국의 선거결과를 통하여 나타나고 있는 새로운 특징 중 하나는 유권자들의 지역주의 성향이다(Supannee 1986; Surin 1992, 45-6; Murry 1996a, 118, 251-2; Suchit 1996a, 85-91; King *et al.* 1996, 112-3; Surin *et al.* 1997, 144-5). 특히 지난 1992년 민주화 이후 급격하게 확산된 태국 정당의 지역화 현상은 시간이 지남에 따라 특정 지역 유권자들이 특정 정당을 지지하는 지역주의 양상으로 발전함으로써 정치 · 사회적 문제점을 양산해낼 수 있다는 우려를 사고 있다. 물론 그 이전의 선거과정에서도 특정 지역에서 일부 정당들의 강세 현상이 없었던 것은 아니지만

(Bajunid 1989, 83), 이러한 현상은 선거과정의 경쟁성이 강화된 1992년 9월 선거 이후부터 보다 심화되어 나타나고 있는 추세이다. 정당의 지역화 현상은 유권자들의 정당일체감과 충성심을 증진시켜 줄 수 있다는 측면에서 긍정적인 효과가 있으나, 문제는 각 정당들 사이의 정치적 이념이나 특별한 정책적 차이가 없는 상태에서 지역주의 감정에 치우친 지역정당의 출현이 정치과정의 혼란과 지역 이기주의를 유발시켜 부정적인 결과를 초래할 수도 있다는 점이다(Sombat 2000, 69). 따라서 태국 남부지역 등 일부 지역에서 나타나고 있는 지역주의 및 정당의 지역화 현상은 태국의 정치발전을 저해할 수 있는 또 다른 요인으로 작용할 가능성이 있다(이동윤 2003a).

이에 따라 본 연구에서는 앞서 제기된 선거과정의 세 가지 분석 수준과 더불어 2005년 2월 태국 하원의원선거에서 나타난 제반 특징들을 포괄적으로 고찰함으로써 기존 논의에서 지적되고 있는 태국 선거과정의 문제점들이 어떻게 지속되고 변화되었는가를 심층적으로 분석하고자 한다. 사실상 태국의 선거과정을 분석한 기존 연구들은 그 동안 긍정적인 측면들보다 부정적인 측면들을 많이 강조하여 왔다. 그럼에도 불구하고 태국의 선거과정은 1992년 민주화를 기점으로 점진적인 개선과 변화의 조짐들이 나타나고 있는 바, 본 연구는 2005년 2월 실시된 태국 하원의원선거의 전개과정과 선거결과를 제도적 수준과 정당 및 후보자 수준, 유권자 수준 등으로 구분하여 분석하고, 그 결과를 기존 논의들에서 지적된 문제점들과 비교 · 검토함으로써 태국의 선거과정이 어떤 변화와 지속성을 나타내었는가를 경험적으로 점검하고자 한다.

Ⅲ. 2005년 태국 하원의원선거의 전개과정

선거과정의 제도적 수준에서 2005년 2월 6일 실시된 태국의 제23차 하원의원선거는 지난 1997년 개정된 신 헌법과 1998년 개정된 선거법 및 정당법에 의해 치러진 두 번째 하원의원선거이다. 선거제도의 기본적인 골격이 많이 변화되어 선거 준비 및 홍보에 어려움을 겪었던 2001년 선거와 달리 이번 선거는 비교적 안정적인 분위기 속에서 선거 준비가 진행되었으며, 선거제도에 대한 국민들의 이해도 또한 비교적 높은 수준이었다. 2001년 선거와 같이 이번 선거는 소선거구 단순다수제에 입각하여 총 400개의 선거구에서 각각 1명의 하원의원을 선출하고, 정당명부제 투표를 통해 최소 5% 진입장벽을 통과한 정당들이 득표율 비례에 따라 100석의 의석을 나누어 갖는 '1인 2투표제'가 시행되었다. 유권자들의 투표참여를 독려하기 위해 의무투표제가 그대로 유지되었으며, 정당 및 후보자들의 선거비용과 선거운동에 대한 제한이 보다 세부적인 사항까지 규정되었다.[4)]

선거비용 및 선거운동의 제한과 관련하여 선거위원회는 의회 의결을 거쳐 이번 선거부터 선거일 60일 이전부터 개인과 공공기관, 사찰 등에 대한 각종 기부행위를 금지시켰으며, T셔츠 및 모자 제공, 그리고 선거결과와 관련된 보상 언급도 금지시켰다(*BP* 2004/10/07). 이번 선거에서 선거비용 제한은 최초 100만 밧(baht)으로 상한선이 규정되었으나, 공식적인 선거운동이 진행됨에 따라 그 제

---

4) 선거비용 제한은 1979년 선거법부터 적용되어 후보자의 선거운동을 위해 소요되는 금전, 물품 등 재산상의 가치가 있는 것으로 인정되는 모든 비용의 지출명세서를 증빙서류를 첨부하여 도지사에게 제출하도록 되어 있다. 특히 1998년 개정된 선거법은 선거비용 지출에 대해 과거 선거법의 일부 조항을 개정하여 선거비용의 규제 및 조사 범위를 보다 확대하였으며, 정당간 협의에 의해 선거위원회가 중심이 되어 선거비용의 제한 및 조사활동을 펼치도록 규정하고 있다(Chaiwat 2000, 26-7; 이병도 2004, 68).

한선은 150만 밧으로 상향 조정되었다.[5] 이에 대하여 야당들은 선거비용 제한선의 상향 조정은 선거자금이 풍부한 거대정당에게만 유리할 뿐이며, 100만 밧으로도 선거운동이 충분하다고 주장하였으나, 선거위원회는 물가 인상 등을 이유로 150만 밧 제한선을 확정지었다(*BP* 2005/01/20). 그 밖에도 각 정당 후보들의 선거위원회 등록 이전에 그들의 후원자들에 의해 전개되었던 지지 퍼레이드나 공연이 불법으로 규정되었으며(*BP* 2005/01/07), 디지털 카메라나 카메라 폰을 이용한 매표 · 부정행위를 방지하기 위해 투표소 내에서 이것들의 사용을 금지시켰다(*The Nation* 2005/02/05). 또한 지난 2001년 선거의 경우 선거에 참여한 총 43개 정당들 중 11개 정당이 단지 1명의 후보만을 정당명부 후보로 등록시킨 점을 고려하여 강제규정은 아니나 협조사항으로 정당명부를 등록하는 모든 정당들은 최소 5명 이상의 정당명부 후보명단을 제출하도록 요구하였다(*BP* 2005/01/06).

다른 한편으로 선거위원회는 지난 2004년 방콕 시장선거 이후부터 출구조사 결과의 선거종료 이전 발표를 선거법으로 금지시킨 바 있다(*KT* 2004/08/30). 즉, 공식적인 선거운동 기간 동안 여론조사 결과의 발표는 자유롭게 허용되나, 출구조사의 경우 전국 모든 투표소의 투표함 봉인 이전까지 그 결과를 먼저 발표할 수 없다는 것이다. 이것은 출구조사의 사전 발표가 선거진행 및 선거결과에 영향을 미칠 수 있다는 판단에 의한 것으로, 이에 대해 언론과 일부 학자들은 출구조사의 발표 금지가 법적으로 표현의 자유와 정보의 자유를 저해할 수 있다는 이유를 들어 금지 규정을 철회해 줄 것을 요구하였다(*BP* 2005/01/06). 실질적으로 선거위원회의 이러한 조치에 대한 국민들의 반응은 찬반 양론으로 분화되어 쉽게 결론을 내리기 어려웠으며, 이에 따라 출구조사 결과의 선거종료 이전 발표

5) 참고로 지난 2001년 하원의원선거의 선거비용 제한은 각 선거구에 따라 150만 밧, 170만 밧, 200만 밧으로 차등 규제하는 방식이었다(이동윤 2001, 293). 선거위원회는 지난 선거에서 각 선거구의 선거비용 지출신고가 선거비용 제한선의 60% 정도였음을 감안하여 이번 선거에서는 전체 100만 밧을 선거비용 제한선으로 제시한 바 있다.

금지는 법적으로 효력을 유지하게 되었다(*The Nation* 2005/01/30).

선거일 결정과 관련하여 최초 선거위원회는 2월 13일을 잠정적인 선거일로 결정하였으나, 정부의 공식적인 임기가 1월 5일로 끝나고 1월 9일이 중국인들의 신년행사인 구정(舊正)인 관계로 금권선거가 우려된다는 주장에 따라 2월 6일이 선거일로 최종 결정되었다(*BP* 2004/12/09).[6] 또한 2004년 12월 26일 지진해일의 피해에 따라 남부 6개 지역에 대한 선거일 연기가 요구되었으나, 선거위원회는 2월 6일까지 선거준비가 가능하다는 판단에 따라 그대로 진행할 것을 결정하였다(*The Nation* 2005/01/04). 이에 따라 1월 7일부터 9일까지 각 정당의 정당명부 후보자 등록이 이루어졌으며, 10일부터 14일 사이 지역구 후보자 등록이 이루어지게 되었다. 또한 1월 29일과 30일 양일 간에는 부재자 투표가 실시되었으며, 각 해외공관별로 해외에 거주하는 국민들의 투표도 진행되었다. 이번 선거의 후보자 등록기간에는 지난 2001년 선거 때와 달리 각 정당들에 의한 퍼레이드나 축제 행사가 사라졌는데, 이것은 선거위원회가 선거등록 이전의 사전 공연과 퍼레이드를 법으로 금지시켰기 때문이다(*BP* 2005/01/08).

한편 이번 선거기간 동안 일부 시민단체와 학자들, 야당 후보자들에 의해 선거위원회의 편파성 논란이 강력하게 제기되기도 하였다. 선거위원회가 선거과정에서 정부와 여당의 정치적 영향력 및 금권선거를 차단하는데 실패하였으며, 언론의 편파적 보도를 적절하게 규제하지 못하여 이른바 '종이호랑이'(paper tiger)로 전락하였다는 비판이 그것이다(*BP* 2005/01/21; 2005/02/03). 실질적으로 1월 29일 실시된 한 여론조사에서 유권자의 59%는 집권 여당이 선거위원회 업무에 영향을 미칠 수 있다고 응답하였으며(*The Nation* 2005/01/30), 다수의 야당 후보자들은 선거위원회가 자신들의 이의 제기나 불법선거운동 신고를 태만하게 처리하였다는

6) 태국의 하원의원선거는 하원의 임기가 종료되는 경우 임기 종료일로부터 45일 이내, 의회 해산의 경우 해산일부터 60일 이내에 선거를 실시하도록 규정되어 있다.

표 2 TV 저녁뉴스 방송의 정당별 빈도수와 시간 (2005년 1월 26일~30일)

	빈도수 (회)	시간 (분)
태국애국당 (TRT)	220 (36.8%)	303:44 (29.9%)
민주당 (DP)	160 (26.8%)	170:15 (16.8%)
태국국가당 (CTP)	102 (17.1%)	133:05 (13.1%)
대중당 (Mahachon)	96 (16.1%)	175.49 (17.3%)
기 타 (Others)	20 (3.3%)	232:20 (22.9%)

출처: *The Nation* 2005/02/02.

불만을 토로하였다.[7] 언론의 편파성 문제와 관련하여 2005년 1월 26일부터 30일까지 채널 3, 5, 7, 9, 그리고 iTV 등 5개 TV 방송사의 저녁뉴스 내용을 분석한 한 조사기관은 **표 2**에서 보는 바와 같이 각 정당들의 선거운동 동정에 대한 보도가 TV 저녁뉴스의 빈도수와 시간 면에서 태국애국당에게 보다 유리하도록 편성되었다는 조사결과와 더불어 유권자들의 약 70% 정도가 TV 방송에 영향을 받고 있고, 유권자들의 45% 정도는 TV 방송이 편파적이라고 느끼고 있다는 사실을 발표하였다(*The Nation* 2005/02/02).[8]

선거위원회는 선거운동 기간 동안 정부 관료들의 선거 중립을 엄중히 경고하였으며, 선거에 출마한 후보자들의 자격 여부를 검증하여 여당과 야당을 불문

7) 이 문제에 대하여 민주당의 선거운동본부 담당자는 "태국의 선거위원회는 비록 1997년 헌법에 의하여 독립성이 보장되어 있기는 하지만, 집권 여당이나 정부로부터 영향을 받지 않는다고 100% 보장할 수 없다. 특히 지방 선거위원회의 경우 매표행위나 금권선거에 대한 적발 및 규제활동이 매우 빈약하며, 실질적으로 부정선거를 적발하기 위해서는 경찰의 도움을 받아야 하나 경찰 역시 정부의 영향을 크게 받고 있다"라고 주장한 바 있다. Buranaj Samutharaks, Kiat Sitheeamorn 면담(면담일: 2005. 2. 2).

8) 이에 대하여 탁씬 총리가 소유한 것으로 알려진 iTV의 선거방송 담당자는 "총리나 장관 등 정부 관료와 관련된 보도를 하다보니 집권 여당인 태국애국당에 대한 보도량이 많은 것은 사실이나, 다른 정당들에 대한 선거운동 보도도 되도록 치우치지 않도록 고려하고 있다. 또한 군소정당의 경우 보도할 내용이 없는 것도 사실이다"라고 언급한 바 있다. iTV 선거방송 담당자 면담(면담일: 2003. 2. 3).

하고 다수의 후보자들에 대해 부적격 판정을 내린 바 있다.[9] 그럼에도 불구하고 내각 관료로서 농업부 차관인 네윈(Newin Chidchob)이 남부지역 쏭클라(Songkhla)를 방문하여 "만약 이 지역에서 태국애국당 후보가 당선된다면, 모든 마을에 각각 10만 밧 씩을 지원할 것"이라고 약속한 사실이 밝혀짐으로써 야당의 강력한 비난과 고소 · 고발이 초래되었으며(*BP* 2005/01/19), 그밖에도 정부 관료나 공무원의 선거개입에 대한 크고 작은 논란이 지속되었다. 선거일이 이후 2월 12일까지 선거위원회에는 297건의 선거 관련 불만과 고발이 접수되었으며, 25일까지 '레드 카드'와 '옐로우 카드' 심사를 마치고 일차로 당선자가 발표된 이후 불법적인 사실이 입증된 선거구에 대해서는 재선거가 실시되었다(*The Nation* 2005/02/12).

정당 및 후보자 수준에서 이번 선거는 총 25개 정당의 정당명부 후보 582명과 지역구 후보 1,707명 등 2,289명의 후보자들이 선거위원회 등록을 마치고 선거경쟁에 참여하였다. 그러나 정당명부제에 따른 후보자명단 100명과 전체 400개 선거구에 과반수 이상의 후보자를 등록시킨 정당은 태국애국당과 민주당, 태국국가당, 대중당 등 일부 정당에 불과하였으며, 정당명부 없이 5명 미만의 지역구 후보만을 등록시킨 정당도 5개 정당이나 되었고, 정당명부 후보 5명만을 등록하고 지역구 후보를 공천하지 않은 정당도 2개나 되었다(*BP* 2005/02/03). 실질적으로 일부 군소정당들은 거대정당이나 유력정당의 공천과정에서 배제된 후보들이 급조하여 정당을 결성한 경우도 있었으며, 거대정당과 유사한 정당 명칭을 내세워 정당명부제를 통한 당선을 꾀하는 정당도 있었다.

그러나 선거과정은 **그림 1**에서 보는 바와 같이 선거운동 기간이 시작되기 전부터 여론조사 결과에 따라 태국애국당의 독주와 압승이 예견되었다. 여론조

---

9) 태국의 경우 하원의원이 되기 위해 대학 졸업 이상의 학력을 지니고 있어야 한다. 이에 따라 선거위원회는 방콕 던무엉(Don Muang) 선거구에서 출마한 태국애국당의 까룬(Karun Hosakul) 후보가 대학 졸업 사실을 허위로 기재하였다는 제보를 접수하고, 조사결과에 따라 대법원 판결을 통해 그의 후보 자격을 박탈하였다(*The Nation* 2005/02/04).

그림 1 제23차 하원의원선거 여론조사 결과 추이(2004년 12월 17일~2005년 2월 4일)

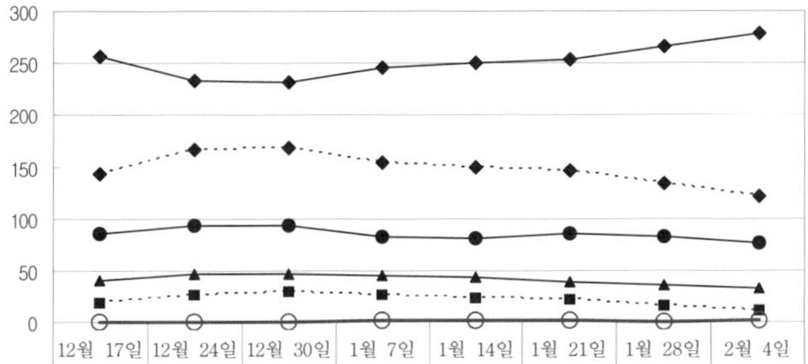

	12월 17일	12월 24일	12월 30일	1월 7일	1월 14일	1월 21일	1월 28일	2월 4일
태국애국당(TRT)	257	233	232	246	251	254	266	279
민주당(DP)	85	94	93	82	81	85	83	76
태국국가당(CTP)	40	47	46	45	43	39	35	32
대중당(Mahachon)	18	26	29	26	24	21	16	11
새희망당(NAP)	0	0	0	1	1	1	0	1
야당합계	143	167	168	154	149	146	134	121

· 출처: *KT* 2005/01/14; 2005/01/31; 2005/02/04.

사에서 태국애국당과 야당들 사이의 지지도는 12월 말까지 조금씩 격차가 좁혀지는 기미를 보였으나, 1월부터 다시 그 격차가 벌어지게 되었다. 이에 따라 각 정당의 선거운동은 태국애국당의 독주에 대한 민주당, 태국국가당, 대중당 등 주요 야당들의 연합과 견제방식으로 진행되었다(*ETI* 2004/01/18). 실질적으로 탁씬 정부와 태국애국당은 2003년 말까지 합당과 정당연립을 추진하여 전체 의석 500석 중 400석에 가까운 의석을 확보하고 강력한 리더십과 지배력을 행사한 바 있으며,[10] 탁씬 총리는 이번 선거에서도 압도적인 승리를 확신하였다. 반면 민주당과 태국국가당 등 주요 야당들은 2003년 4월 추언(Chuan Leekpai) 전 총리가 민주당 총재직을 물러난 것을 필두로 내부 분열과 리더십 교체 등으로 탁씬 총리와 태국애국당의 독주를 견제할 만한 능력과 국민들의 신뢰를 형성하지 못하였다

10) http://www.ect.go.th/thai/mp/numbermp.html(검색일: 2005. 1. 27).

(Chookiat 2004, 259-60; Thitinan 2003, 288). 차기 총리 인물평에서도 탁씬 총리는 이미 2001년 선거결과에 따라 총리직을 수행하면서 강력한 리더십을 통해 국정 운영 능력이 검증된 반면, 최대 야당인 민주당의 반얏(Banyat bantadtan) 총재는 남부를 제외한 다른 지역에서 별다른 호감을 받지 못하고 있는 상태였다.11)

이에 따라 선거운동 기간 동안 야당들이 제기한 가장 큰 이슈는 태국애국당의 일당지배 가능성에 대한 '견제와 균형'의 논리였다. 민주당은 차기 정부에서 태국애국당의 독주와 탁씬 총리의 권위주의적 리더십을 견제하기 위해 최소 201석 이상이 필요하다는 논리를 펼쳤으며, "201석 이상 뽑아주세요"(*luaktang hai theong 201 siyang*)라는 구호와 함께 선거운동을 전개하였다. 태국국가당의 반한(Bahharn Silapa-archa) 총재 역시 "태국국가당이야말로 태국애국당을 견제할 수 있는 유일한 정당이며, 국정의 견제와 균형을 위해 태국국가당에게 투표해 달라"고 호소하였으며(*The Nation* 2005/02/01), 대중당의 아넥 총재는 태국애국당이 북부지역에 기반을 두고 있는 사실에 착안하여 자신 또한 북부 '람빵(Lampang)의 아들'임을 내세워 자신이 총리가 될 수 있도록 지지해 달라고 호소하였다(*BP* 2005/02/02).

그러자 태국애국당은 "일당지배가 무엇이 나쁜가? 태국애국당은 이번 선거에서야말로 말레이시아의 통일말레이민족기구(UMNO: United Malaysian National Organization)와 같이 전국적인 압승을 거두어 강력한 통치력으로 국가경제 발전에

---

11) 실질적으로 민주당의 반얏 총재에 대한 평가는 "국민들로부터 모든 사안에 대하여 너무 느리게 반응한다는 불만을 사고 있으며, 당 내부에서 조차 확고한 지도력을 확보하지 못한 상태"라는 것이 약점으로 지적되었다. 또한 반얏 총재는 "특유의 남부 사투리로 인하여 남부지역 유권자들의 지지율을 높일 수는 있으나, 방콕의 유권자들을 비롯하여 전국적인 지지를 이끌기는 어렵다는 것이 선거전문가들의 평가"라는 것이다. Somsri Hananuntasuk 면담(면담일: 2005. 2. 3); Chaiwat Khamchoo 면담(면담일: 2005. 1. 31). 이에 따라 로얄플라자(Royal Plaza)에서 진행된 민주당의 최종 선거유세에서도 반얏 총재의 연설보다 대중적 인기가 높은 아피씻(Abhisit Vejjajiva) 부총재의 연설이 청중들로부터 더 큰 환호를 받았다. 민주당 로얄플라자 최종 선거유세 참관(참관일: 2005. 2. 4).

이바지할 것이다"라고 선전하였으며(*BP* 2005/01/16), 실질적으로 탁씬 총리를 비롯하여 내각 관료들도 공공연하게 "국가발전을 위해 말레이시아나 싱가포르와 같은 정당체계를 본받아야 한다"고 주장하였다(Thitinan 2003, 288; Ockey 2003, 663-4). 특히 탁씬 총리는 2005년 2월 4일 싸남루엉(Sanam Luang)에서 열린 태국애국당의 최종 선거유세에 참석하여 "야당은 견제와 균형이라는 말을 통해 마치 모든 일당지배가 비민주적인 것으로 선전하고 있으나, 정당한 선거를 통해 집권한 일당지배가 왜 비민주적인가? 태국애국당은 이번 선거에서 완벽한 승리를 거두어 국민들을 위한 강력한 단독정부를 구성할 것이다"라고 공언하였다.[12)]

이번 선거운동 기간 동안 태국애국당과 민주당 사이에 전개된 또 다른 선거 쟁점은 민주당의 쭐린(Julin Laksanavisit) 부총재가 자신의 선거운동 스티커에 국왕과 왕비의 말씀을 인용하여 태국애국당을 비난한 사건이었다.[13)] 이에 대하여 탁씬 총리는 "한편으로 '견제와 균형'을 주장하면서 다른 한편으로 국왕에 대한 충성심까지 선거운동 스티커에 이용하는 민주당의 선거운동이야말로 더러운 속임수(dirty trick)에 불과하며, 이것은 오히려 그들이 국민들의 선택에서 코너에 몰려 있음을 의미하는 것"이라고 비난하였다(*The Nation* 2005/01/29). 이에 대하여 민주당은 "이번 사건이 민주당의 쭐린 후보에 의해 주도된 것이 아니며, 지역 선거구의 인턴십 당원이 독자적으로 추진한 것"이라고 해명하였으며, 왕실의 차이빳타나재단(Chai Pattana Foundation)도 대변인을 통해 왕실의 말씀을 인용하는 것은 상관이 없다는 성명을 발표하였다(*BP* 2005/02/02). 결과적으로 이번 사건은 선거위원회에 의하여 위법이 아닌 것으로 판정되었고, 이에 따라 민주당은 자신

---

12) 태국애국당 싸남루엉 최종 선거유세 참관(참관일: 2005. 2. 4).

13) 배포된 스티커는 모두 2종으로 그 중 하나는 "국왕께서는 '부유한 사람이 더욱 부정을 저지르고, 부패한 사람은 욕을 먹게 될 것이다'라고 말씀하셨다"라고 적혀 있고, 다른 하나에는 "왕비께서는 '가난은 창피한 것이 아니며, 사악함과 협잡이 오히려 혐오스럽고 부끄러운 일이다'라고 말씀하셨다"라는 문구를 적어 태국애국당을 간접적으로 비판하였다(*BP* 2005/01/30).

들의 선거운동을 비난한 탁씬 총리를 명예훼손 혐의로 고소하기도 하였다(*BP* 2005/02/03).

주요 정당의 정책 대결과 선거공약은 지난 2001년 선거와 비교하여 오히려 퇴보된 모습을 보여주었다. 2005년 1월 20일 탐마쌋대학교(Thammasat University) 정치학부와 언론사, 시민단체들의 공동 주최로 추진된 주요 정당지도자 정책토론회는 태국애국당의 불참 통보로 정책 토론회 자체가 무산되었으며, 2월 4일 탐마쌋대학교 정치학부와 선거감시재단(Poll Watch Foundation) 주최로 이루어진 정당 정책토론회 역시 태국애국당 대표가 불참한 가운데 민주당의 아피씻 부총재와 태국국가당의 위라싹(Weerasak Kowsurat), 대중당의 에까폰(Akapol Sorasuchart) 등 각 정당의 정당명부 후보자들이 토론회에 참석하여 정책토론을 펼쳤으나, 정치 · 경제 · 사회 등 각 정당들이 제시한 대부분의 정책공약들은 선언적 의미만 지니고 있을 뿐 청중들로부터 세부적 실천방안이 빈약하다는 평가를 받았다.[14)]

일찍이 민주당은 2004년 4월부터 탁씬 정부의 국정 운영을 비판하고, 기초교육 강화와 농민들의 부채 탕감 및 소득 보장, 연금정책 개혁, 노동 · 고용을 위한 기술교육 강화 등 4대 정당정책을 발표하여 태국애국당과의 정책경쟁을 준비한 바 있다. 그러나 탁씬 총리와 태국애국당은 민주당의 4대 정당정책이 태국애국당의 정책을 모방한 것에 불과하다고 평가 절하함으로써 국민들의 큰 관심을 끌지는 못하였다(*The Nation* 2004/02/03; *BP* 2004/04/26). 선거운동 기간 동안 민주당과 태국국가당, 대중당 등 주요 야당들은 태국애국당의 정책공약이 국가와 국민들의 부채만 증가시킬 뿐이라고 비판하면서도, 이에 대한 야당들 자신의

14) 정책토론회에서 만난 대다수의 청중들은 "각 정당들 사이의 뚜렷한 정책적 차이점을 구분하기 어려우며, 대부분 세부적인 계획이 빈약하고 선언적 의미의 정책에 불과하다"고 논평하였다. 탐마쌋대학교 정당 정책토론회 참관(참관일: 2005. 2. 3).

표 3 2005년 태국 하원의원선거 정당별 정책 공약

정책구분	태국애국당(TRT)	민주당(DP)	태국국가당(CTP)	대중당(MP)
빈민정책	○전문가 · 기술진으로 구성된 "빈곤구제 이동상담소" 운영 ○빈민 대상 재정 지원 및 교육비 제공 확충	○저소득 · 노령자들을 위한 국영 임대주택 운영방법 개선 ○1달 1,000밧 이내에서 무상 보건 · 의료혜택	○국영 임대주택 혜택을 받지 못한 노령자에게 월 500밧 지급 ○빈민의료 · 보건제도를 무상으로 전환 ○국민 부채 해결	○태국애국당의 30밧 "의료지원제도" 폐지 ○빈민 대상 무상 의료제도 추진 ○부채로부터의 해방
지방정책	○지역공동체의 자체 해결 능력과 기회 강화	-	○지역공동체의 공공참여 장려 ○지방행정 강화	○지방 분권화를 위해 권력 분산 및 중앙정부 예산의 35%를 지방으로 이전 ○4개 지방도시에 대도시 행정체계 추진
농촌정책	○"젖소대여제도"를 추진하여 농가수입 증대 ○농가지원금을 규모별로 확대 · 조정 ○농가 우물 개발사업(본인 부담 2,500밧)	○농가의 소득 증대를 위한 4개년 계획 추진(농업기술 지원 및 개선) ○농가부채 제한적 탕감 확대	○농업은행이나 농협을 통한 농가부채 탕감 모색(5만 밧 이하 대출자) ○쌀값을 농민에게 지불	-
교육정책	○졸업 이후 취업까지 대학등록금 연기 ○담배 · 주류세 인상을 통한 대학교 보건제도 개선	○유치원부터 초등학교까지 무상 교육 ○취업과 소득 증대를 위한 직업교육 투자 ○대학 정원의 20% 증원, 국립대학 등록금 50% 인하	○12세 이하 초등교육, 중등교육 무상 제공	○정부 연구소를 이용하여 모든 자녀에게 초등교육, 중등교육 무상 제공
조세정책	○조세 기준 재조정 ○소득세 공제대상 상향 조정	-	-	-
기업정책	○중소기업의 수출장려 방안 모색	-	-	-
기타정책	○장기계획에 따라 1조 밧을 투자하여 방콕 대중교통체계 개선 ○국민들의 안전과 기회 보장	-	○신뢰 회복과 균형사회 수립 ○사회정의 실현 ○부패와의 전쟁 추진 ○마약과의 전쟁 추진	○정책결정에 소수 집단의 참여 장려 ○총리에 대한 의회 불신임제도 발의 기준을 200명에서 100명으로 개정 ○부패 척결 ○새로운 형태의 독재에 반대

· 출처: *The Nation* 2005/02/01; *BP* 2005/02/03; *KT* 2005/02/03.

뚜렷한 정책적 대안과 차별성을 제시하지 못하였다.15) 각 정당들은 태국애국당의 정책공약이 대중영합주의에 불과하다고 비판하였지만, 그들의 정책공약 역시 태국애국당과 마찬가지로 대중영합적인 수준을 크게 벗어나지 못하였으며(*BP* 2005/01/23), 일부 유권자들은 오히려 태국애국당의 보건정책이나 농촌정책 등을 강력하게 지지하는 의사를 표출하기도 하였다.16)

남부 이슬람지역의 폭력 사태를 해결하기 위한 각 정당들의 정책공약은 태국애국당과 야당들 사이의 이견이 존재하여 야당들은 태국애국당의 강경정책을 비판하였으며, 보다 신중한 접근과 근본적인 치유책을 요구하였다. 남부지역에서 강력한 지지기반을 형성하고 있는 민주당의 경우 문제 해결을 위한 정책공약의 제시나 언급에 있어서 매우 신중한 태도를 보였는데, 그것은 태국애국당에 의하여 그들의 입장이 정치적으로 악용될 가능성이 있기 때문이었다.17) 오히려 태국애국당의 경우 남부지역에서 의석수를 늘이기 위해 보다 적극적인 정책공약 제시를 추진하였으며, 이것은 탁씬 총리 및 내각 관료들의 남부지역 방문과 공식적인 정부지원 약속 등을 통해 가시화되었다. 오히려 민주당의 경우 폭력 사태가 유발된 일부 남부지역에서 치안상의 이유로 야간 선거유세가 제약을 받게 됨으로써 그들의 남부 지지기반이 태국애국당에게 잠식당할 가능성이 있다는 강력한 우려를 표명하였으며, 전통적인 가가호호 방문방식을 통해 남부지역 유권자들의 변함없는 지지를 호소하였다.

---

15) 실질적으로 선거운동 기간 동안 만난 거의 대부분의 선거전문가들과 유권자들은 주요 정당들의 정책공약이 허황되거나 실현 불가능한 것이 많다고 비판하였으며, 특히 태국애국당을 싫어하는 선거전문가와 지식인들조차 태국애국당의 정책공약이 그 중 가장 훌륭한 편이라고 논평하였다.

16) 실질적으로 야당들은 태국애국당의 30밧 보건 · 의료제도를 대중영합주의에 불과한 정책이라고 비판하였으나, 톤부리(Thonburi)의 씨리랏병원(Sirirat Hospital)을 찾은 많은 저소득층 환자와 가족들은 "태국애국당의 보건정책 덕분에 그나마 병원 문턱을 밟게 되었다"고 말하고, 야당들이 제시하는 보건 · 의료정책들 또한 태국애국당의 정책과 별다른 차이점 없이 태국애국당의 정책을 모방한 것에 불과하다고 인식하고 있었다. 톤부리 씨리랏병원 환자 및 가족 면담(면담일: 2005. 2. 3).

17) Buranaj Samutharaks, Kiat Sitheeamorn 면담(면담일: 2005. 2. 2).

이번 선거과정에서 각 정당들은 자신들의 정책적 허점과 잘잘못이 그대로 들어나는 정책토론회나 논쟁보다는 선거유세를 통하여 직접적으로 유권자들에게 호소하는 선거운동 방식을 선호하였다(*The Nation* 2005/01/29). 실질적으로 2001년 선거 당시 태국애국당은 지방 선거유세에서 대중들에게 자신들의 정책공약을 직접적으로 호소하는 방법을 통하여 선거에 승리할 수 있었다. 심각한 정책 논쟁보다는 지방 주민들이 이해하기 쉬운 대중영합적 정책들을 선전하는 태국애국당의 선거전략은 태국의 선거운동에 있어서 새로운 것이어서 비록 지식인들과 언론의 비판에도 불구하고 선거과정에서 많은 효과를 본 것이 사실이다(Pasuk *et al.* 2004, 8). 이에 따라 이번 선거과정에서는 여당과 야당을 불문하고 대다수 정당들이 심각한 정책 논쟁을 피하고 대중적 인지도가 높은 정당지도자나 유명 후보자들을 중심으로 유권자들의 감성에 호소하는 선거운동을 전개하였다. 이른바 '대중영합주의 전투'(populist battle)로 명명된 이번 선거기간 동안 각 정당들은 뚜렷한 정책공약을 제시하지 못하였으며, 선거운동 기간 내내 유권자들을 현혹시키는 자극적인 문구와 구호로 선거운동을 일관하였다(*BP* 2005/02/03).

이러한 선거운동 방식은 각 정당의 선거전략에도 커다란 영향을 미쳐 주로 네거티브 선거전략이 주종을 이루게 되었다. 각 정당과 후보자들은 자기 정당의 정책공약을 선전하기보다는 타 정당의 실책이나 정책공약을 비판하는데 열중하였으며, 특히 일반 유권자들의 냉담한 반응과 달리 선거운동 기간이 막바지에 도달하면서 정당간 경쟁이 치열해져 선거법 위반이나 인신공격에 따른 명예훼손 등에 대한 고소 · 고발사건이 증가하였다(*BP* 2005/01/27; *The Nation* 2005/01/29). 과거 선거와 달리 선거법에 의한 선거비용 규제와 불법 선거운동에 대한 적발이 강화됨에 따라 선거운동 기간 동안 두드러진 매표행위와 금권선거 사례들이 적발되지는 않았으나, 지방 유력자나 선거운동원을 동원하여 직장 단위 혹은 마을(*tambon*) 단위 유권자들의 표를 단체로 매표하는 새로운 방식이 보고되기도 하였다.[18] 또한 디지털 카메라나 핸드폰을 이용한 첨단 선거운동 방식도 등장하여 법적 규제에도 불구하고 유권자들에게 정당 및 후보자 지지를 호소하는 핸드폰 문자 메시지 전송이 확산되었으며, 유권자들의 매표 결과를 확인하기 위해 카메라 폰이나 디지털 카메라가 이용된다는 기사가 보도되기도 하였다(*BP* 2005/01/14; *The Nation* 2005/01/31).

유권자 수준에서 2005년 하원의원선거는 전체 유권자의 72.5%가 투표에 참여함으로써 역대 선거들 중 가장 높은 투표율을 기록하였다. 방콕 등 대도시보다 중소도시와 농촌지역의 투표율이 높았던 것으로 나타났으며,[19] 특히 지진해일의 피해를 입은 남부지역의 투표율이 가장 높게 나타났다(*BP* 2005/02/09). 이러한 투표율 결과는 선거운동 기간 동안 외형상 비교적 냉담한 반응과 달리 태국애국당의 독주에 대한 야당들의 '견제와 균형' 논리가 어느 정도 유권자들의 높은 관심을 끌었기 때문이며, 다른 한편으로 지방과 농촌지역에서 정당 및 후보자들에 의한 유권자들의 조직적 동원이 아직도 지속되었기 때문인 것으로 평가되고 있다. 실질적으로 산간 · 도서지역 등 지방 곳곳에서는 투표소로의 이동에 있어서 편의를 도모하기 위해 정당과 후보자들이 제공하는 픽업트럭이나 다른 운송수단을 동원한 유권자 수송이 전개되었으며, 이러한 가운데 정당 및 후보자들의 유권자 동원과 매표행위도 함께 진행된 것으로 추정되었다.[20]

이번 선거과정에서 시민단체들은 P-Net(People's Network for Election), 선거감시재단 등을 중심으로 전국적인 선거감시활동을 전개하였다. 특히 이번 선거과정과 관련하여 유권자들의 반응 중 특이한 것은 지식인들과 시민단체들을 중심으로 태국애국당의 일당지배를 견제하기 위한 강력한 시민운동이 전개되었다는 점이다. 선거기간 이전부터 일부 학자들은 탁씬 총리와 태국애국당에 의한 일당

18) Sakool Zuesongdham 면담 (면담일: 2005. 2. 1).

19) 실질적으로 2005년 1월 29일 실시된 한 여론조사에서 방콕 유권자들은 타 지역 유권자들보다 이번 선거에 대해 보다 냉담한 반응을 보인 것으로 나타났다(*The Nation* 2005/01/30).

20) Somsri Hananuntasuk 면담(면담일: 2005. 2. 9).

지배가 필리핀의 마르코스(Ferdinand E. Marcos) 독재보다 더 나쁜 상황을 유발하게 될 것이라고 주장하였으며(*BP* 2005/01/15), 태국애국당이 말레이시아의 통일말레이민족기구(UMNO)나 싱가포르의 인민행동당(People's Action Party)과 비교되기도 하였다. 특히 민주주의를 위한 인민동맹(People's Alliance for Democracy) 등 일부 시민단체들은 민주당의 선거운동 구호를 그대로 인용하여 "태국애국당의 일당지배와 권위주의적 통치를 저지하기 위해 야당에게 최소 201석 이상의 의석을 확보해 주어야 한다"고 주장하였으며(*BP* 2005/01/20), 민중민주주의를 위한 캠페인(Campaign for Public Democracy)의 경우 "선거일이 다가오면서 아직도 30~40% 정도의 유권자들이 어느 정당을 지지할 것인가를 결정하지 못하였다"고 발표하고, 태국애국당의 일당지배를 저지하기 위해 태국애국당의 실책이나 정책상 문제점을 담은 CD를 제작하여 유포하는 등 대대적인 반대운동과 퍼레이드를 전개하기도 하였다(*The Nation* 2005/01/29).

한편 태국 유권자들의 투표행태는 과거 일반적인 경향과 같이 인물 중심적 투표행태를 크게 벗어나지 못한 것으로 평가되고 있다. 2005년 1월 29일 실시된 한 여론조사에서 응답자의 73%는 "무엇에 의해 선거결과가 결정된다고 보는가?"라는 질문에 대하여 후보자의 개인적 인기도에 따라 선거결과가 결정된다고 응답하였으며(*The Nation* 2005/01/30), 특히 이번 선거과정에서 유권자들은 지난 선거와 달리 뚜렷한 정책경쟁이나 논쟁이 활성화되지 못한 가운데 정당지도자나 지역구 후보를 중심으로 투표를 결정한 것으로 분석되었다.[21] 다른 한편으로 전국 2천명을 대상으로 실시된 한 여론조사에서 유권자의 40.4%는 거대정당을 선택하겠다고 응답하였으며, 오래된 정당을 찍겠다고 응답한 유권자는 27.9%, 중소규모 정당을 선택하겠다고 응답한 유권자는 16.8%, 그리고 신흥정당을 찍겠다고 응답

---

21) 선거 이후 전국 8,000명의 응답자를 대상으로 실시된 한 여론조사에서 응답자의 절반 이상은 후보자와의 연관관계 때문에 투표를 결정하였다고 응답한 반면, 정당의 정책을 보고 투표를 했다는 응답자는 단지 30%에 불과하였다(*BP* 2005/02/26).

한 유권자는 14.9%로 태국애국당과 민주당, 태국국가당, 대중당에 대한 간접적인 지지 의사 조사결과가 발표되기도 하였다(*The Nation* 2005/02/04).

표 4에서 보는 바와 같이 이번 선거 결과는 수많은 여론조사기관의 결과 예측을 상회하는 놀라운 결과로 표출되었다. 물론 선거일 이전부터 여론조사 결과에 따라 태국애국당의 압도적 승리와 일당지배가 예견되었으나,[22] 실질적인 선거결과는 여론조사기관의 의석수 예상을 훨씬 뛰어넘어 태국애국당이 지역구 대표의석 310석과 정당명부 비례대표의석 67석으로 총 377석을 차지하게 되었다. 이에 따라 탁씬 총리와 태국애국당은 선거 이전부터 공언했듯이 태국애

표 4 2001년, 2005년 태국 하원의원선거 결과 비교 단위: 명 (%)

정당명	2001년 1월 6일			2005년 2월 6일		
	지역구 의석	정당명부 의석	합 계	지역구 의석	정당명부 의석	합 계
태국애국당 (TRT)	200(50.0)	48(48.0)	248(49.6)	310(77.5)	67(67.0)	377(75.4)
민주당 (DP)	97(24.3)	31(31.0)	128(25.6)	70(17.5)	26(26.0)	96(19.2)
태국국가당(CTP)	35(8.8)	6(6.0)	41(8.2)	18(4.5)	7(7.0)	25(5.0)
새희망당(NAP)	28(7.0)	8(8.0)	36(7.2)	-	-	-
국가개발당(CPP)	22(5.5)	7(7.0)	29(5.8)	-	-	-
정의자유당(SP)	14(3.5)	-	14(2.8)	-	-	-
인민당(RP)	2(0.5)	-	2(0.4)	-	-	-
태국조국당(TTP)	1(0.3)	-	1(0.2)	-	-	-
사회행동당(SAP)	1(0.3)	-	1(0.2)	-	-	-
대중당(MP)	-	-	-	2(0.5)	-	2(0.4)
총 계	400	100	500	400	100	500

· 출처: Http://www.parliament.go.th/member44/numbermp.html(검색일: 2001. 4. 28); *BP* 2005/02/25.

22) 선거일 직전까지 실시된 여론조사에서 태국애국당은 340±10석, 민주당은 100±5석, 태국국가당은 40±5석, 대중당은 10±5석을 획득할 것으로 예측되었다(*MS* 2005/02/04~10, 9).

국당 단독으로 정부를 구성할 수 있게 되었으며, 민주당과 태국국가당, 대중당 등은 야당의 길을 걷게 되었다. 특히 민주당의 경우 당 총재였던 반얏이 총재직에서 물러남으로써 부총재인 아피씻이 당 운영을 총괄하게 되었으며, 대중당의 경우 당 총재인 아넥과 배후의 실질적 정당지도자인 싸난이 모두 의석을 확보하지 못함으로써 정당으로서의 존립 기반마저 흔들리게 되었다.

결과적으로 이번 선거결과에 대해서는 다양한 분석과 예측이 가능하지만, 크게 세 가지 사안으로 그 결과를 압축하여 설명할 수 있다.[23] 첫째, 이번 선거를 통하여 태국애국당의 대중영합적 정책공약은 다시 한번 커다란 성공을 거두었다는 점이다. 태국 국민들은 국가 운영의 장기적인 비전이나 정책 계획보다는 태국애국당이 주장하는 단기간에 걸친 정책적 혜택을 보다 선호하였으며, 반면 야당들은 태국애국당과의 뚜렷한 정책적 차별성이나 구체적인 세부 계획을 제시하지 못한 채 태국애국당의 대중영합적 정책공약을 모방함으로써 국민들의 신뢰와 지지를 잃게 되었다. 그 결과 차기 선거에서도 태국애국당의 정책적 실패가 크게 부각되거나 국민들의 정치의식이 변화되지 않는 한 정당간 진정한 정책개발이나 논쟁보다는 일반 대중의 단기적 이익과 감성에 호소하는 대중영합적 정책경쟁이 지속될 것이라는 예측이 대두되었다.

둘째, 태국의 국민들은 이번 선거에서 탁씬 총리의 강력한 리더십을 선택하였다는 점이다. 실질적으로 지난 2001년 선거에서도 태국의 유권자들은 과거보다 강력한 리더십을 원한 바 있으며, 그 결과 탁씬 총리의 태국애국당이 압승을 거둘 수 있었다. 이번 선거결과는 탁씬 총리의 제1기 정부가 추진한 권력의 중앙집권화와 빠른 정책결정이 어느 정도 국민들로부터 신뢰를 받고 있다는 증거로 해석될 수 있으며, 이에 따라 차기 정부 역시 보다 강력한 정책결정과 집행이 예견되었다. 반면 야당세력은 민심의 향방을 가늠하지 못하고 내부 분열과 리더

---

23) Suchit Bunbongkarn 면담(면담일: 2005. 2. 8).

십 교체 등 국민들에게 좀더 강력한 리더십을 보여주지 못함으로써 선거에 실패할 수밖에 없었다. 이번 선거결과에 따라 앞으로 탁씬 총리의 강력한 리더십은 더욱 강화될 것으로 보이며, '견제와 균형'이 사라진 태국애국당의 일당지배와 권위주의적 통치 스타일도 지속될 것으로 예견되고 있다.[24)]

셋째, 이번 선거결과를 통하여 태국 사회의 분열 양상이 보다 극렬하게 표출되었다는 점이다(*The Nation* 2005/02/08). 다수의 지식인들과 젊은 중산층 유권자들은 태국애국당의 일당지배에 반대 의사를 표명한 반면, 대다수 저소득층과 농촌지역 유권자들은 태국애국당의 정책을 선호함으로써 극명한 대비를 형성하게 되었다. 태국애국당은 지역적으로 남부지역을 제외한 전국에서 압도적인 다수를 형성하였으나, 남부지역의 의석은 2석을 제외하고 모두 민주당으로 집중됨으로써 정당간 지역적 분화를 형성하였다. 이번 선거결과를 통하여 국민들의 정서는 태국애국당을 지지하는 다수와 야당, 특히 민주당을 지지하는 소수로 나누어지게 됨으로써 이들 사이의 분열된 민심을 수습하고 봉합하는 것이 태국 정치의 또 다른 문제점으로 대두되었으며, 남부지역의 폭력사태 해결과 지진해일 피해복구 등 산재하여 있는 문제점들도 탁씬 총리의 차기 정부에 대한 압력요인으로 작용할 가능성이 크다고 할 것이다.

Ⅳ. 태국 선거과정과 민주주의 발전: 변화와 지속성

그렇다면 지금까지 태국의 정치발전을 저해하는 장애요인으로 지적되었던 선거과정의 제반 특징과 문제점들은 이번 선거과정에서 어떻게 지속되고 변화되

---

24) Jiwamol Kanoksilp 면담(면담일: 2005. 2. 9).

었는가? 이번 선거에서 나타난 선거과정의 제반 변화와 지속성은 태국의 민주주의 발전과 어떤 상관관계가 있는가? 우선 이번 선거는 이전 선거들과 비교하여 상대적으로 자유롭고 공정하게 진행된 것으로 평가되고 있다. 비록 남부 이슬람 지역에서 주둔군 당국이 야간 선거운동을 금지하여 유권자들에게 선거에 관한 충분한 정보전달이 어려웠던 점이나 지진해일 피해를 입은 일부 지역에서 선거진행의 어려움을 겪은 점, 선거위원이나 정당참관인, 자원봉사자들에 대한 충분한 선거교육이 실시되지 못한 점, 그리고 각급 단위 선거위원회에 대한 편파성 논란 등이 이번 선거과정의 문제점으로 지적되기는 하였으나, 이번 선거는 전반적으로 지난 2001년 선거보다 차분하고 안정적인 분위기 속에 진행됨으로써 민주주의 발전에 크게 기여한 것으로 평가되고 있다.[25)]

우선 제도적 차원에서 이번 선거는 여야 합의에 의하여 선거관리 및 선거운동 등과 관련된 세부규정의 보강이 이루어짐으로써 그 어느 시기보다도 법 · 제도적으로 공정한 선거경쟁이 보장되었던 선거라고 평가할 수 있다. 그러나 선거과정이 진행되는 동안 선거위원회나 정부기관에 대한 편파성 시비가 끊임없이 제기되어 공정선거를 위한 선거법 보강의 정치적 의의를 무색하게 만들기도 하였다. 과거 선거에서 제기되었던 부정선거 시비나 암살과 폭력, 매표행위 등은 상대적으로 많이 줄어든 것으로 보고되었으나, 정부기관의 선거운동 개입이나 선거위원회에 대한 공정성 시비가 제기됨으로써 이번 선거의 가장 큰 문제점으로 대두되었다. 일부 학자와 야당 정치인들은 "현재의 상태에서 선거위원회가 아무리 중립적인 입장을 고수하려고 노력한다 하더라도 집권 여당이나 정부가 마음을 먹는다면 선거위원회가 100% 완벽하게 자유로울 수 없는 것이 현실"이라고 얘기하고 있다.[26)] 물론 선거위원회나 불법 선거운동에 대해 문제를 제기하는 정당과

---

25) '자유선거를 위한 아시아네트워크'(ANFREL) 외신 기자회견 성명서(2005/02/08).

26) Chaiwat Khamchoo 면담(면담일: 2005. 1. 31); Kiat Sitheeamorn, Buranaj Samutharaks 면담(면담일: 2005. 2. 2).

후보자들은 거의 대부분 야당이며, 이들은 정부기관 및 관료의 선거개입이나 선거위원회의 편파적 행위에 대해 뚜렷한 정황이나 물적 증거를 제시하지 못하고 있는 것도 사실이다.[27] 그럼에도 불구하고 이번 선거과정에서 선거위원회 및 정부기관의 공정성과 선거 중립성 문제는 야당뿐만 아니라 학자와 시민단체들을 중심으로 광범위하게 제기됨으로써 이에 대한 후속조치와 제도적 보완이 요구되고 있다.[28]

정당 및 후보자 수준에서 문제점으로 지적되었던 매표행위와 금권선거, 부정・타락선거 등은 이번 선거과정을 통하여 점진적인 개선이 이루어졌다고 평가할 수 있다. 선거운동 기간 이전에 이미 막대한 금품이 살포되고 광범위한 매표행위가 암암리에 진행되었다는 일부 언론과 시민단체들의 주장이 있었으나,[29] 이번 선거는 역대 선거들과 비교하여 상대적으로 깨끗하고 공정하게 진행되었다는 것이 일반 국민들과 선거전문가들의 평가이다.[30] 오히려 이번 선거과정을 통하여 정당 및 후보자 수준에서 지속적으로 나타난 문제점은 일부 거대정당들이 선거 이전에 경제적 혜택이나 선거 이후의 공직 배분 등을 미끼로 당선 가능성이

---

27) 선거에 참여한 야당 후보자들의 불만은 정부 예산을 동원한 관료 및 공무원들의 불법적인 선거운동 개입, 불법 선거운동이나 매표행위에 대한 경찰 및 선거위원회의 미온적 태도와 적발 의지 부족, TV와 언론 보도의 편파성 규제, 불법선거 신고 및 선거 불만 접수에 따른 선거위원회의 후속조치 미흡 등으로 요약할 수 있다. Surayut Nyomtharap, Chawas ChuenKalin 면담(면담일: 2005. 2. 4); Pitiphong Thaiphotsri, Sakonphatorn Meonjantchai, Surachai Deomkhunan 면담(면담일: 2005. 2. 5).

28) Damaso G. Magbual 면담(면담일: 2005. 2. 8).

29) 방콕 유권자들을 상대로 한 여론조사에서 전체 응답자의 64.9%는 이번 선거에서 돈을 주고 특정 정당과 후보자를 지지해 달라는 청탁을 받은 경험이 있다는 사실이 밝혀졌으며(*The Nation* 2005/02/06). 남부 지진해일 피해지역의 경우 선거일 60일 이전부터 각종 기부행위의 금지조항에도 불구하고, 각 정당 및 후보의 금품 제공이 구호활동을 빙자하여 이루어졌음을 알 수 있었다. '자유선거를 위한 아시아네트워크'(ANFREL) 보고회 참관(참관일: 2005. 2. 8). 또한 선거기간 막바지에 이르러 정당간 경쟁이 치열한 지역에서는 최후의 수단으로 막대한 금품 살포와 더불어 부정선거가 시도되었다는 신문 보도도 접할 수 있었다(*The Nation* 2005/02/04; *BP* 2005/02/06; *K.C.L* 2005/02/11).

30) Suchit Bunbongkarn 면담 (면담일: 2005. 2. 8); '자유선거를 위한 아시아네트워크'(ANFREL) 외신 기자회견 성명서(2005/02/08).

높은 다른 정당의 후보들을 무분별하게 영입하는 행위였다. 이른바 '후보수집'(candidate collection)으로 지칭되는 이러한 행위는 거대정당을 중심으로 민의와 상관없이 정치인들의 당적 변경과 정당의 이합집산을 유도함으로써 태국의 정치발전에 커다란 장애요인으로 지적되어 왔다(Sombat 1993; Callahan *et al.* 1996, 376-92; Surin *et al.* 1997, 132-48). 실질적으로 태국애국당은 이번 선거가 치러지기 1년여 전부터 당선이 유력한 정치인과 후보자들을 영입하는 데 노력하여 2003년 12월 말까지 최소 20여 명의 하원의원 및 후보자들이 민주당, 태국국가당, 국가개발당으로부터 태국애국당으로 당적을 변경한 바 있으며(*BP* 2003/12/23), 그밖에도 각 정당들 사이의 당적 이탈과 이합집산이 초래되었다.

정당 및 후보자들의 선거운동 방식과 관련하여 과거 선거과정의 문제점들은 크게 개선되지 못하고 지속되고 있는 것으로 평가할 수 있다. 물론 지난 2001년 하원의원선거부터 태국애국당은 선거전문정당(electoral professional party)을 표방하여 다양한 마케팅 기술로 정당의 정강정책을 선전하고 정책공약에 기반을 둔 선거운동을 전개하는 등 그 동안 정책이나 선거공약은 없고 정당과 후보자만 존재하였던 태국의 선거과정에서 유권자들의 새로운 기대감을 형성케 하는 변화의 바람을 가져 온 것이 사실이다(차상호 2001, 202; Ockey 2003, 672; McCargo *et al.* 2005, 70-7). 또한 지난 2001년부터 태국애국당은 정당의 조직 기반과 당원들을 동원한 체계적인 선거운동을 전개함으로써 대중정당의 중요성을 부각시키기도 하였다.[31] 그러나 이번 선거에서 태국애국당을 비롯하여 모든 정당들의 정책공약은 거의 대부분 대중영합주의에 편승한 선심성 선거공약이어서 그 실효성이 의심스러운 수준이었으며, 그나마 각 정당들은 정책경쟁보다는 네거티브 선거전략에 입각하여 유권자들의 감성을 자극하는 상호 비방과 선동적 구호로 선거운동

---

31) 2001년 하원의원선거에 뒤이어 태국애국당은 2004년 상원의원선거와 2005년 하원의원선거를 대비하여 현재의 당원수 1200만 명에서 전국 400개 선거구마다 2만 명씩, 전체 8백만 명의 당원을 더 늘리는 전략을 추진한 바 있다(*BP* 2003/12/03).

을 일관하였다.

유권자들의 선거행태와 의식 수준 또한 지난 2001년 선거 수준을 크게 벗어나지 못한 것으로 평가할 수 있다. 물론 선거에 관한 유권자들의 관심이나 투표참여율은 전체 투표율이 72.5%로 지난 선거보다 상승한 것으로 나타나고 있으나, 선거의무제나 지방에서의 동원투표를 감안한다면 크게 향상된 수준은 아니었다. 유권자들의 투표행태는 여전히 정책 · 정당 중심의 투표행태보다 인물 중심적 투표행태가 지배적인 사실 또한 알 수 있었다.[32] 물론 도시지역에 거주하며 고등교육을 받은 젊은 유권자들과 지식인들은 태국애국당의 일당지배와 대중영합적 정책공약을 견제하기 위하여 민주당 등 일부 야당들을 지지하였으나, 야당들 또한 제대로 된 정책이나 선거공약을 개발하지 못하고 태국애국당과 유사한 정책공약만을 남발함으로써 의식 있는 유권자들을 실망시켰다. 반면 탁씬 총리와 정부는 집권 4년 동안 그들이 내걸었던 정책공약을 비교적 성실하게 실행하였으며, 일반 국민들은 정책의 성패 여부와 상관없이 탁씬 정부가 약속을 지켰다는 측면에서 탁씬 총리의 개인적 리더십에 대해 강한 신뢰감을 표출하였다.[33]

매표행위나 부정선거에 대한 유권자들의 인식은 일부 도시지역에서 크게 향상된 반면, 빈민지역이나 농촌지역의 경우 아직도 지속적인 매표행위가 이루어지고 있는 것으로 평가되고 있다. 그 동안 태국에서의 투표행위는 정치적인 원칙이나 정당의 정책 · 강령에 따라 이루어지기 보다는 지역공동체의 발전과 번영에 도움을 주고 개인의 일상적인 어려움을 해결해 주는 후보자에 대한 보답으로 투표를 행사한다는 일종의 의무감이 존재하여 왔던 것이 사실이다.[34] 이에

---

32) 여론조사기관의 내부 자료를 열람해 본 결과, "유권자들의 투표 성향은 아직도 정책 · 정당 중심보다 인물 중심의 투표행태가 2:3 혹은 1:2 정도로 월등히 높다"는 사실을 알 수 있었다. Jiwamol Kanoksilp 면담(면담일: 2005. 2. 9).

33) Chaiwat Khamchoo, Ake Tangsupvattana 면담(면담일: 2005. 1. 31).

34) 태국뿐만 아니라 동남아 대부분의 국가들에서 일상의 가난과 생활고에 허덕이고 있는 빈민지역이나 농촌지역 유권자들에게 선거를 통한 민주주의를 강조하는 것은 현실을 무시한 커다란 이상에 불과하다. 이들

따라 정당 및 후보자들은 선거에서 승리하기 위하여 선거운동 기간뿐만 아니라 일상적인 정치활동에 있어서도 엄청난 정치자금을 필요로 하였으며, 매 선거 시기마다 유권자의 지지와 표를 긁어 모으기 위한 매표행위가 최상의 선거전략으로 치부되어 왔다(Sunai *et al.* 2002, 53). 현실적으로 이번 선거기간 동안 매표행위나 금권선거는 수많은 추측과 언론 보도에도 불구하고 직접적인 증거 제시나 사실로 밝혀진 사례가 지난 선거 시기보다 감소한 것이 사실이다. 그러나 이전 선거들과 달리 이번 선거에서는 선거위원회나 시민감시단체의 눈을 피해 매표행위를 추진하기 위한 다양한 선거운동 방법들이 고안되었으며, 이에 따라 가시적으로 드러나지 않은 매표행위나 금권선거에 대해서는 정확한 조사나 증거 확보가 어려운 실정이다. 특히 이번 선거과정에서도 매표행위나 금권선거는 유권자들의 의식수준이 높은 도시지역보다는 주로 빈민지역이나 농촌지역에서 많이 이루어진 것으로 보이며, 그 규모 또한 쉽게 발각될 수 있는 개인 단위가 아니라 직장 혹은 마을 단위로 전개된 것으로 추측되고 있을 뿐이다.[35)]

최근 선거과정에서 새로운 문제점으로 대두되고 있는 남부 지역주의와 정당의 지역화 현상은 이번 선거를 통하여 더욱 가시적인 모습을 드러내게 되었다. 선거운동 기간 동안 나라티왓(Narathiwat), 얄라(Yala), 빠따니(Patani) 등 이슬람 폭력사태가 발생한 남부지역은 타 지역과 비교하여 비교적 조용한 선거운동이 진행되었는데, 이것은 군부대의 주둔과 각 정당의 후보자들이 안전상의 이유로

지역에서는 일상의 은혜에 대한 보답 혹은 경제적 혜택이나 물질적 구호에 대한 보은으로 매표행위가 이루어지고 있는 것이다. Damaso G. Magbual 면담(면담일: 2005. 2. 9).

35) 수도 방콕의 빈민지역 중 하나로 무슬림이나 불법 이주노동자들이 모여 살며 매 선거 시기마다 극심한 매표행위가 이루어진 곳으로 알려진 클롱떠이(Khlong Toey) 지역의 경우 "유권자들은 그날그날 먹고 사는 문제가 중요하기 때문에 선거에 대해 무관심하며, 매표행위는 매우 비밀스럽게 이루어지기 때문에 정확한 추측이 어려우나 보통 200밧이나 300밧 정도의 낮은 금액으로도 표가 팔려 나간 것으로 추측"되고 있다. 실질적으로 마을공동체를 책임지고 있는 일부 촌장이나 구호기관 간부들에게도 공동체 유권자들의 표를 매입하는 선거운동원의 제의가 빈번하게 이루어진 바 있다. Moonsit 면담(면담일: 2005. 2. 2).

대규모 선거유세나 행사를 자제하였기 때문이다(*BP* 2005/01/30). 남부지역 유권자들의 일반적인 정서는 전통적으로 민주당을 지지하는 것이었으나, 지진해일의 피해를 입은 일부 지역 유권자들은 정책과 정당 사이에서 고민하는 모습을 표출하기도 하였다. 즉, 남부지역의 안정과 경제문제 해결을 위해서는 남부지역에 대한 강력한 경제적 혜택을 약속한 태국애국당을 지지하는 것이 좋으나, 다른 한편으로 남부지역의 대표정당인 민주당을 배신할 수 없다는 심리도 함께 작용하였기 때문이다(*BP* 2005/01/30). 실질적으로 민주당 내부에서는 남부지역의 지진해일 피해 이후 유권자들이 피해 복구를 위해 정부 여당인 태국애국당을 선택할 수도 있다는 위기감이 고조되기도 하였다.[36]

표 5 태국 제23차 하원의원선거의 지역별 의석 현황

	방콕		중부		북부		동북부		남부		합 계	
	2001	2005	2001	2005	2001	2005	2001	2005	2001	2005	2001	2005
태국애국당	29	32	47	80	54	71	69	126	1	1	200	310
민주당	8	4	19	7	16	5	6	2	48	52	97	70
태국국가당	-	1	21	10	3	-	11	6	-	1	35	18
새희망당	-	-	3	-	1	-	19	-	5	-	28	-
국가개발당	-	-	4	-	2	-	16	-	-	-	22	-
정의자유당	-	-	-	-	-	-	14	-	-	-	14	-
인민당	-	-	1	-	-	-	1	-	-	-	2	-
태국조국당	-	-	-	-	-	-	1	-	-	-	1	-
사회행동당	-	-	-	-	-	-	1	-	-	-	1	-
대중당	-	-	-	-	-	-	-	2	-	-	-	2
의석수	37		95	97	76		138	136	54		400	

· 출처: Http://www.nationmultimedia.com/election2005/index.php(검색일: 2005. 2. 25).

36) Buranaj Samutharaks 면담(면담일: 2005. 2. 2).

그러나 **표 5**에서 보는 바와 같이 이번 선거결과는 남부지역에서 민주당이 전체 54개 의석 중 52석을 석권함으로써 민주당의 지역화 현상이 지난 2001년 선거보다도 더욱 두드러지게 표출되었다. 태국애국당은 전국적으로 고른 의석 분포를 보이며 제1당이 되었으나, 남부지역에서는 단지 1석만을 획득하였을 뿐이다. 이에 따라 의석수에 따른 정당 지형은 남부지역의 민주당과 다른 모든 지역의 태국애국당이 국가를 양분하는 결과를 초래하였으며, 이러한 분리 현상은 앞으로 탁씬 총리의 제2기 정부 출범과 더불어 새로운 지역주의 문제를 초래하게 되었다. 태국애국당의 경우 남부지역의 의석수 확대를 위해 다양한 정책공약과 경제적 지원을 약속하였으나, 이러한 정책 노선이 남부지역 유권자들의 민심을 사지 못한 것으로 판명되었다(*The Nation* 2005/02/08). 민주당 역시 남부지역의 강력한 지지기반에 힘입어 하원 내에서 제2당이 되었으나, 남부지역에서 지나치게 강세를 보이다보니 다른 지역 유권자들로부터 외면을 당하는 역(逆)지역주의 현상이 발생하기도 하였다.

결과적으로 이번 선거에서 태국의 선거과정은 적어도 제도적인 차원에서 보다 안정적인 방향으로 정착된 것으로 보인다. 정해진 선거법 절차와 일정에 따라 선거과정이 진행되었으며, 지난 선거보다 세부적인 선거자금 및 선거운동 규정이 보강됨으로써 보다 공정하고 경쟁적인 선거를 보장하게 되었다. 그러나 이러한 선거제도의 실질적 운영과정에서는 아직도 많은 문제점들이 발견되었다. 정부기관이나 선거위원회에 대한 편파성 논쟁은 차치하더라도 정당과 후보자, 유권자 등 선거행위자들의 선거의식과 행태는 과거 선거과정에서의 문제점들이 지속되는 가운데 아주 점진적인 개선과 변화만이 나타나고 있는 실정이다. 사실상 이러한 문제점은 단기간 내에 개선될 사항은 아니며, 태국의 선거구조나 정치문화와도 깊은 상관관계가 있는 것으로 평가되고 있다. 그러나 태국의 민주주의 체제가 보다 안정적으로 공고화되어 기능하기 위해서는 선거과정에서의 이러한 문제점들이 하루빨리 개선되고 사라져야 할 것이다.

Ⅴ. 맺음말

한 국가의 선거과정을 통해 표출되는 제반 특징과 행태는 어떤 특정 사건이나 시점을 계기로 급진적으로 변화하기 보다는 오랜 시간의 흐름을 두고 점진적으로 변화하기 마련이다. 비록 태국은 1933년 선거제도의 도입을 시작으로 모두 23차례의 하원의원선거를 실시하여 왔으나, 보다 공정하고 민주적인 선거제도가 확립되어 선거과정이 진행된 것은 1997년 신헌법 제정 이후부터라고 얘기할 수 있다. 그 동안 태국의 선거과정에서는 제도적 수준과 정당 및 후보자 수준, 그리고 유권자 수준에서 다양한 문제점들이 파생되어 왔으며, 그 결과 민주주의의 본원적 기능과 원칙에 위배되는 비민주적 선거관행과 문화가 선거과정을 지배하게 되었다. 과거 선거과정에서 일반 국민들과 야당의 선거참여 및 경쟁을 가로막던 군부의 무력동원이나 관권선거는 이미 사라진지 오래이나, 금품과 향연 제공을 근간으로 한 매표행위나 금권선거의 폐단, 정당의 정책경쟁 부재와 이합집산, 유권자들의 선거무관심, 그리고 후원자-추종자 관계에 기인하는 비합리적 투표행태 등은 태국의 선거과정을 특징짓는 부정적인 요인으로 작용하여 왔다.

사실상 2005년 2월 6일 실시된 제23차 하원의원선거에서는 과거 태국의 선거과정에서 나타난 부정적인 요인들이 변화와 지속성을 통하여 함께 표출되었다. 제도적인 수준에서 1997년 헌법개정 이후 강화된 선거위원회의 독립성과 그 권한 강화는 선거의 경쟁성과 공정성을 확보하는데 크게 기여하였으나, 이러한 제도와 규정을 실질적으로 운영하는 선거위원회에 대해서는 이번 선거기간 동안 또 다른 논쟁이 제기되기도 하였다. 정당 및 후보자 수준에서 가시적인 매표행위나 금권선거 현상은 점진적으로 감소하는 경향을 나타냈으나, 오히려 그 방법을 달리하여 암암리에 전개되는 양상도 함께 감지할 수 있었다. 정당 및 후보자들의 선거운동 방식 역시 정책공약의 경쟁보다는 아직도 유권자들의 감성에 호소하는 네거티브 선거전략이 주종을 이루었으며, 선거를 위한 당적 변경이나 정당의 이합집산도 사라지지 않고 지속되었다. 유권자 수준에서 선거에 대한 유권자들의 관심도나 투표율은 점진적 향상이 이루어진 것으로 평가되었으나, 정당의 정책 대결이 미진한 가운데 지방을 중심으로 인물 중심적 투표행태가 지속되었다.

결과적으로 이제 태국의 선거과정에서 남아 있는 제반 문제점들은 선거의 주요 주체이자 행위자인 정당과 후보자, 유권자들의 몫이다. 태국은 아직도 선거과정과 관련하여 많은 문제점들을 내포하고 있으며, 이러한 문제점들이 개선되지 않는 한 민주주의 발전과 공고화는 쉽게 이루어지지 못할 것이다. 따라서 이번 선거과정을 통하여 나타난 지속적인 문제점들을 개선하고 올바른 선거행태와 문화가 정착되도록 만들기 위한 새로운 변화와 개선이 모색되어야 한다. 결국 태국의 선거과정이 보다 공정하고 경쟁적인 방향으로 정착되기 위해서는 정당과 후보자, 유권자들이 선거과정에 관한 보다 합리적인 정치의식을 공유해야만 할 것이며, 이를 통하여 보다 민주적으로 진일보한 선거과정이 정착되어야 할 것이다. 이것이야말로 태국이 선거와 정당정치를 통하여 민주주의 발전과 공고화를 보다 앞당기는 첩경이 될 것이다.

2005년 2월 6일 선거 결과에 따라 탁씬 총리와 태국애국당은 단독으로 내각을 구성하여 새로운 정부를 출범시켰다. 그러나 새로운 정부가 출범한 지 얼마 되지 않아 탁씬 정부는 정치적으로 매우 심각한 위기 상황에 직면하게 되었다. 2005년 선거 이전부터 야당과 지식인, 일부 언론과 시민단체들은 탁씬 총리의 권위주의적 통치행태와 태국애국당의 독단적 정부 운영에 우려를 표명하여 이른바 '민주주의 논쟁'을 제기하였으며, 선거 결과가 그들의 우려대로 태국애국당의 단독정부 구성으로 현실화되자 탁씬 정부의 독단을 견제하기 위한 다양한 정치운동을 전개하였다. 특히 탁씬 총리의 제2기 내각이 출범한 이후 연이어 발생한 일련의 부패 스캔들과 더불어 2006년 1월 탁씬 총리 일가의 세금탈루 의혹이 언론을 통해 밝혀지자,[37] 쏜티(Sondhi Limthongkhul) 등 일부 언론인과 지식인, 시민단체들은 시위대를 조직하여 탁씬 총리의 퇴임을 요구하는 반 탁씬(anti-Thaksin) 운동을 전개하였다.[38] 2006년 2월 들어 반 탁씬 운동세력은 방콕을 기반으로 하여 탁씬 정부에 불만을 가진 지식인과 시민단체, 중산층과 기업인들을 포괄적으로 연대하여 이른바 '민주주의를 위한 민중연대'(PAD: People's Alliance for Democracy)를 결성하고 대대적인 가두시위와 함께 탁씬 총리의 사임을 촉구하였다.

상황이 긴박하게 전개되자, 탁씬 총리는 시민적 압력에 굴복하여 2006년

37) 탁씬 총리의 일가는 그들이 보유하고 있던 친 코퍼레이션(Shin Corporation)의 주식 지분 49.6%를 싱가포르 국영투자회사인 테마섹(Temasek)에게 모두 매각하여 총 733억 밧의 수익을 거두었으나, 편법을 동원한 합법적인 면세 혜택을 받아 260억 밧의 세금을 한 푼도 내지 않은 사건이 언론을 통해 밝혀짐으로써 탁씬 총리는 정치적 도덕성에 있어서 결정적인 타격을 입게 되었다.

38) 쏜티 림통꾼은 방콕에서 태국어로 발행되는 『푸짯깐(*Phuchatkan: Manager Daily*)』과 홍콩에서 영문으로 발행되는 『아시아 타임즈(*Asia Times*)』 등을 소유하고 있는 푸짯깐 그룹(Phuchatkan Group)의 총수이며, 1991년 군부쿠데타가 발생했을 당시에도 자신이 소유한 신문들을 활용하여 군부의 국가평화유지위원회(NPKC: National Peace-Keeping Council)를 강력하게 비난하는 등 기존의 정치세력과도 유착관계를 맺고 정치적 영향력을 발휘하여 온 것으로 알려져 있다(McCargo 2002, 7).

2월 24일 의회를 해산하고 4월 2일 조기(早期) 선거를 실시하기로 발표하였다. 탁씬 총리가 의회 해산과 더불어 조기 선거를 실시하기로 결정한 것은 일부 시민단체들에 의해 주도되고 있는 가두시위의 압력으로부터 벗어나 다시 한 번 국민적 평가를 받겠다는 의도였으나, 민주주의를 위한 민중연대 등 반 탁씬 세력들은 야당의 선거참여 거부를 촉구하며 지속적인 시위를 전개하였다. 현실적으로 민주당을 비롯한 야당들의 입장도 탁씬 총리와 태국애국당 정부에 대한 의회 내에서의 견제력을 완전하게 상실한 상황에서 다시 한 번 선거를 치른다고 하더라도 이미 태국애국당의 승리가 예견되고 있었기 때문에 선거에 참여할 아무런 의미를 갖고 있지 못하였다. 당시 야당들은 지난 2005년 선거 결과에 따른 내부적 혼란과 당내 리더십 교체에 따른 크고 작은 진통을 겪고 있었기 때문이다.

이에 따라 민주당과 태국국가당, 대중당 등 의회 내의 주요 야당들이 불참한 가운데 실시된 4월 2일 선거는 **표 6**에서 보는 바와 같이 전체 의석 중 공석으로 남게 된 지역구 의석 39석을 제외하고 태국애국당이 지역구 의석 361석과 정당명

표 6 2006년 4월 2일 태국 하원의원선거 결과

정당명	지역구		정당명부		합 계
	득표율	의석수	득표율	의석수	
태국애국당(TRT)	60.8%	361석	59.9%	100석	461
민주당(DP)	-	-	-	-	불참
태국국가당(CTP)	-	-	-	-	불참
대중당(MP)	-	-	-	-	불참
기타 정당	1.1%	0	7.1%	0석	0석
기 권	38.1%	-	33.0%	-	-
공 석	-	39석	-	0석	39석
총 계	100.0%	400석	100.0%	100석	500석

· 출처: Http://psephos.adam-carr.net (검색일: 2006. 12. 30).

부제 의석 100석 등 461석을 차지하여 절대적 승리를 거두게 되었다. 태국애국당은 그들의 지지기반이자 대중영합적 정책의 많은 혜택을 받은 북부와 동북부 지역 주민들과 도시 빈민들로부터 절대적인 지지를 받았으며, 정치적 비판의식이 높은 방콕 시민들이나 남부 사태의 당사자인 남부 지역 주민들은 투표를 기권함으로써 극심한 국론 분열 현상이 초래되었다. 선거 결과는 외형상 태국애국당의 승리였으나, 내용적으로는 야당의 선거 불참과 34.8%에 달하는 기권표, 그리고 37.9%에 해당하는 무효표가 발생함으로써 탁씬 총리와 태국애국당에 대한 국민들의 거부 의사가 확인된 셈이었다(이동윤 2007, 186-8).

문제는 선거가 끝난 직후부터 가속화되었다. 선거 무효를 주장하는 야당과 시민단체들의 가두시위가 대대적으로 진행되는 가운데 선거위원회의 불공정성과 태국애국당의 다양한 선거법 위반 사례들이 공개되었으며, 상황이 불리하게 전개되자 탁씬 총리는 4월 4일 국왕을 면담한 직후 전격적으로 사임을 발표하였다. 민주주의를 위한 민중연대 등 시민단체들은 탁씬의 사임이 발표되자 즉각적으로 환영하였다. 그러나 5월 8일 헌법재판소에 의해 4월 2일의 선거 결과에 대한 무효 판정이 이루어지고 탁씬 총리가 다시 복귀하자, 이들 시민단체들은 탁씬의 총리직 복귀를 반대하는 가두시위를 다시 한 번 강력하게 전개함으로써 태국의 정국은 엄청난 혼란 속으로 빠져들게 되었다.

현실적으로 태국 정치에 있어서 민주주의 공고화를 위한 행보는 2006년 9월 19일 발생한 군부쿠데타에 의하여 하루아침에 물거품이 되었다. 탁씬 총리가 유엔(UN) 총회에 참석하기 위해 미국을 방문한 사이, 육군사령관 쏜티(Sonthi Boonyaratglin) 장군이 이끄는 쿠데타가 발생하였던 것이다. 쏜티 장군은 탁씬 정부가 국론 분열과 부정부패, 헌법적 독립기관에 대한 간섭, 국왕 모욕 등을 유발하였기 때문에 국가가 당면한 정치·사회적 혼란을 방지하기 위해 군부가 나서게 되었다는 명분을 제시하였지만, 쿠데타의 실질적 목적은 탁씬 세력을 제거하고 군부가 정치적 실권을 장악하는 것이었다. 쿠데타 직후 군부는 쏜티 장군을 위원장으로 하는 민주개혁위원회(CDRM: Council for Democratic Reform under Constitutional Monarchy)를 결성하고 헌법 정지 및 의회 해산과 더불어 내각을 접수하였다. 또한 쏜티 장군은 쿠데타 다음날 국왕을 알현하여 그들의 쿠데타에 대한 사후적 승인을 받았다. 이후 군부는 민주개혁위원회의 명칭을 국가안보위원회(CNS: Council for National Security)로 개칭하고, 전직 육군사령관과 국왕자문기관인 추밀원(Privy Council) 위원을 지낸 쑤라윳(Surayud Chulanont)을 과도내각의 총리로 내세워 정국 안정을 도모하였으며, 특히 39개 조항에 달하는 임시헌법 공포와 더불어 향후 1년 사이 새로운 헌법을 제정하기 위한 임명직 국회의원 200명을 선발하여 임시 국회를 구성하였다.

그리고 1년여 뒤인 2007년 8월 쑤라윳 과도정부는 임시국회를 통해 상정된 새로운 헌법 초안을 국민투표에 회부하여 찬성 57.8%로 통과시킴으로써 태국은 2007년 12월 23일 다시 한 번 하원의원선거를 치르게 되었다. 새롭게 제정된 헌법은 1997년 헌법과 비교하여 상원의 숫자를 150명으로 줄이고, 하원 또한 지역구 의원 400명과 정당명부제 의원 80명 등 총원의 20명이 줄어든 480명으로 구성하되, 하원의원선거의 경우 과거 금권선거의 폐단을 방지하고 군소정당에게 보다 많은 기회를 주기 위해 소선거구제를 폐지하고, 전국을 157개 선거구로 나누어 한 선거구 당 최소 3명 이상의 의원이 선출될 수 있도록 하는 다중선거구제(multi-constituency)를 실시하게 되었다(Suchit 2007, 2-3). 2006년 4월 선거에 대한 헌법재판소의 판결에 따라 선거부정에 연루된 정치인들과 해산이 명령된 정당의 주요 간부들에 대한 선거참여가 금지되었으며, 특히 태국애국당의 경우 정당의 해산과 더불어 소속 정치인 111명의 선거출마가 금지되었다.

그럼에도 불구하고, 2007년 12월 실시된 하원의원선거는 **표 7**에서 보는 바와 같이 태국애국당의 후신(後身)인 '인민의 힘' 당(PPP: People's Power Party)이 전체 의석의 50%에 가까운 233석을 차지하여 압도적인 승리를 거두게 되었다. '인민의 힘' 당은 지난 2005년 선거와 같은 절대적인 다수의석을 확보하지는 못하였지만,

표 7 2007년 12월 23일 태국 하원의원선거 결과

정당명	지역구		정당명부		합 계
	득표율	의석수	득표율	의석수	
'인민의 힘'당(PPP)	35.7%	199석	40.3%	34석	233석
민주당(DP)	31.2%	132석	39.1%	33석	165석
태국국가당(CTP)	9.1%	33석	4.4%	4석	37석
조국당(FMP)	9.0%	17석	5.7%	7석	24석
태국연합국가개발당(TUNDP)	4.7%	8석	2.7%	1석	9석
중도민주당(NDP)	5.4%	7석	1.5%	-	7석
왕도인민당(RPP)	2.4%	4석	1.8%	1석	5석
기 타	2.5%	-	4.6%	-	-
총 계	100.0%	400석	100.0%	80석	480석

· 출처: Http://psephos.adam-carr.net (검색일: 2008. 3. 20).

2006년 쿠데타 이후 정당 자체가 해산되고 태국애국당 출신의 주요 간부와 간판급 정치인들이 선거에 출마하지 못한 상태였음에도 불구하고, 과반수에 가까운 의석을 확보함으로써 2006년 쿠데타 이후 군부에 의해 운영되어 온 과도정부를 청산하고 새로운 국정 운영의 주도권을 쥐게 되었다. 실질적으로 '인민의 힘'당은 탁씬 전(前) 총리를 대신하며 정당을 이끈 싸막(Samak Sundaravej) 총재를 총리하여 태국국가당 등 6개 정당과 연립한 새로운 내각을 구성하였으며, 2006년 쿠데타 직후 쫓겨나 해외에서 망명 생활하던 탁씬 총리의 복권을 추진하는 등 새로운 정치적 변화가 이루어지고 있다.

결과적으로 지난 2005년 하원의원선거 이후 전개된 일련의 정치변동은 그 원인과 배경이 무엇이었던지 간에 정치적으로 잘못된 선택이었으며, 태국의 민주정치 발전에 퇴보를 초래하였다고 평가할 수 있다. 2006년 쿠데타 직후 일부 학자들과 시민단체 활동가들이 지적한 바와 같이 "탁씬 총리와 태국애국당 정부는 2005년 선거 승리 이후 권위주의적 통치행태와 반(反) 인권적 정책, 그리고

부정부패 등 많은 문제점들을 야기한 것이 사실이지만, 보다 분명한 것은 쿠데타가 이러한 문제점들을 해결하는 방법은 아니었다"[39]는 사실이다. "만약 탁씬 총리가 잘못을 하여 물러나야만 했었다면, 선거나 다른 헌법적 절차를 밟아야 했으며, 쿠데타는 지난 1992년 이래 어렵게 다져온 태국 민주주의의 역행이자 권위주의로의 회귀에 불과하다"[40]는 것이다. 지난 2006년 군부쿠데타 이후 전개된 일련의 정치변동이 2007년 개정된 헌법적 절차와 선거제도에도 불구하고 2007년 선거를 통하여 다시 2005년으로 회귀된 것은 이러한 사실을 잘 입증해주고 있는 것이다.

39) Somsri Hananuntasuk 이메일 면담(면담일: 2006. 9. 20).

40) Suchit Bunbongkarn 면담 (면담일: 2006. 10. 13).

참고문헌

윤진표. 2001. "태국의 정당정치." 고우성 외. 『동남아의 정당정치』. 서울: 오름.

이동윤. 2001. "태국의 선거정치와 2001년 하원의원선거: 변화와 지속성." 『연세학술논집』 34.

______. 2003a. "태국의 정당정치와 정당의 지역화 현상: 변화와 지속성." 『국제지역연구』 7(2).

______. 2003b. "태국의 정당정치와 민주주의: 변화와 지속성." 『한국정치학회보』 37(3).

______. 2007. "민주주의 공고화와 퇴보 사이에서: 태국의 탁씬 정부와 민주주의 논쟁." 『국제정치논총』 47(2).

이병도. 2000. "태국의 정치문화와 정당정치." 『동남아연구』 9.

______. 2004. "태국 정당의 정치자금에 관한 연구." 『동남아시아연구』 14(1).

차상호. 2001. "2001년 태국의 하원의원선거와 탁씬 정부." 『동남아연구』 10.

Chaiwat Wongwatanasarn. 2000. *Tanakitkanmuang kab Kanpattirupkanmuang*[정치자금과 정치개혁]. Bangkok: Samnakngan Kongtunsnapsanunkanvichai.

Kanok Wongtrangan. 1993. *Pak-kanmuangthai*[태국의 정당]. Bangkok: Samnak- phim Chulalongkorn Mahawithairai.

Kom · Chad · Luak (K.C.L) 2005/02/11.

Krungthep Turakij (KT) 2004/08/30; 2005/01/14; 2005/01/31; 2005/02/03; 2005/ 02/04.

Matichon Sudsapdah (MS) 2005/02/04-10.

Pran Phisitasresthakorn. 2003. *Thaksinomics Ⅱ: Thaksin kab nayobaisangkhom* [탁씨노믹스 Ⅱ: 탁씬과 사회정책]. Bangkok: Matichon Press.

Sombat Chantornvong. 1993. *Luaktang wikrit: Panha lae thang ok*[위기의 선거: 문제와 해법]. Bangkok: Kopfai Press.

Suchit Bunbongkarn. 1988. *Kan-phattana thang kanmuang khong thai*[태국의 정치발전]. Bangkok: Samnakphip Chulalongkorn Mahawithairai.

Anusorn Limmanee. 1999. *Political Business Cycles in Thailand, 1979~1992: General Election and Currency in Circulation*. Bangkok: Institute of Asian Studies, Chulalongkorn University Press.

Arghiros, Daniel. 1995. *Political Structures and Strategies: A Study of Electoral Politics in Contemporary Rural Thailand*. Hull: Centre for South-East Asian Studies, University of Hull.

Bajunid, Omar Farouk. 1989. *The 1986 General Election in Thailand.* Kuala Lumpur: Pustaka Antara.

Baker, Chris. 2005. "Pluto-Populism: Thaksin and Popular Politics." Peter Warr, ed. *Thailand Beyond the Crisis.* London and New York: RoutledgeCruzon.

Bangkok Post(BP) 2003/04/28; 2003/12/03; 2003/12/23; 2004/04/26; 2004/10/07; 2004/12/09; 2005/01/06; 2005/01/07; 2005/01/08; 2005/01/14; 2005/01/15; 2005/01/16; 2005/01/19; 2005/01/20; 2005/01/21; 2005/01/23; 2005/01/27; 2005/01/30; 2002/02/02; 2005/02/03; 2005/02/06; 2005/02/09; 2005/02/25; 2005/02/26.

Bidhya Bowornwathana. 2004. "Thaksin's Model of Government Reform: Prime Ministerialisation through 'a Country is My Company' Approach." paper presented at the 5th Thai-Korean Political Scientists' Dialogue, organized by the Korean Political Science Association, Jeju National University, Korea (June 19-21).

Callahan, William A. 2000. *Pollwatching, Elections and Civil Society in Southeast Asia.* Burlington: Ashgate.

______ and Duncan McCargo. 1996. "Vote-Buying in Thailand's Northeast: The July 1995 General Election." *Asian Survey* 36(4).

Chai-anan Samudavanija. 1982. *The Thai Young Turks.* Singapore: Institute of Southeast Asian Studies.

Chookiat Panaspornprasit. 2004. "Thailand: Politicized Thaksinization." *Southeast Asian Affairs 2004.* Singapore: Institute of Southeast Asian Studies.

Dahl, Robert A. 1971. *Polyarchy: Participation and Opposition.* New Heaven: Yale University Press.

Economics: Thailand Insider (ETI) 2004/01/18.

Farrell, David M. 1997. *Comparative Electoral Systems.* New York: Prentice Hall.

Harrop, Martin and William L. Miller. 1987. *Elections and Voters: A Comparative Introduction.* London: McMillan Press.

Katz, Richard S. 1980. *A Theory of Parties and Electoral Systems.* Baltimore: The Johns Hopkins University Press.

King, Daniel E. 1992. "The Thai Parliamentary Elections of 1992: Return to Democracy in an Atypical Year." *Asian Survey* 32(12).

______ and Jim LoGerfo. 1996. "Thailand: Toward Democratic Stability." *Journal of Democracy* 7(1).

Linz, Juan J. and Alfred Stepan. 1996. *Problems of Democratic Transition and Consolidation: Southern Europe, South America, and Post-Communist Europe*, Baltimore: The Johns Hopkins University Press.

McCargo, Duncan. 2000. *Politics and the Press in Thailand: Media Machinations*. Bangkok: Garuda Press.

______ and Ukrist Pathmanand. 2005. *The Thaksinization of Thailand*. Copenhagen: NIAS Press.

Murashima, Eiji. 1987. "Local Elections and Leadership in Thailand: A Case Study of Nakhon Sawan Province." *The Developing Economics* 25(4).

Murry, David. 1996a. *Angels and Devils: Thai Politics from February 1991 to September 1992, A Struggle for Democracy?* Bangkok: White Orchid Press.

______. 1996b. "The 1995 National Elections in Thailand: A Step Backward for Democracy?" *Asian Survey* 36(4).

Mutebi, Alex M. 2003. "Thailand in 2002: Political Consolidation amid Economic Uncertainties." *Asian Survey* 43(1).

Nelson, Michel H. 1998. *Central Authority and Local Democratization in Thailand: A Case Study from Chachoengsao Province*. Bangkok: White Lotus Press.

Norris, Pippa. 2004. *Electoral Engineering: Voting Rules and Political Behavior*. New York: Cambridge University Press.

Ockey, James. 2003. "Change and Continuity in the Thai Political Party System." *Asian Survey* 43(4).

Paichart Siwaraksa, Chaowana Taimas, and Ratha Vayagool. 1997. *Thai Constitution in Brief*. Bangkok: Institute of Public Policy Studies.

Pasuk Phongpaichit and Chris Baker. 2004. *Thaksin: The Business of Politics in Thailand*. Chiang Mai: Silkworm.

Rae, Douglas W. 1971. *The Political Consequences of Electoral Laws*. New Heaven: Yale University Press.

Schedler, Andreas. 1998. "What is Democratic Consolidation?" *Journal of Democracy* 9(2).

Schmitter, Philippe C. and Terry Lynn Karl. 1993. "What Democracy Is … and Is Not." Larry

Diamond and Marc F. Plattner, eds. *The Global Resurgence of Democracy*. Baltimore: The Johns Hopkins University Press.

Sombat Chantornvong. 2000. "Local Godfathers in Thai Politics." Ruth McVey, ed. *Money & Power: In Provincial Thailand* . Chiang Mai: Silkworm Books.

Suchit Bunbongkarn. 1996a. *State of the Nation: Thailand*. Singapore: Institute of Southeast Asian Studies.

______. 1996b. "Elections and Democratization in Thailand." R. H. Taylor, ed. *The Politics of Elections in Southeast Asia*. New York: Cambridge University Press.

______. 2007. "Civil-Military Relations and Democratic Consolidation in Thailand." Paper presented on the 8th ASEAN Forum, Seoul, Korea (November 24).

Sunai Phasuk and Sakool Zuesongdham. 2002. "Election-Monitoring in Thailand." paper presented at the International workshop on 'Civil Society Building Democracy and Good Governance through Election in Asia,' organized by People's Solidarity for Participatory Democracy(PSPD) and Forum Asia, Korea(September 1-4).

Supannee Chalothorn. 1986. *Greater Bangkok: An Analysis in Electoral Geography, 1957-1976*. Bangkok: Chulalongkorn University Press.

Surin Maisrikrod. 1992. *Thailand's Two General Elections in 1992: Democracy Sustained*. Singapore: Institute of Southeast Asian Studies.

______ and Duncan McCargo. 1997. "Electoral Politics: Commercialisation and Exclusion." Hewison Kevin, ed. *Political Change in Thailand: Democracy and Participation*. New York: Routledge.

The Nation 2003/10/11; 2004/02/03; 2005/01/04; 2005/01/29; 2005/01/30; 2005/ 01/31; 2005/02/01; 2005/02/02; 2005/02/04; 2005/02/05; 2005/02/06; 2005/ 02/08; 2005/02/12.

Thitinan Pongsudhirak. 2003. "Thailand: Democratic Authoritarianism." *Southeast Asian Affairs 2003*. Singapore: Institute of Southeast Asian Studies.

면담 자료

Ake Tangsupvattana. 쫄라롱껀대학교 정치학부 교수(면담일: 2005. 1. 31).

Buranaj Samutharaks. 민주당 소속 제22대 하원의원, 제23차 하원의원선거 민주당 정당명부 26번 후보(면담일: 2005. 2. 2).

Chaiwat Khamchoo. 쭐라롱껀대학교 정치학부 교수(면담일: 2005. 1. 31).

Chawas ChuenKalin. 나컨빠톰 제5선거구 민주당 후보(면담일: 2005. 2. 4).

Jiwamol Kanoksilp. *The Nation* 재경 담당 편집자(면담일: 2005. 2. 9).

Kiat Sitheeamorn. 민주당 소속 제22대 하원의원, 제23차 하원의원선거 민주당 정당명부 16번 후보(면담일: 2005. 2. 2).

Magbual, Damaso G. 필리핀 자유선거를 위한 전국시민운동(Namfrel: National Citizen's Movement for Free Elections) 집행위원장(면담일: 2005. 2. 1~9).

Moonsit. 두엉쁘라팁재단(Duang Prateep Foundation) 부소장(면담일: 2005. 2. 2).

Pitiphong Thaiphotsri. 나컨빠톰 제3선거구 대중당 후보(면담일: 2005. 2. 5).

Sakonphatorn Meonjantchai. 나컨빠톰 제3선거구 민주당 후보 (면담일: 2005. 2. 5).

Sakool Zuesongdham. 태국 선거감시재단(Poll Watch Foundation) 집행위원장(면담일: 2005. 2. 1).

Somsri Hananuntasuk. 자유선거를 위한 아시아 네트워크(ANFREL: Asian Network for Free Elections) 코디네이터(면담일: 2005. 2. 1~9; 2006. 9. 20).

Suchit Bunbongkarn. 태국 헌법재판소 위원장, 쭐라롱껀대학교 정치학부 교수(면담일: 2005. 2. 8; 2006. 10. 3).

Surachai Deomkhunan. 나컨빠톰 제2선거구 태국국가당 후보(면담일: 2005. 2. 5).

Surayut Nyomtharap. 나컨빠톰 제1선거구 민주당 후보(면담일: 2005. 2. 4).

인터넷 자료

Http://psephos.adam-carr.net(검색일: 2006. 12. 30, 2008. 3. 20).

Http://www.nationmultimedia.com/election2005/index.php(검색일: 2005. 2. 25).

Http://www.ect.go.th/thai/mp/numbermp.html(검색일: 2005. 2. 17).

Http://www.parliament.go.th/member44/numbermp.html(검색일: 2001. 4. 28).

제7장 | 필리핀 선거제도와 민주주의 공고화: 화려한 이상, 공허한 현실*

김동엽

Ⅰ. 문제제기

필리핀은 330여 년이 넘는 스페인의 식민지배를 거치면서 서구적 정치사상과 제도를 점진적으로 접하게 되었다. 부족 중심의 전통적인 공동체(barangay) 형태에서 식민지 경영에 적합한 형태로의 변화, 즉 몇몇 부족공동체를 포함하는 기초행정단위(municipality)가 탄생하였고 새로운 지배구조에 정당성을 부여하는 수단으로서 원시적이나마 선거제도가 나타나기 시작하였다. 스페인 식민지배 시기에 이어 혁명정부의 초기 지배구조를 수립하는 데에도 선거의 형식이 도입되는 등, 필리핀에서 선거제도는 그 내용이야 어찌되었든 정치권력에 정당성을 부여하는 중요한 근거로 오랫동안 이용되어 왔다. 그러나 선거제도가 필리핀에 본격적으로 도입된 것은 미국의 식민통치 기간 동안이었다. 미국은 표면적으로나마 필리핀에 서구식 민주주의를 이식시키는 후견인으로서의 역할을 자처했으

*이 논문은 『동남아시아연구』 제15권 2호(2005. 8)에 "필리핀 선거제도의 내용과 평가"라는 제목으로 게재된 것이다.

므로 미국식 선거제도의 도입과 적용은 이에 따른 자연적인 결과로 볼 수 있다. 1946년 독립국가로 탄생한 이후 선거는 정권의 정당성 확보에 중요한 수단으로 이용되어 오다가 1972년 마르코스에 의한 계엄령 선포와 함께 1981년까지 일시적으로 그 본연의 기능이 중단되기도 하였다. 1986년 민주화 이후 필리핀에서 선거는 정권교체와 권력에 대한 정당성 부여에 중요한 역할을 담당하며 주기적이고 지속적으로 행해져 오고 있다.

이처럼 표면적인 모습만 보면 필리핀은 선거를 통한 민주주의를 충실히 이행하고 있다고 볼 수 있다. 그럼에도 불구하고, 필리핀 민주주의에 대한 많은 비판들이 내 · 외부적으로 끊임없이 제기되고 있다. 필리핀 정치를 후원-수혜관계로 인한 정실주의에 입각하여 보는 시각도 있고(Lande 2001, 2002), 지역엘리트들에 의한 폭력의 독점, 즉 지역 보스주의(bossism)에 의거하여 분석하기도 한다(Sidel 1999). 필리핀 민주주의를 대지주 민주주의(cacique democracy)로 규정하기도 하고(Anderson 1988), 자유민주주의와는 거리가 있는 선거민주주의(Diamond 2002) 혹은 비자유적 민주주의(서경교 2005)로 구분하기도 한다. 이처럼 필리핀의 정치와 선거는 자유민주주의의 이상과 상당한 거리가 있음을 짐작할 수 있다. 필리핀에서 선거가 정권의 창출과 유지 그리고 변화에 중요한 매개로서 그 역할을 다하지 못하는 예는 근자에도 발생한 바 있다. 지난 1998년 필리핀 대통령선거에서 압도적 승리로[1] 당선된 에스트라다(Joshep E. Estrada)는 집권 2년 6개월 만인 2001년 1월 국민봉기(People's Power II)로 권좌에서 물러났다. 대통령의 부정과 부패에 대한 탄핵소추가 진행되는 과정에서 합법적인 수단에 의한 진상규명이 불투명해지자 이에 불만을 품은 사람들이 거리로 쏟아져 나왔다. 정권퇴진 시위의 주축을 이루었던 전임 대통령과 가톨릭 종교지도자, 그리고 대학생들을 포함한 도시

1) 1998년 대선에서 에스트라다는 39.6%의 득표율로 2위인 베네시아(15.9%)를 압도적인 차이로 제치고 대통령이 되었다. 1992년 선거에서 라모스가 23.6%로 대통령이 되었고 2위였던 산티아고가 19.7%를 차지한 것에 비하면 압도적인 표차라고 할 수 있다.

중산층이 전체 국민의 선거로 선출된 정권을 퇴출시킨 것이 과연 민주적인가에 대해서는 논란의 여지가 있다. 에스트라다의 퇴진 후 얼마 지나지 않아 그의 압도적 지지기반인 하층민들에 의한 또 다른 국민봉기의 시도(EDSA III라고도 함)는 필리핀 사회의 계층적 분화가 사회적 갈등으로 표출되는 모습을 극적으로 보여주고 있다. 정치적 위기 때마다 불거져 나오는 군부쿠데타설이나 이의 잦은 시도는 필리핀 정치제도의 취약성을 절실히 드러내고 있다. 또한 현재에도 계속되고 있는 이슬람 반군이나 공산반군과의 전쟁은 선거라는 민주적 절차가 분화된 사회적 갈등의 여과와 수렴의 기능을 제대로 하지 못하고 있음을 입증하고 있다.

대의민주주의 최후의 보루인 선거에 대한 연구는 민주주의 공고화 과정에 있는 많은 제삼세계 국가들의 정치체제로서의 민주주의가 그 사회의 전통이나 관습과 결부하여 어떠한 형태로 나타나는가를 관찰할 수 있는 계기를 제공할 수 있다. 본 연구는 필리핀에서 선거제도가 민주주의 공고화에 어떠한 역할을 수행하고 있는지에 대한 평가이다. 논문의 구성은 제1절에서 본 연구의 문제를 제기하였고, 제2절에서는 선거와 민주주의의 관계 그리고 민주주의 공고화에 대한 이념적이고 이론적인 논의를 제시함으로써 본 연구의 논리적 배경을 밝혔다. 제3절에서는 현재 필리핀 선거제도[2]가 추구하는 이상과 시행의 결과로서 나타나는 현실을 역사적 배경과 함께 살펴보았다. 제4절에서는 필리핀 선거제도를 민주주의 공고화라는 기준에서 평가하였다. 제5절에서는 결론과 더불어 필리핀에서 민주주의 공고화를 위한 미래지향적 선거제도에 대한 시사점을 제시하였다.

---

2) 본 논문에서 선거제도는 제도(institutions)로서의 선거를 의미한다. 제도는 바라보는 시각이나 범위에 따라 다양하게 정의되지만 대체로 "형태의 안정적인 유형(stable pattern of behavior)으로서 개인행위를 제약하고 규칙성을 띠는 것"으로 정의된다. 제도에는 법이나 규율과 같은 공식적인 측면과 관습이나 전통과 같은 비공식적인 측면이 있다(하연섭 2002). 본 논문에서 "선거제도"라는 용어를 일반적으로 많이 사용하지만 특별히 법적인 내용을 다룰 때에는 "선거법"이라는 용어를 사용하였다.

Ⅱ. 선거제도와 민주주의

민주주의 체제는 정치권력의 정당성을 규정하는 가장 중요한 지표로 선거를 들고 있다. 그러나 선거는 표면적 형식 자체는 같을지라도, 그 내용면에서는 여러 가지 형태로 나타날 수 있다. 이는 제도적인 결함뿐만 아니라 이를 운영하는 사람들의 의지, 더 나아가서는 경제, 사회, 문화적 배경에 의해 영향을 받는다. 대의민주주의 체제의 근간을 이루는 선거가 제삼세계 국가에서 기득권층의 권력 획득과 유지를 위한 수단으로 왜곡되어 사용되는 경우가 많다. 이러한 이유로 인해 선거제도 자체가 파행적으로 운영되고 불신의 대상이 되는 경우들이 자주 발생한다. 제도변화의 양태를 결정하는 것은 기존제도가 가지고 있는 신경체제, 즉 문제인지 및 해결능력에 달려 있다고 할 수 있다. 정치체에 있어서 신경체제는 정당체제, 선거체제, 대의체제, 민주화 정도 등으로 볼 수 있으므로 선거제도에 대한 연구는 민주주의 공고화라고 하는 정치체의 변화에 대한 중요한 연구영역이라고 할 수 있다(하태수 2001, 118). 선거제도는 투표행태와 선거결과에 영향을 줄 수 있을 뿐만 아니라 정책선호를 결정하는 과정과 정치권력을 이전하는 데 중요한 역할을 하므로 면밀한 분석이 요구된다. 선거제도는 다양한 요소들이 존재하는 복잡한 현실 속에서 시행되기 때문에 올바른 분석을 위해서는 해당 국가의 역사적, 사회 · 경제적 환경을 고려하여 그 영향을 평가해야 한다(Dieter 1984).

슘페터에게 있어서 민주주의적 방법은 개인이 국민의 표를 얻기 위한 경쟁적 투쟁을 통해 정책을 결정할 수 있는 자리에 오를 수 있도록 하는 제도적 장치에 다름 아니다(Shumpeter 1962, 269). 이러한 슘페터적인 접근은 헌팅턴(Huntington 1991)의 "절차적 민주주의"와도 일맥상통한다. 그러나 이와 같은 정의에서는 선거를 민주주의의 충분조건으로 봄으로써 선거를 둘러싸고 있는 수많은 비민주적인 요소들은 간과하고 있다. 민주주의에 대한 또 다른 정의로서 달(Dahl 1956)의 폴리

아키(polyarchy)적 개념을 들 수 있다. 즉 "자유롭고 공정하며 경쟁적인 선거와 더불어 조직 및 표현의 자유, 정보접근의 자유, 그리고 민의를 반영하는 통치체제"로 민주주의를 표현하고 있다. 여기에는 통치자를 뽑는 절차로서 선거의 정당성에 대해 언급하고 있다. 즉 자유롭고 공정하며 경쟁적인 선거라야만 민주주의를 구성하는 하나의 조건을 충족시킨다는 의미이다. 민주적 제도의 확립과 이의 안정화를 민주주의 공고화로 보고 이러한 관점에서 선거를 평가하고자 한다면 민주주의와 선거의 관계를 슘페터적인 관점보다는 달(Dahl)적인 관점에서 접근하는 것이 바람직하다.

보다 근본적으로 선거가 과연 민주적인가에 대해서는 논란의 여지가 있다. 민주주의의 원형인 고대 민주주의체제에서는 대표 혹은 통치자를 시민들 중에서 순번 또는 추첨을 통해 결정하였다. 그러던 것이 공동체의 변화와 더불어 17, 18세기부터 점차 선거라는 방식이 널리 쓰이면서 이를 대체하게 되었다. 모든 정치사회를 시작하고 실질적으로 구성하는 것은 다수파를 만들 수 있는 숫자의 자유인들이 연합하고, 그러한 사회에 스스로를 편입시키기로 동의한 것에 지나지 않는다고 보고, 이것이 바로 세상의 모든 합법적 정부의 시작이고 기원으로 간주하였다. 근대 민주주의의 사상적 근간을 이룬 자연법 사상가들은 동의가 합법적인 권위의 유일한 근원이며 정치적 복종의 근거라는 신념에 사상적 기반을 두고 있다. 추첨은 더 이상 정치행위자들이 획득하려던 일정한 목적과, 정치적 정당성에 대한 지배적 신념에 적합하지 않은 것으로 간주되었다. 대의정부가 등장할 무렵에 중요했던 정치적 평등은 권력에의 동의에 대한 평등한 권리였지 관직을 가질 평등한 기회를 의미하는 것이 아니었다. 그러므로 시민들은 스스로 관직에 참여하기를 원하는 사람들이 아니라, 정치적 정당성의 근거로 간주되었다(마넹 2004). 이처럼 불평등한 요소를 내포하고 있는 선거를 민주주의의 가장 중요한 요소로 간주하는 것에는 문제가 있지만, 현실적으로 이를 대체하여 활용할 수 있는 보다 현명한 제도가 고안되기 전에는 비록 불완전하지만 선거제도에 의존할 수밖에 없고, 또한 여기에서 기대할 수 있는 최대한의 민주적 요소들을 도출하는 도리밖에 없다.

선거의 존재가치는 지배자와 피지배자가 상호이익을 극대화하기 위해 영향력을 교환하는 데에 있다고 볼 수 있다. 정치체제와의 관계에서 선거의 기능을 두 가지 차원에서 살펴볼 수 있다. 즉 선거를 대의기능, 정부의 선택기능, 정책에 대한 국민의 영향력의 행사와 같은 하의상달(bottom-up)로 보는 버틀러(Butler)적 시각과, 지배엘리트가 통치하는 정치체제의 안정, 효율성 및 권위를 증대시킴으로써 결국에는 정치적 엘리트의 위상을 강화해주는 하나의 수단, 즉 상의하달(top-down)로 보는 진스버그(Ginsberg)적 시각이 공존한다(김선종 1994, 464-6 재인용). 바람직한 선거제도의 선행조건으로는 대표에게는 효율적인 업무수행에 필요한 권위를 부여하고 대중에게는 선택의 폭을 넓혀줌으로써 정치권력의 정통성을 대중에게 납득시킬 수 있어야 한다. 또한 사회적 긴장과 갈등을 감소시킬 수 있는 안전장치(safety valve) 역할을 해야 하며, 누적된 사회적 갈등의 찌꺼기를 해소할 수 있는 여과장치이어야 한다.

선거제도의 수립과 운용, 그리고 변화과정에 대한 이해를 위해서는 행위자, 구조, 그리고 환경에 대한 종합적인 고찰이 요구된다. 정치체제로서의 민주주의의 공고화는 구조와 환경의 변화 속에서 민주적 제도화의 심화과정으로 볼 수 있다. 본 연구는 민주주의 공고화를 민주적 제도화의 확립과정으로 보고, 민주적 제도의 핵심적인 요소인 선거제도에 초점을 맞추었다. 선거제도를 분석함에 있어 제도의 형성과 변화를 행위자, 이해관계, 권력관계를 중심으로 파악하였다. 제도화를 비공식적인 행태가 공식적인 제도로 전이되는 것으로 보고, 그 과정에서 행위자간의 이해관계를 중심으로 한 갈등이 표출되며, 이의 해결은 결국 권력관계에 의해 정착된다고 본다.[3] 이러한 변수들은 사회 · 경제적 환경에 따라 변

3) 노스(North 1990)에 따르면 제도는 사회적으로 효율적이기 위해 만들어지는 것이 아니라, 새로운 제도를

화하며, 제도의 변화 또한 이러한 세 변수의 변화에 영향을 받으며 기존제도가 내재하고 있는 경로에 따라 변화하는 것으로 본다. 방법론적인 측면에서 본 연구는 분석적 서술(analytic narratives)기법을 사용하였다.[4)]

Ⅲ. 필리핀 선거제도의 이상과 현실

1. 필리핀 선거제도의 형성과 전개

선거의 종류는 선거의 원칙에 따라 구분하면 보통선거와 제한선거, 평등선거와 차등선거, 직접선거와 간접선거, 비밀선거와 공개선거로 나누어 볼 수 있다[5)](안순철 1998, 40). 필리핀에서 제한적이나마 선거제도가 도입된 이후 차등선거

창조할 수 있는 협상력을 갖춘 사람들의 이익을 증진시키기 위한 방편으로 만들어지는 것으로 보았다. 나이트(Knight 1992)도 제도의 형성과 변화는 분배적 이득을 얻기 위한 갈등의 부산물(a by-product of conflicts over distributional games)일 뿐이라고 하였고, 코르피(Korpi 2001)는 영향력 있는 행위자가 권력관계를 암묵적으로 정당화, 영속화시키기 위하여 제도를 통해 특정한 규범과 문화를 만들어 나갈 수 있다고 주장한다. 오렌과 스코르넥(Orren and Skowronek 1994)에 따르면 제도란 특정 목표의 달성을 위해, 특히 다른 사회구성원의 행동을 통제하기 위해 도입된 것이기 때문에, 제도의 각 구성요소들은 그것이 도입·형성되는 시기에 이를 뒷받침했던 사회구성원 간 권력관계를 반영할 수밖에 없다는 것이다(하연섭 2002, 347-9 재인용).

4) Bates(1998)에 의하면 분석적 서술에서 서술적(narrative) 방법이란 다름 아니라 시·공의 제약을 받는 사례와 맥락에 초점을 맞추는 것을 의미하며, 분석적(analytic)이란 합리적 선택의 명제로부터 사회현상을 설명한다는 것을 의미한다. 분석적 서술은 이론중심이 아니라 문제 중심이며, 일반화를 추구하는 것이 아니라 구체적인 사례에 대한 설명이 목적이다(하연섭 2002, 353 재인용).

5) 보통선거는 재산이나 사회적 신분, 인종, 성별, 교육 등에 관계없이 헌법이나 법률이 정한 최소한의 자격요건을 갖춘 모든 국민에게 선거권을 부여하는 원칙을 말한다. 평등선거는 모든 투표자에게 동등한 권한, 즉 일인일표에 동등한 가치를 부여하는 것을 의미한다. 직접선거는 국민이 대표자를 직접 선출하는 것을 의미하며, 간접선거에 의해 국민의 의사와 결정이 중간 선거인에 의해 왜곡되어 나타나는 것을 피하고자 하는 원칙이다. 비밀투표는 무기명 투표를 통해 투표자가 누구에게 투표했는지 제3자가 알지 못하게 보장하는 원칙을 말한다.

와 공개선거의 행태는 나타나지 않는다. 현 필리핀 선거법의 성격과 내용은 법의 형성과 전개에 핵심적 역할을 담당했던 행위자들과 그들의 이해관계, 그리고 이해갈등(interest conflicts)의 조정에 열쇠가 되는 사회적 계층구조 및 권력관계의 역사적 고찰을 통해 설명될 수 있다. 필리핀 선거제도의 역사적 전개과정은 시대적 변천과정을 통해 살펴볼 수 있다. 제도적인 변화를 환경의 변화에 따른 행위자의 변화, 그리고 행위자들 간의 이해관계의 변화라는 관점에서 볼 수 있고, 이러한 변화는 새로운 제도의 도입과 더불어 새로운 사회구조적 변화를 가져온다는 의미에서 역사적 시대구분을 통한 행위자들의 변화와 이를 둘러싼 사회적 구조의 분석은 선거제도의 형성과 전개를 이해하는 데 중요한 의미를 갖는다.

필리핀 군도에 스페인 식민지가 건설되기 이전에는 바랑가이(barangay)라고 하는 부족공동체와 같은 형태의 원시적 정치체가 존재하였다. 공동체의 리더로서 다투(Datu)는 그 권위가 세습에 의해 전수되었다. 스페인의 식민지 정책이 본격화되는 1565년부터는 식민지 고급관료들에 대한 임명에 식민정부로부터의 천거(anointing)라고 하는 종교적 형식을 이용하였다. 제한적이나마 필리핀에서 투표를 통한 선출의 형식이 나타난 것은 1641년 스페인 칙령(Ordinance)에 의한 지방행정관(기초단체장)을 선출하면서부터이다. 선출을 위한 위원회는 퇴임행정관과 12명의 바랑가이 대표들로 구성되었다. 1847년에 통과된 기초단체선거법(Municipal Election Law)을 통해 선거구의 수정은 물론 선출하는 자리의 숫자도 증가하였다. 스페인 식민지 시기에는 근대적 의미의 보통선거제도가 나타나지 않았고 신분적 제한선거가 19세기 말까지 지속되었다. 국가의 수립과 조직의 주체였던 스페인 식민세력은 적은 숫자로 효율적인 통치를 하기 위해 토착의 지배세력들을 새로운 체제 속에 영입시켰다. 기초단체를 구성하는 데 전통적인 지배계급들을 참여시켜 이들의 특권을 식민정부하에서도 지속적으로 누리게 함으로써 식민통치에 대한 저항을 효과적으로 억제할 수 있었다(Carlos and Banlaoi 1996). 이는 이후 필리핀에서 지방 엘리트세력들이 강화되어 지방분권적인 권력구조가 나타나는 원인이 되었다.

미국 식민지 시기는 현 필리핀 선거제도의 기본적인 성격과 내용이 형성되는 중요한 시기라고 할 수 있다.[6] 미국 식민지 하에서 선거제도는 그 범위와 영역이 점진적으로 확대되는 모습을 보인다. 우선 1900년부터 1906년까지 필리핀위원회법(Philippine Commission Act No. 60, 82, 83)에 명시된 지방정부 구성에 관한 규정에 따라 지방 선거가 실시되었다. 1902년에 통과되어 1906년부터 1916년까지 실행된 필리핀 하원의회 구성법인 쿠퍼법은 필리핀에서 정당활동의 본격적인 시작을 의미했다. 1916년의 필리핀 자치법인 존슨법은 필리핀에 상하 양원제를 도입하고 의회의 권한을 대폭 강화하였다. 1935년의 필리핀 독립법인 타이딩-맥더피법은 필리핀인 대통령과 의회의 구성을 포함하고, 필리핀자치령(Philippine Commonwealth) 기간을 거쳐 향후 10년 후에 완전 독립된 필리핀 정부를 구성한다고 규정하고 있다. 미국 식민시기 동안의 선거는 전 기간에 걸쳐 성별/지식/재산에 따른 제한선거가 실시되었다. 스페인을 대체한 미국 식민지 세력, 전통적인 지방 엘리트계층, 그리고 스페인통치 말기 사회에 팽배해 있던 반식민지 혁명세력 등이 새롭게 도입되는 근대적 정치제도에서 실질적인 행위자들로 등장했다. 미국에 의해 새롭게 도입된 정치체제는 대의제에 기반을 둔 민주주의 제도였다. 미국 식민정부는 봉건적인 요소인 지주계급을 민주주의라는 새로운 제도의 가장 큰 수혜자로 만들었다. 더불어 아래로부터의 혁명적인 요구들은 효과적으로 억제할 수 있었다. 혁명세력들은 좌파 민족주의 세력으로 일부 변하고 또한 사회운동으로 세력화하여 필리핀의 역사적 과정에서 중요한 변화의 계기를 제공하지만 권력의 중심으로 부상하지는 못하였다(박사명 1999). 미국 식민정부는 필리핀에 근대적 관료기구의 창설보다는 선거나 대의제도를 만드는 데 더 큰 관심을 기울였다. 이는 필리핀에 강력한 중앙관료제보다는 지방분권적인 권력구조를 창출시

---

6) 미국의 필리핀 식민통치에 관해서는 권오신(1992, 1997, 1998, 1999)을 참조하시오.

켰다(Hutchcorft 2000). 현재 필리핀 선거에서 흔히 볼 수 있는 지방의 후원-수혜관계, 그리고 이를 근거로 하는 중앙과 지방의 네트워크 형성에 의한 국가 권력의 창출은 이미 미국 식민지 시대부터 시작되었다.

1946년 독립과 더불어 실시된 선거는 1939년에 통과된 필리핀자치법(Commonwealth Act No. 357)에 의거해 근대적 의미의 보통선거가 최초로 실시되었다. 필리핀 독립국가 초기에는 미국 식민지하에서의 정치 및 사회적 구조가 그대로 이어졌다. 비록 독립은 되었지만 독립을 제공한 미국의 영향력은 많은 부분에서 남아 있는 상황이었다. 행정부의 수반인 대통령의 임기를 4년 중임으로 규정함으로써 엘리트 간의 원활한 권력순환이 이루어졌다. 1946년부터 1969년 마르코스가 재선되기 전까지는 그 어느 대통령도 재선되는 경우가 없었다. 정당체제는 대통령 후보를 중심으로 국민당(Nacionalista Party)과 자유당(Liberal Party)의 양당체제를 유지하였다. 독립 이후 필리핀에 선거민주주의가 정착되면서 지방 라이벌들 간의 선거를 둘러싼 치열한 경쟁이 이루어졌다. 이는 곧 사병조직의 등장과 함께 지역 보스정치의 강화를 낳았다. 선거에 무력, 조직, 자금을 상징하는 3G(Guns, Goons, Gold)를 이용한 부정행위들이 동원되었다(Anderson 1988). 또한 중앙과 지방의 네트워크에 의한 정권창출 구도는 환경의 변화와 더불어 일정한 변화를 맞이했다. 독립초기 가장 큰 사회적 문제로는 일본군 점령시기에 조직되고 강화된 반일, 반지주 무장운동세력(*Hukbalahap*)의 처리문제였다. 특히 이들이 좌파 성향의 개혁을 주장하였으므로 전후 냉전의 시작과 더불어 미국에게는 민감한 문제였고, 전통적 지주계층은 정부군이나 사병조직을 동원하여 이들과 마찰을 빚었다. 또한 미국이 제안한 토지개혁안도 의회를 점유하고 있는 전통적 지주들에 의해 거부됨에 따라 좌파의 활동을 더욱 증폭시키는 결과를 낳았다. 이러한 상황에서 미국의 후원을 받고 있던 당시 국방장관 막사이사이(Ramon Magsaysay)는 중앙과 지방간의 네트워크를 통한 선거운동보다는 대중들에게 직접 호소하는 방식으로 대통령에 당선되었다. 이러한 대중 지향적인 대통령선거 행태는 1960

년대 이후 대중매체의 확산과 더불어 더욱 확대되었다. 이는 필리핀 정치권력의 중심이 지방 엘리트들이 주도하는 의회와 국민들로부터의 개인적인 인기에 기반을 둔 대통령으로 양분되는 현상으로 나타났다. 선거와 관련된 부정행위가 유권자에 대한 매수나 위협과 같은 방법에서 개표와 집계과정으로 확산되는 총체적 선거부정 행태가 나타났다(Hutchcroft and Rocamora 2003).

1972년 계엄령의 선포와 더불어 필리핀에서는 민주적 절차로서의 선거가 파행적으로 운영되었다. 의회는 해산되어 1978년까지 의회 없는 마르코스 독재정치가 이루어졌다. 1973년 새로운 헌법은 의원내각제 형태를 추구하면서 1935년 헌법하에서의 대통령의 권한과 1973년 헌법하에서의 수상의 권한을 마르코스 일인에게 집중시켰다. 마르코스의 이와 같은 정치적 선택은 1960년대 당시 시대상황, 즉 많은 제삼세계에서 독재정권이 탄생하는 현상과 맥을 같이한다(Anderson 1988). 당시 급속히 증가하고 있던 신흥 전문인들, 특히 미국에서 교육 받은 기술관료들이 중앙권력에 영합함으로써 이들이 주축이 된 국가의 지역조직들이 지방 엘리트들에 의해 수행되던 국민동원의 역할을 대체하게 된 것이다. 마르코스 독재 시기는 새로운 정치행위자와 권력구조에 변화를 가져왔다는 데에 필리핀 정치의 진화과정에서 중요한 의미를 가진다. 비록 마르코스가 지방엘리트들의 붕괴를 시도하였지만 이에 완전한 성공을 거두지는 못하였다. 또한 군부의 정치화와 시민사회의 정치세력화라는 결과를 낳음으로써 보다 다양한 세력들이 정치의 정면에 등장하는 계기를 만들었다. 이러한 다양한 정치세력들은 1980년대 민주화 운동의 물결 속에서 새로운 정치를 탄생시키고 새로운 권력구조를 형성하는 데 주도적 역할을 담당했다.[7]

1981년 계엄령이 해제되고 1984년 선거를 통해 소집된 임시의회에서 만들

---

7) 마르코스하의 군부 정치화과정에 대해서는 서경교(1994)를 참고하고, 마르코스 정권의 붕괴과정과 시민사회의 역할에 관해서는 정영국(1992)을 참조하시오.

표 1 필리핀 선거제도의 형성과 진화를 둘러싼 상황적 배경

선거제도	주요 행위자	이해관계	권력구조	선거의 기능
스페인 식민통치 시기: 제한된 범위, 신분적 차별선거 (지방관료 선출에 관한 스페인 칙령, 1642-1898)	1. 스페인 식민정부 2. 전통 엘리트	효율적인 식민지 통치와 전통적인 권위의 보전이라는 측면에서 상호 보완적 관계형성	지방 분권화의 강화와 이에 대한 식민정부의 통제 형태.	전통적 엘리트들의 권위를 보전해 주는 기능.
미국 식민지 시기: 선거범위의 점진적 확장, 성별/지식/재산에 의한 차별 선거(필리핀위원회법, 1990; 쿠퍼법, 1902; 존슨법, 1916; 타이딩-맥더피법, 1935)	1. 미국 식민정부 2. 전통 엘리트 3. 혁명 세력	식민정부는 전통적 엘리트들과 협력관계를 통해 통치의 효율성과 혁명세력을 효율적으로 억제.	식민정부의 통제 아래 의회제도를 통한 지방 엘리트들 간의 네트워크를 형성하여 지방 권력의 전국화.	전통적 지방엘리트들의 권력의 공고화와 전국화에 기여.
독립국가 초기: 행정부와 의회 전반에 관한 보통선거 (1935년 헌법, 1939년 연방정부법 No.357)	1. 전통 엘리트 2. 미국 식민잔재 3. 급진 세력	정치적 주도권을 잡으려는 전통적 세력과 경제적 이익과 이념적 헤게모니를 확보하려는 미국의 이해가 상호 보완적 관계형성.	전통적 엘리트들 간의 권력의 순환	엘리트들 간의 독립된 국가의 권력획득을 위한 경쟁의 장.
권위주의 시기: 계엄 하에서 임시의회 구성에 관한 보통선거 (1973년 헌법)	1. 마르코스 2. 기술관료 3. 국제적 후원자	권력 집중과 영구화를 추구하는 마르코스와 국가기구 확대를 통한 영향력 확보를 추구하는 기술관료들이 영합하고, 미국이 지역적 헤게모니의 전초기지 강화를 목적으로 국제적 후원자 역할.	기술관료와 군부를 기반으로 한 독재체제.	독재정권하에서 선거의 민주적 기능이 정지되고, 선거는 단순히 독재정권의 하수인을 만드는 역할.
1986년 민주화 이후: 행정부와 의회 전반에 관한 보통선거 (1985년 통합선거법, 1987년 헌법)	1. 전통적 엘리트 2. 시민사회 3. 군부 4. 민중	새롭게 조성된 민주적 환경에서 정치적 주도권을 놓지 않으려는 전통적 엘리트와 개혁을 추구하는 사회세력이 공존.	전통적 엘리트가 권력의 중심에 복귀하고, 다원화된 정치세력들과 일정부분 권력을 공유.	민주적 원칙 아래 다양한 목소리를 담으려는 노력에도 불구하고 이의 운영과 결과는 이에 미치지 못함.

어진 1985년 통합선거법(Omnibus Election Code)이 현재까지 필리핀 선거법의 기본 골격을 이루고 있다. 독재정권이 물러난 이후 가장 시급했던 작업은 새로운 민주적 법질서를 수립하는 것이었다. 민주화 운동 과정에서 확대된 정치적 행위자들, 특히 각 계파별 시민단체들, 개혁적 군부세력들이 민주화의 결실에 대한 자신들의 몫을 주장하는 상태였다. 현재 실시되고 있는 선거제도가 이러한 역사적 과정 속에서 만들어진 것으로써 사회의 다양한 목소리를 수렴하였다고는 하나 시간이 흐르고 혁명적 분위기가 사라짐에 따라 다시금 전통적 엘리트들에게 유리한 방향으로 제도가 운영되었다. 그 원인은 1970년대와 1980년대에 성장한 도시 중산층이 국내의 경제적 어려움과 더불어 직업을 찾아 해외로 이주함에 따라 민주화 이후 아키노 정부의 효과적인 개혁의 조력자가 되지 못했고, 또한 급진적 개혁세력들은 아키노 정부에 협력을 거부함으로써 전통적 엘리트 계층의 새로운 권력복귀현상을 견제할 세력이 미흡했다(Anderson 1988). 현 선거제도의 가장 큰 문제점으로 지적되고 있는 것은 정당체제의 발전을 가져오지 못한다는 것이다. 필리핀 정당들의 실체를 보면 양당제니 다당제니 하는 구분이 별 의미가 없다(Hutchcroft and Rocamora 2003). 정당으로서의 활동과 역할은 오직 선거기간에만 이루어지는 소위 정당 발달 초기단계의 간부정당 형태를 띠고 있다. 정당의 이름으로 유권자에게 접근하기보다는 개인적인 인기나 공약으로 캠페인 하는 경우가 대부분이다. 물론 정치적 이해에 따라 당적을 변경하는 것도 흔히 있는 일이다. 1998년 에스트라다의 대통령 당선은 정당의 부재와 이로 인한 개인적 인기와 금전위주의 선거경향 때문으로 파악된다. 2004년 5월 선거에서도 나타났듯이 영화배우 출신의 포(Fernando Poe, Jr.)가 강력한 대통령 후보로 등장한 것을 보면 에스트라다와 같은 현상이 일시적인 것이 아님을 입증한다. 이러한 현상을 불평등하게 정형화된 사회 계층구조의 타파를 희망하는 국민들의 역량이 선거결과로 나타난 것으로 해석할 수도 있다(Lande 2001). **표 1**은 시대에 따른 선거제도의 변화를 주요 행위자, 이해관계, 권력구조 등 변수들을 중심으로 구분하여 정리하고 있다.

2. 필리핀 선거법의 성격과 내용

선거법을 분석하고 평가하는 기준은 여러 가지 방법이 있다. 본 논문에서는 필리핀 선거법을 네 가지 범주로 나누어 살펴보았다. 첫째로 선거법의 틀과 형태로서 선출직의 구성과 정부형태, 그리고 선거구의 확정원칙과 구조에 관하여 고찰하였다. 둘째로 후보자 및 선거운동 규정에 관한 것으로서 후보자의 자격 및 정당과의 관계, 정당의 구조와 행태 및 선거비용에 관한 규정 등을 살펴보았다. 셋째로 투표와 개표 및 집계에 관련된 절차와 방식, 그리고 이에 관련되는 기관들을 살펴보았다. 넷째로 획득한 표의 의석전환원칙에 관한 규정으로서 단순대표제와 비례대표제로 나누는 필리핀의 현행 규정을 고찰하였다. 필리핀 선거제도는 그 문화와 권력구조에서 나온 선택의 결과로 볼 수 있다. 그러나 의도로서의 합리성이 현실적으로는 기대하지 않은 결과로 나타날 수 있다. 그러므로 각 범주에서 필리핀 선거제도가 추구하는 이상과 현실로 나타나는 결과를 동시에 살펴보고 평가하는 것이 바람직하다.

1) 필리핀 선거법의 기본 구조

현행 필리핀 선거법은 1985년에 제정, 공포된 통합선거법(Omnibus Election Code)에 근거하며, 1987년 헌법의 규정에 의해 일부 수정 보완되었다. 통합선거법은 많은 부분이 개정되었지만 그 기본적인 골격은 필리핀 선거법을 대변한다. 필리핀은 선거를 통해 국민이 직접 선출하는 대통령에 의한 대통령중심제 정부형태를 이루고 있다. 또한 1991년 지방정부구성법(Local Government Code)에 의거하여 각 지방의 기초 및 광역 단체장과 지방의회 의원들을 국민들이 직접 선출하고 있다. 입법부는 상원과 하원으로 구분되며 상원은 전국적인 선거로 선출되며 하원은 지역구와 정당명부(Party-List)로 구성된다. **표 2**는 2004년 5월 선거를 통해 선출된 직위 및 내용을 요약하고 있다. 1991년 선거법 개정과 함께 중앙과 지방의 선거가 동시에 실시되며 매 3년마다 선거를 치루고 있다. 선거구의 확정방법은 등록한 유권자의 수에 비례하여 정해지는 것을 원칙으로 한다. 일반적으로 유권자 300,000명당 1명의 대표를 기준으로 한다. 그러나 광역행정구역인 각 지역(province)은 비록 유권자의 수가 적을 지라도 1명의 하원의원을 배출한다.8) 각

표 2 2004년 필리핀 선거를 통해 선출되는 직위 및 내용

	정/부통령[1]	상원의원[2]	하원의원		지방 단체장 및 지방의회 의원
			지역구	정당명부[3]	
인원	각1명	12명	212명	53명	17,500명
임기	6년 단임	6년(2회 이상 연임 불가)	3년(3회 이상 연임 불가)	3년(3회 이상 연임 불가)	3년(3회 이상 연임 불가)
선거구	전국	전국	지역	전국	지역

· 주: 1. 대통령과 부통령은 미국의 경우처럼 팀으로 선출하는 것이 아니라 개별적 투표를 통해 선출한다. 그러므로 실제로 같은 팀이 아닌 다른 팀에서 각각 대통령과 부통령이 나오는 경우가 흔하다.

2. 상원은 24명의 의원으로 구성되며, 민주화 이후 상원이 부활한 다음 최초의 선거에서 순위를 정하여 상위 12명은 6년 하위 12명은 3년으로 임기를 정하여, 이후 매 3년마다 있는 선거에서 12명씩을 선출하여 기존의 12명과 함께 24명으로 구성한다.

3. 정당명부제(Party-List System)의 의석배분 방식은 정당명부에 투표한 전국의 모든 표들을 집계하여 각 정당이나 단체가 획득한 전체대비 득표비율(%)에 따라 배분하는 것이다. 진입장벽(threshold)은 2%이며 매 2%마다 1석을 배정하고 최대 3석까지 획득할 수 있도록 규정하고 있다. 의석배분공식을 두고 논쟁해 오다가 이에 대한 최종 결정권한이 있는 대법원은 2007년 선거부터 정당명부 의석배분에 비례성을 가미하여 6% 이상을 득표한 정당이나 단체가 다수일 경우 가장 많이 득표한 한 정당이나 단체에게만 3석을 배정하도록 하였다. 필리핀의 정당명부제는 정당은 물론 각종의 사회단체들이 참여하여 경쟁하는 제도로서 일반적으로 알려진 비례대표제와는 거리가 있다.

8) 바타네스(Batanes) 지역의 경우는 유권자수가 8,000명으로서 과대대표의 한 예라고 할 수 있다(Leones and Moraleda 1998, 22).

지역별로 인구밀도에 따라 차이는 있지만 과밀지역은 2개 혹은 6개의 선거구로 나누는 곳도 있다. 선거구 확정은 헌법상 매 5년마다 조정하도록 되어 있다.

필리핀 선거법은 정부형태로서 대통령중심제를 구성한다. 필리핀에서 대통령중심제가 도입된 역사적 배경은 미국식 정부형태를 본떠 만든 1935년 필리핀 독립법에 근거한다. 특히 1987년 이후 단임 대통령제의 도입은 마르코스의 장기 독재를 경험한 후 1인 독재의 탄생을 원천적으로 예방하기 위한 것으로 알려져 있다.[9] 대통령중심제는 근본적으로 삼권분립 원칙 아래 견제와 균형을 추구하는 정치체제라고 할 수 있다. 그러나 필리핀에서 시행되는 대통령중심제는 이와 같은 삼권분립과는 거리가 있으며 대통령을 중심으로 한 행정부에 과다한 권력집중이 주요한 비판의 대상이 되고 있다. 이는 대통령이 정부재원의 통제권한을 이용하여 의회를 효율적으로 통제할 수 있기 때문이다.[10] 올바른 선거문화가 정착되지 못한 상태에서 직선에 의한 대통령의 선출은 정치적인 경륜이나 능력보다는 대중적 인기가 우선시되는 현상을 낳고 있다.[11] 일부에서는 필리핀의 현실에서 대통령중심제는 민주주의 체제의 근간인 정당의 발달에 부정적으로 작용하고 있다는 주장이다. 이는 필리핀에서 끊임없이 제기되고 있는 헌법개정을 통해 의원내각제로의 정치체제 변경을 주장하는 논리적, 현실적 근거가 되고 있다.

---

9) 또 다른 측면에서 보면, 과두제(Oligarchy)를 형성하고 있는 필리핀 정치엘리트들이 정치권력을 제도적 차원에서 원활히 순환시키고자 하는 의도로 볼 수도 있다. 독립 이후 대통령 중임제가 실시되었지만 현직 대통령이 두 번 연임한 경우는 마르코스를 제외하고는 아무도 없었다. 이러한 현상을 놓고 볼 때 필리핀에서는 정치권력이 한 군데 머무는 것을 달갑게 생각하지 않는 엘리트들의 성향을 짐작할 수 있다.

10) 필리핀에서는 매년 의회 의원들에게 배당되는 지방개발기금(Countrywide Development Fund, CDF or Pork Barrel)이 정부예산에 책정되어 지급되는데, 이의 지출 승인권이 대통령에게 있으므로 대통령이 효율적으로 의회 의원들을 통제할 수 있는 기반이 된다. 이러한 연유로 인해 매 선거 후 정당이나 정파에 관계없이 의원들이 대통령이 소속된 정당이나 정파로 대거 이동하는 현상을 낳고 있다. 지방개발기금은 정치인들에 의한 공공자금유용의 대표적인 예라고 할 수 있다(Parreno 1998).

11) 1998년 영화배우 출신의 에스트라다가 대통령에 당선된 것과 2004년 대선에서 정치적 경험이 전혀 없는 영화배우 출신인 포(Fernando Poe, Jr.)가 강력한 대통령 후보로 부상하였던 점은 이를 입증한다. 현재의 부통령도 유명한 TV 앵커 출신이며, 상원의원 중에서도 상당수가 방송, 연예계 출신이다.

2) 후보자 및 선거운동 규정

필리핀 선거법에 따르면 태생적 필리핀 국민이면서 일정한 요건만 갖추면 누구나 선출직 자리에 출마할 수 있다. 기본적으로 후보자들은 읽고 쓸 수 있는 지적 능력을 갖추어야 하고, 해당 지역 선거인 명부에 유권자 등록이 되어 있는 국민이라야 한다. 연령제한은 대통령과 부통령의 경우는 40세 이상, 상원의원은 35세 이상, 하원의원의 경우는 25세 이상으로 규정하고 있다. 선거일 직전 필리핀 내 거주한 기간에 대한 규정에 따르면 대통령과 부통령의 경우는 10년, 상원의원은 2년, 그리고 하원의원의 경우는 해당 지역구에 6개월 이상 거주해야 하는 조건이 있다. 정당명부후보의 경우는 자신이 대표하고 있는 그룹의 실질적인 일원이어야 한다고 규정한다. 대부분의 출마자들은 정당의 공천으로 선거에 출마하고 있다. 정당설립요건은 단지 일정한 구비서류를 갖추어 선거위원회(Commission on Election, Comelec)에 등록함으로써 이루어진다. 단지 종교단체가 정당으로 등록하는 것은 금하고 있으며, 폭력을 목적달성의 수단으로 하는 어떠한 단체의 정당 등록도 금하고 있다. **표 3**은 필리핀의 주요 정당들의 현황을 나타내고 있다. 선거철마다 여러 정당들이 연합하여 후보를 내세우는 경우가 많이 있다. 특히 12명의 후보를 내세우는 상원의원 선거의 경우 여권과 야권으로 나누어 정당들이 연합하여 공천하는 경우가 흔하다.

필리핀 선거캠페인 기간은 전국적인 선거 즉 정·부통령과 상원의원의 경우는 90일로 되어 있으며, 지역구 및 정당명부 선거의 경우는 45일로 규정하고 있다. 필리핀에서 선거와 직접 관련이 없는 정치자금의 경우는 대체로 침묵한다. 합법적인 선거자금은 개인이나 기업의 기부금, 특히 화인기업의 기부금이 중요한 역할을 하는 것으로 알려져 있다. 선거기부금에 대한 금지조항으로는 정부의 하청업무를 수행하는 업체나 공공성이 있는 기간사업에 종사하는 업체들은 기부행위가 금지되어 있다. 또한 금융기관의 선거기부행위도 금하고 있으며 정부로부터 특혜를 받은 업체[12)]나 공무원, 군인 그리고 외국인과 외국인 업체로부터의 선거기부행위는 금하고 있다.

필리핀 선거법에 따르면 선출직에 출마하는 요건은 보편적인 기준에 의거하지만, 당선가능성에 대해서는 여러 가지 제한을 가지고 있는 것이 현실이다. 실제적으로 하원의원의 경우 지역의 전통적인 엘리트 가문 출신이 3분의 2 이상을 차지하고 있으며, 3분의 1 정도는 정권의 변화에 상관없이 대를 이어 의회 의석을 차지하고 있다(Leones and Moraleda 1998; Coronel et. al. 2004b). 비록 선거에서 후보자들이 정당의 후보로 출마하지만 필리핀에서 정당은 실질적인 조직체계의 측면에서 들여다보면 개인적인 조직체의 집합에 불과하다(임성한 1990, 359). **표 4**에서 볼 수 있듯이 정당이 후보자를 평가하는 기준이나 후보자 선택에 영향을 미치는 요소로서 중요하지 않음을 볼 수 있다. 이처럼 정당이 제 구실을 못하는 데는 선거법상의 결점도 지적되고 있다. 1985년 통합선거법 제9조 70항에 의하면 "정당은 비당원을 후보로 지명하거나 지원할 수 있다"고 규정함으로써 유력후보의 초청이 만연하고 이로 인해 당의 결속력에 심각한 폐해를 낳고 있다.

2001년에 도시빈민을 대상으로 한 조사에 따르면 대체로 연예인의 정치참여에 대해 부정적인 반응을 나타내지만 후보자의 선택기준으로 그 후보를 "안다" "모른다"가 중요한 요소로 나타난다. 중요한 것은 유권자들이 그 후보를 아느냐 모르느냐 이지 그 후보가 정치인이냐 연예인이냐가 중요하지 않다는 의미이다. 결국 정치신인보다 인기 연예인이 훨씬 유리한 위치에 있음을 보여준다(Sy 2001). 2004년 5월 선거를 전후하여 실시한 인터뷰를 통해서도 대체적으로 **표 4**의 내용을 확인할 수 있었다. 특히 후보자를 평가하는 요소로서 교육정도와 경험이 부각되는 것은 대학 중퇴의 학력을 가진 영화배우 출신 대통령 에스트라다의 실패를 배경삼아 강력한 대권후보로 등장한 포에 대한 자격론이 사회적 이슈가 된 시점

---

12) 선거일 전 100일 이내에 정부로부터 100,000페소 이상의 정부지원을 받은 업체나 100,000페소 이상의 정부지원을 받은 교육기관.

표 3 필리핀 주요 정당 현황, 2004

정당명	설립연도	정당이념	비고
기독교회교민주당 (Lakas-Christian Muslim Democrats, or Lakas-CMD)	1992	불확실	1992년 라모스(Fedel V. Ramos)의 대선출마를 위해 창당. 현 아로요 대통령 소속정당
필리핀민주투쟁당 (Laban ng Democratikong Pilipino, or LPD)	1988	불확실	1988년에 아키노 대통령을 돕기 위해 설립.
전국민연합 (National People's Coalition, or NPC)	1992	불확실	1992년 코후앙코(Danding Cojuangco)의 대선 출마를 위해 설립.
자유당 (Liberal Party, or LP)	1945	자유민주주의 (Liberal Democracy)	1945년에 설립되어 로하스(Manuel Roxas)를 대통령 후보로 내세움.
국민당 (Nationalista Party, or NP)	1907	필리핀주의 (자유, 민주, 사회정의)	1907년 친독립정당들을 규합하여 창당.
필리핀민주당 (Partido Democratiko Pilipino-Lakas ng Bansa, or PDP-Laban)	1978	민주사회주의 (Democratic Socialism)	1978년 마르코스에 대항하여 민다나오에 근거를 둔 피멘텔(Aquilino Pimentel)에 의해 전국정당으로 탄생.
국민개혁당 (People's Reform Party, or PRP)	1992	불확실	1992년 미리암(Miriam Defensor-Santiago)의 대선 출마를 위해 창당.

· 출처: Leones and Moraleda(1998); http://www.comelec.gov.ph; http://www.i-site.ph.(재구성)

표 4 필리핀 유권자들의 후보선택에 영향을 미치는 요소들 (2003년 조사)

후보자 평가에서 중요한 요소		후보선택에 영향을 미치는 요인	
가치(value)	점수(points)	가치(value)	점수(points)
교육정도(Educated)	48.5	매체(Media)	24.5
경험(Experience)	48	가족(Family)	17
공약(Platform)	35.4	교회(Church)	17
근검(Decent)	35	정당(Political Party)	12
자비(Help the People)	34.9	개인(Own Influence/None)	12
친절(Good)	15	여론조사(Survey)	7
개인능력(People Skills)	6	학교(School)	2.5
책임감(Responsible)	5	조직/고용인(Organization)	2
혈연(Relatives)	0.9	인기인(Movie Star)	1

· 출처: http://www.i-site.ph(검색일 2005/03/25).

에서 조사한 것이기 때문으로 볼 수 있다. 포 후보는 영화배우로서 고등학교 졸업의 학력과 정치적인 경험이 전혀 없는 인물이었다. 또한 후보자가 부패한 정치인인지 아닌지에 대한 나름대로의 판단이 후보선택에서 중요한 요소로 작용하고 있음을 발견할 수 있다.

선거운동에 대한 국가의 재정지원이 전혀 없는 상태에서 후보자들의 선거자금에 대한 규정이 너무 엄격한 것도 문제로 지적된다. 또한 이러한 법들의 준수여부를 감시하고 위반사례에 대한 처벌과 같은 행정업무를 집행할 만한 능력이 주무부서인 선거위원회(Comelec)에 거의 존재하지 않는 상황이다. 실제로 후보가 선거에서 얼마의 비용을 지출했는지도 선거 후 후보자가 신고하는 선거기부금을 기준으로 추정할 뿐 객관적인 평가는 불가능한 상태이다(Leones and Moraleda 1998). 막대한 비용이 소요되는 선거에 도박, 밀수, 매춘, 마약과 같은 불법경제자금이 유입되는 것으로 알려져 있으며, 특히 지방선거에 이러한 검은 돈들이 많이 사용되는 것으로 알려졌다. 이외에도 여러 가지 선거캠페인에 관련된 법규들이 존재하고 있지만 대체로 지켜지지 않고 있는 실정이다. 비록 위반 사실이 적발되었더라도 후보자의 당락에 영향을 줄 정도의 처벌이 가해지지 않기 때문에 문제제기 또한 무의미한 형편이다. 한 정치인은 "필리핀에는 오직 두 종류의 후보자만 존재한다. 하나는 승자(winner)이고 다른 하나는 속은 자(cheated)이다"라고 증언하고 있다(Rocamora 1998). 이는 널리 알려져 있는 3G(Guns, Goons, Gold)가 필리핀 선거에서 제도적 틀 위에 군림하고 있음을 말해주고 있다.

3) 투표, 개표 절차에 관한 규칙

필리핀 선거에 있어서 유권자는 남녀를 불문하고 18세 이상인 필리핀 국민으로 규정한다. 범죄자와 정신이상자에게는 선거권이 주어지지 않는다. 해외거주 필리핀 국민에 대한 선거권은 2004년 선거에서 최초로 도입되었다. 이전에는 해당 선거구에 선거일 이전 최소 6개월 이상 거주자로서 필리핀에 1년 이상 거주한 국민에 한하여 투표권이 부여되었다. 필리핀에서 선거를 총괄하는 기관은 선거위원회(Comelec)로써 의장 1명과 위원 6명으로 구성되어 있으며 의회의 동의를 얻어 대통령이 임명한다. 임기는 7년 단임으로 되어 있다. 선거위원회가 공인하는 비정부 민간단체들이 선거의 홍보 및 투표, 개표 감시와 비공식적 집계에 관여한다. 또한 분쟁지역에서의 선거실시를 위하여 군대를 동원하는 경우도 종종 있다.

투표소에서 투표절차를 주관하는 선거감시위원회(Board of Election Inspector, BEI)는 의장 1명과 간사 1명 그리고 정당을 대표하는 2명으로 구성되며, 각 투표소의 선거인명부가 준비되기 30일 이전에 구성된다. 의장과 간사는 공립학교 교사가 담당하게끔 규정한다. 공식적인 선거참관단은 각 정당, 정당연합, 후보자별로 1명씩을 선정할 수 있다. 이들은 투표소에서 투표와 개표상황을 참관할 수 있지만, 투표관련서류를 만지거나 조작할 수 없다. 투표가 실시되는 시간은 오전 7시부터 오후 3시까지로 되어 있다. 유권자는 투표소에서 선거인 명부에 자신의 이름을 확인하고 서명한다. 투표용지를 접수하기 전에 확인 손도장을 찍는다. 투표용지를 받아 후보자들의 이름을 모두 볼 수 있도록 준비된 자리에 앉아 자신이 선택한 후보의 이름을 일일이 용지에 기입한다. 투표용지를 작성한 후 접어서 투표함에 넣는다. 그와 동시에 오른쪽 엄지손톱에 잘 지워지지 않는 잉크 한 방울을 떨어뜨린다. 이는 한 유권자가 두 번 투표하는 것을 방지하기 위한 조치이다.

정각 3시에 투표가 마감되면 선거감시위원회(BEI)는 투표소 자리를 정리하여 참관인이나 일반인이 개표상황을 관전할 수 있도록 배려하고 공개로 개표를 실시한다. 개표가 완료되면 개표결과가 기록된 용지와 다시 봉인된 투표함을 기초단체 집계위원회에 이송한다. 각 투표소의 개표결과를 종합하여 기초단체 집계위원회는 기초단체 단위의 당선자를 발표한다. 그리고 다음 단계인 광역단체 집계위원회에 관련 자료를 이송한다. 이들을 종합하여 광역단체 집계위원회는 광역단체 단위의 당선자와 지역구 하원의원 당선자를 발표한다. 관련 자료는 최종적으로 선거위원회(Comelec) 본부집계소로 이송되어 전국적인 집계현황을 종합하여 대통령과 부통령, 상원의원, 그리고 정당명부의 당선자를 확정 발표한다.

필리핀 선거제도에 있어서 유권자 규정은 상당히 개방적인 것을 알 수 있다. 특히 2004년 선거부터 실시하는 해외거주 필리핀 국민들에 대한 투표권 부여는 8백만 명이 넘는 해외근로자 수를 감안할 때 의미 있는 변화라고 평가할 수 있다. 필리핀에는 아직 주민등록제도(National Identification System)가 구축되어 있지 않다. 따라서 매 선거 때마다 유권자 등록을 해야 하는데, 이와 관련된 선거 부정이 많이 일어난다. 즉 이중등록을 통한 다중투표(flying vote)의 경우나, 상대후보 지지자들의 등록방해 등과 같은 경우가 종종 발생한다. 선거 관련법의 개정이 있을 시 유권자들을 대상으로 한 홍보가 미흡한 것으로 나타난다. 2003년에 실시한 한 조사에 따르면 유권자의 상당수(33%)가 개정된 선거법에 대해 모르고 있으며, 다수(63%)의 사람들은 유권자 교육프로그램이 존재하는지의 여부에 대해서도 모르는 것으로 나타났다(IPER 2004).

선거부정은 필리핀 선거절차 전반에 걸쳐 이루어지고 있다는 의혹이 지배적이다. 개별 유권자에 대한 매표행위나 위협과 같은 것은 물론이고, 개표와 집계 과정에서의 대단위 부정(wholesale fraud)도 상당 부분 일어나는 것으로 알려지고 있다. 특히 제도상의 취약점을 이용한 선거부정행위가 흔히 나타난다. 한 예로 투표용지가 과다 인쇄되어 불법적으로 사용되므로 개표수가 등록된 유권자 수를 초과하는 경우가 종종 발생한다. 투표용지에 선택한 후보자의 이름을 직접 기입해야 하는 것도 여러 가지 문제점을 도출한다. 중앙과 지방 그리고 대선과 총선이 함께 있는 해에는 20명이 넘는 후보자의 이름을 각각 명기해야 하고, 개표할 때 손으로 쓴 이름들에 대한 해석을 놓고 논란을 빚는 경우가 종종 발생한다. 또한 수작업으로 이루어지는 개표절차는 시간적으로 오래 걸릴 뿐더러 각 단계마다 대단위 선거부정이 개입되는 것으로 알려져 있다(Tancangco 1992). 선거를 총괄하는 선거위원회(Comelec)의 역량은 항상 문제로 대두된다. 선거부정의 가장 큰 원인으로 선거위원회의 비효율과 무관심, 무능, 그리고 준비부족을 꼽고 있다(Gregorio-Medel 2004). 선거위원회와 더불어 선거감시와 결과에까지도 많은 영향을 행사하고 있는 민간단체들에 대한 평가도 다양하다. 비판적인 입장에 있는 사람들은 이들 민간단체들이 나름대로 정치적인 견해를 가지고 있는 단체이므로 중립성 유지에 문제가 있다는 것이다. 이처럼 여러 가지 문제점들이 발견됨에도 불구하고 절차상의 효율성을 증진하기 위한 새로운 제도의 도입이 어려운 것은 정치인들의 현실적인 문제에 기인한다. 기존에 익숙해 있는 제도에서는 자신도 적절히 선거부정을 행하고 또한 경쟁자의 선거부정행위도 예측이 가능하여 예방할 수 있는데, 새로 도입될 제도에서는 어떻게 선거부정을 도모할 수 있을 것이며, 또한 경쟁자가 도모하고자 하는 부정선거행위를 어떻게 예측하여 방지할 수 있을지 알지 못함에서 오는 두려움 때문인 것으로 파악된다(IFES 1995).

4) 표의 의석전환 원칙

득표수의 의석전환 원칙에는 기본적으로 다수대표제와 비례대표제가 있다. 선거구의 비중에 따라 1인을 선출하는 단순다수대표제와 2인 이상을 선출하는 중선거구제로 나눌 수 있다.[13] 필리핀 선거제도에 따르면 상원의원은 매 3년마다 전국적인 선거를 통해 후보자별 득표 순위를 정하고 상위 12등까지 6년 임기로 뽑는다. 지역구별로 치루는 하원의원선거에서는 단순다수대표제를 수용하고 있다.[14] 필리핀 선거제도는 단순다수대표제 하에서 제대로 대표되지 못하는 소외

13) 선거구 구분과 관련된 자세한 내용은 박동천(2000) 제2장을 참조하시오.

14) 단순다수대표제는 제도적 특징상 득표비율과 의석수에 있어서 큰 차이를 낼 수 있다는 점과 1당 우위의 정치구도를 가져옴으로써 승자가 모든 것을 취하게 되는(winner-takes-all system) 현상을 낳는다. 그와 더불어 결과를 쉽게 예측할 수 있는 경우가 흔히 있으므로 국민들로부터 선거의 관심도가 낮아질 수 있다는

된 계층들의 의회활동 통로를 마련해 주기 위해 정당명부제를 일부 도입하여 사용하고 있다. 1987년 헌법에 따르면, 하원의회 의석의 20%를 소외된 계층을 대변하는 그룹에게 배분하도록 명시하고 있다. 1995년에 실행법령(RA7941)을 만들어 1998년에 최초로 정당명부선거를 도입하였다. 선거위원회로부터 승인된 정당, 이익단체, 혹은 사회적 연합체 등 누구나 정당명부선거에 참여할 권한을 가진다. 최초의 정당명부선거가 있었던 1998년에는 기존의 주요 정당들에게는 참여를 불허하였다. 이는 헌법의 정신에 비추어 소외된 계층을 대변하는 그룹에게 기회를 부여하고, 이들이 역량을 모아서 제도권 정당으로 자랄 수 있는 기회를 부여한다는 의미에서였다.

필리핀 선거제도 전반에서 적용되고 있는 단순다수제는 그 제도의 기대와는 다르게 거대정당의 출현이라는 결과를 낳지 않는다. 또한 양당제도와 같은 일반적인 정당형태로 나타나지도 않고 있다. 오히려 다수의 정당들이 존재하며 이합집산하는 형태를 나타내고 있다. 이는 서구적 정치제도의 분석틀이 독특한 사회계층구조를 가지고 있는 필리핀 환경에서 예상과는 다른 결과를 낳는 예라고 할 수 있다. 필리핀에서 이와 같은 예외적인 결과를 낳는 원인으로는 지역적 기반이 강한 전통적인 엘리트 계층이 주도하는 지역중심주의 및 인물중심주의적 정치풍토에 기인한다고 할 수 있다. 즉 의도적이건 의도하지 않았건 필리핀에서는 정당이 정치적 의견수렴의 주체로서 제 기능을 발휘하지 못하고 있는 실정이다. 필리핀 정치제도의 진화에 있어서 정당명부제도의 도입과 실시는 많은 기대와 희망을 낳고 있다. 이는 기존의 정당들이 특정 계층을 대변한다기보다는 전통적 정치 엘리트들의 정치적 도구에 지나지 않는다는 인식에 따라, 비로소 진정한 의미의 정당 탄생을 기대하는 것에서 기인한다. 그러나 실제로 나타나는 현상은

단점을 내포하고 있다. 그러나 비례대표제에서 있을 수 있는 인위적인 조작에 의한 의석배분과 같은 폐해를 막을 수 있고, 선거의 결과가 분명하다는 장점을 가지고 있다(Dieter 1984).

기대와는 거리가 먼 듯 보인다. 정당명부제 도입 후 최초의 선거인 1998년에는 준비된 의석의 3분의 1도 안 되는 14석(50석 중) 만이 확정되었고, 2001년에는 13석(53석 중), 2004년에는 24석(53석 중)이 확정되었다. 그리고 2007년 선거에서는 53석 중 22석이 확정되었으며 등록한 93개 정당 및 단체 중 16개만이 진입장벽(2%)을 넘었다. 이러한 결과는 제도상의 문제와 더불어 국민들의 관심부족이나 홍보의 미흡, 혹은 소외된 계층을 대변하는 그룹들의 역량부족 등을 원인으로 들 수 있다. 그러나 비록 저조한 투표율을 보였지만 여러 계층별 단체들이 직접 정치에 참여할 수 있는 장을 열었다는 점에서 의미를 부여한다(Rodriguez 1998). 반면 정당명부제가 소외된 계층들의 의정활동 참여의 창구역할이 될 수 있겠지만 부족한 역량 때문에 해당계층에 속하지 않은 기득권 세력에 의해 쉽게 오용될 수 있는 여지를 남기고 있는 것이 현실이다(Rodriguez 2002).

이상에서 살펴본 바와 같이 필리핀 선거법은 선거의 기본원칙인 직접, 평등, 보통, 비밀 등의 기준에서 크게 벗어나지 않는다. 물론 투표와 개표과정에서 현대적 기술의 접목과 같은 제도적 근대화의 측면에서는 문제점이 있지만, 근본적으로 제한적 의미에서의 경쟁성과 평등성에는 별 무리가 없어 보인다. 그럼에도 불구하고 이러한 선거법의 수행 결과에 대한 평가는 사뭇 다르다. 이는 각 선거제도가 어떠한 사회적 환경, 정치 · 경제적 구조 하에서 시행되고 있는가를 고려함 없이 선거제도만의 연구는 별 의미가 없음을 입증한다. 따라서 선거제도를 평가하는 기준은 특정한 사회적 조건을 근거로 한 모델에 따라 일률적으로 이루어져서는 안 되며, 그 평가 기준은 해당 국가에 의미가 있고 올바른 방향으로의 목적지향적이어야 한다(Dieter 1984). 이러한 인식하에 다음 절에서는 필리핀의 선거제도를 운영하고 있는 행위자들과 이들을 구속하는 사회적 계층구조 등을 고려하여 필리핀 선거제도가 민주주의 공고화라는 가치의 실현에 어떠한 의미를 가지는지를 살펴본다.

Ⅳ. 필리핀 선거제도와 민주주의 공고화

민주적 정치체제의 공고화 과정은 민주적 정치제도와 정치문화가 형성되는 과정으로 볼 수 있다. 또한 정치적 제도화는 조직과 절차가 가치와 안정성을 얻는 과정으로 볼 수 있다(이행 1992, 398). 선거법과 관련한 민주주의 공고화는 선거가 가지고 있는 민주성이 제도적으로 잘 반영되고 있으며 이것이 민주적인 정치문화를 배양하는 데 그 기능을 다하고 있는가에 따라 평가할 수 있다. 선거가 정당한 권력을 만들어 내는 수단으로서 그 결과에 모든 국민들이 기꺼이 승복하는가는 중요하다. 이는 절차에 대한 신뢰와 결과에 대한 권위를 인정함으로써 체제의 안정성과 직결되기 때문이다. 선거의 본질인 경쟁에 있어서 공정한 규칙이 경쟁에 참여하는 모든 사람들에게 동일하게 적용됨은 또한 매우 중요하다. 더불어 민주적 선거의 근본적 가치인 평등성이 국민들 모두에게 보장되는지와 선거로 표현된 결과가 적절히 대표되는가를 살펴보아야 할 것이다. 결국 선거와 관련한 민주주의 공고화의 수준은 신뢰성, 공정성, 평등성, 대표성 등 네 가지 변수를 중심으로 살펴볼 수 있다.

선거를 통해 창출된 권력이 정당하다고 수용하는 것은 혈연적 승계를 통한 전통적인 권위의 창출 방식이 선거제도라는 근대적 방법으로 바뀐 것에 대한 국민들의 신뢰와 일맥상통한다. 이는 곧 국민들이 선거를 어떠한 시각에서 보고 있는가를 통해 알 수 있다. 선거직후 여론조사 등에서 나타난 공직 만족도는 실제로 새로운 정권의 수행능력에 대한 만족도라기보다는 선거에 대한 승복의 표현으로 볼 수 있다. 이런 측면에서 필리핀 국민들은 **표 5**에서 볼 수 있듯이 선거에 대한 신뢰도가 대체로 높은 것으로 나타난다. 특히 라모스 대통령의 경우 23.6%의 득표율로 당선되었지만, 당선 후 만족도가 상당히 높게 나타난 것은 국민들이 선거결과를 어떻게 받아들이는가를 보여준다. 아로요 대통령에 대한

표 5 필리핀 국민들의 집권 직후 대통령에 대한 만족도

대통령	조사시기	만족도(%)=만족(%)-불만족(%)
아키노 (1986-1992)	1986년 5월	+53
	1986년 10월	+72
라모스 (1992-1998)	1992년 9월	+66
	1992년 12월	+60
에스트라다 (1998-2001)	1998년 9월	+60
	1998년 11월	+61
아로요 (2001-2004) (2004- 현재)	2001년 1월	+24
	2001년 4월	+17
	2004년 6월	+26
	2004년 8월	+12

· 출처: The SWS Survey. http://www.sws.org.ph(검색일: 2005/03/25).

2001년 1월 조사에서 비교적 낮은 신뢰도를 나타낸 것은 선거가 아닌 승계에 의한 권력획득이라는 면에서 해석할 수 있다. 그리고 2004년 6월 조사는 대선 직후이긴 하지만 이미 전임 대통령의 잔여임기 4년을 수행한 바 있기 때문에 오히려 그 통치력에 대한 평가로 볼 수 있다. 한편 군부 쿠데타 시도에 대한 여론조사에 따르면 대다수의 국민들이 그 방법의 정당성에 대해 부정적인 시각을 가지고 있는 것으로 나타난다(SWS 조사: 1987년 9월-65%; 1989년 12월-67%; 2003년 9월-64%).

필리핀은 스페인 식민지 시대부터 선거는 단지 여러 엘리트들 중에 하나를 선택하는 것으로 인식되어졌다(Alejo et. al. 1996). 이는 대의민주주의 체제하에서 많은 국가들이 경험하고 있는 현실이라고 볼 수 있다. 문제는 이들 엘리트 간의 경쟁이 공정한 제도적 원칙하에서 이루어지는지가 중요하다. 역사적으로 필리핀 선거는 엘리트 간의 무한 격돌의 양상을 띠었다. 일부에서는 이러한 모습을 닮싸

표 6 필리핀 선거폭력에 관한 통계 1986-2001

선거유형	선거년도	폭력건수	사망자수
간이(Snap) 대선	1986	364	153
지방선거	1988	405	188
대선, 총선 및 지방선거	1992	157	89
총선 및 지방선거	1995	244	108
대선, 총선 및 지방선거	1998	322	77
총선 및 지방선거	2001	152	98

· 출처: Patino(2004), http://www.fes.org.ph/papers_elecviolence.htm (검색일: 2005/03/30).

움, 경마, 권투와 같은 스포츠경기로 묘사하기도 한다(Coronel et. al. 2004). 민주화 이후 이전에 비해 선거관련 불법행위들이 많이 감소했다고는 하나 **표 6**에서 볼 수 있듯이 필리핀에서 선거는 아직도 많은 인명을 요구하는 위험한 게임임을 알 수 있다. 거듭 제기되고 있는 선거위원회(Comelec)의 선거중립성과 역량부족 문제가 선거의 공정성을 지켜내는 데 가장 큰 문제로 대두되고 있다. 선거의 공정성 확보를 위해 선거과정에 공식적으로 참여시키고 있는 시민단체들의 정치적 중립성 또한 선거의 공정성을 해치는 아이러니컬한 상황을 나타내고 있다(NDI 1991). 대중매체가 가장 중요한 선거운동 수단으로 등장한 현실에서 이들의 부패와 편향은 필리핀 선거의 공정성을 더욱 심각하게 훼손하는 부분이라 할 수 있다(Florentino-Hofilena 2004). 선거 때마다 자주 거론되는 집권세력에 의한 공공자금의 선거유용과 같은 행태는 유권자들 간의 공정한 경쟁을 가로막는 요소로서 아직도 지적되고 있다.

필리핀 선거에 있어서 국민들의 표가 주권의 행사로서 평등하게 대우받는가에 대해서는 부정적인 평가가 지배적이다. 이는 1인 1표라는 원론적인 차원의 문제가 아니라, 각종 선거부정에 의한 선거결과의 왜곡현상에 연유한다. 선거에

표 7 필리핀의 빈곤층 현황

	1985	1988	1991	1994	1997	2000	2003
스스로 평가하는 빈곤층	74%	66%	62%	68%	63%	56%	62%
정부에서 발표한 빈곤층	44%	40%	40%	36%	32%	34%	n.a.

· 출처: Mangahas(2004a) Social Weather Station Survey 재구성.

서 유권자들은 제한적이나마 자신의 삶의 신조에 따라 최선의 이익을 추구한다. 이것이 곧 개별적 합리성에 근거한 선택이라고 할 수 있다. 계층분화가 심각하고 대다수의 국민들이 빈곤층에 있는 필리핀 사회구조 속에서 매표나 각종 물질적 호의는 그 무엇보다도 이들의 합리성에 가깝다고 할 수 있다. **표 7**은 필리핀의 빈곤층의 변화 양상을 보여 주고 있다. 빈곤층에 대한 국민들의 인식과 정부의 기준에 많은 차이가 있음을 볼 수 있다. 이는 정부가 빈곤의 문제를 실제로 국민들이 생각하는 만큼 심각하게 보고 있지 않음을 알 수 있다. 이처럼 다수가 빈곤층을 이루고 있는 상황에서 빈곤의 문제가 선거를 통해 이슈화 되고 국가정책에 제대로 반영되지 못하는 것은 정치의 책임성에서 연유한다. 즉 선택의 질적 문제와 결부되는 것이다(Montinola 1999). 평등성의 문제는 제도적인 측면뿐만 아니라 오히려 구조적인 부분이 더욱 중요하다고 볼 수 있다. 이는 정치문화와도 밀접하게 관련된 것으로써 필리핀의 선거에 방송, 연예계의 인물들이 대거 진출하여 성공하는 현상과 연관된다. 즉 사회의 구조적 불평등이 선택의 왜곡뿐만 아니라 주어진 선택의 빈곤함으로 나타나고 있다.

대표성을 상징하는 필리핀 정당정치의 수준은 지극히 낮은 것으로 평가된다. 정당들이 뚜렷한 정치적 이념이 부재한 채 대부분 보수적인 사상을 공유하는 중·상류층을 대변한다. 이는 필리핀의 사회적 계층 분화를 제대로 반영하지 못하고 있음을 나타낸다. 전통적으로 내려오고 있는 보스 중심의 정당체계와

표 8 필리핀 민주주의에 대한 국민들의 평가, 2003

	완전독재 ← 민주주의 정도 → 완전민주주의										평균
	1	2	3	4	5	6	7	8	9	10	
마르코스 시기	24	10	13	12	14	8	5	6	3	5	4.1
현재 수준	2.6	2.0	3.4	5.3	17	16	15	16	10	13	6.7
희망 수준	0.3	0.6	1.6	1.9	7	9	12	16	11	40	8.2
5년 후 예상	2.1	1.2	1.1	2.8	10	9	13	19	12	29	7.7

· 출처: Mangahas(2004b) Social Weather Station Survey.

후원-수혜 관계로 맺어져 있는 후보와 유권자 사이의 관계는 대표성의 왜곡현상을 낳고 있다. 필리핀에서 정당은 선거에서 뿐만 아니라 국가의 경제정책에도 중요한 역할을 하지 못한다. 이는 정당의 낮은 제도화 수준으로 인해 정책수렴과 사회적 동원이라는 본연의 기능을 수행하지 못하기 때문이다(Velasco 1999). 대표성의 증진을 위해 최근 많은 제도적인 노력을 기울이고 있다. 정당명부제를 통해 소외된 계층의 의회 진출의 길을 열어 놓고 있으며, 중산층으로 분류될 수 있는 막대한 수의 해외 거주 필리핀 국민들에 대한 선거권 부여 등은 대표성을 증진시키기 위한 방안으로 볼 수 있다. 이는 또한 필리핀 정치에 새로운 활력을 불어넣기 위한 제도적 보완으로서 많은 기대를 모으고 있다.

이상 네 가지 선거제도의 민주적 가치들을 중심으로 살펴보면 필리핀의 민주주의 공고화 수준은 긍정적으로 평가되기 힘들다. **표 8**에서 볼 수 있듯이 필리핀 국민들도 현재의 민주주의 수준에 만족하지 못하고 있다. 민주화 이후 다시금 나타나는 국민봉기(People Power)식 정치변동이나 군부의 거듭되는 쿠데타 시도 등은 정치적 변화에 대한 선거제도의 효율성에 많은 의문점을 남기고 있다. 또 1992년 대선에서 2위를 한 산티아고 후보가 선거 결과에 불복하였고,

2004년 대선에서도 2위를 한 포 후보가 선거 결과에 불복하여 법적 소송을 제기하는 등 선거의 공정성 문제가 계속 제기되고 있다. 지속되는 필리핀의 경제적 불평등 구조는 선거를 통한 변화의 기대를 위축하며 투표의 왜곡현상을 부추기는 배경이 되고 있다. 비록 제도 개선을 통해 대표성을 높이려는 노력은 보이고 있지만 의회는 여전히 소수의 전통적 엘리트들을 대변하는 것으로 평가된다.

V. 맺음말

선거제도는 하나의 수단으로서 가치중립적이다. 이 수단을 통하여 민주주의라는 가치지향적인 목적을 추구한다. 서구의 민주주의 발달과정에 근거한 특정한 제도적 틀과 여기에서 기대되는 결과가 필리핀 선거제도와 그 결과에 동일하게 적용될 수 없다. 이는 각 정치공동체가 가지고 있는 특수성에 기인한다. 개별국가가 가지고 있는 선거제도의 성격과 내용을 올바로 이해하기 위해서는 이와 관련된 정치행위자들 간의 이해관계와 이들을 둘러싸고 있는 권력관계에 대한 고찰이 요구된다. 선거제도의 형성과 전개는 특정 역사적 시점에서 그 사회가 가지고 있는 사회 · 경제적 구조를 반영할 수밖에 없다. 결국 민주주의라는 가치를 실현하기 위해 중요한 요소는 선거제도 그 자체보다는 이를 규정짓고 있는 사회 · 경제적 권력구조라고 볼 수 있다. 선거제도는 민주주의가 실현될 수 있는 토대를 창출하는 방향으로 조직되고 운영되어야 할 것이다. 이러한 측면에서 선거제도는 개별국가가 가지고 있는 특수성을 반영한 전략적인 수단일 수밖에 없다.

민주주의에 대한 슘페터적인 관점을 적용한다면 필리핀은 높은 수준의 민주주의를 누리고 있다고 볼 수 있다. 위로는 대통령을 포함해서 아래로는 최하위

행정구역(barangay)까지 그 장(captain)과 위원(councilor)을 경쟁적인 선거를 통해 선출하기 때문이다. 그러나 그 선출과정이 달(Dahl)의 폴리아키적 관점에서의 민주적 선거가 되기에는 아직도 많은 문제점들을 내포하고 있다. 필리핀의 선거를 단순히 명문화된 제도적 측면만이 아니라 이를 운영하는 주체와 이들을 둘러싸고 있는 환경 등 구조적인 측면을 함께 고려해 볼 때 자유롭고, 공정하며, 경쟁적인 선거라고 결론짓기 어렵다. 민주주의 공고화는 단순히 형식적인 제도화를 넘어 이것이 제대로 운영될 수 있는 환경이 조성되었을 때 이루어질 수 있는 것이다. 이는 제도가 이러한 민주주의적 토양을 만드는 방향으로 만들어지고 운영되어야 한다는 것을 의미한다.

필리핀 선거제도는 이러한 민주주의적 토양을 만들어 내는 데 그 기능을 제대로 수행해 왔다고 보기 힘들다. 전통적인 권력구조가 그대로 내려오고 있으며 사회·경제적 불평등이 구조화되어 있다. 역사적 과정을 통해 이러한 불평등으로 인한 갈등이 선거 이외의 방법으로 표출되었지만, 이것이 구조적 변화를 가져오지 못함으로써 "변화 없는 사회의 역동성"(김민정 2005)으로 전락하였다. 그럼에도 불구하고 이러한 사회적 역동성에서 필리핀 사회의 변화에 대한 희망을 발견할 수 있다. 현 필리핀 선거제도가 제도적인 측면에서의 결함보다는 이를 수행하는 행위자와 환경이 문제로 부각된다. 이에 대한 해결은 단시일에 제도적인 변화를 통해 성취될 수 있는 것은 아니며, 이미 오랜 기간을 거치며 조금씩 변화를 보이고 있다고 할 수 있다. 강력한 권력을 행사할 수 있는 대통령이 선출되는 양상이 과거의 엘리트 중심에서 비록 왜곡된 형태로 나타나지만 민중 지향적인 대통령의 탄생을 보았다. 라모스 정권 초기 개혁적인 경제정책의 추진이 가능했던 것은 강력한 지도력과 개혁적 사회세력들이 연합하였기 때문이다. 특히 에스트라다 정권을 탄생시킨 일반 민중들의 경제적 계층투표(class voting)는 구조화되어 있는 전통적 엘리트 중심의 권력구조에 새로운 변화를 예견하는 징후로 볼 수 있다. 또한 정당명부제에서 나타나고 있는 진보적 사회세력들의 정치세력화는 변화의 흐름을 가속화시킬 수 있을 것이다. 이러한 사회적 역동성을 어떻게 제도적인 측면과 연결시켜 민주적 토대를 견실히 할 수 있는가에 필리핀 선거제도 개혁의 초점이 맞추어져야 할 것이다.

참고문헌

권오신. 1992. “미국에 의한 필리핀 식민화의 초기정책: 태프트(William Howard Taft)의 정책과 역할을 중심으로.”『강원사학』 8.

_____. 1997. “미국의 필리핀 독립가능성 제시와 그것의 번복문제 — 해리슨총독(1913-1921)과 우드총독(1921-1927) 지배시기.”『미국사연구』 5.

_____. 1998. “타이딩-맥더피법(1934)의 성립배경과 그 의미.”『미국사연구』 7.

_____. 1999. “대공항, 미국의 필리핀 식민통치 변형.”『미국사연구』 9.

김민정. 2005. “필리핀의 ‘피플 파워’와 중산층: ‘변화 없는’ 사회의 역동성.”『동아연구』 48.

김선종. 1994. “세계화와 의회정치의 개혁: 정치사회적 갈등의 해소를 위한 선거제도의 개혁과 의회민주주의의 발전을 위한 대안.”『세계화시대의 한국정치』 4.

마넹, 버나드. 곽준혁 역. 2004.『선거는 민주적인가: 현대 대의민주주의의 원칙에 대한 비판적 고찰』. 서울: 후마니타스.

박기덕. 2001. “필리핀 정당체제의 변화와 정당정치의 문제점: 사회구조와 정치행태를 중심으로.”『동남아시아연구』 11.

박동천. 2000.『선거제도와 정치적 상상력』. 서울: 책세상.

박사명. 1999. “필리핀 사회운동의 충격과 전환.”『국제정치논총』 39(3).

서경교. 1994. “필리핀 군부의 정치적 역할: 마르코스하의 군부 정치화과정을 중심으로.”『민족과 문화』 2.

_____. 2005. “필리핀의 민주주의: 민주화 과정을 통한 고찰.”『동남아시아연구』 15.

안순철. 1998.『선거체제 비교 — 제도적 효과와 정치적 영향』. 서울: 법문사.

이행. 1992. “민주적 공고화와 대통령제: 협의 민주주의적 관점에서.”『선거와 한국정치』. 한국정치학회.

임성한. 1990. “필리핀의 정치와 사회.”『아세아연구』 84.

정영국. 1992. “필리핀 권위주의 체제의 위기와 붕괴.”『동남아시아연구』 1.

정용덕 외. 1999.『신제도주의 연구』. 서울: 대영문화사.

하연섭. 2002. “신제도주의의 최근 경향: 이론적 자기 혁신과 수렴.”『한국행정학보』 36(4).

_____. 2003.『제도분석: 이론과 쟁점』. 서울: 다산출판사.

하태수, 2001. “제도변화의 행태: 역사적 신제도주의를 중심으로.”『행정논총』 39(3).

Alejo, Myrna J., Maria Elena P. Rivera and Noel Inocencio P. Valencia 1996. *Describing*

Elections: A Study of Elections in the Lifeworld of San Isidro. Quezon City: Institute for Popular Democracy(IPD).

Anderson, Bendict. 1988. "Manila's Cacique Democracy: Origins and Dreams." *New Left Review* 169.

Arugay, Aries A. Gladstone Cuarteros and Aya Fabros. 2004. "The 13th Congress: Old Faces, New Dynamics." *Political Brief* 12(2).

Bates, Robert H., et. al. 1998. *Analytic Narrative.* Princeton: Princeton University Press.

Carlos, Clarita R. and Rommel C. Banlaoi. 1996. *Elections in the Philippines, From Pre-colonial Period to the Present.* Makati City: Konrad Adenauer Foundation.

Choi, Jungug. 2001. "Philippine Democracies Old and New: Elections, Term Limits, and Party Systems." *Asian Survey* 41(3).

Coronel, Sheila S., Yvonne T. Chua and Isagani De Castro Jr. 2004a. *Cockfight, Horserace, Boxing Match: Why Elections Are Covered As Sports.* Quezon City: Philippine Center for Investigative Journalism.

Coronel, Sheila S., Yvonne T. Chua, Luz Rimban and Booma B. Cruz. 2004b. *The Rule Makers: How the Wealthy and Well-Born Dominate Congress.* Quezon City: Philippine Center for Investigative Journalism.

Dahl, Robert A. 1956. *A Preface To Democratic Theory.* Chicago and London: The University of Chicago Press.

Diamond, Larry. 1990. "Three Paradoxes of Democracy." *Journal of Democracy* 1(3).

______. 2002. "Elections Without Democracy." *Journal of Democracy* 13(2).

Dieter, Nohlen. 1984. *Elections and Electoral Systems, Democracy and Social Change.* Germany: Braunschwig-druck GmbH. (translated from the German to English by Derek Rutter).

Easton, David. 1990. *The Analysis of Political Structure.* New York: Routledge.

Florentino-Hofilena, Chay. 2004. *News for Sale: The Corruption & Commercialization of the Philippine Media,* 2004 New Edition. Quezon City: Philippine Center for Investigative Journalism.

Gregorio-Medel, Angelita and Adelfo V. Briones. 2004. *A Study on Voters Education and Poll Watching: Experiences and Lessons.* Center for Community Services, Ateneo de Manila University.

Huntington, Samuel P. 1991. *The Third Wave: Democratization in the Late Twentieth Century.* Norman and London: University of Oklahoma Press.

Hutchcroft, Paul D. 2000. "Colonial Masters, National Politicos, and Provincial Lords: Central Authority and Local Autonomy in the American Philippines, 1900-1913." *The Journal of Asian Studies* 59(2).

Hutchcroft, Paul D. and Joel Rocamora. 2003. "Strong Demands and Weak Institutions: The Origins and Evolution of the Democratic Deficit in the Philippines." *Journal of East Asian Studies* 3.

Institute for Political and Electoral Reform(IPER). 2004. *The Voter's Choice: Myself-A Psychographics Study on Voting Behavior of the Filipino Electorate.* Supported by United Nations Development Program(UNDP).

International Foundation for Election Systems (IFES). 1995. *Technical Assessment of the Philippine Electoral System.* July-August 1995. Washington D.C.

Knight, Jack. 1992. *Institutions and Social Conflict.* New York: Cambridge University Press.

Korpi, Walter. 2001. "Contentious Institutions: An Augmented Rational-action Analysis of the Origins and Path Dependency of Welfare State Institutions in Western Countries." *Rationality and Society* 13(2).

Lande, Carl H. 2001. "The Return of 'People Power' in the Philippines." *Journal of Democracy* 12(2).

______. 2002. "Political Clientelism, Developmentalism and Postcolonial Theory." *Philippine Political Science Journal* 23(46).

Leones, E. and M. Moraleda. 1998. "Philippines." Wolfgang Suchsenroder and Ulrike Frings, eds. *Political Party System and Democratic Development in East and Southeast Asia, Volume I: Southeast Asia.* Brookfield VT: Ashgate.

Mangahas, Mahar. 2004a. "The SWS Survey Time Series on Philippine Poverty and Hunger, 1993-2003." Social Weather Station(SWS) Occasional Paper, January 2004.

______. 2004b. "The SWS Annual Survey Reviews 2004 Edition," SWS CD No. 2004-4, Issued February 4, 2004.

Montinola, Gabriella R. 1999. "Parties and Accountability in the Philippines." *Journal of Democracy* 10(1).

National Democratic Institute for International Affairs(NDI). 1991. *Reforming the Philippine*

Electoral Process: Developments 1986-88. Washington D.C.: NDI.

North, Douglass C. 1990. *Institutions, Institutional Change and Economic Performance,* Cambridge: Cambridge University Press.

______. 1995. "Five Propositions about Institutional Change." Jack Knight and Itai Sened, eds. *Explaining Social Institutions.* Ann Arbor: University of Michigan Press,

Orren, Karen and Stephen Skowronek. 1994. "Beyond the Iconography of Order: 'New Institutionalism." Lawrence C. Dood and Calvin Jillson, eds. *The Dynamics of American Politics: Approaches and Interpretations.* Boulder, CO: Westview.

Parreno, Earl. 1998. "Pork." Coronel, Sheila S., ed. *Pork and Other Perks: Corruption & Governance in the Philippines.* Quezon City: Philippine Center for Investigative Journalism.

Patino, Patrick and Djorina Velasco. 2004. "Election Violence in the Philippines." Fridrich Ebert Stiftung(FES) Philippines, http://www.fes.org.ph/papers(검색일 2005/03/30).

Rocamora, Joel. 1998. "Introduction, Corruption in the Philippines: A Beginner's Guide." Sheila S. Coronel, ed. *Pork and Other Perks: Corruption & Governance in the Philippines.* Quezon City: Philippine Center for Investigative Journalism.

Rodriguez, Agustin Martin G. 2002. *The Winding Road to Representation: The Philippine Party-List Experience.* Quezon City: Ateneo School of Government and Friedrich-Ebert-Stiftung.

Rodriguez, Agustin Martin G. and Djorina Velasco. 1998. *Democracy Rising? The Trials and Triumphs of the 1998 Party-List Elections.* Quezon City: Institute of Politics and Governance(IPG) and Friedrich Ebert Stiftung(EFS).

Scott, W. Richard. 2001. *Institutions and Organizations.* 2nd edition. Thousand Oaks, CA: Sage.

Shumpeter, Joseph A. 1962. *Capitalism, Socialism, and Democracy(Third Edition).* New York: Harper & Row.

Sidel, John T. 1999. *Capital, Coercion, and Crime*, California: Stanford University Press.

Sy, Belinda Marie Chionglo. 2001. *Choosing Political Candidates in the Philippines: A Look at How Urban Poor Voters Evaluate Political Candidates.* A Joint Research Project of the Ateneo Center for Social Policy and Public Affairs(ACSPPA) and Center for Community Services(CCS). (Unpublished)

Tancangco, Luzviminda G. 1992. *The Anatomy of Electoral Fraud: Concrete Bases for Electoral Reform.* Manila: MJAGM.

Velasco, Renato S. 1999. "The Philippines." I. Mash, J. Blondel, I. Inoguchi, eds. *Democracy, Governance, and Economic Performance: East and Southeast Asia,* Tokyo: United Nations University.

인터뷰 자료

본 논문의 인터뷰는 필자가 두 차례에 걸친 현지조사 중에 실시한 것이다. 제1차 조사는 2004년 5월 10일 필리핀 선거를 전후하여 이루어졌고, 제2차 조사는 2005년 2월에 이루어졌다. 제1차 조사 때에는 선거철임을 감안하여 주로 대통령 후보에 대한 선호도를 1998년 선거와 비교해서 질문하였다. 인터뷰 대상도 일반 유권자들이 대부분이다. 제2차 조사에서는 필리핀 선거제도에 관한 내용으로 대학교수들을 대상으로 실시하였다. 인터뷰 방법은 주제와 관련하여 대화하는 형식으로 이루어졌으며, 인터뷰 지역은 수도인 메트로 마닐라 지역에 한정되었다. 아래의 인터뷰 리스트는 날짜순으로 정리하였고, 본명이 아닌 경우에는 애칭(nick name)을 기재하였다.

Neil, 택시기사(2004/5/7).

Namprung, 필리핀 국립대학 행정학과 박사과정(2004/5/7).

Navaro, 택시기사(2004/5/8).

Naling, 전화교환원(2004/5/8)

Evelyn, 파출부(2004/5/8).

Danding, 노점상(2004/5/8).

Terante, 경비(2004/5/8).

Nelen Nava, 무직(2004/5/8).

Blizz, 무직(2004/5/8).

Fredy, 택시기사(2004/5/8).

Elma, 선거자원봉사자(2004/5/9).

Romeo, 택시기사(2004/5/9).

Bong Serbantes, 택시기사(2004/5/9).

OJ, 택시기사(2004/5/9).

Saly, 대학교직원(2004/5/10).

Laura Samson, 필리핀 국립대학, 사회학과 교수(2004/5/10).

San Andres Jr., 택시기사(2004/5/11).

Mike, 사무직 직장인(2004/5/11).

Badet, 사무직 직장인(2004/5/11).

Kakai, 사무직 직장인(2004/5/11).

Yu-Jose, Lydia N. 아테네오 대학, 정치학과 교수, 아시안센터 소장(2005/2/4).

Co, Edna, 필리핀 국립대학, 행정학과 교수(2005/2/11).

Kadil, Nasser Jr. 민다나오 공립대학, 해양생물학과 교수(2005/2/13).

Magadia, S.J., Jose Cecilio J. 아테네오 대학, 정치학과 교수, ACSPPA 소장(2005/3/16).

Caoili, Olivia C. 필리핀 국립대학, 정치학과 교수(2005/2/17).

Romero, Segundo Jr. 국립필리핀발전아카데미(DAP) 부총장(2005/2/18).

제8장 | 필리핀의 선거과정과 민주주의: 대통령 선거를 중심으로*

서경교

Ⅰ. 문제제기

한 나라의 정치적 상황이나 문제를 이해하는 방법에는 여러 가지가 있다. 그 중에서 오늘날 대의민주제도를 채택하고 있는 국가들의 정치를 이해하는 가장 손쉬우면서도 중요한 방법은 그 국가의 선거제도와 선거과정을 관찰하고 분석하는 것이라 할 수 있다. 그 이유는 대의민주정치에서는 정기적이고 합법적인 선거를 통하여 정치권력이 창출되고 정통성을 확보할 수 있기 때문이다. 그러한 의미에서 선거는 한 나라의 정치를 이해하는 데 있어 매우 중요한 매개체가 될 수 있다. 따라서 선거제도와 선거과정을 포함하는 정치과정에 대한 이해는 한 국가의 정치를 이해하는 데 있어 매우 중요한 의미를 지닌다. 아울러 선거과정에 대한 깊이 있는 이해를 위해서는 그 나라의 선거제도 및 선거과정에서 중요한 역할을 하는 정치행위자들에 대한 이해가 선행되어야 한다.

---

*이 논문은 『국제지역연구』 제9권 4호(2006. 1)에 "대통령 선거를 통해 본 필리핀 민주주의 평가"라는 제목으로 게재된 논문을 부분적으로 수정 · 보완한 것이다.

이러한 선거는 1970년대 중반 이후 남부유럽에서 시작되어 민주화의 "제3의 물결"로 명명된 광범위한 정치변동의 내용 중에서 가장 중요하게 다루어지고 있으며 또 가장 논쟁적 쟁점을 제공하는 주제이기도 하다. 그러한 논쟁의 가장 큰 쟁점은 두 가지의 입장으로 분류된다. 하나는 민주주의의 제도와 절차를 중시하는 슘페터(Shumpeter, 1962)류의 입장으로 제도와 절차에 준하여 정기적이고 경쟁적인 선거가 실시되는 절차적 민주주의가 확립되면 민주화가 성공적으로 진행되는 것으로 평가한다(Huntington 1991; Plattner 1996). 반면, 이와는 달리 민주주의의 실질적 내용을 강조하는 입장에서는 선거의 실시뿐만 아니라 사회경제적 평등과 정치적 참여의 문제를 강조하고 있어 정기적 선거의 실시라는 겉모습만으로는 민주주의라고 성급하게 판단할 수 없다는 것이다(Collier and Levitsky 1997; Zakaria 2003).

1986년 2월 "민중의 힘"(People's Power)에 의하여 아시아에서 "제3의 물결"의 물꼬를 튼 것으로 평가되는 필리핀의 사례도 이러한 선거를 둘러싼 논쟁으로부터 자유롭지 않다. 논쟁적 관점의 전자에 해당하는 입장에서는 1987년 이루어진 헌법의 개정과 이에 근거한 여러 차례의 대통령 선거, 의회 선거, 지방 선거 등을 제시하며 필리핀의 민주화는 공고화되었다고 주장한다. 그러나 후자의 입장에서는 마르코스 이후 필리핀의 정치는 오히려 마르코스 집권 이전의 "엘리트 민주주의"로의 환원이라고 비판하며 선거의 내용 역시 필리핀 정치의 전통적인 "후원-수혜관계"에 의하여 결정되고 있다고 주장한다.

그렇다면, 과연 마르코스 이후의 필리핀 민주주의는 공고화되었거나 공고화에 접근하고 있는 사례인가? 아니면, 소수의 주도적인 엘리트들에 의하여 움직여지는 다수의 대중들이 배제된 과거의 엘리트 민주주의로 다시 되돌아 간 것인가? 혹은 민주주의가 공고화된 상태도 아니며, 그렇다고 엘리트들에 의해 주도되는 상태도 아닌 또 다른 정치적 상황인가? 본 연구의 목적은 1987년 이후 필리핀에서 치러진 선거들, 그 중에서도 세 차례(1992, 1998, 2004년)의 대통령 선거를 중심으로 필리핀 민주주의에 대한 분석과 평가를 시도해 보고자 하는 것이다.

대통령 선거를 중심으로 필리핀의 선거와 민주주의를 분석하고자 하는 이유는 필리핀에서 대통령은 정치의 최고권력자로서 의회와 각 지역에 미치는 영향력이 절대적이기 때문이다. 또한 6년마다 치러지는 대통령 선거의 내용이 필리핀 정치를 결정짓는 가장 중요한 정치적 절차일 뿐만 아니라 대통령 선거 3년 후에 있는 중간선거의 경우 현직 대통령의 정치적 영향력에 따라 선거의 내용이나 결과가 좌우되기 때문이다. 이는 민주화 이후에도 대통령 선거가 끝나고 나면 예외 없이 언제나 야당 정치인들이 여당으로 이동하는 모습이나 정당간 정치적 이해관계를 둘러싼 이합집산이 계속되는 필리핀의 정치현실에서도 알 수 있다. 따라서 1986년 민주화 이후 대통령 선거의 과정들을 고찰함으로써 필리핀의 민주화 과정이 어떻게 전개되어 왔는지, 그 과정에서 필리핀 민주주의는 어떠한 변화를 경험하고 있는지, 앞으로의 전망은 어떠한지 등에 대한 분석이 가능할 것이다.

이를 위하여 먼저 다음 절에서는 필리핀의 선거와 민주주의에 대한 기존의 논의들을 살펴보고자 한다. 이어서 제3절에서는 민주화 이후 치러진 세 차례의 대통령 선거과정을 간략히 살펴볼 것이다. 제4절에서는 앞절에서 살펴본 각각의 선거과정에서 공통적으로 나타난 특징들을 분석하고 설명할 것이다. 마지막 절에서는 앞의 논의들을 종합하여 대통령 선거를 통해 본 필리핀 민주주의에 대한 종합적 평가와 함께 그 의미를 생각해 보고자 한다.

Ⅱ. 필리핀의 선거와 민주주의: 기존 논의에 대한 검토

오늘날 대의민주주의 제도를 채택하고 있는 국가들에서 가장 중요한 민주주의의 버팀목은 선거라고 할 수 있다. 그 이유는 정기적인 선거를 통하여 정치권력이 교체되거나 정치엘리트의 순환이 이루어짐은 물론이며, 유권자인 국민의 입장에서는 자신들의 이해관계를 대변하는 정당이나 그 후보자를 지지함으로써 국가의 정책결정이나 국정운영에 영향력을 행사할 수 있기 때문이다. 따라서 선거는 민주적 제도의 가장 핵심적 내용이며, 선거가 실질적으로 기능하기 위해서는 정당의 존재와 그 정당을 구성하고 운영하는 정치엘리트들의 기능과 역할이 매우 중요하다. 다시 말하면 정당이 존재하지 않거나, 정당이 존재하여도 국민을 대표하지 못하거나, 혹은 정당을 이끄는 정치엘리트들이 유권자들과 유리되어 있다면 선거는 존재하여도 민주주의는 제 기능을 못하고 있다는 평가를 받을 수밖에 없다. 그러한 점에서 대의민주주의와 선거는 불가분의 관계이며, 또한 선거가 민주주의를 지탱하는 기능을 수행하기 위해서는 정당의 성격과 정치엘리트들의 역할이 매우 중요하다.

필리핀에서 최초로 전국적인 규모의 선거가 행해진 것은 미국 식민통치하에 있었던 1907년이었다. 따라서 아시아에서는 드물게 선거 실시의 역사가 100년이 넘는 나라이다. 선거에서 없어서는 안 될 정당도 1900년에 최초로 결성되었으므로 100년이 넘는 정당의 역사를 지니고 있다. 정당이 결성되고 선거가 실시된 연륜만으로 평가한다면 필리핀의 민주주의는 아시아 국가들 중 가장 앞선 것으로 평가될 수 있을 것이며 서구 국가들과도 어깨를 견줄 만한 입장이다. 그러나, 필리핀의 선거와 관련된 실질적인 내용들을 살펴보면 긍정적 평가보다는 부정적인 평가가 더욱 많다. 그 세부적인 내용을 필리핀 선거에 대한 부정적 평가의 가장 핵심적 원인으로 지적되는 정당과 정치엘리트들에 대한 기존의 연구들을 통하여 살펴보도록 하겠다.

먼저 선거에서의 기본조직인 정당에 대한 평가를 살펴보도록 하겠다. 대의민주정치가 먼저 확립된 서구사회에서 정당은 정치적 주의, 주장, 신념 등을 공유하는 사람들이 정권획득을 목표로 함께 모인 조직을 의미한다. 필리핀의 경우

1900년 미국의 식민통치를 지지하는 전통적 지주계층과 식자층 엘리트들에 의해 결성된 연방당(The Federal Party)이 최초의 정당이었다. 이후 1907년 최초의 의회 선거를 위한 준비과정에서 연방당은 진보당(The Progressive Party)으로 명칭을 바꾸었고, 진보당에서 분리해 나간 세력들이 민족당(The Nationalist Party)을 결성하였다. 그러나, 이들 정당들은 서구사회에서의 정당들과는 달리 정치적 신념이나 주의, 주장을 공유하는 사람들의 집합체가 아닌 전통적 지주계층의 과두엘리트들을 중심으로 정치적 이해관계에 따라 모인 조직이었다. 따라서 연방당이나 이름을 바꾼 진보당이나 분리해 나간 민족당 모두 정책이나 이념의 차이보다는 각 지역을 기반으로 하는 거대 지주가문들의 이해관계와 편의에 따른 일시적이고 느슨한 연합체에 불과하였다[1](Wurfel 1988, 96-97; Caoili 1989, 4; 정영국 1992, 154-155; 서경교 1999, 10-13).

이러한 정당의 성격은 독립 이후에도 지속되었다. 1946년 독립에서 1972년 마르코스에 의해 계엄령이 선포되기까지 필리핀 정치는 민족당과 자유당[2](The Liberal Party)의 양당체제하에서 정권의 교체가 정기적으로 이루어졌다. 그러나 민족당과 자유당 사이의 양당체제는 형식상 양당체제의 모양은 띠고 있었으나 실제로는 양당체제로 보기 어렵다. 그 이유로 란데(Lande 1996, 120-121)는 세 가지를 들고 있다. 첫째는 두 정당의 구조나 조직, 작동원리가 거의 동일하다는 것이다. 둘째, 지방단위에서 중앙당까지 정당의 구성원들과 지지자들의 성향뿐만 아니라 정책까지도 거의 유사하다는 것이다. 셋째, 이러한 이유로 정치인들은 자신에게 유리하다는 판단을 하면 쉽게 한 정당에서 다른 정당으로 당적을 바꾸는

1) 이러한 양상은 1946년 독립 이후 민족당에서 자유당(The Liberal Party)이 분리되는 과정에서도 동일하게 나타난다.

2) 1945년 일본이 패망한 후 일본 점령시 일본군에 협력한 친일부역자들에 대한 처리문제를 둘러싸고 민족당 내부에 갈등이 생기게 되었으며, 이에 자치령정부의 상원의장이었던 로하스(Manuel Roxas)를 중심으로 분열해 나온 세력들이 자유당을 창당하였다.

일이 빈번히 일어났다는 점이다. 따라서, 이 시기 필리핀의 양당체제는 정당의 차별성 때문이 아닌 정치적 이해관계로 인해 유사한 두 정당이 서로 다른 이름으로 존재한 것으로 평가할 수 있다.

개인 지도자를 중심으로 한 필리핀 정당의 특성에 관하여 탄캉코(Tancangco 1988, 92-93)는 다음과 같이 설명한다. 첫째로는 정당의 정책이나 정당구성원들의 사회경제적 특징이 동일하였다. 둘째, 어느 정당에도 뚜렷한 이념적 특성이 없으므로 정당내의 결속력이 약하였으며 내부의 파벌적 양상이 심각하였다. 셋째, 그러한 이유로 선거가 끝나면 예외 없이 여당으로의 정당 이동 현상이 발생하였다. 랄라나(Lallana 1989, 48-49) 역시 민족당과 자유당 중 어느 정당도 강력하게 부상하지 못한 이유는 두 정당의 구성원들이나 정책에 있어 차별성이 없었기 때문이라고 설명한다. 그러한 점에서 필리핀 정당을 정치지도자들의 개인적이고 지극히 파벌적인 야심을 위하여 존재하는 정치적 이념과는 거리가 먼 정치지도자들의 도구이며(Marlay 1993, 218), 서구적 의미의 정당과는 달리 정치지도자의 흥망성쇠나 또는 개인적 파벌과 정치적 이해관계에 따라 언제라도 이합집산이 가능한 매우 유동적이고 편의적인 조직이라는 점(Lallana 1989)에 많은 학자들이 동의하고 있다. 다음으로 정치엘리트와 관련된 논의와 평가들을 살펴보도록 하겠다. 위에서 살펴본 바와 같이 지역별 지지기반을 가진 전통적 과두엘리트들이 필리핀 정치를 주도할 수 있었던 중요한 요인 중 하나는 필리핀 사회의 후원-수혜관계(patron-client relationship)와 깊은 연관성이 있었다. 즉, 필리핀에서 정치엘리트들은 자신이 지향하는 정책이나 정치적 신념 등에 의하여 평가를 받기보다는 지역이나 중앙정치에서 후원자(patron)로서의 자신의 능력과 영향력에 따라 유권자들의 평가를 받았다. 이 전통적인 지배 가문들로는 스페인 통치시절부터 존재한 코후앙코(Cojuangco), 탄후앗코(Tanjuatco), 쿠엥코(Cuenco) 가문과 미국의 식민통치 시절 성장한 오스메냐(Osmena), 로렐(Laurel), 아키노(Aquino), 스물롱(Sumulong) 가문 등이 있다(Timberman 1991, 35-38; 정영국 1994, 95).

과거에는 정치엘리트들의 후원자로서의 능력이 자신이 속한 각 지역의 전통적 지주가문의 방대한 토지를 기초로 하여 평가되었다. 즉 평소에 소작인들이나 그 지역의 주민들에게 베푼 호의가 선거 때 수혜자들의 지주가문의 후보자에 대한 지지로 나타나는 것이었다. 오늘날에도 지방수준에서는 이러한 요인이 여전히 유효하지만 산업발달과 농민들의 도시이주 등으로 인하여 토지에 기초한 전통적인 후원-수혜관계가 불가능한 대도시의 빈민가를 중심으로는 돈으로 유권자들의 표를 사고파는 "매표행위(vote-buying)" 등으로 대체되는 양상이 나타나고 있다. 그러한 점에서 과거와 현재의 후원-수혜관계가 약간의 변화양상을 보이고 있기는 하지만 토지나 또는 현금을 매개로 주고받는 관계(give-and-take relations)라는 측면에서는 매우 유사한 현상으로도 평가할 수 있다.

아울러 이와 같은 방법을 통하여 정치권에 진출하는 전통적 과두엘리트들이 필리핀 정치를 주도해 온 것은 이미 널리 알려진 사실이다. 구티에레스(Gutierrez 1994, 4-5)에 의하면 1992년 의회선거에서 당선된 하원의원 199명 중 73%에 해당되는 145명이 앞에서 언급한 과두엘리트 가문과 혈연이나 결혼 등으로 연결되어 있었다. 그런데 흥미 있는 사실은 이와 같은 과두엘리트 출신 정치인들의 비율이 마르코스 집권 이전의 1960년대나 민주화 이후인 1990년대에 와서도 크게 달라지지 않았다는 점이다(Coronel et al. 2004). 아래의 **표 1**에서 볼 수 있듯이 필리핀 하원의원들의 출신성분은 여전히 상류계층이나 중상류계층에 치우쳐 있는 것을 알 수 있다. 특히 1992년 하원의원의 경우 상류계층 출신이 1962년보다 증가한 반면 중상류계층과 중하류계층이 약간 감소한 것으로 나타나고 있다. 또한 **표 2**에서 볼 수 있듯이 이들 과두엘리트 가문의 구성원들은 하원뿐만 아니라 선거에 의해 선출되는 다른 공직에도 다수 진출해 있음을 알 수 있다. 즉, 1987년 이후 60% 이상의 하원의원들이 다른 선출직 공직에 친인척이 있는 것으로 나타나고 있어, 여전히 공직은 특정가문들에 의해 장악되어 있는 것을 알 수 있다.

표 1 하원의원들의 사회경제적 출신배경 (1962년과 1992년의 비교)

사회경제적 계층	1962(%)	1992(%)
상류층	27.6	44.0
중상류층	62.1	49.2
중하류층	10.3	6.6
하류층	0.0	0.0

· 출처: Coronel et al. (2004). Table 1.16b (p.25) 재인용

표 2 선출직인 공직에 친인척을 가진 하원의원의 비율

하원(임기)	하원의원수/총의원수	비율(%)	비례대표의원 제외비율(%)
8대(1987-1992)	122/198	62	62
9대(1992-1995)	128/199	64	64
11대(1998-2001)	136/220	62	65
12대(2001-2004)	140/228	61	66

· 출처: Coronel et al. (2004). Table 2.1(p.48)를 보완(비례대표제도는 11대 하원부터 시작되었음)

그러나 필리핀 정치에 있어 이들 전통적 과두엘리트들과 관련된 문제는 단순히 이들이 정치인들의 다수를 차지하고 있다는 사실뿐만 아니라, 이 엘리트들이 자신들이 대표하는 지역구민들을 위해 활동하기보다는 개인이나 자신들 가문의 이익을 위해 정치적 지위와 영향력을 행사한다는 점이다. 실제로 전통적 지배가문 출신의 의원들 대부분은 출신지역에 광대한 토지를 소유하고 있거나 또는 대기업이나 산업체를 경영하고 있으며 의회의 입법활동에서 자신들의 경제적 이익을 보호하기 위한 법안들을 상정하는 경우를 빈번히 볼 수 있었다. 뿐만 아니라 임기 동안 국가발전을 위한 장기적인 계획이나 목표와는 상관없이 자신의 지역구에서의 후원-수혜관계의 유지를 위한 사업이나 이권이 개입된 공공사업에 국가예산을 배정하는 이른바 "포크-배럴(pork-barrel)" 프로젝트에 배정되는 예산이 지속적으로 증가되어 왔다. 이러한 지역구 관리를 목적으로 하는 예산의

배정은 필리핀 정치에서 전통적으로 뇌물과 수수료 등 부패의 온상으로 작용해 왔다(Coronel et al. 2004, ix). 이러한 사실들에서 볼 수 있듯이 필리핀에서 지역을 대표하는 정치인들과 유권자들의 관계는 전통적으로 개인적이거나 이해관계에 따른 것이었다. 따라서 장기적 목표에 근거한 국가차원의 이익보다는 당장 다음 번 선거를 의식한 지역차원의 또는 자신이 속한 전통적 지배가문이나 개인의 이익이 우선되었다. 그러한 정치적 환경에서 선거의 의미는 서구 자유민주주의 체제에서의 선거와는 매우 다른 양상과 성격을 띨 수밖에 없었다.

이상에서 살펴본 바와 같이 필리핀에서는 경쟁적 선거의 가장 중요한 조직인 정당이 정책이나 이념에 기초한 조직이 아니었다. 1900년 결성된 최초의 정당부터 전통적 지배가문 출신 과두엘리트들의 정치적 목적과 편의를 위하여 형성되었으며, 따라서 이해관계가 변하면 기존의 정당에서 분열해 나오거나 또는 다른 정당으로의 이동도 쉽게 일상화되는 양상을 띠었다. 그러므로 정치의 내용도 정치엘리트들의 이해관계에 따라 좌우될 수밖에 없었다. 유권자들은 선거를 통해 이 엘리트들의 정치적 입지를 확고히 해주는 대신 개인적으로 필요한 토지의 경작권이나 취업의 알선 또는 선거 때 제공되는 현금이나 기타 다른 물질적 수혜 등으로 보상받았다. 그러한 맥락에서 기존의 논의들은 필리핀의 정치인들은 자신들이 대표하는 국민의 대표라기보다 자신이나 자신의 가문 또는 정치적 파벌의 이익을 대표하는 역할과 기능이 더욱 우선되었다고 공통적으로 지적하고 있다.

Ⅲ. 민주화 이후 대통령 선거과정

본 절에서는 이러한 필리핀 선거의 왜곡된 실상과 이로 인한 민주주의 기능의 심각한 문제점들이 1986년 민주화 이후 필리핀의 대통령 선거에서는 어떤 양상으로 나타나고 있는지 살펴보고자 한다. 1986년 이후 2008년 현재까지는 세 차례의 대통령 선거(1992, 1998, 2004년)가 치러졌다. 각각의 선거에서 후보자들과 선거쟁점, 선거의 과정, 그리고 선거결과 등을 간략히 살펴보겠다.[3)]

1. 뜨라뽀 대 비뜨라뽀(1992년 선거)

1992년 아키노정부 하에서 치러진 대통령 선거는 실질적으로는 민주화 이후 처음 치러진 대통령 선거였다. 1987년 새롭게 제정된 헌법규정에 의해 과거 권위주의체제보다 대통령의 권한이나 영향력이 현저히 축소된 상황에서 치러진 선거이기도 하였다. 일곱 명의 후보가 출마한 1992년 대통령 선거는 1986년 2월 민중의 힘으로 시작된 필리핀 민주화 6년에 대한 평가인 동시에 앞으로의 6년에 대한 유권자들의 선택을 알 수 있는 선거였다. 대통령 후보를 살펴보면 실질적인 여당의 역할을 하였던 LDP(Laban ng Demokratikong Pilipino)의 대선후보인 미트라(Ramon Mitra), LDP의 대통령후보 경선에서 미트라에게 패한 후 아키노 대통령의 지지를 기반으로 Lakas-NUCD라는 새로운 당을 급조하여 대선후보로 나선 전 국방장관 출신의 라모스(Fidel V. Ramos), 아키노정부에서 이민성 장관과 농업개혁성 장관을 역임한 여성후보 산티아고(Miriam Defensor Santiago), 아키노정부의 부통령인 민족당의 로렐(Salvador H. Laurel), 전 상원의장인 자유당의 살롱가(Jovito Salonga), 아키노 대통령의 사촌이자 마르코스 전 대통령의 핵심 측근이었던 민족주의민중연합(the Nationalist People's Coalition)의 코후앙코(Eduardo Cojuanco), 마르코스의 미망인인 KBL(Kilusang Bagong Lipunan)의 이멜다 마르코스 등이었다.

---

3) 본 절에서는 각각의 선거과정에서 나타난 현상적 내용들만을 살펴보고, 이러한 현상들에 대한 심층적인 분석은 다음 절에서 다루기로 하겠다.

일곱 명의 후보자들이 공통적으로 제시한 선거의 쟁점은 경제개혁과 정치적 안정, 깨끗한 정부, 그리고 사회정의의 확립이었다. 그러나 실제로 선거의 과정에서 가장 뜨거운 쟁점으로 등장한 것은 낡고 부패한 정치인을 의미하는 "뜨라뽀"(trapo)[4] 였다. 일곱 명의 후보 중 이 뜨라뽀의 범주에 해당되지 않는 인물은 라모스와 산티아고 두 사람뿐이었다. 나머지 다섯 명의 후보인 미트라, 로렐, 살롱가, 코후앙코, 이멜다 마르코스는 모두 부패하고 노련한 낡은 정치인의 범주에 속한 인물들이었다(Carlos and Banlaoi 1996, 148).

1992년 선거의 과정에서 가장 두드러지게 나타나는 특징들은 아키노 대통령의 영향력과 함께 인물과 당선가능성 중심의 정당간 이합집산, 그리고 뜨라뽀 대 비뜨라뽀의 대결구도였다. 먼저 아키노 대통령의 영향력은 LDP의 대통령후보 경선에서 패배한 라모스를 선거 불과 넉 달 전에 급조한 Lakas-NUCD의 대통령후보로 내세우는 데 핵심적인 역할을 하였다.[5] 선거과정이나 선거결과에서 밝혀진 바와 같이 아키노 대통령의 라모스 지지는 라모스의 당선에 중요하게 작용한 것으로 나타났다.

다음으로 정당간의 이합집산과 관련해서 여권 내에서는 아키노와 라모스에 의해 신당이 만들어지자 LDP 내 하원의원 25명과 주지사 22명이 Lakas-NUCD로 당적을 옮겼고 라모스 후보 지지의사를 밝혔다. 그러나 여전히 121명의 하원의원들이 LDP에 잔류하였다. 이들 121명 의원들의 판단에는 집권여당의 역할을 하고 있던 LDP의 후보인 미트라의 당선 가능성이 급조한 정당의 후보로 아키노의 지지만을 받고 있는 라모스보다는 크다고 생각되었기 때문일 것이다. 야권에

4) "Traditional Politicians in the Party Ranks"를 줄여서 이야기하는 속어인 "뜨라뽀"는 따갈로그어로는 "더러운 걸레"라는 의미를 지닌 단어이다. 따라서 필리핀 대중들 사이에서 뜨라뽀라 함은 전통적 엘리트가문의 구성원들로서 정치에 오래 몸담아 온 부패한 정치인들을 뜻한다.

5) 아키노 재임 시절 실질적 여당의 역할을 하였던 LDP의 공식적 대통령후보로 선출된 미트라를 제쳐두고 아키노대통령이 라모스를 적극 지지한 이유에 대하여는 정영국(1992, 164-165)을 참조하기 바람.

서도 역시 선거를 둘러싸고 이합집산이 있었다. 아키노 정부의 부통령인 로렐과 국방장관을 지낸 엔릴레는 이미 아키노와 결별하고 서로 의기투합하여 자신들의 지지세력 및 마르코스 잔여세력들을 모아 1989년 민족당을 확대, 재건하였다. 이에 1991년 코후앙코가 입당함으로써 아키노의 개혁세력에 맞서는 보수세력들의 결집이 이루어지는 듯하였다. 그러나 대통령후보를 둘러싼 갈등으로 인하여 이들 연합은 붕괴되고 로렐 자신은 민족당의 후보로, 그리고 민족당과 결별한 코후앙코는 민족주의민중연합을 새로이 결성하여 대통령 후보로 출마하였다(정영국 1992, 164-165).

마지막으로 뜨라뽀 대 비뜨라뽀의 대결양상은 대통령 선거전이 본격화되면서 더욱 두드러지게 나타났다. 일곱 명의 후보 중 이미 언급한 바와 같이 라모스와 산티아고만 구시대 정치인이 아닌 것으로 분류되었다. 이유는 두 후보 공히 전통적 지배가문의 후손들이 아니며, 1986년 민주화 이후 아키노대통령에 의해 발탁되어 정치적으로 성장한 인물들이기 때문이었다. 라모스가 LDP의 후보경선에서 미트라에게 패배한 것이나 산티아고가 자신의 가족들을 중심으로 조직된 거의 이름만 정당인 민중개혁당(the People's Reform Party)의 후보로 출마한 사실 등이 이들의 정치적 배경을 말해 준다. 따라서 미트라, 코후앙코, 로렐, 살롱가, 이멜다 마르코스 등은 기존 정당들의 조직을 동원한 전통적인 방법의 선거운동에 주력한 반면 라모스와 산티아고는 이들 기존 정치인들과는 구별되는 이미지로 유권자들에게 접근하였다. 라모스의 경우 아키노 대통령의 지원에 힘입어 지속적인 민주화와 정치, 경제개혁을 강조하였다. 산티아고 후보의 경우 부패척결의 필요성을 그 특유의 독설로 강조하는 유세를 통하여 젊은층의 개혁성향 유권자들을 매료시켰다.

이와 같이 일곱 명의 후보들에 의해 혼전양상을 보인 1992년의 대통령 선거 결과는 아래의 **표 3**과 같다. 표에서 볼 수 있듯이 라모스가 총투표자의 23.58% 지지를 얻어 19.72%의 지지를 획득한 산티아고와의 근소한 차이로 대통령에

표 3 1992년 대통령선거 결과

후보자	순위	유효 득표수	득표율(%)
Ramos, Fidel	1	5,342,521	23.58
Santiago, Miriam Defenso	2	4,468,173	19.72
Cojuangco, Eduardo M. Jr.	3	4,116,376	18.17
Mitra, Ramon V.	4	3,316,661	14.64
Marcos, Imelda R.	5	2,338,294	10.32
Salonga, Jovito R.	6	2,302,123	10.16
Laurel, Salvador H.	7	770,046	3.40
합 계		22,654,194	100.00

· 출처: Official Commission on Elections(COMELEC) certificate of canvass의 유효득표수에 근거하여 순위와 득표율을 계산한 것임.

당선되었다. 비뜨라뽀로 분류되었던 라모스와 산티아고 두 후보가 1, 2위를 차지한 사실에서 1992년 대통령선거에서 유권자들의 표심을 잡을 수 있었던 쟁점이 개혁과 변화였다는 것을 알 수 있다. 또한 거의 무소속에 가까운 산티아고가 현직 대통령인 아키노와 신흥 자본가들인 마카티 경제인 클럽의 지지를 받은 라모스와 비교하여 조직과 자금의 현저한 열세에도 불구하고 불과 87만여 표의 근소한 차이로 2위를 한 것도 놀라운 사실이었다.

1992년 선거과정에서 나타난 네 가지의 중요한 현상들을 살펴보면 다음과 같다. 첫째, 전통적 정치조직(political machine)의 영향력은 약화된 반면 미디어 영향력은 강화된 것으로 나타났다. 그 증거로는 전통적인 정치적 기반이나 조직이 코후앙코나 미트라에 비하여 상대적으로 미약하였던 라모스와 산티아고가 상대적으로 높은 득표율을 획득한 결과를 들 수 있다. 또한 강력한 정치조직과 정치자금의 지원에도 불구하고 4위(14.64%)의 득표에 그친 미트라의 경우도 이를 증명해 주고 있다. 아울러 정당이나 전통적 정치조직의 지원을 전혀 받지 못하였을 뿐만 아니라 라모스보다 조직이나 자금에서 월등히 불리한 상황에서 선거를 치른 산티아고가 20%에 가까운 득표를 한 배경에는 미디어의 역할이 컸던 것으로 분석된다. 산티아고 후보는 전통적 선거조직이 전무한 가운데 미디어를 활용하는 선거방식을 채택하였다(Coronel 1992).

선거과정에서 나타난 또 하나의 중요한 현상은 각 후보의 출신 지역에서의 압도적 득표현상과 함께 라모스 후보의 중요 지역에서의 상대적으로 높은 득표율이다. 전통적으로 지역의 토후세력들이 정치권력을 장악하고 있는 필리핀에서 특정지역출신의 대통령 또는 부통령후보들이 자신들의 출신지역에서 몰표를 받는 현상은 필리핀의 선거가 시작된 이래로 지속되고 있는 현상이다. 따라서 유권자의 수가 많은 지역의 토후세력들은 필리핀 정치에서 항상 강력한 영향력을 행사하였다. 대표적 가문이 세부(Cebu)의 오스메냐가이다. 1992년의 선거에서도 동일한 현상이 관찰되었다. 코후앙코의 경우 출신지역인 탈락(Tarlac)에서 51%의 득표율을 기록하여 출신지역에서의 세력을 과시하였다. 살롱가 역시 남 카마리네스(Camarines Sur)에서 득표율 1위를 기록하였다. 라모스 후보도 그의 고향인 팡가시난(Pangasinan)에서 승리한 것은 물론이고 유권자의 숫자가 많은 주요 지역인 세부, 팜판가(Pampanga), 다바오 북부와 남부(Davao del Notre & Davao del Sur) 모두에서 득표율 1위를 기록함으로써 승세를 굳혔다고 할 수 있다. 라모스의 세부에서의 승리에는 오스메냐 가문의 도움이 절대적이었으며, 그 외의 지역에서는 Lakas의 후보들이 라모스의 높은 득표에 많은 공헌을 하였다. 또한 코후앙코의 출신지역인 탈락(Tarlac)에서도 라모스는 2위를 기록하였고 살롱가의 남 카마리네스(Camarines Sur)에서도 3위를 기록하였다(Coronel 1992).

선거과정에서 관찰된 세 번째의 현상은 시민단체의 활발한 선거참여이다. 농촌지역에서는 여전히 전통적 후원-수혜관계에 기초한 정치조직들의 활동이 지속된 반면 각 지역별 주요도시들을 중심으로 과거의 전통적 조직보다는 시민단체들과 종교단체, 특히 개신교 단체들의 선거운동이 두드러지게 나타났다. 이러한 새로운 현상의 주된 수혜자는 라모스와 산티아고였던 것으로 분석된다. 그 이유는 전통적 조직들의 경우 돈이나 권력을 매개로 하는 비자발적인 조직이었던 반면, 이들 시민단체들과 종교단체들은 참여자들의 열정과 자발적 의사에 따라 활동하는 조직이었기 때문이다. 라모스의 경우 아키노 정부하에서 왕성한 활동을 전개한 여러 시민단체들과 함께 전역군인들의 조직과 기독교단체들이 그의 선거운동을 적극적으로 도왔다. 반대로 신추기경을 비롯한 가톨릭 교계에서는 라모스가 개신교인이라는 이유로 강력하게 반대하였다. 산티아고 역시 개혁을 지지하는 젊은 유권자들을 중심으로 하는 시민단체와 대학생 조직들의 자발적 선거운동에 힘입은 바가 컸다. 그러나 다른 한편 표가 분산되기는 하였지만 뜨라뽀로 분류된 나머지 다섯 후보들이 획득한 표의 총합이 라모스와 산티아고 두 후보가 획득한 표의 총합보다 많다는 점에서 여전히 필리핀 선거에서 전통적 엘리트들의 조직적 선거망의 위력을 느낄 수 있었다.

마지막으로 1992년 선거결과에 영향을 미친 또 하나의 중요한 요인은 아키노 대통령의 라모스 지지였다. 실질적 여당이었던 LDP의 미트라에 대한 아키노의 불신은 그가 상황에 따라 민주적 개혁보다는 과거 마르코스 세력과의 연계를 도모할 수 있는 인물이라는 점에 근거하고 있었다. 반면 라모스에 대하여는 1986년 이후 어렵게 이끌고 온 민주화와 정치, 경제개혁을 지속시킬 것으로 믿었다. 라모스를 지지한 유권자들은 이러한 아키노의 판단에 동의한 것이었으며, 그 결과 라모스가 대통령의 자리를 승계하게 된 것이었다. 단, 산티아고를 지지한 유권자들의 경우 정치 및 경제개혁이 더욱 광범위하고 신속하게 진행되어야 한다고 생각하였다.

2. 민중의 친구 ERAP?(1998년 선거)

민주화 이후 두 번째의 대통령 선거인 1998년의 선거에는 총 10명의 후보가 경합하였으며[6] 우려했던 바와는 달리 자유롭고 공정한 선거가 치러진 것으로 평가되었다. 1998년 대통령 선거에서 후보자들 및 선거의 쟁점, 선거의 과정, 그리고 선거결과 등을 살펴보면 다음과 같다. 먼저 10명의 후보는 라모스정부의 부통령인 에스트라다(Joseph Estrada), 여당인 Lakas-NUCD의 총재인 데 베네시아(Jose de Venecia), 상원의원인 로코(Raul Roco), 세부 주지사 출신의 오스메냐(Emilio Osmena), 마닐라 시장인 중국계의 림(Alfredo Lim), 라모스정부에서 국방장관을 지낸 데 빌리아(Renato de Villa), 1992년 대선에 출마하였던 산티아고(Miriam Santiago), 상원의원 엔릴레(Juan Ponce Enrile) 등이었다.

1998년 선거의 가장 큰 쟁점은 오히려 선거가 시작되기 전에 비롯된 6년 단임제의 대통령 임기에 대한 개헌논의였다. 논의의 시작은 라모스 측근에서 라모스의 임기를 연장하는 방안으로서 대통령 임기에 대한 6년 단임의 헌법규정을 개정하려는 움직임을 보이면서 시작되었다. 헌법개정을 위한 서명운동이 구체화되면서 이에 대한 반대의 움직임도 신추기경과 아키노 전대통령에 의해 시작되었다. 결국 대법원은 일반 국민들의 서명만으로 헌법을 개정할 수 없다는 판결을 내렸고 라모스와 측근들은 임기연장을 위한 개헌 시도를 포기하게 되었다[7] (Romero 1998, 196-197). 이로써 개헌논의는 그 뜻을 이루지 못하고 종결되었다.

정작 선거가 본격화되면서 부각된 가장 큰 쟁점은 “경제문제”와 “민중 대 엘리트 경쟁”이었다. 경제문제는 1997년 아시아의 외환위기의 여파로 필리핀 경제도 어려움에 직면하고 있어 대통령 후보들의 경제정책에 관한 부분이 유권자의 관심을 끌어 쟁점으로 부상하였다. “민중 대 엘리트 경쟁”의 대결구도는 에스트라다 진영에서 전략적으로 부각시킨 쟁점이 유권자들에게 어필한 것이었다.

---

6) 후보등록에는 11명이었으나 이멜다 마르코스가 선거일 직전 후보를 사퇴하여 실제 선거에는 10명의 후보들이 경합하였다.

7) 로메로(Romero 1998, 197)는 신추기경과 아키노 전대통령의 이러한 움직임에 대하여 이들이 정부의 인기 없는 정책을 막을 수 있는 비정부 차원의 견제세력으로서의 위치를 확인하게 되었다고 평가하였다.

즉 민중들을 돌아보지 않는 엘리트들을 배격하고 민중출신의 대통령을 선출해야 한다는 논리였다. 이러한 전략이 주효했던 것은 라모스정부가 괄목할 만한 경제성장을 이루었음에도 불구하고 그 성장의 열매가 여전히 빈곤층에게는 돌아가지 않았기 때문이었다. 따라서 "민중 대 엘리트"의 쟁점은 특히 빈곤계층의 유권자들에게 가장 효과적인 영향을 미친 것으로 나타났으며, 이는 아래의 선거결과에서도 확인되고 있다.

1998년 선거는 앞에서 이미 살펴본 바와 같이 개헌논의의 종결로 선거경쟁이 더욱 가속화되었다. 그 한 요인은 대법원의 판결로 라모스의 대통령직 재도전이 불가능해지자 대선 후보군의 숫자가 증가하였기 때문이다.[8] 또한 선거의 과정과 관련하여서 재출마가 불가능해진 라모스가 데 베네시아를 Lakas-NUCD의 공식후보로 지지하자 전 국방장관 데 빌리아는 탈당하여 무소속으로 출마를 선언하면서 정치세력간의 이합집산이 구체화되기 시작하였다. 아울러 라모스와 데 베네시아의 연합에 자극받은 PMP(the Partido ng Masang Pilipino)의 에스트라다, NPC(the Nationalist People's Coalition)의 코후앙코, LDP(the Labang ng Demokratikong Polipino)의 앙가라 역시 서로 연합하여 PMP-LAMMP(the Laban ng Masang Makabayang Pilipino)를 결성하였다. 이로 인하여 에스트라다는 코후앙코와 앙가라가 구축해 놓은 전통적인 방대한 후원조직의 도움도 확보하게 되었다.[9]

이상과 같이 10명의 후보가 난립하였고 또 야당세력간의 합종연횡이 이루어진 가운데 치러진 1998년 선거의 결과는 아래의 **표 4**와 같이 나타났다. 표에서 볼 수 있듯이 에스트라다의 압도적인 승리였다. 특히 1992년 라모스의 24%의

8) 이는 라모스가 재도전하는 경우 그의 당선 가능성이 높았지만, 라모스가 빠진 경쟁이라면 승산이 있다고 생각한 후보자들이 속속 경쟁에 참여하였기 때문이라 분석된다.

9) 코후앙코와 앙가라가 에스트라다와 연계한 가장 큰 이유는 라모스와 드 베네시아의 연계로 인하여 자신들의 세력이 군소야당의 위치를 벗어날 수 없다고 판단되자, 대선 후보 중 대중적 인기는 있지만 전통적 동원기재가 없는 에스트라다를 중심으로 결집함으로써 선거승리의 가능성 및 선거 이후의 정치적 입지를 고려한 정치적 계산 때문이었다고 분석된다.

표 4 1998년 대통령선거 결과

후보자	순위	유효 득표수	득표율(%)
Estrada, Joseph	1	10,722,295	39.86
De Venecia, Jose	2	4,268,483	15.87
Roco, Raul	3	3,720,212	13.83
Osmena, Emilio	4	3,347,631	12.44
Lim, Alfredo	5	2,344,362	8.71
De Villa, Renato	6	1,308,352	4.86
Santiago Miriam	7	797,206	2.96
Enrile, Juan Ponce	8	343.139	1.28
Dumlao, Santiago	9	32,212	0.12
Morato, Manuel	10	18,644	0.07
합 계	·	26,902,536	100.00

· 출처: Official Commission on Elections(COMELEC) certificate of canvass의 유효득표수에 근거하여 순위와 득표율을 계산한 것임.

득표율과 비교하거나 10명의 후보가 경쟁한 선거라는 점을 고려할 때 더욱 그렇다. 2위를 한 Lakas-NUCD의 데 베네시아의 득표율은 에스트라다 득표의 1/2에도 미치지 못하였다. 또한 1992년 선거에서 20% 가까이 득표하여 2위를 차지한 산티아고는 불과 3%의 득표에 그쳤다. 이와 같은 결과는 선거의 쟁점에서 언급하였던 "민중 대 엘리트 경쟁"의 구도에서 민중의 승리를 의미하는 것이었으며, 민중을 대표하는 후보자로서 부각된 에스트라다가 전통적 엘리트에 속하는 데 베네시아, 로코, 오스메냐 등을 큰 표 차로 이긴 것에서 그 증거를 찾을 수 있다. 그러나, 다른 한편 에스트라다의 PMP-LAMMP가 전통적 엘리트의 대표적 인물인 코후앙코 및 앙가라와 연계한 세력이며 이들의 동원기재도 에스트라다 승리에 한 몫을 한 것은 분명한 사실이다. 따라서 이들의 연합은 서로를 필요로 한 정치적 이해득실을 따진 정략적 산물이었다.

1998년 대통령 선거에서 나타난 중요한 현상 중의 하나는 사회적 계층에 따라 후보자들에 대한 유권자들의 선호가 다르게 나타난 것이다. 필리핀 사회의 계층분류는 전통적으로 엘리트 또는 상류계층(AB), 중산층(C), 중하류의 빈곤층(D), 극빈층(E) 등의 다섯 부류로 나누어진다.[10] 이들 중 전체 인구의 90% 이상을 차지하는 민중(masa)으로 분류되는 DE 계층 유권자들의 52%가 에스트라다를 지지한 것으로 나타났다. 반면 DE 계층에서 집권여당의 데 베네시아 후보를 지지한 유권자는 11%밖에 되지 않았다(Aquino 1998, 7). 이와는 달리 중상류 이상의 ABC 계층의 유권자들은 대부분 로코와 데 베네시아 두 후보를 지지한 것으로 나타났다(Carizo 2004, 4). 그러나 더욱 재미있는 현상은 대통령 선거와는 달리 부통령 선거에서는 데 베네시아와 같은 정당인 Lakas-NUCD의 아로요 후보가 에스트라다 보다 높은 득표율인 49.6%로 당선되었으며, 아로요 지지자의 압도적 다수가 DE 계층에 속한 민중이었다는 사실이다. 통계에 의하면 D계층의 51.1%와 E계층의 52.4%가 아로요를 부통령으로 지지하였다. 그러나 에스트라다와 함께 출마한 PMP-LAMMP의 부통령 후보인 앙가라(Angara)는 22.1%의 득표로 2위에 그쳤다(Mangahas et al. 2001, 24). 따라서 필리핀 유권자의 90% 이상을 차지하는 민중(DE계층)의 다수가 대통령 후보로는 에스트라다를 지지하였고, 부통령 후보로는 아로요를 지지한 재미있는 현상이 관찰되었다.

또 다른 1998년 선거에서의 특이한 사항은 에스트라다가 다른 후보들에 비해 월등한 지지율로 대통령에 당선되었음에도 불구하고 그의 소속 정당인 PMP-LAMMP는 하원과 지방선거 모두에서 다수의석을 획득하지 못하였다는 사실이다. 이는 단적으로 에스트라다를 지지한 유권자들이 개인 에스트라다를 선호한 것일 뿐 그의 소속정당에 대한 지지나 관심은 없었다는 사실을 말해 주는

---

10) 다섯 개의 계층으로 분류되지만 중상류 이상의 ABC 계층은 전체인구의 10%가 채 되지 않는 것으로 나타난다. 따라서 중하류 이하의 D와 E 계층이 전체인구의 90% 이상이다(Coronel & Chua 2004).

것이다. 이러한 현상에 대하여 아키노(Aquino 1998, 8)는 에스트라다의 대통령 당선은 그의 시장, 상원의원, 부통령 등의 정치적 경력보다는 정계진출 이전 영화배우로서의 대중적 인기에 힘입은 바가 크며, 에스트라다 스스로 만들어 낸 비엘리트 정치인의 상징적 인물[11]로서 대중들에게 접근한 것이 주효하기 때문이라고 분석하였다. 따라서 1998년 필리핀 선거에서도 정당은 별다른 의미를 가지지 못하였으며 후보자 각각의 대중적 인기가 선거결과를 좌우한 것이라고 아키노는 설명하였다. 다시 말하면 필리핀 유권자들은 정당을 보고 투표하는 것이 아니라 그들의 개인적 느낌과 판단에 따라 후보자들을 선택하였다는 분석이다(Meimban & Cortes 1999, 336). 그런 점에서 선거과정에서 필리핀 유권자들에 대하여 "아무도 정당은 기억하지 않지만, 모든 사람들이 후보자들은 기억한다"는 키로스(de Quiros 1998)의 언급은 시사하는 바가 크다.

그러나 1998년 10명의 후보가 난립한 선거에서 압도적인 표 차이로 승리한 에스트라다는 임기 3년을 채우지 못한 채 부패 혐의로 인하여 탄핵위기에 처하게 되어 임기도중에 물러났다.[12] 민중들을 돌아보지 않고 자신들의 이익에만 급급한 전통적 엘리트 정치인들을 비판하며 진정한 민중의 친구로서의 이미지를 통하여 민중들의 표심을 모아 대통령에 당선된 에스트라다의 부패혐의에 의한 중도하차는 그가 진정한 민중의 대통령이 되지 못하였음을 의미하는 것이었다. 그 결과 2001년 1월 부통령이었던 아로요가 대통령직을 승계하여 2004년 5월까지의 잔여임기를 마치게 되었다.

---

11) 그러나 에스트라다 자신은 90% 이상의 유권자들이 속한 빈곤계층 출신은 아니었다.

12) 이와 관련된 자세한 논의는 본 연구의 주제를 벗어나는 것이므로 Reid(2001)를 참조 바람.

3. 현직 대통령의 승리(2004년 선거)

2004년 5월의 대통령 선거는 아로요 현직 대통령이 출마한 예외적인 선거였다.[13] 선거에는 5명의 후보가 출마하였다. 아로요(Gloria Macapagal Arroyo) 현직 대통령이 K-4(the Koalisyon ng Katapatan at Karanasan sa Kinabukasan)의 후보로, 영화배우 출신이자 2001년 중도에 대통령직을 물러난 에스트라다의 절친한 친구인 KNP(Koalisyon ng Nagkakaisang Pilipino)의 페르난도 포(Fernando Poe, Jr.), 아로요 정부에서 교육부장관을 지낸 상원의원 로코(Raul Roco), 에스트라다 정부에서 경찰청장을 지낸 상원의원 락손(Panfilio Lacson), 그리고 복음주의자이자 "Brother Eddie"라는 애칭으로 더욱 잘 알려진 빌랴누에바(Eduardo Villanueva) 등이다.

이 후보들 중 아로요 대통령과 상원의원인 로코와 락손은 현직 대통령으로서 또 행정부의 장관직과 상원의원직을 통하여 자신들의 능력을 나름대로 검증받은 후보들이었다. 그러나, 에스트라다의 분신으로 알려진 포의 경우 고등학교를 중퇴한 학력에 영화배우와 영화제작자 경험 이외에는 아무런 정치적 경력이 없는 후보였고, 빌랴누에바 역시 복음주의 선교자로 JIL(Jesus is Lord)라는 단체를 이끌고 있기는 하지만 정치적 경력은 전무한 인물이었다.

2004년 선거의 과정에서는 먼저 현직 대통령이었던 아로요가 대통령직에 도전하느냐 아니냐가 선거전이 본격화되기 이전 가장 큰 관심사였다. 2001년 1월 대통령직을 승계한 아로요는 2003년 전반까지 지속적으로 2004년 선거에 출마하지 않을 것이라는 태도를 표명하였다. 그러나, 2003년 후반에 접어들면서 출마하는 쪽으로 방향을 선회하였고, 그 이후 선거가 있기까지 아로요 대통령의 일거수일투족은 경쟁자들로부터 현직 대통령으로서의 지위를 이용한 정부여당

---

13) 1987년 헌법 규정에 대통령은 6년 단임으로 규정되어 있어 현직대통령의 재출마는 불가능하다. 그러나 아로요의 경우 부통령에서 대통령직을 승계한 경우이므로 이 규정에 해당되지 않아 2004년 5월 대통령선거에 현직대통령으로 출마할 수 있었다.

의 선거운동이라는 비난의 대상이 되었다. 그러나 동시에 아로요를 포함한 2001년 EDSA II를 주도하였던 세력들은 에스트라다와 절친한 또 다른 영화배우 출신인 페르난도 포의 출마와 그의 대중적 인기로 미루어 볼 때 1998년 선거와 같은 양상이 되풀이될 위험성에 대하여 긴장하였다.

후보들이 제시한 선거쟁점은 모두 유사하였다. 모든 후보들이 부패와의 전쟁을 선언하였고, 법과 질서의 회복, 그리고 침체된 경제의 활성화를 강조하였다. 그러나, 실질적으로 2004년 선거의 최대쟁점은 역시 "민중 대 엘리트"의 대결구도였다. 선거의 분위기가 무르익으면서 후보자나 유권자들 사이에서 가장 큰 쟁점으로 등장한 것은 필리핀 사회의 상층부를 차지하고 있는 엘리트계층과 이와는 구별되는 하층부의 오랜 가난에 지친 다수 대중들 사이의 좁혀지지 않는 간격이었다. 이는 1998년 대통령 선거에서의 쟁점이 다시 되살아나는 것을 의미하는 것이었다. 당시 에스트라다의 승리는 빈곤으로부터의 탈피에 희망을 걸고 엘리트들의 약속에 지지를 보내왔던 필리핀 대중들이 더 이상 엘리트들의 공허한 약속을 믿지 않겠다는 의사를 분명히 표시한 결과로 해석될 수 있다. 2004년 선거에서도 여론조사 등을 통하여 선두를 달리는 두 후보가 전형적인 엘리트계층을 대표하는 아로요 대통령과 대중들에게 에스트라다 전대통령과 동일한 이미지로 지지를 확보하고 있는 페르난도 포로 압축되면서 민중 대 엘리트, 빈곤층 대 부유층의 사회경제적 경계선을 사이에 둔 선거경쟁의 분위기가 가열되기 시작하였다(*The Manila Times* 2004/1/11).

선거운동이 본격화되고 여론조사 등을 통하여 후보들에 대한 유권자들의 반응이 구체화되면서 선거과정은 점차 아로요 대 포의 양자구도로 좁혀져갔다. 양 후보 모두 자신들의 약점을 보완하기 위한 방안으로 득표를 극대화할 수 있는 부통령 후보들을 영입하였다. 아로요의 경우 정치적 경험은 미약하지만 대중들 사이의 인기를 겨냥하여 TV와 유명한 라디오 프로그램 앵커 출신인 상원의원 데 카스트로(Noli de Castro)를 발탁하였고, 포 역시 방송언론인 출신이며 1998년 최연소 여성 상원의원으로 당선된 이후 상원의 다수당 지도자로서 대중들의 신망을 받고 있는 르가르다(Loren Legarda)를 부통령 후보로 영입하였다. 결과적으로 양 진영 모두 아로요-데 카스트로 대 포-르가르다의 남녀간 조합을 이루는 대통령-부통령 후보로 조직되었다. 이렇게 양 진영 대통령-부통령 후보군이 공히 대중들의 인기와 정치적 능력을 동시에 고려한 이른바 드림팀으로 짜여진 만큼 선거가 진행되면서 경쟁은 가열되었다. 그 결과 2004년 선거의 분위기는 마치 어느 후보군이 더욱 대중적 인기를 지니고 있는가의 콘테스트 같았다. 인기인들과 스타들이 동원된 거리에서의 선거 유세장은 마치 쇼프로그램과 같은 느낌을 주었으며, 정치적 이슈나 정책적 대결은 대중들의 별다른 관심을 끌지 못하였다.[14]

2004년 선거의 결과는 근소한 표차에 의한 아로요의 승리였다. **표 5**에서 볼 수 있듯이 선거관리위원회(COMELEC)의 최종 집계에 의하면 아로요가 39.99%의 득표율을 기록하였고, 포가 그 뒤를 이어 36.51%로 불과 112만여 표의 차이로 2위를 기록하였다. 다음으로는 10.88%를 득표한 전 경찰청장 출신의 락손이, 그리고 장관 시절 교육부의 개혁에 성공한 것으로 평가받았던 로코 상원의원은 6.46%로 4위를 기록하였다. 복음주의자 빌라누에바는 6.16%로 5위에 머물렀다. 선거 결과에 대하여 포 후보측은 정부여당과 아로요 진영의 개표부정 가능성 등을 제기하며 소를 제기하였다.[15] 1992년 라모스와 산티아고의 경쟁에서는 전체 유권자의 3.8%에 해당하는 87만여 표 차이로 승패가 나뉘어졌지만, 2004년

14) Joel Rocamora 박사는 2005년 2월 10일 있었던 면담 중 2004년 선거의 분위기를 이렇게 전하면서, 이러한 선거분위기가 지속된다면 선거의 진정한 의미는 퇴색되고 대중들 사이에 누가 더 인기 있는 인물이냐를 가늠하는 절차로 선거가 왜곡될 위험성이 있다는 우려를 표명하였다.

15) 재판이 진행되는 과정이었던 2004년 12월 파티에 참석하였던 페르난도 포가 갑자기 심장마비로 사망함에 따라 부정선거에 대한 제소는 사법부의 판단결과에 관계없이 실질적으로 일단락된 것으로 보였다. 그러나 2005년 6월 아로요 대통령이 2004년 선거결과의 인위적 조작에 관련되었다는 정황이 제시되면서 필리핀 정계는 심각한 상황에 처하게 되었다.

표 5 2004년 대통령 선거결과

후보자	순위	유효 득표수	득표율(%)
Macapagal-Arroyo, Gloria M.	1	12,905,808	39.99
Poe, Fernando Jr.	2	11,782,232	36.51
Lacson, Panfilo M.	3	3,510,080	10.88
Roco, Raul S.	4	2,082,762	6.46
Villanueva, Eduardo C.	5	1,988,218	6.16
합 계		32,269,100	100.00

· 출처: Official Commission on Elections(COMELEC) certificate of canvass의 유효득표수에 근거하여 순위와 득표율을 계산한 것임.

의 경우 3,200만이 넘는 유권자 중 3.5%에 해당하는 112만여 표의 차이로 승패가 갈려 민주화 이후 대통령 선거 중 가장 치열한 경쟁이었음을 말해준다.

표 5에서 볼 수 있듯이 1위와 2위를 차지한 아로요와 포 두 후보의 득표율과 3위 후보의 격차가 매우 크다. 아로요와 포 두 후보는 필리핀 거의 모든 지역에서 1, 2위를 다투는 득표양상을 보여주었다. 전국을 16개 지역으로 나눈 선거구에서 아로요는 비사야(Visayas) 전 지역과 남부지역을 석권하여 8개 지역에서 1위를 기록하였고, 포는 루손(Luzon) 전 지역과 민다나오 일부에서 우세를 보여 7개 지역에서 1위를 기록하였다.[16] 또한 두 후보 모두 도시지역보다는 농촌지역에서 더 많은 지지를 확보하였다. SWS(Social Weather Station)의 선거 당일 출구조사에 의하면 도시지역 유권자의 34.63%가 아로요를 지지하였고 31.62%가 포를 지지한 것으로 나타났다. 농촌지역에서는 유권자의 43.91%가 아로요를 지지하였고 33.07%가 포를 지지한 것으로 답변하였다. 따라서 아로요의 경우 도시와 농촌 모두에서 포보다 높은 지지를 받았으며, 특히 도시보다는 농촌지역 유권자의 아로요에 대한

16) 16개 지역 중 유일하게 비콜(Bicol)에서만 그 지역출신인 로코가 1위를 차지하였다. 그 뒤를 따라 아로요는 2위, 포는 3위를 기록하였다.

지지가 포에 대한 지지보다 높은 것으로 나타났다(Carizo 2004, 5).

아로요와 포 사이의 사회계층별 득표율은 더욱 흥미로운 양상을 보인다. 선거 이전인 2004년 4월 10~17일 사이에 SWS가 실시한 한 여론조사 결과에 따르면 E계층에서는 아로요와 포가 동일하게 36%의 지지를 받았고, D계층에서는 아로요는 34%, 포는 31%의 지지를 받고 있었다. 한편 D계층의 11%와 E계층의 9%는 부동층으로 나타났다. 그러나 ABC계층에서는 아로요에 대한 지지가 43%인 반면 포에 대한 지지는 10%에 불과하여 두 후보 사이의 현격한 격차를 보여주었다(Coronel & Chua 2004). 5월에 실시된 선거의 결과는 이러한 여론조사 결과와 거의 일치하였다. ABC계층에서 아로요의 득표가 포보다 높은 것은 물론이고, DE계층에서도 아로요의 득표율이 포의 득표율보다 3% 앞선 것으로 나타났다. 이는 선거과정 중에서 DE계층 유권자들의 절대다수가 1998년 에스트라다를 지지한 것처럼 자신을 지지하고 있다고 장담한 포의 예상과는 다른 결과였다(Carizo 2004, 4).

그러나 다른 한편으로는 정치적 경험이 전혀 없는 포가 현직 대통령인 아로요의 경쟁자로 나서 불과 3.5%의 득표 차이인 36.51%의 높은 득표를 한 것은 매우 놀라운 일이었다. 또한 대통령선거의 경쟁자뿐만 아니라 두 정당의 부통령 후보들 사이에도 치열한 접전이 펼쳐졌다. 결과는 아로요의 부통령 후보인 데 카스트로가 49.8%를 획득하였고, 포 진영의 부통령 후보인 르가르다는 46.89%를 획득하였다(COMELEC 2004). 카리소(Carizo 2004, 7)는 현직 대통령인 아로요와 경쟁한 포의 경우나 아로요의 부통령 후보였던 데 카스트로의 높은 득표율에 대하여 필리핀 유권자들의 표심을 결정하는 중요한 변수는 정치적 경험이나 자질보다는 대중적 인기도라고 설명하였다.

Ⅳ. 선거과정을 통해 본 필리핀 민주주의

이상에서 1992, 1998, 2004년의 대통령 선거과정에 대하여 간략히 살펴보았다. 본 절에서는 각각의 선거과정에서 나타난 현상들에 근거하여 1986년 민주화 이후 필리핀 민주주의가 과거와 비교하여 어떠한 특성을 지니고 있는지 또 어느 방향으로 전개되고 있는지 살펴보고자 한다. 세 차례의 선거과정에서 관찰된 현상들의 공통적 주제인 전통적 정치조직(political machine), 정치엘리트의 변화, 선거균열의 구조, 정당의 역할과 기능 등을 중심으로 논의를 전개하고자 한다.

1. 전통적 정치조직의 영향력 변화

앞서 살펴본 세 차례의 대통령 선거에서 나타난 공통적 현상은 전통적인 정치조직의 영향력이 여전히 남아 있기는 하지만 과거와 비교하여 상대적으로 많이 약화되었다는 점이다. 앞에서 이미 살펴보았듯이 1992년 대통령 선거에서 라모스와 산티아고가 전통적 엘리트들을 제치고 1위와 2위를 차지하였다는 사실이 후원-수혜관계에 기초한 전통적 정치조직이 약화되었다는 것을 보여준다. 1992년 선거에서 전통적 정치조직의 기반이 확고한 후보들로는 코후앙코, 미트라, 마르코스, 살롱가, 로렐 등을 들 수 있다. 이 후보들의 가문은 이미 언급한 바와 같이 여러 세대에 걸쳐 내려오는 명문가들이며 따라서 후원-수혜관계로 얽혀 있는 정치적 조직이 각각의 가문들이 지배하는 지역에 분포되어 있었다. 그러한 이유들로 인하여 1992년의 선거에서는 어느 한 후보도 절대적 다수의 지지를 확보하지 못한 것으로 분석된다. 결과는 대부분의 후보들이 10%대의 지지를 확보하였고 라모스는 불과 24%의 지지로 대통령에 당선되었다. 따라서

1992년 선거에서는 기존 정치조직의 영향력이 지방을 중심으로는 여전히 존재하는 것을 확인할 수 있었다. 그럼에도 불구하고 전통적 엘리트 가문 출신이 아닌 두 후보가 1, 2위를 차지하는 현상이 일어난 것은 도시와 젊은 층의 유권자들에게는 전통적 정치조직의 영향력이 감소하고 있는 것이 아니냐는 의문을 제기하게 하였다.

후원-수혜관계에 기초한 정치조직의 영향력이 약화되는 추세는 1998년 선거에서도 관찰되었다. 정부여당의 대통령 후보이며 전통적 정치조직과 자금을 총동원한 데 베네시아가 에스트라다에게 24% 가까운 득표율의 차이로 패배한 것이 그것이다. 즉 선거결과를 놓고 볼 때 1998년 대통령 선거에서 전통적 정치조직을 통한 돈과 조직의 영향력이 과거와는 다른 것으로 분석된다. 물론 그렇다고 해서 정치조직의 영향력이 전혀 없었던 것은 아니다. 에스트라다 역시 코후앙코 및 앙가라와 연계하여 그들의 정치조직을 동원하였다. 그러나 에스트라다 승리의 가장 중요한 요인이 전통적 정치조직이라고 말하기는 어렵다. 1998년의 선거에서 후원-수혜관계에 기초한 정치조직의 강점을 지닌 후보는 에스트라다보다는 여당의 후보였던 데 베네시아나 많은 유권자가 밀집해 있는 세부를 근거지로 한 오스메냐 후보였다. 그러나 데 베네시아는 16%, 오스메냐는 12%의 득표를 한 반면 에스트라다는 40%의 득표를 한 사실을 코후앙코나 앙가라에 의한 정치조직의 도움 때문만이라고 설득하기는 어렵다. 오히려 에스트라다 개인의 대중적 인기가 더욱 중요한 요인이었다는 설명이 더욱 적절하다.

2004년 선거에서는 강력한 후보로 거론되었던 아로요와 포 두 후보 모두 대중적 인기가 높았다. 그러나 선거의 결과는 112만여 표를 앞선 아로요의 승리였다.[17] 결과에 근거하여 본다면 전통적 정치조직의 영향력은 포 후보보다는

17) 2005년 6월, 2004년 선거 직후 결과가 집계되는 과정에서 필리핀 선거관리위원회(COMELEC)의 위원 중 한 사람인 가르시아(Garcia)와 아로요 대통령 사이에 선거결과의 인위적 조작과 관련된 전화통화 내용이 녹음된 비밀 테이프의 존재가 공개되면서 2004년 선거의 승자가 과연 아로요였는지에 대한 의문과 함께

아로요에게 더욱 긍정적으로 작용한 것 같다. 그러한 주장의 근거로는 후원-수혜관계에 기초한 정치조직의 영향력이 더 강하게 남아 있는 농촌지역에서 아로요에 대한 지지가 포에 대한 지지보다 높게 나타난 것을 들 수 있다. 따라서 아로요의 승리는 그녀의 대중적 인기와 함께 현직 대통령으로서의 이점을 최대한 활용한 정치조직의 영향력이 함께 만들어 낸 결과라고 하겠다.

이상에서 살펴본 바와 같이 세 차례의 대통령 선거에서 나타난 사실은 이와 같이 필리핀 사회의 전통적 유산중의 하나인 후원-수혜관계에 기초한 정치조직의 영향력이 과거와 비교하여 많이 약화되었다는 점이다. 특히 대도시의 빈민가를 중심으로는 돈으로 유권자의 표를 사고파는 일이 빈번하며, 유권자 개개인의 후보자에 대한 느낌으로 투표하는 비율이 증가하고 있다. 그러나 후원-수혜관계에 기초한 정치조직의 영향력이 모든 곳에서 약화된 것은 아니다. 지방의 중소도시들과 농촌지역, 그리고 여전히 토후세력의 영향력이 막강한 세부와 비사야 등에서는 정치조직의 영향력이 건재하고 있다.

2. 엘리트 민주주의: 부분적 변화?

미국으로부터 독립한 이후 필리핀의 선거에서는 전통적 엘리트 가문의 구성원들이 출마하지 않았던 선거는 없다고 할 정도로 필리핀 정치에서 이들 엘리트 가문들의 주도권은 절대적인 것이었다.[18] 1946년 독립에서 1986년 마르코스

아로요 대통령의 정통성 문제까지로 사태가 비화되었다. 이러한 사태는 아로요의 경쟁자였던 포가 2004년 12월 심장마비로 갑자기 사망한 이후 그가 제기하였던 부정선거의 시비가 주춤하여진 상황에서 발생한 것이었다.

18) 오스메냐 가문이 주도하고 있는 세부지역에서는 선거기간 중 “세부에서 선거에 출마하지 않은 오스메냐는 ‘오스메냐 다리’(Puente Osmena: Osmena Bridge) 밖에 없다”라는 농담이 있을 정도이다.

의 권력이 붕괴되기까지 40년간 필리핀의 역대 대통령 중 전통적 엘리트가문 출신이 아닌 사람은 막사이사이 대통령 한 사람이었다. 그 외에는 모두 혈연이나 결혼 등의 관계로 전통적 엘리트가문들과 관련 있는 인물들이었다. 1986년 마르코스의 권위주의체제를 붕괴시키고 대통령에 취임한 아키노 역시 이러한 엘리트 가문의 후손이다.[19] 따라서 엘리트 가문의 후손들이 정치적 요직들을 번갈아가며 차지해 온 것이 사실이며 대통령의 자리도 예외는 아니었다.

이러한 필리핀의 정치적 전통에 새로운 물결이 나타난 것이 1986년 민주화 이후 처음 치러진 1992년의 대통령 선거였다. 앞에서 이미 설명한 바와 같이 1992년 선거에서 엘리트가문 출신이 아닌 라모스의 당선과 산티아고의 높은 득표율이 이러한 새로운 물결을 알리는 신호였다. 즉, 전통적으로 각 지역의 엘리트 가문을 중심으로 장악해 온 대통령의 자리가 그렇지 않은 인물에 의하여 채워진 것이다. 이러한 움직임은 1998년 선거에서 에스트라다가 데 베네시아나 오스메냐 등을 많은 표차로 누르고 대통령에 당선되면서 더욱 확실하여졌다. 필리핀 유권자들의 이러한 선택에 대하여 오랫동안 대중들의 편이라며 지지를 호소해 온 엘리트들에 대하여 대중들이 이제는 더 이상 그들의 공허한 약속을 신뢰하지 않기 때문이라는 해석도 있다. 다시 말하면 인구의 90% 이상이 빈곤계층으로 분류되는 필리핀의 사회적 여건에서 유권자들은 자신들과 동일시할 수 있는 지도자를 원하는 성향을 나타낸 것이 1992년과 1998년의 대통령 선거결과였다고 분석된다. 이러한 추세는 2004년의 선거에서도 지속되었다. 비록 아로요에 패배하기는 하였지만 페르난도 포의 36%가 넘는 득표율이 이를 증명해준다.

따라서 1986년 민주화 이후 취임한 네 명의 대통령 중 아키노와 아로요는 전통적 엘리트가문 출신인 반면 라모스와 에스트라다는 평범한 집안 출신이다.

19) 코라손 아키노의 친정은 코후앙코 가문이며 시댁이 아키노 가문이다. 1992년 대통령 선거에 출마한 코후앙코와 아키노 대통령은 사촌간이다.

이들 중 라모스와 에스트라다 그리고 2004년 선거에서 높은 득표율을 기록한 포의 공통점은 그들의 높은 대중적 인기였다. 라모스는 1986년 2월의 민중혁명의 도화선이 된 군부의 반마르코스 움직임의 주동자 중 하나였고, 대중적 지지가 높았던 아키노정부를 붕괴시키려는 일곱 차례의 군부 쿠데타로부터 아키노정부를 지켜낸 인물로 평가되어 대중적 지지가 높았다. 아울러 아키노 대통령의 개인적 신뢰와 지지가 그의 당선에 긍정적 영향을 미친 것도 사실이다.

에스트라다의 경우 영화배우로서의 대중적 인기를 기반으로 정계에 진출한 인물이었다. 시장과 상원의원을 거쳐 1992년 선거에서 부통령으로 당선되기까지 그의 정치적 경력은 능력보다는 과거 배우로서의 인기에 근거하였다는 평가가 지배적이다. 따라서 1998년 대통령 후보로 나서자 그의 대학중퇴의 학력과 함께 무절제한 사생활과 관련된 여러 소문들이 난무하였고 가톨릭교계에서도 에스트라다가 대통령이 되어서는 안 된다는 강력한 반대 입장을 공식적으로 표명하기도 하였다. 그러나 결과는 유권자의 40%가 그를 지지하였다. 이미 살펴본 바와 같이 중상류층의 대부분은 에스트라다를 지지하지 않았지만 빈곤계층의 대중들은 그에게 압도적 지지를 보냈다. 이러한 대중들의 지지는 2001년 1월 그가 대통령직으로부터 물러나게 되었을 때 그의 하야에 반대하는 대중들의 집회에서도 확인될 수 있었다. 2004년 선거에서 페르난도 포의 경우 역시 영화배우로서의 대중적 인기를 제외하고는 36% 이상의 높은 득표율을 설명할 수 있는 다른 요인은 없다.

이와 같이 중요한 정치적 지위에 정치적 경험이나 자질과는 무관하게 대중적 인기에 의하여 당락이 결정되는 사례가 민주화 이후 필리핀의 선거에서 새롭게 나타난 현상 중의 하나라고 할 수 있다. 후보자의 자질보다는 얼마나 대중들에게 인기가 있느냐가 득표의 중요한 요인으로 작용하게 되었으며, 그 결과 민주화 과정에서 전국 규모의 선거들에 대중적 인기를 기반으로 한 전직 영화배우, TV 매체 등의 언론인, 스포츠 선수 출신 등의 후보들이 대통령, 부통령, 상원의원 등에 진출하는 현상들이 두드러지게 나타나고 있다. 에스트라다와 포의 높은 득표율도 이러한 현상 중의 하나로 분석될 수도 있다. 이와 관련하여 필리핀 내의 지식인들을 중심으로 전국규모의 선거가 대중의 인기에 영합한 포퓰리즘에 의해 좌우될 위험성에 대한 우려가 증가하고 있다.[20)]

그러나 그러한 대중의 인기에 힘입어 정치권에 새롭게 진입하는 인물들 역시도 대중들과 함께 호흡하는 대표자로 남기보다는 전통적인 엘리트 그룹에 영입됨으로써 필리핀의 정치는 민주화 이후에도 여전히 엘리트 중심적이라는 평가를 면하지 못하고 있다. 그 증거로는 민주화가 진행되고 몇 차례의 정권교체가 있었지만 여전히 필리핀 정부는 다수의 빈곤대중들의 요구를 수용하고 이들의 필요에 부응하기보다는 소수 권력자들과 엘리트들의 이해관계를 대변하는 양상을 지속적으로 보여주고 있다.

요약하면 세 차례의 선거를 통하여 관찰된 현상은 전통적 엘리트 가문의 구성원이 아닌 인물들이 높은 대중적 인기를 기반으로 고위직에 당선되고 있다는 사실이다. 이는 대통령직뿐만 아니라 선거에 의하여 선출되는 모든 공직에서 보이는 공통된 현상이다. 그러나 새로운 엘리트들이 대중들의 바람과는 달리 대중의 편에 서기 보다는 기존의 전통적 엘리트 그룹으로 동화되는 경향이 강한 것으로 나타나고 있다. 이러한 점에서 필리핀의 정치는 새로운 엘리트들이 충원되고 있기는 하지만 여전히 대중들에 의한 정치라기보다는 소수의 엘리트들에 의하여 주도되는 정치라고 할 수 있다. 필리핀의 민주주의는 여전히 엘리트 민주주의적 특성을 보이고 있다.

---

20) 2005년 2월 8일 필리핀의 대표적 시민단체 중 하나인 Institute for Political & Electoral Reforms의 대표인 Ramon Casiple과의 인터뷰와 2월 10일 있었던 Institute for Popular Democracy의 소장인 Joel Rocamora 박사와의 면담에서도 거듭 확인할 수 있었다.

3. 선거균열의 구조

정치조직이나 정치엘리트 이외에도 세 차례의 대통령 선거과정에서 공통적으로 나타나는 선거균열의 구조를 통하여 필리핀 민주주의의 성격과 변화를 가늠해 볼 수 있다. 선거균열의 중요한 요인들을 정리하면 크게 세 가지로 나누어진다. 첫째, 지역 및 언어에 의한 균열이다. 지역에 따라 다른 언어를 사용해왔던 필리핀의 경우 출신지역과 언어는 서로 밀접히 관련되어 있으며, 지역과 언어를 공유하는 유권자들의 표가 함께 몰려다니는 현상이 필리핀 선거의 특징으로 지적되어 왔다. 앞에서 지적한 바와 같이 이러한 현상은 각 지역 토후세력들의 영향력과 깊은 관계가 있으며, 이러한 현상은 본 논문에서 살펴본 세 차례의 대통령 선거에서도 여전히 지속되고 있었다. 1992년 선거에서 코후앙코의 탈락에서 51% 득표로 1위를 한 사실이나, 남 카마리네스에서 살롱가의 승리 등이 단적인 예이다. 아울러 세부지역에서는 오스메냐 가문이 어느 후보를 지지하느냐에 따라 1992년에는 라모스를 지지하였고, 1998년에는 오스메냐를 그리고 2004년에는 아로요를 지지한 것으로 나타났다.

지역 토후세력의 영향력과 함께 후보자의 출신지역 및 언어도 후보자의 득표요인으로서 매우 중요한 것으로 분석되었다. 즉 자신의 출신지역에서는 매우 높은 득표를 하는 반면 경쟁자들의 출신지역에서는 아주 저조한 득표를 기록하는 현상이 나타나는 것이다. 그러나 정치조직의 기반이 없는 새롭게 등장한 엘리트들의 경우도 출신지역에서는 높은 지지를 받고 있다는 사실은 후원-수혜관계와는 무관한 지역과 언어의 동질성으로 인한 유권자들의 지지경향을 나타내는 것이다. 1992년 선거에서 라모스가 자신의 출신지역인 팡가시난에서 압승한 것이나 1998년 에스트라다가 자신의 정치적 기반인 루손지역에서 더 많은 득표를 한 것도 그러한 예로 들 수 있다. 따라서 지역과 언어에 의한 균열구조는 필리핀 선거에서 가장 중요한 요인 중의 하나로 평가되고 있으며, 아울러 필리핀의 민주주의를 저해하는 요소로도 지적되고 있다.

두 번째의 요인으로는 사회계층별 균열현상이다. 주로 소득이나 교육수준을 중심으로 한 필리핀에서의 계층간의 구분은 앞에서 이미 설명하였다. 전통적으로 필리핀의 선거에서는 계층간의 균열현상이 두드러지게 나타나지 않았다. 오히려 앞에서 지적한 지역과 언어에 의한 균열구조가 더욱 강력한 요인으로 설명되어왔다. 그러나 계층간의 균열로 인한 선거행태가 두드러지게 나타난 것이 1998년 선거였다. 대부분의 DE 계층 유권자들이 압도적으로 에스트라다를 지지한 것이다. 반대로 ABC 계층에서 에스트라다를 지지한 유권자는 극소수였다. 그러나 다른 한편 부통령 선거에서는 DE 계층이 전통적 엘리트 가문출신의 아로요를 적극 지지한 것으로 나타났다. 따라서 1998년 선거에서 나타난 계층별 균열구조는 사회경제적 이슈를 중심으로 형성되었다기보다는 유권자의 절대 다수를 구성하는 DE 계층 유권자들의 선호가 개별 후보자를 중심으로 움직인다는 사실을 확인할 수 있었다.

이러한 현상은 2004년 선거에서도 반복되었다. 포의 주장과는 달리 DE 계층에서의 아로요에 대한 지지가 포에 대한 지지보다 3% 앞선 것으로 나타났다. 그러나 ABC 계층에서는 아로요에 대한 지지가 포에 대한 지지보다 4배 이상 높았다. 그러한 사실에 기초하여 본다면 필리핀 사회의 중상류계층 유권자들은 에스트라다나 포에 대하여 매우 냉담한 태도를 보임으로써 후보자의 사회경제적 배경에 따른 선호를 가지고 있음을 알 수 있었다. 반면 빈곤층인 중하류계층 유권자들은 에스트라다, 포, 아로요 모두에게 높은 지지를 나타냄으로써 중상류계층의 유권자들과는 조금 다른 양상을 보여 주었다. 즉 에스트라다와 포에 대한 지지는 중상류계층의 유권자들과 마찬가지로 자신들과 동질적인 후보자에 대한 선호로 파악될 수 있으나, 아로요에 대한 지지는 그 성격이 다르다는 것이다. 아로요에 대한 지지의 경우 그녀의 사회경제적 배경과는 무관하게 자신들의 아로요에 대한 선호 때문에 지지하였다고 할 수 있다. 따라서 어떤 의미에서는 중하류계층 유권자들의 결정에 중요한 영향을 미치는 것은 사회경제적 요인과 함께 후보자의 대중적 인기도라고 하겠다.

셋째, 종교적 요인에 의한 균열구조이다. 인구의 대다수를 차지하는 가톨릭과 기독교, 이슬람 등이 필리핀 사회의 종교적 균열구조를 반영하고 있다. 인구의 90% 가까이를 차지할 뿐만 아니라 스페인 통치시절부터 정치적 영향력을 발휘해 온 가톨릭 교회의 경우 매우 강력한 정치적 영향력을 가진다. 특히 마르코스 권력의 붕괴과정과 아키노정부의 탄생, 그리고 2001년 에스트라다의 하야에 가톨릭 교회는 막강한 영향력을 행사하였다. 그러나 세 차례의 대통령 선거과정에서 가톨릭 교회의 영향력은 그렇게 효율적이지 못하였던 것으로 평가된다. 1992년과 1998년 선거에서 가톨릭 교회가 반대하였던 라모스와 에스트라다가 각각 대통령으로 당선된 사실이 이러한 평가를 뒷받침해 준다. 그럼에도 불구하고 대통령에 취임한 라모스가 출산억제정책을 펼 때마다 가톨릭 교계의 눈치를 살필 수 밖에 없었던 점이나, 에스트라다의 하야에 중대한 영향력을 행사한 점에서 가톨릭 교회는 여전히 필리핀 정치의 한 축을 형성하는 중요한 변수이다. 또한 라모스를 제외한 모든 대통령이 가톨릭 교인이었다는 사실도 간과할 수 없는 점이다.

다른 한편 1992년 선거에서는 기독교도인 라모스 후보를 지지하기 위하여 여러 기독교 단체들이 연대하여 적극적으로 활동하였다. 2004년의 선거에서는 복음주의 설교자인 빌랴누에바가 대통령후보에 직접 나서기도 하였다. 비록 가장 낮은 득표율을 기록하기는 하였지만 필리핀 사회의 부패와 빈곤이라는 고질적인 문제해결을 위해 정치엘리트가 아닌 성직자를 대안으로 제시하였다는 점에서 필리핀 정치의 새로운 단면을 보여주었다고 하겠다. 특히 복음을 통한 필리핀 정치개혁을 표방하며 빌랴누에바를 후보로 내세운 "Church of Christ" 교단의 경우 정치적 영향력을 확대하기 위한 교회 내에서의 조직적 움직임이 활발하였다. 선거과정에서 교회가 선호하는 후보자들의 명단이 교단으로부터 각 교회의 성도들에게 전달되었을 뿐만 아니라 이들 후보자들을 선출하도록 교회조직을 통하여 명령이 하달되었다.

또한 필리핀 역사에서 오래전부터 정치세력화된 이슬람의 영향력도 선거과정에서 무시할 수 없는 중요한 변수이다. 남부 민다나오를 중심으로 펴져있는 무슬림 유권자들에게 있어 이슬람 지도자들의 정치적 영향력은 가톨릭이나 개신교 성직자들보다 강력하다고 할 수 있다. 스페인 통치시절부터 라모스 정부시절까지 끊임없이 분리독립을 주장해 온 이들 무슬림들은 라모스정부에서 제도권 정치로 통합해 들어오면서 민다나오를 중심으로 한 지역세력으로 자리매김하였다. 마치 세부에서 오스메냐 가문의 지지가 없이는 선거에 승리하기가 어려운 것과 마찬가지로 민다나오를 중심으로 한 이슬람 지역에서는 무슬림 지도자들의 지지가 없이는 유권자들의 표를 확보하기 어렵기 때문이다. 이러한 관점에서 본다면 정도의 차이는 있지만 필리핀 선거에서 가톨릭, 기독교, 이슬람의 정치적 영향력과 그에 따른 종교적 균열구조는 다른 균열구조들과 비교하여 상대적으로 미약하다 하여도 선거결과에 영향을 미치는 변수인 것만은 확실하다.

4. 정당의 역할과 기능

앞에서 살펴본 지역과 언어, 사회경제적 계층, 종교적 균열구조와는 달리 필리핀 선거에서 정당의 영향력은 매우 미약하다. 필리핀 선거에서는 정당이 유권자들의 후보선택에 있어 일정부분 영향을 미치기는 하지만 대의민주주의가 확립된 다른 국가들의 예와 비교해 볼 때 선거과정의 중요한 변수로 작용하지 못하고 있다. 그 이유는 정당들이 정치지도자들의 편의와 필요에 따라 생성 또는 소멸하기 때문에 선거과정에서 정책적 차이를 나타내거나 유권자들의 선택을 용이하게 하기보다는 정치인들의 편의를 위한 도구로 활용되어 왔기 때문이다.

대통령 선거가 끝나고 나면 야당으로 당선되었던 의원들이 여당으로 대거 이동하는 현상이라든지, 또 전혀 어울릴 것 같지 않은 정당들간의 정권획득만을 위한 선거연합 등을 통하여 필리핀 정당의 선거과정에서의 역할과 기능을 가늠해 볼 수 있다. 이러한 필리핀 정당의 특성은 세 차례의 대통령 선거에서도 분명하게 나타났다.

1992년 선거에서 라모스가 집권 여당의 대통령후보 경선에서 패배하자 탈당하여 새로운 정당을 창당하고 대통령 후보로 나서 당선된 것이 필리핀에서 정당무용론의 대표적인 사례이다. 즉 1992년 선거의 경우 정당보다는 라모스 개인의 인기도나 아키노 대통령의 지지 및 지역토후세력들의 라모스 지지가 더욱 중요하게 작용한 것이다. 아울러 라모스 당선 이후 1년 반이 지나자 의회에서 소수당으로 출발한 라모스의 Lakas-NUCD가 하원의 다수당이 된 사실에서도 필리핀 정치에서 정당의 의미를 가늠해 볼 수 있다.

1998년 선거에서 나타난 에스트라다, 코후앙코, 앙가라의 연합 역시 필리핀 정치에서 정당의 의미는 서구 자유민주주의체제에서의 그것과는 상당한 거리가 있음을 극명하게 보여주었다. 즉 이들 세 정당의 연합은 정치적 신념이나 정책적 동질성과는 전혀 무관한 것이었으며 유일한 공통점이라고 한다면 정치권력을 장악하고자 하는 목표가 동일하다는 점이었다. 그러나 더욱 재미있는 사실은 세 당이 연합하여 지지한 에스트라다는 40%의 압도적 지지로 대통령에 당선되었지만 하원과 지방선거에서는 다수의석을 획득하지 못하였다는 것이다. 이는 에스트라다에 대한 유권자들의 지지가 소속 정당과는 무관하였다는 것을 보여주는 것이다. 다시 말하면 필리핀 선거에서 정당은 별다른 의미가 없음을 나타낸다.

2004년의 선거에서 부통령 후보로 출마한 데 카스트로와 르가르다의 정당 경력에서도 필리핀 정당의 의미를 유추해볼 수 있다. 르가르다의 경우 1998년 당시 라모스의 집권여당이었던 Lakas의 후보로 상원에 출마하여 1위로 당선되었다. 데 카스트로는 중간선거인 2001년 상원의원 선거에서 에스트라다의 소속정당인 Ind/PnM의 후보로 출마하여 역시 1위로 상원에 당선되었다. 그러나 2004년의 선거에서 데 카스트로는 아로요 진영의 부통령후보로, 르가르다는 포 진영의 부통령 후보로 출마한 것이다. 선거전략가들의 분석으로는 아로요와 포 두 후보 모두 자신들의 취약한 부분을 보충하기 위하여 아로요의 경우 대중적 인기도가 높은 데 카스트로를 영입하였고, 반면 포는 지적이며 설득력이 있는 르가르다를 여성 부통령후보로 영입하였다고 한다. 그러나 상반된 배경의 정당출신들이 서로 엇갈려 대통령과 부통령후보로 한 팀을 이루어 출마하였다는 사실에서 정당 본연의 기능이나 의미는 무시된 채 수단과 방법을 가리지 않고 최대한의 득표를 할 수 있는 조합을 찾은 것이라는 점을 부인하기는 어렵다.

이와 같이 정당이 정치엘리트들의 편의를 위한 도구로 전락된 만큼 유권자들 역시 정당에 대하여 관심을 보이거나 특별한 의미를 부여하지는 않는 것으로 파악된다. 따라서 각 정당들이 선거과정에서 유권자들의 지지를 획득하는 방법은 주로 후보자의 인기와 함께 지역단위의 선거로 갈수록 돈과 조직을 이용한 방법이 아직도 비일비재한 것으로 나타나고 있다.[21] 특히 전국 단위의 선거 — 대통령, 부통령, 상원의원 선거 — 인 경우 중앙의 후보자들은 각 지역의 선거브로커 등에게 돈을 주거나 지역 토후세력들에게 당선 후의 자리를 약속함으로써 표를 모으는 방법을 사용하고 있다. 또한 2004년의 선거에서는 대중매체(특히 TV)를 이용한 광고와 홍보가 유권자들에게 후보자를 알리는 중요한 수단으로 부상함으로써 돈이 없으면 홍보전에서부터 불리한 상황에 놓이게 되어 돈 선거의 양상이 오히려 강화되고 있다는 분석이 지배적이다. 아울러 2004년 현직 대통령으로서 대통령에 출마한 아로요의 경우 정부의 예산과 정책을 이용하여 자신의 선거운동을 한다는 비난을 들을 만큼 각 지역의 유권자들을 겨냥한 선심성 정책

21) 필리핀 선거관리위원회(Comelec) 교육 및 정보부서(Education & Information Department)의 책임자인 Mila Deasmito와의 인터뷰와 Philippine Center for Investigative Journalism의 대표 Sheila Coronel과의 면담에서도 그러한 사실을 확인할 수 있었다.

들이 난무한 것으로 지적되었다.

요약하면 정당들의 지지획득 방법은 먼저 후보자의 대중적 인기도와 함께 돈과 조직 그리고 최근에는 TV를 중심으로 하는 대중매체의 활용 등이 가장 중요한 요인으로 부상하고 있다. 1998년 선거에서부터 두드러지게 나타나고 있는 연예계, 방송계, 스포츠계의 대중들에게 널리 알려진 인물들이 선거를 통하여 정치무대로 화려하게 등장하는 현상도 이러한 추세와 무관하지 않다. 문제는 정치적 경험이나 경륜이 전혀 없는 이들이 중요한 정치적 지위를 차지하고 정책적 결정을 하게 됨으로써 올 수 있는 부작용과 함께 2001년 에스트라다의 중도퇴진에서 볼 수 있었던 국가적 위기상황의 가능성이다. 아울러 대의민주주의의 중추라고 불리는 정당의 무용성이 여실히 드러나는 필리핀의 정치현실에서 필리핀 민주주의의 미래를 낙관하기는 매우 어려운 것이 사실이다.

Ⅴ. 맺음말

지금까지 필리핀의 민주화 이후 치러진 세 차례(1992, 1998, 2004년)의 대통령 선거 각각의 선거과정을 간략히 살펴보았고, 이와 함께 선거과정에서 공통적으로 나타난 특성들을 분석하고 살펴보았다. 이들 선거과정을 통하여 본 필리핀 민주주의에 대한 분석은 다음의 네 가지로 요약할 수 있다. 먼저 전통적인 후원-수혜관계에 기초한 정치적 조직들의 선거에서의 영향력이 과거와 비교하여 상대적으로 약화되고 있다는 사실이다. 물론 아직까지도 전통적 토후세력의 영향력이 강력한 지방 및 농촌지역에서는 과거의 정치조직과 정치브로커들의 영향력이 강력한 것이 사실이다. 그러나 도시지역에서는 이러한 전통적 정치조직의 영향력이 현격하게 약화되었다는 점과 함께 후보자 개인의 대중적 인기나 유권자 개개인의 선호 및 선거홍보나 광고의 영향력이 점차로 증대하고 있는 변화를 읽을 수 있었다. 아울러 대도시의 빈곤계층에서는 매표행위가 일상화되어 있다.

둘째로 필리핀 정치는 여전히 엘리트를 중심으로 움직인다는 사실에는 변함이 없었다. 단, 정치엘리트의 구성은 과거와 같은 전통적 토후세력뿐만 아니라 평범한 가문 출신의 새로운 인물들과 함께 대중적 인기를 누리고 있는 영화배우, 방송언론인, 스포츠 스타 등이 새로운 정치엘리트로 부상하고 있다. 특히 1998년과 2004년의 대통령 선거에서 영화배우 출신들이 대중적 인기를 기반으로 무섭게 부상함으로써 필리핀의 지식인 계층의 우려를 자아내고 있다. 그러나 이들 새로운 엘리트들 역시 정계에 진출하면서 자신들을 지지한 대중들의 편에 서기보다 기존 엘리트 그룹으로 동화되면서 정치엘리트의 확대에는 공헌을 하였지만 필리핀 정치의 대중화에는 별다른 영향을 미치지 못하였다.

셋째, 선거균열의 구조에서 두드러지는 것은 지역 및 언어에 의한 균열이었다. 각 지역 토후세력과 정치조직의 영향력뿐만 아니라 후보자의 출신지역에 따른 유권자들의 몰표현상이 지역 및 언어에 의한 균열구조를 유지하고 있는 요인들이다. 다른 한편 사회계층별 균열구조에서는 중상류계층의 계층별 투표양상이 중하류계층보다 두드러지게 나타났다. 사회계층별 투표현상이 심화된 것은 1998년 대통령 선거였으며 에스트라다의 승리에는 기존의 지방 토후세력과 정치조직의 영향력이나 가톨릭 교회의 강력한 반대 캠페인도 그 힘을 발휘하지 못하였다. 그 이유는 에스트라다 개인의 대중적 인기와 함께 민주화 이후에도 향상되지 않는 빈곤계층들의 경제적 상황이 대중들로 하여금 전통적 엘리트들에게 등을 돌리게 한 때문으로 분석된다. 그러나 2004년의 선거에서는 계층별 투표행태가 두드러지게 나타나지 않았으며 특히 중하류계층에서 포에 대한 지지보다 아로요에 대한 지지가 약간 높은 것으로 나타났다. 다음으로 선거과정에서 종교적 균열구조는 가톨릭, 기독교, 이슬람 사이의 삼각구도를 형성하고 있으나, 다른 요인들과 비교하여서는 그 영향력이 미약한 것으로 평가된다.

마지막으로 정당의 역할과 기능은 민주화 이후에도 변화되거나 개선된 것이 없다. 정당은 여전히 정치엘리트들의 도구로 기능하고 있으며 대중적 기반을 갖지 못한 채 정략적 목적에 따라 이합집산을 계속하고 있다. 필리핀 정당의 목적은 정치엘리트들을 중심으로 정권을 획득하는 것일 뿐이다. 따라서 선거과정에서 후보자들이나 유권자 모두 정당에는 별다른 의미나 영향력이 없는 것으로 간주하는 태도를 보였고, 선거의 결과는 정당의 무의미함을 나타내준다. 오히려 선거과정에서 득표에 영향을 미치는 더욱 중요한 변수는 후보자의 대중적 인기, 돈과 조직, 그리고 매스미디어를 활용한 광고와 홍보라는 인식이 더욱 증가하고 있다.

요약하면 1986년 이후 필리핀 민주주의는 정기적 선거의 실시와 그에 따른 정권교체를 경험하며 민주적 제도가 정착되는 것으로 보인다. 그러나, 다른 한편으로는 민주화 과정에서도 여전히 변하지 않고 지속되는 부정적 측면들이 존재한다. 가장 심각한 문제는 선거에서 핵심적인 요소라고 할 수 있는 정당과 정치엘리트들의 역할과 대표성이 왜곡되어 있음으로 인하여 선거가 정기적으로 시행되면서도 민주주의의 기초로서의 기능을 제대로 담당하지 못하고 있다는 점이다. 따라서 현대 대의민주주의의 핵심요소인 선거가 제대로 기능하지 못함으로써 필리핀의 민주주의는 심각한 약점을 안고 있다는 평가를 면할 수 없다. 선거과정을 통하여 살펴본 필리핀 민주주의의 현주소가 시사하는 바는 선거제도의 존재나 선거의 실시가 민주적 정치체제를 보장하는 것은 아니라는 점이다. 그런 점에서 필리핀의 민주화가 과거 권위주의체제와 비교하여 정치참여와 경쟁, 그리고 시민사회의 성장을 가져온 것은 사실이지만, 대중들의 일상적 삶에는 민주화로 인한 긍정적 변화가 아직 느껴지지 못하고 있는 것도 사실이다. 따라서 대중들의 입장에서는 필리핀의 민주화가 누구를 위한 민주화이며, 어디를 향하고 있는 민주화인지에 대한 의문을 제기할 수밖에 없다.

이러한 관점에서 본다면 필리핀의 민주주의에 대한 평가는 그다지 긍정적이지 않다. 즉, 민주적 제도와 절차는 있지만 그 내용은 빈약한 상태의 민주주의이다. 그 가장 큰 책임은 필리핀 사회를 수백 년간 지배해 왔고 지금도 상당한 영향력을 행사하는 엘리트가문과 정치권력자들에게 있다. 따라서 정치적 권력과 경제적 부를 장악하고 있는 소수의 지배계층들이 계속해서 다수의 민중들을 빈곤 상태에 방치해 둔다면 필리핀 민주주의는 껍질뿐인 민주주의가 될 것이다. 필리핀 민주주의가 제대로 기능하기 위해서는 빈곤의 문제가 가장 시급하게 해결되어야 할 것이다. 아울러 정당이나 선거의 기능이 정치엘리트들의 도구가 아닌 유권자들의 의사를 정책에 반영하고 실현시키는 원래의 기능을 되찾지 못한다면 필리핀 민주주의의 미래는 밝지 못하다. 그러한 점에서 점차로 변화해 가는 민중들의 인식과 영향력이 필리핀 민주주의에 어떠한 변화를 가져올 수 있을 것인지에 연구자들의 관심이 모아지고 있다.

참고문헌

박기덕. 2001. "필리핀 정당체제의 변화와 정당정치의 문제점." 『동남아시아연구』 11(가을).

______. 2002. "필리핀의 정치변동과 시민사회의 역할: 호혜적 포섭, 전략적 동원, 그리고 민주적 참여." 『한국정치학회보』 36(2).

서경교. 1999. "필리핀의 선거제도와 정당체제: 지속성과 변화." 『동남아시아연구』 7.

______. 2005. "필리핀의 민주주의: 민주화 과정을 통한 고찰." 『동남아시아연구』 15(1).

정영국. 1992. "필리핀 정당정치와 1992년 대통령 선거." 『국제정치논총』 32(2).

______. 1994. "필리핀 민주화의 전개와 한계: '엘리트 민주주의'의 복원." 김성주 편. 『동남아의 정치변동』. 서울: 21세기한국연구재단.

______. 1999. "필리핀 선거정치의 지속과 변화: 1998년 대통령선거를 중심으로." 『한국정치학회보』 33(3).

Aquino, Belinda A. 1998. "Filipino Elections and 'Illiberal' Democracy." *Public Policy* 11(3).

Caoili, Manuel A. 1989. "The Philippine Congress and the Political Order." Renato Velasco and Sylvano Mahiwo, eds. *The Philippine Legislative Reader*, Manila: Great Books.

Carizo, Jay A. 2004. "2004 Presidential Elections: Beyond the Vote Arithmetic." *Political Brief: A Quarterly Digest of the Institute for Popular Democracy*. 12(2).

Carlos, Clarita R. and Rommel C. Banlaoi. 1996. *Elections in the Philippines: From Pre-Colonial Period to the Present*. Makati City: Konrad Adenauer Foundation.

Collier, David and Steven Levitsky. 1997. "Democracy with Adjectives: Conceptual Innovation in Comparative Research." *World Politics* 49(3).

COMELEC. Certificate of Canvass 1992, 1998, 2004.

Coronel, Shiela S. 1992. "The Making of the President 1992." *Sunday Inquirer Magazine*. 9 August.

Coronel, Sheila S., Yvonne T. Chua, Luz Rimban, and Booma B. Cruz. 2004. *The Rulemakers: How the Wealthy and Well-Born Dominate Congress*. Quezon City: Philippine Center for Investigative Journalism.

de Quiros, Conrad. 1998. "Minority President." *Philippine Daily Inquirer*. 3 March.

Gutierrez, Eric. 1994. *The Ties That Bind*. Pasig. Metro Manila: Philippine Center for Investigative Journalism.

Huntington, Samuel. 1991. *The Third Wave: Democratization in the Twentieth Century.* Norman: University of Oklahoma Press.

Lallana, Emmanuel C. 1989. "Political Parties, Political Clans and the Prospects for Philippines Democracy." *Philippine Political Science Journal* 29-30 (June and December).

Lande, Carl H. 1996. *Post-Marcos Politics: A Geographical and Statistical Analysis of the 1992 Presidential Elections.* Singapore: Institute of Southeast Asian Studies.

Mangahas, Mahar, Linda Luz B. Guerrero, and Gerardo A. Sandoval. 2001. "Opinion Polling and National Elections in the Philippines, 1992-2001." SWS Occasional Paper.

Manila Times (Each Year).

Marlay, Rose. 1993. "Government and Politics." Ronald E. Dolan, ed. *Philippine: a country study.* Fourth edition. Washington D. C.: U. S. Government Printing Office.

Meimban, Adriel O. and Rosario M. Cortes. 1999. "Centennial President: Joseph Ejercito Estrada." in Rosario M. Cortes, ed. *Philippine Presidents 100 Years.* Quezon City. Philippines: New Day Publishers.

Plattner, Marc F. 1996. "The Democratic Moment." Larry Diamond and Marc F. Plattner, eds. *The Global Resurgence of Democracy.* Baltimore: The Johns Hopkins University Press.

Reid, Ben. 2001. "The Philippine Democratic Uprising and the Contradictions of Neoliberalism: EDSA II." *Third World Quarterly* 22(5).

Romero, Segundo E. 1998. "The Philippines in 1997: Weathering Political and Economic Turmoil." *Asian Survey* 38(2).

Schumpeter, Joseph A. 1962. *Capitalism, Socialism and Democracy.* 3rd Edition. New York: Harper Torchbooks.

Tancangco, Luzviminda G. 1988. "The Electoral System and Political Parties in the Philippines." Raul P. de Guzman and Mila A. Reforma. *Government and Politics of the Philippines.* Singapore: Oxford University Press.

Timberman, David. 1991. *A Changeless Land: Continuity and Change in Philippine Politics.* New York: M. E. Sharpe.

Wurfel, David. 1988. *Filipino Politics: Development and Decay.* Ithaca: Cornell University Press.

Zakaria, Fareed. 2003. *The Future of Freedom: Illiberal Democracy at Home and Abroad.* New York: W. W. Norton & Company.

면담 자료

Carolina Hernandez. 필리핀대학 정치학과 교수, 아로요 대통령 정책특보(면담일: 2005. 2. 10).

Joel Rocamora. Institute for Popular Democracy 소장(면담일: 2005. 2. 10).

Mila Desamito. 필리핀 선거관리위원회 교육 및 홍보담당 책임자(면담일: 2005. 2. 9).

Miriam Coronel Ferrer. 필리핀대학 정치학과 교수(면담일: 2005. 2. 3).

Ramon Casiple. Institute for Political & Electoral Reforms 소장(면담일: 2005. 2. 8).

Sheila Coronel. Philippine Center for Investigative Journalism 대표(면담일: 2005. 2. 7).

제9장 | 캄보디아의 선거과정: 정치적 기능과 의미*

정연식

Ⅰ. 문제제기

1991년 캄보디아를 분할하고 있던 경쟁 세력들은 파리평화협정(Paris Peace Accords)에 서명함으로써 10여 년 동안 국토를 황폐화시킨 전쟁 대신 선거를 통해 누가 캄보디아를 통치할 것인지를 결정하기로 합의하였다. 협정에 따라 전권을 위임받은 유엔은 과도행정기구(UNTAC: UN Transitional Authority in Cambodia, 이하 UNTAC)를 구성하여 경쟁 세력들을 무장해제하고 선거를 준비하는 임무를 부여하였다. 비록 UNTAC이 주어진 임무를 완벽히 소화해내지 못했고 크메르 루즈(Khmer Rouge)가 선거를 거부했지만 선거는 예정대로 1993년 5월에 치러졌다. 선거 결과에 따라 제헌의회가 구성되었고 자유민주주의에 기초한 새로운 헌법을 채택하여 오늘에 이르고 있다. 이후 1998년과 2003년 캄보디아는 외부 세력의 개입 없이 두 차례나 선거를 치러냈다. 소위 이식된 민주주의(transplanted democracy)가 캄보디아에서 고사하지 않고 살아남은 것이다.

---

* 이 논문은 『동남아시아연구』 제16권 1호(2006. 2)에 같은 제목으로 게재된 것이다.

그렇다고 캄보디아가 민주적 국가로 간주될 수 있는 것은 아니다. 현재 권력을 장악하고 있는 훈센(Hun Sen) 정권은 민주적 정권보다는 권위주의 정권에 훨씬 더 가깝다. 훈센의 캄보디아인민당(Cambodian People's Party, 이하 인민당)은 1993년 첫 선거에서 제2당의 위치를 차지하는 데 그쳤음에도 불구하고, 제1당이었던 훈신뺏(FUNCINPEC: Uni National Pour Un Cambodge Independent, Neutre, Pacifique, et Cooperatif, 이하 훈신뺏)과 연립정부를 구성한 후 훈신뺏을 권력으로부터 소외시켰다. 급기야 1997년 7월, 군부 내 양당 지지세력 간에 무력 충돌이 일어나, 패배한 훈신뺏 소속 장교들은 최소한 100명 이상 처형되었고 제1총리였던 라나릇(Norodom Ranariddh) 왕자는 국외로 망명하였다. 반대세력에 대한 탄압은 그 후에도 계속되었는데, 최근 2005년 2월에는 삼랭시(Sam Rainsy)를 포함하여 삼랭시당(Sam Rainsy Party) 소속 의원 세 명에 대한 면책특권을 박탈하여 유일한 야당을 무력화시켰다.[1)] 비록 인민당이 1998년 선거와 2003년 선거에서 승리해 제1당이 되었고 대부분의 선거감시단들이 선거의 공정성을 인정해 주었지만 일부에서는 이러한 평가에 대해 의문을 제기하고 있을 뿐만 아니라(Um 1994; Hughes 1999; Lizee 1999; Downie 2000), 설령 선거가 자유롭고 공정하게 실시되었다 하더라도 인민당의 통치가 민주적이라고 간주되기는 어렵다. 합법성이 곧 정통성을 의미하지는 않는 것이다.

지금까지 훈센 정부의 통치는 유권자가 선출한 반대세력을 탄압하여 선거의 결과를 존중하지 않았다는 점에서, 그럼에도 불구하고 캄보디아에서 선거가 세 차례나 치러졌다는 점에서 캄보디아의 선거가 갖는 의미는 캄보디아의 정치를

1) 라나릇 왕자는 귀국이 허용되어 1998년 선거에 다시 참여하였으나 훈신뺏이 제2당으로 전락함에 따라 이후 국회의장을 맡아 훈센 정부에 협조하고 있다. 한편 삼랭시당의 찌엄쩌니(Cheam Channy)는 면책특권이 박탈된 2월 3일 비밀리에 군대를 조직했다는 혐의로 체포되었고, 삼랭시와 찌어뽓(Chea Poch)은 국외로 피신했다. 이들에게는 훈신뺏에 대한 명예훼손 혐의가 씌워졌다(*The Cambodia Daily* 2005/02/04, 1; *The Nation* 2005/02/05, 4A).

이해하는 데 있어서 뿐만 아니라 정당정치와 선거 일반에 대해 중요한 함의를 갖는다. 캄보디아의 선거는 자유롭고 공정하게 치러졌는가? 결과가 존중되지 않는 자유롭고 공정한 선거는 어떤 의미를 내포하며 어떤 기능을 수행하는가? 결코 권력을 양보할 의사가 없는 훈센의 인민당과 함께 선거에 참여하는 이유는 무엇인가? 이러한 상황에도 불구하고 캄보디아의 선거는 지속될 수 있을까? 과연 캄보디아의 이식된 민주주의는 뿌리를 내릴 수 있을 것인가? 캄보디아의 선거제도, 선거과정, 선거 후의 정치를 분석함으로써 이러한 질문에 답하는 것이 이 글의 목적이다.

Ⅱ. 1993년 선거

1993년 선거가 캄보디아에서 치러진 첫 번째 선거는 아니다. 프랑스가 식민지배했던 1940년대와 1950년대 초까지 몇 차례 선거가 치러져 국회를 구성한 경험이 있다. 비록 집권당과 야당의 대결적 구도를 만들기는 했지만 원칙적으로 프랑스의 지배 하에서 실질적인 주권 행사가 될 수는 없었다. 1953년 독립 후에는 시하누크(Sihanouk)가 이끌던 사회주의인민공동체(Sangkum Reastr Niyum)가 권력을 독점한 채 나머지 정당들을 실질적으로 해체하고 요식적인 선거를 치렀다. 1970년 론놀(Lon Nol) 장군이 쿠데타를 통해 크메르공화국(Republic of Khmer)을 수립한 후에도 선거는 치러졌지만 이미 조작해놓은 결과를 확인하는 절차에 불과했다. 1975년 크메르공화국을 무너뜨린 크메르루즈도 민주깜뿌찌어(Democratic Kampuchea) 정부를 수립한 후 선거를 치렀다. 민주적 선거와는 거리가 먼 것이었음은 물론이다. 1978년 말 베트남이 침공하여 크메르루즈를 몰아내고 세운 깜뿌찌어인민공화국(People's Republic of Kampuchea) 정부도 1981년에 선거를 실시했다. 이 또한 형식이나 내용에 있어서 크메르루즈가 실시했던 선거와 별반 다르지 않은 공산주의식 선거였다(Frieson 1996, 227; Gallup 2002, 29-30).

끝없이 이어지던 전쟁과 폭력적 정권 교체의 와중에도 선거는 늘 치러졌던 셈이다. 물론 진정한 민주적 선거로 간주될 수 있는 선거는 한번도 없었고, 모두 통치의 정당성을 확보하고 권력을 공고히 하기 위해 실시되었던 요식행위였다. 그럼에도 불구하고 가장 비민주적이었던 정권조차 선거를 치렀다는 사실은 캄보디아에서도 선거가 정치적 정통성을 담보하는 가장 기본적인 조건으로 이미 인정되고 있었음을 보여준다. 그러나 항상 폭력적 수단으로 캄보디아의 정권이 바뀌었고 결국 내전으로 치달을 수밖에 없었다는 사실은 형식적 선거만으로 정통성을 확보할 수 없음을 확인시켜 주었다.[2)]

1993년 선거는 그 결과를 누구도 장담할 수 없었다는 점에서, 또한 그 결과로 인해 정부의 정통성이 어느 정도 확보되었다는 점에서 이전에 치러졌던 선거와는 확연히 다른 선거였다. 비록 스스로 치러낸 선거는 아니었지만 캄보디아의 유권자들이 처음으로 진정한 의미(어떠한 의미에서건)의 정치적 선택을 할 수 있었던 최초의 선거였다고 하겠다.

그러므로 UNTAC이 제 기능을 충분히 수행하지 못했다 하더라도 선거를 통해 내전을 종식시키고 민주적 정치제도를 출범시켰다는 사실은 유엔의 공로로 인정되어야 한다. 사실 이 시기에 소련의 붕괴와 함께 탈냉전시대가 도래하면서 유엔의 역할에 대한 기대가 그 어느 때보다 높아졌는데, 이는 유엔의 위상과 역할에 따라 새롭게 짜여지는 국제질서의 구도가 크게 영향을 받을 것으로 예상되었기 때문이다. 이러한 상황에서 캄보디아 분쟁 해결은 유엔의 미래를 결정하는 시금석이었다. 유엔은 연인원 20,000명의 인력과 20억 달러를 투입하며 최상

2) 파리평화협정에 참여한 세력은 베트남의 군사력을 등에 업은 깜뿌찌어인민공화국 정부, 이에 대항하던 시하누크와 라나룻이 이끄는 훈신뻭, 손산(Son San)이 이끄는 크메르인민민족해방전선(KPNLF: Khmer People's National Liberation Front), 그리고 크메르루즈였다.

의 결과를 얻기 위해 노력했다(Peang-Meth 1997, 303). 1993년 선거가 선거과정에서 많은 문제점들이 불거졌음에도 불구하고 '성공적'인 선거로 평가받은 것은 유엔의 첫 작업을 '성공적'으로 마무리하고자 했던 국제사회의 바람이 어느 정도 반영된 결과라고 볼 수 있다(Peang-Meth 1997). 이후에도 국제사회는 캄보디아가 '이식된 민주주의'를 포기하지 못하도록 다양한 방법을 통해 훈센 정부에게 압력을 가하였고,[3] 1998년과 2003년의 선거에 대해서도 까다로운 잣대로 평가하지 않고 서둘러 선거의 공정성을 인증해 주었다. 요컨대, 캄보디아의 선거는 외부의 개입으로 시작되었고 그 후에도 외부로부터 영향을 받아온 것이다.

Ⅲ. 선거제도

1. 1993년 선거

1993년 선거를 위한 법제도는 UNTAC의 주도로 만들어졌다. 21개 선거구에서 폐쇄형 정당명부제로 120명을 선출하는 비례대표제가 채택되었다. 즉 선거에 참여하는 정당은 각 선거구마다 최대 해당 선거구 의석수만큼의 후보 명단을 제출하고 유권자들은 정당명만 기재된 투표용지에서 선호하는 정당을 선택하는 방식이었다. 의석은 인구수에 비례해 선거구별로 배당되었는데, 1석이 배당된 선거구가 6개나 되었고 그 가운데 일부 선거구는 인구수가 지나치게 적어 표의 등가원칙을 크게 훼손하는 문제점이 지적되었지만 의석배분방식을 최대잔류방

3) 예컨대 1997년 7월의 유혈사태 직후 국제사회는 훈센 정부를 비난하며 각종 원조를 중단하였고 1998년 선거 실시가 확정되자 원조를 다시 제공하기 시작했다(Lizee 1999, 80). 훈센 정부와 국제사회의 관계 전반에 대해서는 Peang-Meth(1997)를 참고.

식(greatest remainder formula)으로 하여 정치적 타협을 이끌어낼 수 있었다(Gallup 2002, 31). 인구수가 적은 1인 선거구는 이미 행정조직을 장악하고 있는 인민당에게 유리한 반면 각 선거구 내에서 소수점 이하를 버린 득표율에 따라 의석을 배분한 후 남은 의석에 대해 소수점 이하 득표율에 따라 배분하는 최대잔류방식이 군소정당에게 유리하게 작용하는 경향이 있기 때문이다. 또한 당시 실질적으로 권력을 장악하고 있던 인민당의 압력을 유엔도 외면하기 어려웠을 것으로 풀이된다.

유권자 확인을 위해서는 유권자등록제가 채택되었는데 당시의 열악한 행정적 상황에서는 아마도 다른 대안이 없었을 것이다. 유권자로 등록하면 사진이 부착된 카드가 발급됨과 동시에 컴퓨터에 입력되어 이중등록을 불가능하게 만들었다. 개표는 선거구별로 모두 모아서 실시하였다. 읍(commune) 단위에서 개표를 했을 경우 결과에 따른 정치적, 행정적, 경제적, 심지어 군사적 보복이 발생할 가능성을 미연에 차단하기 위해서였다. 그러나 도로 사정이 좋지 않은 캄보디아에서 선거구별로 모든 투표함을 한꺼번에 모으는 것은 개표과정을 지연시킬 뿐만 아니라 투표함을 안전하게 수송하기 위한 방안을 추가로 마련해야 하는 문제점이 있다. 선거운동 기간은 선거일 3일 전까지 6주로 제한되었다.

캄보디아 정치의 중요한 특징 가운데 하나는 선거 후 정부를 구성하는 방법이다. 이는 헌법에 명시되어 있다. 선거가 끝나면 국왕은 가장 많은 의석을 차지한 정당의 대표에게 정부를 구성할 권한을 부여한다. 그러나 정부를 구성하기 위해서는 전체의석의 과반수가 아니라 3분의 2 이상을 확보해야만 한다. 따라서 지금까지 캄보디아 정부는 항상 연립정부일 수밖에 없었다. 2003년 선거 후에는 정부를 구성하는 데 1년이 걸렸을 정도로 이 제도는 정치 안정화에 큰 걸림돌이 되고 있으며 앞으로도 한 정당이 단독으로 정부를 구성할 가능성은 낮아 보인다. 이처럼 정부를 구성하는 데 전체의석의 3분의 2를 요구하는 것은 유례를 찾아보기 어려운 독특한 제도인데, 캄보디아의 역사적 혹은 문화적 전통에 따른 것이 아니라 1993년 선거에서 다수당이 되는 데 실패한, 그러나 실질적인 권력을 장악하고 있던 인민당이 선거 직후 소집된 제헌의회에서 고집해서 만들어진 조항이다(Gallup 2002, 31). 2003년 선거에서 과반수를 획득하는 데 성공한 인민당으로서는 부메랑이 되어버린 이 제도를 폐지하고자 하더라도 헌법 개정을 위해서는 국회 의석 3분의 2를 확보해야 하므로 이 독특한 제도와 그로 인해 선거 후 발생하는 혼란스러운 정치적 상황은 계속 반복될 것으로 보인다.

2. 1998년과 2003년 선거

1998년 선거는 1997년 12월 통과된 선거법에 따라 구성된 선거관리위원회(National Election Commission, 이하 선관위)가 주관하였다. 캄보디아가 자력으로 치르는 첫 번째 선거라는 점에서 선관위에 관심이 집중되었다. 선거법에 따라 정부로부터 독립된 선관위가 선거에 관한 한 전권을 행사하기 때문이다. 선관위는 선거법에 정확히 규정된 바에 따라 위원장과 부위원장을 맡을 2명의 저명인사,[4] 내무부를 대표하는 2명의 관료, 시민대표 2명, 국회 내 의석을 확보한 정당 대표 1명씩(당시에는 4명), 시민단체(NGO)들이 선출한 대표 1명으로 구성되는데, 국회의 동의를 얻어야 한다(Gallup 2002, 34). 주목할 점은 저명인사와 시민대표 등은 그 범주가 명확하지 않아 항상 권력관계에 따라 정치적 타협의 대상이 될 수밖에 없다는 것과, 정부를 대표하는 내무부 관료가 참여한다는 사실이다. 이는 훈센 정부에게 절대적으로 유리한 부분인데, 당시 라나릇이 국외로 망명한 상태에서 훈신뺏은 이러한 선거법을 받아들일 수밖에 없었던 듯하다(Lizee 1999, 81-83; Downie 2000, 50). 뿐만 아니라 선관위의 하부조직을 보면 인민당에게 절대적으로

4) 위원장은 크메르인, 부위원장은 소수 종족 출신으로 지명된다.

유리한 방향으로 작용한다는 것을 알 수 있다. 선관위는 선거에 관한 모든 규정과 절차를 정하고 유권자 등록과 정당 등록을 받으며 언론과의 접촉을 포함하여 선거와 관련한 일체의 활동을 감시하고 투표와 개표를 진행해야 하며 결과에 대한 이의를 접수하여 조사해야 하고, 선거법 위반 사범에 대한 처벌까지 담당한다. 이를 위해 선관위는 지방마다 도/자치시 선관위와 그 아래로 1,500개에 달하는 읍 선관위를 구성하는데, 투표소 업무까지 수행하기 위해서는 수만 명의 인력이 동원되어야 한다(Gallup 2002, 35). 캄보디아의 낮은 교육수준을 감안할 때 이처럼 광범위한 선관위 활동은 공무원의 참여 없이는 거의 불가능하다고 보아야 할 것이다. 이에 따라 선거법은 군인 등 일부 공무원을 제외한 모든 공무원의 선관위 참여를 허용하고 있다. 결과적으로 법적으로는 정부로부터 '독립된' 선관위에 정부 공무원이 대거 참여하게 되는 것이다.

그 외에도 1997년 선거법은 여러 측면에서 인민당에게 유리한 쪽으로 만들어졌다. 무엇보다도 1인 선거구를 6개에서 8개로 늘려 전체 선거구가 21개에서 23개로 증가한 점을 꼽을 수 있다. (따라서 전체 의석수는 120석에서 122석으로 증가하였다.) 이는 행정조직뿐 아니라 실제로는 선관위까지 장악한 인민당이 거의 자동적으로 의석을 확보하는 방법이라고 해도 과언이 아니다. 또한 의석배분방식도 최대잔류방식을 버리고 군소정당에게 불리한 동트(d'Hont)방식, 즉 최다평균방식(highest average formula)으로 바뀌었다. 흥미로운 사실은 동트방식을 채택하는 데 대해 군소정당들의 반대가 없었다는 점인데, 아마도 새 방식에 대한 이해가 부족했기 때문이었을 것이다. 어쨌든 첫 선거에서 제일 많은 의석을 차지한 바 있는 훈신뻿으로서는 이를 마다할 이유가 없었다(Lizee 1999, 84).

1997년 선거법에서는 '유권자'의 개념이 축소되었다. 즉 캄보디아에서 태어났을 뿐 아니라 부모도 캄보디아에서 태어나고 현재 합법적으로 캄보디아에 거주하고 있는 경우에만 유권자로 인정된다. 이러한 조건에 따르면 캄보디아에 거주하는 베트남인들과 해외에 거주하는 캄보디아인들의 선거권이 부정된다(Gallup

2002, 36). 해외에 거주하는 캄보디아인들은 대체로 반 인민당 정서가 강한 반면 캄보디아에 거주하는 베트남인들은 인민당에게 거의 절대적인 지지를 보내기 때문에 훈신뻭과 삼랭시당은 이러한 변화를 크게 환영하였다. 실제로 선거에 참여하는 해외 거주민들의 수가 그리 많지 않으므로 변경된 유권자 개념만 보면 인민당에게 불리하다고 할 수 있다. 그러나 전체적으로 보면 이는 조그만 양보에 불과하다고 할 정도로 선거법은 인민당에게 유리한 것으로 판단된다.

선거운동 기간은 6주에서 30일로 줄었고, 이중 투표를 막기 위해 투표 직후 검지에 쉽게 지워지지 않는 물감을 들이는 방법을 도입하였다. 정치적 보복의 가능성 때문에 선거구별로 투표함을 모두 모아 개표했던 1993년의 개표방식은 위에서 언급했던 문제점들로 인해 읍 단위 개표방식으로 바뀌었는데, 정치적 보복 가능성을 우려하는 야당들의 강력한 요구를 받아들여 최소한 투표소 세 개 이상을 섞어 개표하도록 하였다(Gallup 2002, 37; Albritton 2004, 103).

선거법은 정당 대표들과 정부 관료들로 구성되는 국회의석결정위원회(Commission for the Determination of National Assembly)를 두어 선거 결과에 따라 의석을 배분하도록 규정하고 있으나 그 기능이 단순해서인지 아직 소집된 바 없다. 그보다 더 중요한 기관은 헌법에 명시되어 있는 헌법평의회(Constitutional Council)로서 헌법재판소의 기능과 함께 선거와 관련한 모든 쟁의에 대해 최종 판결권을 갖고 있다. 선거에 관한 쟁의는 일단 선관위로 접수하고, 선관위의 판정에 불복할 경우 헌법평의회로 항소할 수 있다. 헌법평의회는 총 9명으로 구성되는데 국왕, 최고판사회의(Supreme Council of Magistracy), 국회가 법조계를 비롯한 사회 각 분야에서 명망 높은 전문가들을 각각 3명씩 천거한다. 1997년 선거법은 선거법 위반에 대한 처벌 조항을 강화하고 쟁의 해결 방식을 구체적으로 명시하여 헌법평의회가 중요한 기관으로 부상하였다(Gallup 2002, 35).

정당명부식 비례대표제에서는 개인이 무소속으로 국회에 진출하는 것이 불가능하기 때문에 정당의 수가 많아지는 경향이 있다. 게다가 캄보디아의 정당법은 정당에 대한 자격 요건이 까다롭지 않아 선거 때마다 많은 수의 정당이 나타났다 사라지는 현상이 반복되었다. 현 정당법에 따르면 당원 4,000명의 서명을 받아 선관위에 제출하여 정당으로 등록한 후 천만 리엘(약 250만원)과 함께 후보명단을 제출함으로써 선거에 참여하게 된다. 1993년 선거에는 20개 정당이 참여하였고 1998년에는 그 수가 배로 늘어나 39개 정당이 참여하였다. 2003년 선거에는 23개 정당이 참여하였다(Albritton 2004, 103).

선거법은 2002년에 한번 개정되었는데, 선관위의 구성방식이 바뀌었고, 1인 선거구를 하나 더 추가해 선거구가 24개로 되었으며, 의석수는 122석에서 123석으로 되었다(Albritton 2004, 103).

Ⅳ. 선거과정

캄보디아 선거의 가장 두드러진 특징 가운데 하나는 높은 참여율이다. 예컨대 1993년 선거에서는 유권자의 90%가 등록하였고 등록한 유권자들의 90%가 선거에 참여하였다. 1998년 선거에서도 등록한 유권의 93%가 투표하였다. 이처럼 높은 참여율이 가능했던 것은 부분적으로는 선거에 참여한 정당들이 지지자 동원을 최대의 과제로 삼았기 때문이기도 하지만 근본적으로는 선거에 대한 캄보디아인들의 기대가 그만큼 컸기 때문이다(Frieson 1996, 228). 오랜 내전으로 고통을 겪은 후 선거라는 평화적 수단으로 국가의 미래를 스스로 결정하게 된 만큼 높은 참여율이 결코 이상한 현상일 수는 없다. 그러나 그것이 곧 높은 시민의식을 의미하는 것은 아니다. 또한 높은 참여율은 선거에 임하는 정당들의 선거 전략에 따라 선거과정의 과열로 이어질 가능성이 높다.

실제로 캄보디아의 선거는 전쟁을 방불케 할 정도의 열기를 뿜는다. 1993년의 첫 선거는 선거에 참여하는 주요 정당들이 얼마 전까지만 해도 서로 총을 겨누던 적이었기 때문에 모두가 선거법을 준수하는 '자유롭고 공정한' 선거를 기대하기 어려웠다. 선거는 무기를 쓰지 않는 또 다른 전쟁으로 패배는 곧 죽음을 의미했고, 주요 정당들은 이런 자세로 선거운동에 임했다(Peou 1997; 2000). 그러다 보니 지지자들 사이에 충돌이 빈번히 일어나고 폭력이 난무하게 된다. 1993년 선거는 선거과정에서 200명 이상이 사망했을 정도로 전쟁 같은 선거였다(Frieson 1996, 235). 다행히 2003년 선거에서는 폭력적 충돌이 현저히 줄어들었다.[5]

폭력만큼 캄보디아의 선거를 얼룩지게 한 것은 공공연하게 행해지는 각종 불법 행위다. 캄보디아의 선거가 결코 '자유롭고 공정한' 선거가 아니었음을 주장하는 쪽에서 거론하는 대표적인 불법 행위는 금품 살포, 협박, 정부 개입 등이다.

가용 자원에 따라 정도의 차이는 있겠지만 선거 때만 되면 인민당과 훈신뻭 모두 경쟁적으로 금품을 살포한다. 쌀과 옷 등 생필품이 주를 이루는데, 소득이 높지 않은 대다수 캄보디아인들에게 선거가 기다려지는 이유 중의 하나다. 선거 감시단의 일원으로 참여했던 한 변호사에 따르면 금품 살포는 현장을 적발하는 것이 아무런 의미가 없을 정도로 만연해 있다고 한다(인터뷰-Sok Sam Oeun). 예컨대 1998년 선거 당시 매표행위가 만연해 1인당 3천~5천 리엘(riel) 정도에 표가 거래되었다(이동윤 2005, 63). 2003년에 실시된 한 설문조사에서는 전체 응답자의 81%가 "정당으로부터 돈을 받고, 투표는 자신이 좋아하는 정당에 하면 괜찮다"라고 답한 데 반해 응답자의 12%만이 "만약 어떤 정당으로부터 돈이나 선물을 받았으면 그 정당에게 투표하는 것이 옳다"고 답했다. 또 다른 설문조사에서 응답자의 60%가 "돈을 받을 수만 있다면 어느 정당에도 투표할 수 있다"고 답했고 응답자의 29%만 "돈을 받는 것은 잘못된 것"이라고 응답해 매표행위에 대한 유권자들의 도덕적 불감증이 심각한 수준에 있음을 보여주었다(Asia Foundation 2003a,

5) 노골적인 폭력은 줄어들었지만 그 대신 교묘한 협박과 공갈이 난무했다고 평가되기도 한다(Tin 2004, 75).

62-64; 2003b, 15 [이동윤 2005, 64에서 재인용]). 정부에 참여하고 있는 훈신뺏의 한 관계자는 금품 살포에 대해 다음과 같이 설명한다.

> (유권자들에게) 우리의 정책과 비전을 설명해도 교육 수준이 낮기 때문에 잘 이해하지 못합니다. 생필품을 나누어 주는 것은 일종의 복지라고 할 수 있습니다. 복지 예산은 부족하고 사람들은 너무 가난합니다. 선거를 하면 다행히 우리가 부족한 것들을 나눠 줄 수 있습니다(인터뷰-Chea Se).

억지스러운 자기 합리화라기보다는 금품을 제공하는 정당이나 받는 유권자 모두 큰 죄의식 없이 자연스럽게 이어지고 있는 관행임을 알 수 있다.

캄보디아의 선거과정에서 가장 큰 문제점으로 지적되는 것은 정부의 개입이다. 비록 중앙선관위는 친 인민당 인사로 채울 수 없도록 되어 있지만 앞에서도 언급했듯이 낮은 교육 수준과 높은 문맹률로 인해 지방의 하부 조직으로 내려가면 공무원들이 대거 참여하고 있다. 선거법 또한 이를 금지하지 않고 있다. 그러나 이에 대한 비판은 약간 과장된 면이 없지 않다. 예컨대 각급 학교 교사들은 대부분 선관위 활동에 참여하는데 이는 주민들이 대부분 문맹인 상황에서는 피할 수 없는 현상이다. 그런데 교사가 되기 위해서는 인민당에 가입해야 하므로 정치적 성향과 관계없이 캄보디아의 모든 교사는 인민당 당원이다. 따라서 선관위를 인민당 당원들이 점령했다는 주장은 과장되어 있다고 하겠다. 또한 투표소와 개표소는 각 정당 대표가 동수로 감시하기 때문에 최소한 투개표 과정에서 조직적인 부정행위가 일어날 가능성은 거의 없다(Hughes 1999, 93).

정부 개입으로 인해 발생하는 가장 심각한 문제는 유권자 겁주기이다. 선거운동이 시작되기 훨씬 전부터 지방의 행정조직은 주민들의 정치적 행동과 발언을 감시하는 것으로 알려져 있다. 예컨대 누가 인민당에 반대하는 발언을 하는지, 누가 훈신뺏이나 삼랭시당 모임에 참석하는지 혹은 입당하는지 기록하고 감시한다는 것이다. 실제로 어느 정도 면밀하게 이러한 사항들을 기록하고 관리하는지 확인되지는 않았지만 일반 주민들이 대부분 정치적 대화를 꺼려한다는 사실은 최소한 지방 행정조직의 이러한 감시 행위가 공포분위기를 조성하여 반 인민당 세력이 확산되는 것을 억제하는 효과는 얻고 있음을 보여준다.

특히 선거가 임박해오면 소위 '엄지운동'을 통해 주민들에 대한 협박의 강도를 높인다. 엄지운동이란 인민당 당원을 모집하는 전략을 말하는데, 마을마다 인민당 당원들과 공무원들(공무원은 대부분 인민당 당원이다)이 특정인을 '지도자'로 선택한 후 최소한 열 가구를 입당케 하는 임무를 부여한다. 이때 입당원서에 엄지의 지문을 찍기 때문에 엄지운동으로 불리는 것이다. 그런데 이 과정에서 '지도자'는 주민들에게 다음과 같이 협박하는 것으로 보고되었다(Hughes 1999, 96-97).

· 협조하지 않을 경우 안전을 보장할 수 없다.
· 중립을 표명하면 유권자로 등록할 수 없고 따라서 투표할 수 없다.
· 우리 마을에서 인민당 지지표가 많으면 보상을 받고 반대의 경우에는 아무 보상이 없다.
· 인민당에 입당하지 않으면 크메르루즈로 간주되어 기소될 것이다.

마지막으로 언급할 문제점은 방송을 포함한 언론을 인민당이 거의 독점하다시피 한다는 것이다. 문맹률이 높은 캄보디아에서는 특히 방송의 중요성이 크다고 할 수 있는데, 선거법에 따르면 모든 정당은 선거 기간동안 매일 TV 5분과 라디오 5분을 할당받게 되어 있다. 선관위는 1993년의 사례를 따라 이 조항을 정당의 크기나 중요성에 관계없이 기계적으로 적용하였다(Lizee 1999, 81). 그러나 이에 대해 주요 정당들의 불만이 쏟아지자 선관위는 모든 정당에 대해 아예 방송을 이용하지 못하도록 조치하였다. 문제는 뉴스 프로그램에서 발생했다. 그야말로 방송 뉴스는 훈센과 인민당 행사 보도에 거의 모든 시간을 할애해 결과적으로 인민당만이 방송을 이용하는 결과를 낳은 것이다(Gallup 2002, 42).

지금까지 언급한 선거운동의 불법 사례들을 고려해보면 선거감시단들이 내렸던 결론, 즉 캄보디아의 선거가 "자유롭고 공정하게" 치러졌다는 평가는 선거 당일의 투개표 과정에만 적용할 수 있는 것이다. 선관위의 행정적이고 기술적인 측면에만 초점을 맞춘 나머지 선거운동 기간에 일어나는 불법 행위에 대해서는 눈을 감아버린 결과라고 할 수 있다. 물론 선거감시단이 선거운동 개시일로부터 전국을 꼼꼼히 관찰하기는 현실적으로 불가능한 측면도 있지만 앞에서도 언급했듯이 캄보디아의 '이식된 민주주의'에 대한 국제사회의 바람과 희망이 이처럼 성급한 결론을 내리게 만든 중요한 원인이다.

그러나 그러한 불법 행위로 인해 선거 결과가 실제 유권자들의 선택과 동떨어진 것이라고 볼 수 있는 근거 역시 부족하다. 사실 대다수의 전문가들은 불법 행위의 정도가 선거 결과를 완전히 바꿀 수 있는 수준에는 미치지 못한다는 데 동의하고 있다(Peou 1998). 예컨대 훈신뺏이나 삼랭시당을 지지하는 경우, 비밀선거가 보장된다는 설명에도 불구하고 인민당의 위협에 굴복해 인민당에게 표를 던진 유권자의 수가 선거 결과를 바꿀 정도로 많다면 실제로 그러한 위협이 현실에서 불이익으로 나타나는 상황이 유권자들이 어렵지 않게 목격할 정도로 일어나야 한다. 하지만 비밀선거 원칙이 준수되는 한 이것은 불가능하다. 그리고 비밀선거의 원칙이 지켜졌다는 점은 모두가 인정하는 만큼 의심의 여지가 없다. 따라서 두 번째 선거였던 1998년 선거, 특히 세 번째 치르는 2003년 선거에서도 인민당의 협박으로 인해 많은 유권자들이 자신의 의사에 반해 인민당을 지지했다는 주장은 설득력이 없다. 요컨대 불법적 선거운동이 광범위하게 일어났음에도 불구하고 선거 결과를 뒤집을 수 있을 만큼 큰 영향을 미치지는 않았다는 것이다.

V. 선거 결과와 선거 이후의 정치

1. 1993년 선거

1993년의 첫 선거는 훈신뺏의 승리로 돌아갔다. 58석(45.47%)을 얻은 훈신뺏에 이어 인민당이 51석(38.23%), 불교자유민주당(BLDP)이 10석(3.81%), 민족해방운동(Moulinaka)이 1석(1.37%)을 얻었다. 불교자유민주당이 3.81%의 득표율에도 불구하고 10석을 얻을 수 있었던 것은 최대잔류방식으로 의석을 배분한 데 따른 것이고, 아마도 의석배분방식이 동트방식으로 바뀌게 된 결정적인 이유였을 것으로 보인다. 즉 군소정당들에게 의석이 돌아가지 않도록 하는 데 인민당과 훈신뺏의 이해가 일치되었던 것이다. 그러나 1998년 선거는 훈신뺏에서 분리되어 나간 삼랭시당의 출현으로 인해 기대했던 양당체계를 만들어내지 못했다.

선거가 끝난 후 인민당은 선거가 부정으로 얼룩졌다며 강력하게 비난하고 선거결과에 승복할 수 없다는 입장을 발표했다. 과반수를 확보하지 못한 훈신뺏으로서는 실질적으로 권력을 장악하고 있는 인민당의 협조 없이는 아무것도 할 수 없었을 뿐 아니라 선거 자체를 부정하는 극단적인 사태로 이어질 가능성도 배제할 수 없었으므로 인민당의 요구를 받아들일 수밖에 없었다. 결국 정부를 구성하기 위해서는 전체의석 3분의 2가 되어야 한다는 헌법 조항과 총리를 두 명으로 하는 인민당의 요구가 관철되었다. 뿐만 아니라 정부 내에서 제2총리인 훈센과 인민당이 주요 부서를 장악함으로써 제1총리인 라나릇과 훈신뺏보다 더 많은 권력을 행사하게 되었다. 즉 선거결과에 부합하지 않는 권력 분배가 일어난 것이다.

권력 분점에 만족하지 못한 훈센과 인민당은 선거를 1년 앞둔 1997년 7월 군사력을 동원해 훈신뺏 세력을 무력화시키고 권력을 독점하였다. 무력으로 선

표 1 캄보디아의 선거 결과

정당	1993년		1998년		2003년	
	득표율	의석수	득표율	의석수	득표율	의석수
인민당	38.23	51	41.42	64	47.35	74
훈신뺏	45.47	58	31.71	43	20.75	26
삼랭시당			14.27	15	21.87	24
BLDP	3.81	10				
Moulinaka	1.37	1				

· 출처: Gallup(2002); ANFREL(1999); ANFREL(2003).

거 결과를 부정하고 권력을 독점했다는 점에서 1997년의 사태는 쿠데타로 간주되는 것이 타당하다고 하겠다.

2. 1998년 선거

1998년 선거의 승자는 64석을 얻어 과반수를 확보한 인민당이었다. 인민당이 비록 득표율은 38.23%에서 41.42%로 조금 증가하는 데 그쳤지만 의석수를 13석이나 늘릴 수 있었던 가장 중요한 요인은 훈신뺏의 추락이다. 훈신뺏의 득표율은 45.47%에서 31.71%로 추락했고 의석수도 58석에서 43석으로 줄었다. 훈신뺏의 추락은 지지층 일부가 삼랭시당으로 대거 옮겨갔기 때문이다. 처음으로 참여한 선거에서 삼랭시당은 14.27%의 득표율로 15석을 차지했다. 세 정당이 전체 표의 88%를 얻었고 불교자유민주당과 민족해방운동을 포함한 나머지 36개 정당은 1석도 얻지 못했다. 군소정당을 배제하기 위해 도입한 동트방식이 위력을 발휘한 셈이다.

선거가 끝난 뒤 훈신뺏과 삼랭시당이 선거가 부정으로 얼룩졌다며 결과를 인정하지 않고 약 800건의 이의를 선관위에 접수했으며 지지자들을 동원하여 프놈펜의 왕궁 앞에서 격렬한 시위를 벌였다(Lizee 1999, 85; Gallup 2002, 38). 시위대는 무력으로 진압되었고 이 과정에서 많은 사람들이 죽거나 다쳤다. 훈신뺏과 삼랭시당이 격렬히 항의한 최대 쟁점은 의석배분방식이었다. 동트방식을 채택할 당시 선관위가 설명했던 방식과 실제로 선거 직전 선관위가 제시한 방식이 달랐고, 전자의 경우로 의석을 배분할 경우 인민당의 의석은 59석으로 줄어드는 반면 훈신뺏이 1석을 더 얻어 44석으로 되고 삼랭시당은 3석을 더 얻어 18석이 되기 때문이었다. 이는 두 당의 의석을 합하면 전체의석의 3분의2가 넘어 인민당을 배제한 채 정부를 구성할 수도 있는 결과가 된다. 그러나 시위가 무력으로 진압되고 선관위에 제기한 이의가 모두 기각되면서 훈신뺏과 삼랭시당이 선거 결과를 뒤집을 수 있는 수단은 하나도 없었다. 결국 선거 후 4개월이 지나서야 훈신뺏은 인민당과 함께 연립정부를 구성하였다. 훈센은 단독 총리가 되었고 라나릇 왕자는 국회의장을 맡았다.

3. 2003년 선거

2003년의 선거결과는 여러 측면에서 캄보디아 정치와 정당구조의 유동성이 줄어들었음을 보여준다. 인민당이 47.35%의 득표율로 74석을 얻었고, 훈신뺏은 20.75%의 득표율과 함께 26석을 얻는 데 그친 반면 삼랭시당은 21.87%의 득표율로 24석을 얻었다. 무엇보다 인민당에 대한 지지가 꾸준히 상승했다는 점이 인민당 지배체제가 안정적으로 구축되었음을 보여준다. 1993년 선거에 비하면 인민당은 의석수가 23석이나 늘었고 지지율은 거의 10% 가까이 증가했다. 반면 훈신뺏은 1993년 선거 대비 무려 32석이나 줄었고 득표율도 25%나 감소했다. 특히 득표율은 삼랭시당에도 뒤져 지지층이 붕괴되고 있음을 알 수 있다. 삼랭시당은 비록 의석수에 있어서는 훈신뺏에 뒤졌지만 득표율에서 앞지르면서 강력한 야당으로 부상했다. 개혁, 민주주의, 반독재, 반부패의 이미지를 강조한 전략이 도시 지역, 특히 수도 프놈펜의 지식인과 청년층에게 강한 호소력을 발휘한 결과로 풀이된다(Than 2004, 75-76). 프놈펜에 거주하는 회사원과 대학생은 삼랭시당에게 표를 던졌다면서 그 이유를 다음과 같이 말했다.[6]

> 막강한 인민당을 견제할 수 있는 것은 삼랭시당뿐입니다. 훈신뺏은 능력도 없고 인민당이나 마찬가지로 썩었어요. 삼랭시당이 어느 정도 힘을 쓸 수 있을지 모르지만 그래도 유일한 희망이기 때문에 표를 던졌죠(인터뷰-익명 1).

> 지금까지 항상 인민당과 훈신뺏이 정부를 장악했지만 부정부패만 늘었습니다. 최상의 선택은 아니더라도 일단은 삼랭시당을 믿어봐야죠. 인민당과 훈신뺏은 더 이상 믿을 수 없습니다. 민주주의가 되려면 삼랭시당을 밀어줘야 합니다(인터뷰-익명 2).

인민당으로서는 연립정부의 파트너를 정하는 데 있어서 여유가 생겼다. 훈신뺏과 삼랭시당, 어느 당이든 인민당과 의석수를 합하면 정부 구성이 가능하기 때문에 인민당은 협상에서 고자세로 일관했고, 그에 따라 정부를 구성하는 데 1년이 소요되었다. 1998년 선거 후와 마찬가지로 훈신뺏과 삼랭시당은 인민당의 광범위한 불법 행위로 인해 선거의 공정성이 크게 훼손되었다고 주장하며 결과를 받아들이지 않았다. 그러나 과거와 마찬가지로 결과를 뒤집을 수 있는 수단이 없는 상태에서 이들이 할 수 있는 일은 정부에 참여하는 대가로 인민당으로부터 조금이라도 더 많은 양보를 얻어 내는 것이었다. 첫 선거에서 인민당이 취했던

6) 인터뷰 2005년 2월 4일.

선거 후 전략이 다른 정당들에 의해 계속 반복되면서 결국 크게 위축된 훈신뺏이 불리한 조건에도 불구하고 연립정부에 참여하였다. 삼랭시당은 야당으로 남았고 얼마 지나지 않아 1997년 훈신뺏이 겪었던 것처럼 인민당의 탄압을 받게 된다. 이번에는 그 탄압에 훈신뺏이 가세했다. 라나릇은 이제 국회의장직을 유지하는 것만으로도 만족해야 할 처지가 된 것이다.7)

Ⅵ. 맺음말: 선거의 정치적 기능과 의미

선거가 권력과 정통성 획득의 수단이라는 점은 캄보디아에서도 다르지 않다. 다른 점은 선거에 패할 경우 어떤 정당도 그 결과에 승복할 의사가 없다는 것이다. 더 이상 무력으로 상대를 제압할 수 없는 상황에서 받아들인 선거라는 해법은 또 다른 형태의 전쟁이었다. 따라서 전쟁에서의 패배가 곧 죽음을 의미하듯이 주요 정당들은 선거를 영합적(zero-sum) 승부로 인식하였다. 선거 때마다 다수당이 되지 못한 정당들은 선거 과정에서 수집한 불법 사례들을 근거로 선거 결과에 불복하며 시위를 벌였다. 승리를 확신했던 만큼 패배의 현실을 받아들이기 어려운 데 따른 것이기도 하지만 쉽게 승복하지 않음으로써 선거 후 정부 구성을 위한 협상 과정에서 최대한의 양보를 얻어내기 위한 전략적 측면도 없지 않아 있다. 그러나 선거를 세 차례 치르면서 이러한 인식에도 변화가 일어났고,

---

7) 최근에는 인민당과 훈신뺏이 합당할 것이라는 소문이 있다. 훈신뺏의 한 중견 간부는 이를 부정했지만 그 어조가 강력하지 않았을 뿐 아니라 훈센에 대해서도 긍정적으로 평가하여 합당의 가능성이 없지 않음을 암시하였다(인터뷰-Chea Se). 아마도 합당은 2008년 선거를 앞둔 시점에서 전략적인 차원에서 검토될 가능성이 크다. 비록 합당이 되지 않더라도 훈신뺏은 전통적인 지지층이 와해되어 정부에 참여하고자 하는 한 인민당과 협력적인 관계를 유지해야만 할 것이다.

특히 인민당이 비교적 안정적인 다수당이 된 2003년 선거 후에는 전략적 측면이 더 강해진 듯하다. 정부를 구성하는 데 국회 의석 3분의 2를 요구하는 현행 헌법이 유지되는 한 이러한 '불복의 전통'은 계속될 것이고, 선거 결과에 따라서는 선거 후 정치가 심각한 혼란에 빠질 가능성도 있다.

'불복의 전통'을 종식시키기 위해서는 캄보디아의 선거가 진정으로 '자유롭고 공정한' 선거가 되어야 하지만 빠른 시일 내에 이루어질 가능성은 크지 않아 보인다. 선거과정에서 금품 살포는 정치권뿐만 아니라 일반 시민들 사이에도 그 부당함을 인식하지 못할 정도로 만연되어 있다. 다행히 폭력은 2003년 선거에서 현저히 줄었다. 그러나 인민당의 실질적 권력독점이 여전히 큰 걸림돌로 남아 있다. 마을 단위에 이르기까지 정부 조직은 인민당의 승리를 위해 최대한 활용되고 있다. 특히 주민들에 대한 감시와 협박은 반드시 제어되어야 한다.

이러한 문제점들을 해결하기 위해서는 국제사회의 입장과 역할이 중요하다. 국내에서는 인민당을 제어할 만한 세력이 없기 때문이다. 선거 때마다 서둘러 선거의 공정성을 인정해주기보다는 치밀한 자세로 선거의 공정성을 요구하는 것이 국제사회가 캄보디아에 '이식한' 민주주의의 뿌리가 내리게 하는 방법이다. 2003년 선거에서 자신감을 얻은 인민당이 안정적 승리에 위협을 느끼지 않는 한 국제사회의 요구에 긍정적으로 반응할 수도 있다(Peou 2000).

선거과정에서 많은 문제점들이 드러났지만 긍정적으로 평가해야 할 부분도 있다. 많은 우려에도 불구하고 1993년 첫 선거를 치른 이후 선거가 중단되지 않았다는 점만으로도 지난 세 차례의 선거는 캄보디아의 민주주의 발전에 이미 큰 기여를 했다고 할 수 있다(Downie and Kingsbury 2001; Roberts 2003; Albritton 2004). 무엇보다도 무력 분쟁이 종식되었고, 비록 인민당이 실질적으로 권력을 독점한다 하더라도 일당제에서 다당제로 전환되었다는 사실도 중요하다. 정부의 반응성이 향상되었다는 점 또한 주목해야 한다. 비록 인민당의 통치가 민주적 통치와는 거리가 멀다 하더라도 유권자들의 지지를 얻기 위해서는 여론에 귀를 기울이지 않을 수 없다. 마지막으로 언급해야 할 것은 선거가 비정부기구(NGO)를 만들었고 활성화시켰다는 점이다. 첫 선거부터 국제사회의 관심이 집중되고 선거감시단이 활동하면서 자연스럽게 비정부기구들이 형성되었고 지속적으로 활발한 활동을 펼치고 있다. 아직 인민당 정부에 정면으로 맞설 수 있는 상황은 아니지만 앞으로 국제사회와 연대하여 캄보디아의 민주주의 발전에 중요한 공헌을 할 것으로 기대된다(Downie and Kingsbury 2001).

참고문헌

이동윤. 2005. "캄보디아 선거와 정당정치: 타율적 민주화의 한계." 『국제지역연구』 9(1).

Albritton, Robert. 2004. "Cambodia in 2003: On the Road to Democratic Consolidation." *Asian Survey* 44(1).

ANFREL(Asian Network for Free Elections). 1999. *Cambodia: Struggling for Justice and Peace, Report of the Missions on the 1998 Elections*. Bangkok: ANFREL.

ANFREL and Forum-Asia. 2003. *Cambodia: General Election 2003, Report of International Observation Missions*. Bangkok: ANFREL and Forum-Asia.

Asia Foundation. 2003a. *Democracy in Cambodia 2003: A Survey of the Cambodian Electorate*. San Francisco: Asia Foundation.

______. 2003b. *Summary of Observations of the US Long Term International Observation Group During the 2003 Cambodian National Assembly Election*. San Francisco: Asia Foundation.

Downie, Sue. 2000. "Cambodia's 1998 Election: Understanding Why it Was Not a Miracle on the Mekong." *Australian Journal of International Affairs* 54(1).

Downie, Sue and Damien Kingsbury. 2001. "Political Development and Re- emergence of Civil Society in Cambodia." *Contemporary Southeast Asia* 23(1).

Frieson, Kate G. 1996. "The Cambodian Elections of 1993: A Case of Power to the People?" R. H. Taylor, ed. *The Politics of Elections in Southeast Asia*. Cambridge: Cambridge University Press.

Gallup, Jeffrey. 2002. "Cambodia's Electoral System: A Window of Opportunity for Reform." *Electoral Politics in Southeast & East Asia*. Singapore: Friedrich Ebert Stiftung.

Hughes, Caroline. 1999. "Surveillance and Resistance in the Cambodian Elections." *Southeast Asian Affairs 1999*. Singapore: ISEAS.

Lizee, Pierre P. 1999. "Testing the Limits of Change: Cambodia's Politics After the July Elections." *Southeast Asian Affairs 1999*. Singapore: ISEAS.

Peang-Meth, Abdulgaffar. 1997. "Understanding Cambodia's Political Developments." *Contemporary Southeast Asia* 19(3).

Peou, Sorpong. 1997. *Conflict Neutralization in the Cambodia War: From Battlefield to*

Ballot-Box. Kuala Lumpur: Oxford University Press.

______. 1998. "The Cambodian Elections of 1998 and Beyond: Democracy in the Making?" *Contemporary Southeast Asia* 20(3).

______. 2000. *Intervention and Change in Cambodia: Towards Democracy?* Singapore: ISEAS.

Roberts, D. 2003. "From 'Communism' to 'Democracy' in Cambodia: A Decade of Transition and Beyond." *Communist and Post-Communist Studies* 36.

Tin Maung Maung Than. 2004. "Cambodia: Strongman, Terrible Man, Invisible Man, and Politics of Power Sharing." *Southeast Asian Affairs 2004*. Singapore: ISEAS.

Um, Khatharya, 1994. "Cambodia in 1993: Year Zero Plus One." *Asian Survey* 34(1).

인터뷰

익명 1: 프놈펜 거주 회사원(2005/02/04).

익명 2: 프놈펜 거주 대학생(2005/02/04).

Chea Se: 훈신뺏 소속 정치인(2005/02/03).

Sok Sam Oeun: 변호사, ANFREL 활동가(2005/02/10).

제10장 | 베트남의 선거제도와 국회 구성의 변화*

이한우

Ⅰ. 문제제기

베트남은 1986년 말 전면적 개혁정책인 '도이머이'(Doi Moi) 정책을 채택한 이후 정치부문의 개혁을 점진적으로 추진해 오고 있다. 이제까지의 정치변동에서 주요한 부분은 공산당 내 권력관계를 규정하는 제도와 리더십의 변화에 있었다. 베트남에서는 공산당이 국가와 사회 전반을 지도하는 주체로서의 역할을 수행해 왔기 때문에 정치적 변동은 주로 공산당의 변화를 통하여 해석할 수 있었다. 그러나 개혁은 제한적이긴 하지만 국회와 행정부 등 국가기구의 개혁으로 확대되고 있다. 이에 따라 국회와 행정부의 역할이 증대하고, 공산당의 의사결정 과정에 영향을 미치는 사례들이 늘고 있다. 국회는 점차 독립적 의사결정을 추구하려는 움직임을 보이고, 행정부는 행정개혁을 통하여 제도화 및 업무효율화를 추진하고 있는 상황에서, 공산당의 개입은 점차 합의된 제도와 절차에 따라야

*이 논문은 『동남아시아연구』 제16권 1호(2006. 2)에 같은 제목으로 게재된 것을 부분적으로 고치고 보론을 추가한 것이다.

하는 제약을 받게 되었다.

국회는 입법부 본연의 기능을 강화하려고 시도하고 있고, 부분적으로는 국회의 구성에서 비공산당원 출신 후보자를 국회의원[1]으로 받아들인다든가, 국회의원 선거에서 경쟁적 요소를 도입하고, 선거과정에서 후보자와 유권자들 간에 접촉하는 기회를 늘리는 등 제한적이지만 절차적 민주주의를 확대하는 조치를 취하여 왔다. 이러한 변화들이 공산당의 용인 없이는 불가능하다는 한계를 지니고 있지만, 공산당이 이러한 변화들을 수용하였다는 것은 정치체제 변화에 대한 압력이 작용하였고 그 효과를 나타내었음을 반증하는 것이다. 이에 따라 선거 또는 국회의 변화가 정치변동을 야기할 가능성은 아직 크지 않지만, 개혁과정에서 국회가 자율성을 확대하고 그 역할을 강화하고 있는 현상에 주목할 필요가 있다. 베트남의 정치체제 변화에 대한 종합적 이해를 위하여 공산당뿐 아니라 국회의 정치체제 내에서의 기능과 정치변동에 미치는 영향 등을 분석할 필요가 있다.

베트남은 사회주의체제 성립 이후 공산당 일당통치하에 있었기에, 이제까지 베트남 정치변동에 대한 연구는 주로 공산당 리더십의 변화를 중심으로 수행되었다(이한우 2000; 2002). 국회의 변화에 주목한 연구는 단편적으로 수행되었을 뿐이다. 연구의 대부분은 국회의원 선거 결과가 정치변동에 미치는 영향을 분석하기보다는 공산당 일당통치하에서의 미시적 변화를 감지하려는 시도였다.[2]

베트남 국회 선거를 단일 주제로 한 연구는, 테이어(Thayer 1993a; 1993b; 1998), 고토 후미오(五島文雄 1994), 하트만(Hartmann 2001), 게인스보로(Gainsborough 2005)의 연구를 들 수 있을 정도다. 이 가운데 테이어는 정치변동과 연관하여 베트남

1) 베트남에서는 국회의원을 '국회대표'(Dai bieu Quoc hoi)라고 칭하나, 여기에서는 일반적으로 쓰이는 용법에 따라 '국회의원'으로 칭하고자 한다.

2) 현재 베트남에서는 다당제를 인정하고 있지 않으나, 베트남공산당 이외에 형식상 두 개의 정당, 즉 베트남민주당 및 베트남사회당이 1988년 10월 자진 해산하기까지 존재하고 있었다(Thayer 1998, 453).

제9기 및 제10기 국회의원 선거를 분석하였다. 고토 후미오는 1945년 베트남민주공화국이 성립한 이후 시기별로 선거제도와 국회 구성의 변화과정을 개관하고, 1986년 전면적 개혁정책이 채택된 이후 1987년 제8기 국회, 1992년 제9기 국회 구성의 특징 및 활동과 그 정치적 함의를 분석하였다. 하트만은 1945년 베트남민주공화국 수립 이래 국회의원 선거의 추이를 개략적으로 기술하였을 뿐이다. 그 밖에 국회의원 선거와 국회 구성의 변화는 포터(Porter 1993), 테이어(Thayer 2003), 아부자(Abuza 2001) 등의 연구에서와 같이 정치체제 전반의 동향에 대한 분석을 시도하는 가운데 부분적으로 다루어졌다.

국민의 최고 대표기관으로서 국회를 구성하는 국회의원 선거는 향후 정치체제의 성격을 규정한다는 점에서 매우 중요한 사건이나, 베트남과 같이 단일정당체계 하에 있는 사회주의 국가의 선거에 대한 연구는 자유주의 국가에서의 연구와는 다른 각도에서 수행되지 않으면 안 된다. 그것은 정당별, 이익단체별로 자유롭게 이익을 표출하고, 경쟁하는 체제가 아니라, 공산당 및 국가의 통제 하에 단일한 이익대표체계를 가지고 있고, 구조상 민주적 형태를 취하고 있지만 실제로 공산당이 권력을 독점하는 구조로 되어 있어 국민들의 의사가 자유롭게 표출될 수 없기 때문이다.

따라서 연구전략도 선거에서 정당별 또는 후보자별 득표수와 그 변화의 추이를 탐구하는 것이 아니라, 선거제도상의 변화 내용과 그 성격, 국회의원 구성의 변화 등을 시기별로 비교하여 그 특성과 정치변동에 대한 함의를 탐구하는 것이어야 할 것이다. 따라서 이 연구는 다음의 내용을 포함한다.

첫째, 국회의원 선거제도의 변화과정을 추적하여 국회 구성방식상 변화의 의미를 분석하고자 한다. 1975년 베트남 통일 이후 국회의원선거법은 1980년에야 개정되었고, 1992년 새로운 헌법과 함께, 또한 이후 1997년, 2002년에 부분적으로 개정되었다. 이러한 국회의원 선거법 개정을 통하여, 국회의원 입후보, 경쟁, 선출과정이 시기별로 어떻게 변하여 왔는지를 파악하여, 국회의원 선거제도상의 변화가 가져올 정치변동의 가능성에 대한 이해를 도모하고자 한다.

둘째, 현재 국회의원 선거과정에 대한 이해를 도모하고자 한다. 베트남에서 총선의 주된 관심은 선거운동이 아니라, 후보자 결정과정에 있다고 할 수 있다. 국회의원 입후보과정에 대한 베트남조국전선의 독점은 직능부문별로 국민의 대표가 잘 반영되도록 하는 조정의 역할과, 자격 기준에 미달하는 자의 입후보를 방지하는 통제의 역할을 동시에 수행한다. 입후보과정을 중심으로 현행 국회의원 선거과정에 대한 이해를 도모하고, 절차적 민주주의 관점에서 평가할 것이다.

셋째, 국회 구성상의 특징을 통하여 국회의 변화를 파악하고자 한다. 특히, 개혁과정에서의 변화에 주목할 것이다. 각 기별 직능부문별 구성비율의 변화를 파악하여, 국회 구성의 변화가 의미하는 바를 분석하고자 한다.

Ⅱ. 통일 이후 선거제도의 변화

1. 1980년 선거법

1980년 국회의원 선거법은 통일 이전 북베트남의 1959년 선거법을 대체하였다. 당시 중앙 정치기구가 국가평의회(Hoi dong Nha nuoc)와 국회 및 정부로 구성되어 있었기 때문에 국가평의회가 국회의원 선거를 주관하고, 베트남조국전선[3](이하 조국전선으로 약칭)이 각 정권 기관과 함께 이를 수행하는 책임을 지고 있었다. 선거구와 국회의원 정수는 국가평의회가 결정하였다.

3) 베트남조국전선은 베트남에서 모든 정치사회조직의 상위기관으로서 국가와 공산당에 대해 사회를 대표한다고 할 수 있다.

선거관리조직은, 중앙에 선거평의회(Hoi dong Bau cu), 선거단위(선거구)별 선거위원회(Ban Bau cu), 투표구별 선거조(To Bau cu)로 구성되어 있었다. 국가평의회는 선거일 55일 이전에 조국전선, 각 정당, 인민단체 대표 20~30명으로 선거평의회를 구성하였다. 선거일 40일 이전까지 성 및 중앙직속시 상당의 행정단위가 선거구별로 선거위원회를 구성하고, 선거일 20일 이전까지 싸/프엉 급 인민위원회가 투표구별로 선거조를 구성하였다.[4)]

입후보자는 인민(사회)단체의 추천을 받도록 되어 있었다. 1959년 선거법에서는 "각 선거단위에서 각 정당, 인민단체는 개별 또는 연대로 입후보자를 추천할 수 있다. 개인은 피선거권이 있다"고 규정하여, 공산당이 지도력을 발휘하지 않는 단체로부터 추천되는 인사와 당의 정책에 반대하는 개인도 입후보를 신청할 수 있는 여지가 있었다. 실제로 1964, 1971, 1975년 국회의원 선거에서 3~7명의 개인 입후보자가 있었다(五島文雄 1994, 7). 1980년 선거법에서는 "베트남 조국전선 위원회는 각 기초조직에서 근로인민집단의 의견을 참고하여 각 정당, 인민단체와 협의하여 입후보자를 추천한다"고 규정하여 공산당의 영향력 하에 있는 조국전선의 추천 없이는 입후보할 수 없도록 하였다. 이 규정은 1992년 선거법에서 자천 후보자를 인정하기까지 유지되었다.

정식 입후보자는 조국전선이 각 정당 및 인민단체와 함께 수행하는 '협상'(hiep thuong)을 거쳐 결정하게 되어 있었으나, 조국전선의 '협상' 과정에 대한 자세한 규정은 없었다. 조국전선 중앙위원회는 추천서와 함께 후보자 관련서류를 선거위원회에 제출하도록 되어 있었다. 조국전선이 입후보 절차를 주관하는 것은 이 기관이 사회단체 전체를 대표하는 기관으로 구조화되어 있기 때문이다. 조국전선의 국회의원 입후보절차 독점은 이후 선거법에서도 계속 유지되고 있다.

---

4) 베트남의 지방행정조직은 현재 5개 중앙직속시(하노이, 호찌민시, 하이퐁, 다낭, 껀터) 산하에 꾸언(quan: 郡)-프엉(phuong: 坊) 또는 현(huyen)-싸(xa)가 있고, 59개 성(tinh: 省) 산하에 시(thanh pho) 또는 현(huyen)/티싸(thi xa), 그 산하에 싸(xa)/티쩐(thi tran)의 계서체계로 되어 있는 게 일반적이지만, 지역에 따라 차이가 있다.

2. 1992년 선거법

1992년 선거법은 1992년 헌법 개정에 따라, 이에 맞춰 개정된 것이다. 1992년 헌법은 과거 국가평의회를 국가주석으로 1인화하고 국회와 정부의 기능을 상대적으로 강화하는 특성을 가진다(Heng 1992). 이에 따라 과거 국가평의회 대신에 국회 상무위원회가 선거관리를 총괄하게 되었다. 중앙에 선거평의회(Hoi dong Bau cu)를 설치하는 것은 이전과 동일하나, 성(省) 및 중앙직속시에 선거위원회(Uy ban Bau cu)를 설치하도록 새로 규정하였고, 선거구별 선거위원회(Ban Bau cu), 투표구별 선거조(To Bau cu)를 구성하는 것은 이전의 선거법과 동일하다. 이상의 조직은 각기 선거일 이전 90일, 70일, 60일, 20일까지 구성하도록 규정하여, 그 시기를 이전보다 더 앞당겼다.

이 선거법은 1980년 선거법보다 입후보 절차에 관하여 더 상세하게 기술하고 있는데, 입후보자는 선거일 60일 이전까지 성/중앙직속시 선거위원회에 관련 서류를 제출하도록 하였다. 조국전선 중앙위원회 주석단은 성원 조직의 대표로, 각 인민단체, 사회조직, 중앙 국가기관이 추천할 입후보자의 '구조', '성분', '수량'에 대하여 결정하는 '협상'을 진행하고, 조국전선 성/중앙직속시 위원회 상임위원회는 지방에서 기관 및 조직별로 추천할 후보자의 '구조', '성분', '수량'에 대하여 결정하기 위하여 '협상'회의를 개최하도록 규정되었다.[5]

이에 따라 각 단체 및 기관에서 후보자를 추천하고, 조국전선은 피추천인들과 자천후보자들로 예비후보자명단(Danh sach So bo)을 작성하여, 근무처와 거주지에서 피추천인 및 자천후보자를 참석케 해 유권자회의(Hoi nghi Cu tri)를 열고 유권자들의 의견을 듣도록 규정하였다. 이후 조국전선은 예비후보자들을 대상으

---

5) '구조'는 입후보자의 직능, 즉 부녀, 청년(35세 이하), 소수민족, 비공산당 인사, 종교, 사영기업인을 칭하며, '성분'은 출신성분, 즉 노동자, 농민, 지식인, 군부, 국가기관, 사회조직 등을 말한다(Bui Xuan Duc과의 면담).

로 '협상'을 진행하여, 정식후보자명단(Danh sach Chinh thuc)을 선거평의회 및 선거위원회에 제출한다. 선거평의회는 조국전선의 제의에 따라 선거구별 후보자 명단을 공보한다.

이 밖에도 1992년 선거법은 선거구별 의원수보다 후보자수가 더 많아야 한다는 규정을 두었고, 자천후보자들의 입후보를 처음으로 인정하였으며, 후보자의 선거운동 권리 조항을 두었다.

3. 1997년 및 2002년 선거법

1997년 선거법은 입후보 절차에 대하여 1992년 선거법보다 더 상세히 규정함으로써, 입후보 절차의 투명성을 강화하고자 하였다. 입후보자를 각 기관 및 단체에서 추천할 때, 유권자회의를 통하여 후보자 추천인을 선발하도록 하는 조항을 넣어 (좀 더 많은 사람이 이 과정에 참여한다는 의미에서) 민주적 절차를 강화하는 조치를 취하였고, 국회 상무위원회의 '의견'과 조국전선의 '협상' 과정에 대한 상세한 규정을 두었다. 또한, 후보자 선발과정에서 유권자들의 참여를 확대하고 민주적 절차를 강화하는 조치를 취하였다.

2002년 개정 선거법은 1997년 선거법을 그대로 답습하면서 선거준비기간을 더 늘렸다. 예를 들어 선거평의회를 90일 이전까지 구성하도록 한 규정을 105일 이전까지 구성하도록 변경하였고, 기타 일정도 이에 맞춰 앞당겼다.

소수민족 출신 후보를 적정 수 유지하여야 한다는 규정은 이전의 선거법과 동일하나, 2002년 선거법에서는 여성 후보자수를 적정 수 확보하여야 한다는 조항을 새로 삽입하였고, 명문상으로 규정되어 있지 않으나 공산당 이외 인사들을 일정 부분 포함하여야 한다고 비공식적으로 정하였다.

Ⅲ. 현행 국회의원 선거과정[6)]

1. 선거관리조직의 구성

국회의원 선거와 관련, 국회 상무위원회(Uy ban Thuong vu Quoc hoi)가 선거공보 및 선거과정을 주재하며, 선거를 감독하는 역할을 수행한다. 정부는 선거업무를 지도하는 역할을 하고, 베트남조국전선은 후보자 선발절차를 주관한다.

선거관리조직은 중앙에 선거평의회(Hoi dong Bau cu), 지방 및 선거구에 선거위원회(Uy ban Bau cu, Ban Bau cu) 및 선거조(To Bau cu)로 구성된다(**표 1** 참조). 중앙의 선거평의회 산하에는, 국회의원 선거 중 안녕 · 질서 · 사회안전 담보업무 지도 소위원회, 국회의원 선거 선전 소위원회, 선거관련 제소/고발 해결업무 지도 소위원회 등 3개 소위원회를 설치한다. 선거와 개표가 끝나고 결과를 국회에 보고한 후 선거평의회를 비롯한 선거관리조직은 해산하도록 되어 있다.

표 1 선거관리조직의 구성

기구명	설치 단위	구성원
선거평의회(Hoi dong Bau cu)	중앙	주석 1, 부주석 3, 총서기 1, 위원 16, 총 21
선거위원회(Uy ban Bau cu)	성/중앙직속시	주석1, 부주석 2-3, 서기1, 위원 6-7, 총 7-11
선거위원회(Ban Bau cu)	선거구	위원장, 부위원장, 서기, 위원 포함, 총 9-15
선거관리조(To Bau cu)	투표구	조장, 부조장, 서기, 위원 포함, 총 5-11

· 출처: "Luat Bau cu Dai bieu Quoc hoi 2002"; "Nghi quyet so 284/2002/NQ- UBTVQH10." Hoi dong Bau cu 2002, 3-4.

---

6) 현행 선거제도에 대한 서술은, "2002년 국회의원 선거법"(Luat Bau cu Dai bieu Quoc hoi), 국회 상무위원회(Uy ban Thuong vu Quoc hoi)의 "제11기 국회대표 선거 조직 업무에 관한 몇 가지 점에 대한 지침"(Huong dan Mot so Diem ve Viec To chuc Cuoc Bau cu Dai bieu Quoc hoi Khoa XI), 국가-법률연구소 다오찌욱(Dao Tri Uc) 소장 및 부이수언득(Bui Xuan Duc) 교수, 베트남조국전선 중앙위원회 민주-법률위원회(Ban Dan chu-Phap luat) 쩐응옥년(Tran Ngoc Nhan) 위원장과의 면담 내용을 기반으로 한다.

선거관리조직은 사회 각계를 대표하는 인원으로 구성된다. 제11기 국회의원 선거일 공보와 선거조직의 설립을 규정한 국회 상무위원회 의결(No.284/2002/NQ-UBTVQH10)에 따르면, 선거평의회는 국회, 행정부, 공산당 및 군부, 조국전선 및 산하 사회단체의 대표로 구성된다. 2002년 5월 19일에 시행된 제11기 국회의원 선거의 경우 선거평의회는, 국회로부터 8명, 정부로부터 4명, 공산당으로부터 1명, 군부로부터 1명, 베트남조국전선 및 산하 사회단체로부터 7명, 총 21명으로 구성되었다. 이 가운데 선거평의회 주석(의장)은 국회주석(국회의장)이, 선거평의회 부주석은 국가부주석, 부수상 1명 및 조국전선 주석이 맡으며, 선거평의회 총서기는 국회사무처 주임이 그 직무를 수행한다. 선거평의회 구성의 상세한 내용은 **표 2**와 같다.

표 2 선거평의회 구성(제11기 국회의원 선거)

직책	출신 기관 및 직위
주석(의장)	국회주석(국회의장)
부주석	국가부주석, 정부 부수상, 베트남조국전선 중앙위원회 주석
총서기	국회사무처 주임
위원	국회 부주석(5명), 국회 민족회의 주석, 베트남인민군 정치총국 주임, 베트남조국전선 중앙위원회 총서기, 공산당 중앙위원회 조직위원회 부위원장, 정부 조직-간부위원회 위원장(장관), 공안부 차관, 베트남구전병회 부주석, 베트남노동총연맹 주석, 베트남부녀연합회 주석, 베트남농민회 주석, 호찌민공산청년단 중앙집행위원회 제1비서

· 출처: “Nghi quyet so 284/2002/NQ-UBTVQH10.” Hoi dong Bau cu 2002, 3-4.

각 성 및 중앙직속시에 설치하는 선거위원회(Uy ban Bau cu)는 베트남조국전선 주석 또는 부주석, 인민의회/인민위원회 주석 또는 부주석, 및 기타 직능별 단체(노동연맹, 부녀회, 농민회, 호찌민공산청년단 등)에서 파견하는 대표로 구성된다. 선거위원회 주석(위원장)은 성/중앙직속시 인민의회 주석이 맡는 게 일반적이나, 경우에 따라서는 성 공산당위원회 간부가 맡기도 한다. 부주석은 인민의회 부주석, 인민위원회 부주석, 조국전선 주석이 맡는 게 일반적이나, 지방에 따라 다르다. 선거위원회는 서기 1명, 6~7명의 위원을 둔다. 제11기 국회의원 선거 시 성/중앙직속시 선거위원회의 구성을 예시하자면 **표 3**과 같다.

표 3 성/중앙직속시 선거위원회의 구성 사례

성/중앙 직속시	하노이 (Ha Noi)	호찌민(HCM)시	박쟝 (Bac Giang)	안쟝 (An Giang)
주석 (위원장)	인민의회 주석	공산당 시위원회 상무위 부주석	인민의회 주석	인민의회 주석
부주석 (부위원장)	인민위원회 부주석 조국전선 위원회 주석	인민의회 부주석 인민위원회 부주석 조국전선위원회 부주석	인민위원회 주석 조국전선 위원회 주석	인민의회 부주석 인민위원회 부주석 조국전선위원회 주석
서기	정권조직위원회 위원장	정권조직위원회 위원장	정권조직위원회 위원장	정권조직위원회 위원장
위원	공산당 시위원회 조직위원장 감사원 지부장 노동연맹 부주석 부녀연합회 주석 농민회 주석 호찌민공산청년단 부비서 구전병회(旧戰兵會) 부주석	조국전선위원회 부주석 노동연맹 주석 부녀연합회 주석 농민회 주석 호찌민공산청년단 비서 구전병회(旧戰兵會) 위원	공산당 성위원회 조직위원장 공산당 선전-교육 위원장 노동연맹 주석 부녀연합회 주석 농민회 주석 호찌민공산청년단 비서 지방경찰청장	인민위원회 문화-통신처 감독 노동연맹 주석 부녀연합회 주석 농민회 주석 호찌민공산청년단 비서 구전병회(旧戰兵會) 위원

· 주: 각 직책은 성급 또는 중앙직속시급 직책임 · 출처: 베트남 국회 자료

각 선거구에는 선거위원회(Ban Bau cu)를 두며, 투표구(Khu vuc Bo phieu)마다 선거조(To Bau cu)를 설치하도록 되어 있는데, 그 구성원도 동급의 지방정부 또는 사회단체에서 파견한 대표들로 구성된다.

2. 선거구

국회 상무위원회가 각 성 및 중앙직속시 별 국회의원 정수를 결정한다. 의원 정수는 전국적으로 500명 이하로 규정되어 있으며, 지역별로는 성/중앙직속시 별로 최소한 3명의 의원을 두도록 되어 있다. 선거구당 의원정수는 3명 이하이며, 선거구별 의원정수는 인구수에 따라 국회 상무위원회가 결정한다. 한 선거구당 유권자수는 300~2,000명이며, 산간지역 등 인구가 희소한 지역에는 300명 이하라도 선거구를 둘 수 있다.

선거구는 행정단위의 구분을 고려하여 설치된다. 예컨대 제11기 국회의원 선거의 경우, 하노이에서는 하나의 꿘(Quan)이나 현(Huyen)이 한 선거구가 되거나, 2~3개의 꿘이나 현이 하나의 선거구가 되기도 하였다. 호찌민시의 경우 한 선거구당 1~4개의 꿘 또는 현이 포함되었다. 전국적으로는, 총 188개 선거구가 설치되어 498명의 국회의원을 선출하였다.[7] 지역별 선거구 및 의원 정수는 **표 4**와 같다.

7) 제11기 국회의원 정수는 당초 500명이었으나, 선거과정에서 498명으로 조정되었다. 그 이유는 선거과정에서 후보자 3명을 후보자명부에서 삭제하여 후보자수와 의원 정수가 동일한 무경쟁 선거구가 2개 생기게 됨에 따라, 의원 정수를 2명 줄였기 때문이다(松尾康憲 2005, 156).

표 4 제11기 국회의원 선거구 및 의원 정수

시, 성	선거구	의원수	성	선거구	의원수	성	선거구	의원수
Ha Noi	8	21	Hai Duong	3	9	Kon Tum	2	6
Ho Chi Minh	9	26	Hung Yen	3	7	Dac Lac	4	10
Hai Phong	4	10	Thai Binh	4	10	Lam Dong	3	8
Da Nang	2	6	Nam Dinh	5	9*	Binh Duong	2	6
Ha Giang	2	6	Ha Nam	2	6	Binh Phuoc	2	6
Tuyen Quang	2	6	Ninh Binh	2	6	Tay Ninh	3	7
Cao Bang	2	6	Thanh Hoa	6	17	Dong Nai	4	10
Lang Son	2	6	Nghe An	6	15	Long An	3	8
Lai Chau	2	6	Ha Tinh	3	8	Dong Thap	3	9
Son La	3	7	Quang Binh	2	5**	An Giang	4	9*
Lao Cai	2	6	Quang Tri	2	6	Tien Giang	3	9
Yen Bai	2	6	Thua Thien			Ben Tre	3	8
Thai Nguyen	3	7	- Hue	3	8	Vinh Long	3	7
Bac Kan	2	6	Quang Nam	3	8	Tra Vinh	3	7
Phu Tho	3	8	Binh Dinh	3	8	Can Tho	4	10
Vinh Phuc	3	7	Quang Ngai	3	7	Soc Trang	3	7
Bac Giang	3	8	Phu Yen	2	6	Kien Giang	3	8
Bac Ninh	2	6	Khanh Hoa	3	8	Bac Lieu	2	6
Quang Ninh	3	7	Ninh Thuan	2	6	Ca Mau	3	7
Ha Tay	5	13	Binh Thuan	3	7	Ba Ria -		
Hoa Binh	2	6	Gia Lai	3	8**	Vung Tau	2	6

· 주: *남딘 성과 안쟝 성의 의원 정수가 당초 10명에서 9명으로 감소하였다.

**꾸앙빈 성의 의원 정수는 6명에서 5명으로, 쟈라이 성의 의원 정수는 7명에서 8명으로 조정되었다.

· 출처: http://www.vnagency.com.vn/quochoi/htmlta/quochoikhoa11TA.htm(검색일: 2002. 4. 7); Quoc hoi 2004, 95-158.

3. 후보자 선발과정

국회의원 후보자 선발과정은 각 정치-사회단체를 총괄하고 있는 조국전선이 주도한다. 조국전선은 후보자 선발과정에서 각 사회단체의 의사가 잘 대표되도록 하는 역할을 수행한다.

국회의원 입후보(ung cu)는 정부기관, 조직이나 사회단체로부터의 추대와 자기추천에 의하여 이루어지나, 자천후보자수는 매우 소수이다. 직능부문별 구성비율 및 각 조직/단체로부터의 입후보자수는 국회 상무위원회의 '의견'을 기반으로 조국전선이 결정한다. 이에 따라 각 기관은 예비후보자를 천거하고, 이들에 대한 검증과정을 거쳐 정식후보자로 결정하게 된다. 이러한 중앙 및 성/중앙직속시 급 조국전선의 후보자 결정과정을 '협상'(hiep thuong: consultation, negotiation)이라 칭한다.[8] 국회의원 후보자 결정과정을 그림으로 나타내면 **그림 1**과 같다.

그림 1 국회의원 입후보 절차

국회 상무위원회	베트남조국전선	정치조직, 군부, 정치-사회조직, 사회단체, 국가기관	선거평의회/ 선거위원회
①제1차 의견 ➡			
	⬅ ②제1차 '협상'회의		
③제2차 의견 ➡	④추천후보자수 분배 ➡		
		⑤유권자회의/영도자회의 (근무지) ⇩ ⬅ 후보자 추대	⬅⬅ ⑤자천 후보자
	⑥제2차 '협상'회의 ⇩ ⬅ 예비후보자명단➡ ➡➡	⑦유권자회의 (평가/질문) (근무지/거주지) ⬇	
⑧제3차 의견 ➡		⬅ ⑧답변 및 확인 (근무처/인민위원회)	
	⑨제3차 '협상'회의 ⇩ 정식후보자명단➡➡		⑩후보자명단 공보

· 주: ➡, ⬅는 통보; ⇩는 결정

8) 베트남의 지방행정조직은 중앙-성(tinh)/중앙직속시-현(hyuen)/뀐(quan)-싸(xa)/프엉(phuong)의 4단계로 되어 있는 바, 각 행정단위 급별로 조국전선 위원회가 설치되어 있으며, '협상'은 중앙 및 성/중앙직속시 조국전선 위원회에 의해 수행되며, 현과 싸의 조국전선 위원회는 이에 대한 권한이 없다.

1) 제1차 '협상'회의(Hoi nghi Hiep thuong)

먼저, 국회 상무위원회는 베트남조국전선에 후보자의 '구조', '성분', '수량'에 관하여 '의견'(du kien: 豫見, 제안)을 제출한다. '구조'는 입후보자의 직능, 즉 부녀(phu nu), 청년(tre, 35세 이하), (소수)민족(dan toc), 당외 인사(ngoai dang), 종교인(ton giao), 사영기업인(kinh te tu nhan) 등을 칭하며, '성분'은 출신성분, 즉 노동자(cong nhan), 농민(nong dan), 지식인(tri thuc), 군부(quan doi), 국가기관(co quan nha nuoc), 사회조직(to chuc xa hoi) 등을 말한다. 최근에 이르러서 '구조'는 여전히 중요한 고려사항이나, '성분'은 비교적 덜 고려되고 있다고 한다(Tran Ngoc Nhan과의 면담). '구조' 중 부녀와 소수민족을 일정수 후보자로 선발하여야 한다는 규정이 2002년 국회의원 선거법상에 규정되어 있으며, 당외 인사에 대하여는 선거법에 규정되어 있지 않으나, 개혁과정에서 점차 증가하고 있는 사영기업인 및 지식인들을 포용하기 위하여 비공식적으로 중요하게 고려하고 있다고 한다(Bui Xuan Duc과의 면담).

중앙에서는 조국전선 주석단이, 지방에서는 조국전선 성/중앙직속시 위원회 상임위원회가 '협상'회의를 주재하여, 후보자의 '구조', '성분', '수량'에 대한 국회 상무위원회의 '의견'을 검토하며, 조국전선은 제1차 '협상'회의 결과를 국회 상무위원회에 통보한다. 국회 상무위원회는 이를 다시 조정, 제2차 '의견'을 조국전선에 제출한다. 이에 따라, 조국전선은 중앙 및 지방 기관(co quan), 조직(to chuc), 단위(don vi)에 추천자 수를 분배한다.

각 정치조직, 정치-사회조직, 사회조직(단체), 국가기관, 및 인민무장단위는 유권자회의(Hoi nghi Cu tri)를 개최한다.[9] 이후 각 기관/조직은, 확대상무위원회의/확대주석단회의 등 지도위원회(Ban lanh dao) 또는 확대회의(Hoi nghi Mo

9) 정치조직은 공산당을, 정치-사회조직은 베트남조국전선, 노동연맹, 부녀연합회, 농민회, 구전병회, 호찌민공산청년단을 지칭한다. 사회조직은 작가협회, 연예인협회 등 사회단체를 칭한다. 정치-사회조직은 정부로부터 예산을 배정받으나, 사회조직은 배정받지 않는다는 차이가 있다.

rong)를 개최하여 후보자를 추대하며, 유권자회의 및 지도위원회 회의록과 후보자 평가를 조국전선 중앙위원회(중앙) 또는 조국전선 성/중앙직속시위원회 상임위원회(지방)에 송부하여 후보자를 추천한다.

2) 제2차 '협상'회의 — 예비후보자명단 작성

중앙에서는 조국전선 주석단이, 지방에서는 조국전선 성/중앙직속시 위원회 상임위원회가 예비후보자명단(Danh sac So bo)에 등재할 후보자를 검토·결정하고, 회의록을 국회 상무위원회 및 선거평의회(중앙)/선거위원회(지방)에 송부한다.

이후 기관별, 지방별로 후보자, 기관/조직/단위대표(싸, 프엉, 티쩐)를 참석시킨 가운데 유권자회의(Hoi nghi Cu tri)를 개최하여, 거주지/근무지로부터 의견을 수렴한다. 유권자들은 국회의원의 표준(자격기준)과 비교하여, 후보자에 대하여 비평, 거수 또는 비밀투표로 신임 여부를 발표한다. 유권자회의는 지방의 싸(xa), 프엉(phuong), 티쩐(thi tran)에서는 조국전선 위원회 상임위원회 및 동급 인민위원회가 주재하고, 정치조직, 정치-사회조직, 사회단체에서는 지도위원회(Ban Lanh dao)가 주재하며, 국가기관에서는 지도위원회 및 노동조합 집행위원회가, 인민무장단위에서는 군인회의가 주재한다. 유권자회의 결과 및 비평을 포함한 회의록을 조국전선 중앙위원회 상무위원회로 송부한다.

3) 답변 및 확인(xac minh)

각 근무처 및 거주지 인민위원회는 예비후보자에 대한 유권자회의의 질문에 답하고, 조국전선은 부적절한 후보자를 제외하는 '확인'(xac minh) 절차를 취한다. 각 기관, 조직, 단위별로 근무처 혹은 상위 근무처가 서면으로 확인/답변을 조국전선 중앙위원회 상무위원회에 제출한다. 거주지별로는 싸/프엉/티쩐 인민위원회가 서면으로 확인/답변을 조국전선 중앙위원회 상무위원회 및 조국전선

성/중앙직속시 위원회 상임위원회에 제출한다. 자천후보자에 대하여는, 선거위원회(Uy ban Bau cu)가 후보자의 소속 기관/조직/단위 및 싸/프엉/티쩐 인민위원회와 함께 확인/답변을 조국전선 성/중앙직속시 위원회 상무위원회에 제출한다.

4) 제3차 '협상'회의 — 정식후보자명단 작성

조국전선은 제3차 '협상'회의를 개최하여, 국회의원의 표준, 기관/조직/단위(중앙/지방)에서의 후보자의 '구조', '성분', '수량'에 대한 국회 상무위원회 제3차 '의견' 및 유권자 의견에 기초하여, 정식후보자명단(Danh sac Chinh thuc)을 작성하고, 이를 선거평의회/선거위원회에 제출한다. 조국전선은 후보자를 추천하는 형식으로 정식후보자명단을 제출한다. 조국전선 중앙위원회 주석단(중앙) 또는 조국전선 성/중앙직속시 위원회(지방)는 정식후보자명단과 제3차 '협상'회의 회의록을 선거평의회(중앙)/선거위원회(지방)에 제출한다. 선거평의회는 선거일 25일전까지 후보자명단을 공보한다.

5) 자천후보 입후보 절차

기관/단체의 추천을 받지 아니하고 자기추천에 의한 입후보자는 성(省)급 선거위원회에 신청하며, 이를 조국전선에 송부하여 예비후보자명단에 등재한다. 자기추천 후보자는 주로 지식인이나, 사영기업인 가운데 나오며, 공산당원은 자천후보자가 될 수 없도록 되어 있다.

4. 선거운동 및 투표

선거평의회가 후보자 명단을 선거일 25일전까지 공보하도록 되어 있고, 선거운동은 투표 개시 24시간 이전까지 할 수 있으므로, 선거운동 기간은 최소한

24일이 된다. 선거운동은 조국전선이 주최하는 유권자/후보자회의(Hoi nghi Tiep xuc Cu tri), 신문/잡지에 인터뷰 기사 게재 등을 통하여 이루어진다(Uy ban Thuong vu Quoc hoi 2002, 16-18). 선거운동은 보통, 선거일 이전에 싸/프엉 급 조국전선이 주관하는 유권자/후보자회의를 1회 가지는 것으로 진행된다. 하노이와 같은 대도시의 경우, 약 200 가구로 구성되는 '전포'(dan pho)별로 회의를 개최한다. 회의는 보통, 문화회관, 학교, 딩(dinh: 공회당) 등에서 개최된다. 이 유권자/후보자회의에는 일반적으로 가구당 한 명씩 참석한다.10) 여기에서 후보자의 약력을 발표하고, 후보자는 5분 정도 간단한 정견을 발표하며, 유권자들의 질문에 답하는 절차를 취한다. 이러한 선거운동방식은 수십년간 변화 없이 계속되어 왔다고 한다(Nam과의 면담). 유권자/후보자회의 이후에는 조국전선이 회의 상황과 후보자에 대한 유권자 의견 등을 선거평의회와 조국전선 상임위원회에 보고하도록 되어 있다. 기타 선거운동으로는 언론과의 인터뷰가 있으며, 최근 들어 국회의원 선거에 대한 관심을 높이기 위하여 정부에서 이를 권장하고 있다.

선거는, 보통, 평등, 직접, 비밀 선거에 의해 하도록 되어 있으나, 실제로는 가족 구성원 한 명이 다른 구성원 대신에 대리 투표하는 경우가 많아 투표율은 항상 99%를 상회한다.11) 또한 투표에 참가하지 않는 유권자에게 벌칙을 부과하지는 않으나, 해당 지역의 선거관리 책임자가 선거에 참여하도록 유권자들을 독려한다. 유권자들은 투표하지 않을 경우 나중에 경찰의 추궁을 받을 것을 우려하기도 한다(水野孝昭 1995, 152).

10) 한 제보자는 전 가구의 70% 정도가 이 회의에 참석한다고 귀띔해 주었다.

11) 한 정보제공자는 대리 투표 비율이 50% 정도라고 하였다.

Ⅳ. 국회 구성의 변화

1. 선거과정에서의 변화

베트남에서는 국회의원 선거제도상, 후보자는 조국전선이 주도하는 '협상' 과정을 통하여 선발하도록 되어 있다. 조국전선이 공산당의 지도하에 있는 조직이므로, 여전히 공산당의 영향력이 입후보과정에 작용한다. 현재 국회의원 선거에서 국민의 의사 반영은, 국회의원 입후보자 추천과정에서 조국전선이 얼마나 국민의 의사를 반영하는가, 선거위원회가 후보자명부 작성과정에서 얼마나 국민의 의사를 반영하는가에 달려 있다고 할 수 있다(五島文雄 1994, 7). 베트남은 후보자 선발과정에서 자격이 없다고 판단되는 후보자에 대하여 입후보 자체를 사전에 제한한다. 절차적 민주주의를 실현하지 못하고 있음은 명백하다.

그러나 선거과정의 미시적 변화는 개혁과정에서 점차 확대되어 왔다. 이러한 변화가 정치체제의 변동을 초래할 것이라고 아직은 예측할 수 없으나, 절차적 민주주의를 조금씩 확보해 가는 방향으로 작용하고 있다.

베트남 국회의원 선거과정상의 개혁은 1986년 제6차 공산당대회 이후 1987년 4월에 실시된 제8기 국회의원 선거에서부터 구체화되었다. 이 선거에서는 입후보자수가 이전보다 대폭 증가하였고, 최초로 후보자들이 선거운동을 하였고, 대중과의 공식 회동에서 유권자들이 불평을 토로하거나 후보자들을 비판하는 기회가 주어졌다(Porter 1993, 154). 1976년 4월의 제6기 선거에서는 의원 정수 492명 대비 후보자수 605명, 1981년 4월 제7기 선거에서는 의원 정수 496명 대비 후보자수 614명으로, 후보자수가 의원 정수보다 약 100명 더 많은 선을 유지하였다. 선거구별로는 의원 정수보다 후보자수가 한 명 더 많은 경우가 일반적이었다(Porter 1993, 155). 제8기 선거에서는 의원 정수 496명 대비 후보자수 826

명으로, 후보자수가 의원 정수의 약 150% 정도였다. 이러한 의원 정수 대비 후보자 비율은, 1992년 7월 제9기 선거에서 의원 정수 395명 대비 후보자수 601명, 제10기 450명 대 663명, 제11기 498명 대 762명으로, 약 150%를 유지하고 있다(**표 5** 참조).

제9기 국회의원 선거부터는 선거구별로 후보자가 의원 정수보다 많아야 한다는 선거법 규정을 적용하였다. 제9기 선거에서는 전국 158개 선거구에서 601명이 입후보하여 395명이 국회의원으로 당선되었는데, 선거구별 후보자수는, 3명을 선출하는 선거구는 5명, 2명을 선출하는 선거구는 4명인 경우가 많았다.

또한, 제9기 선거부터 후보자가 정치-사회단체의 추천을 받지 않고 자기추천으로 등록할 수 있도록 하였다. 단지, 이 경우에도 근무처나 지역의 유권자회의에서 신임을 받지 못하면 정식 후보자로 등록할 수 없어 제한적이었다(坪井善明 2002, 155). 그 결과 제9기 국회의원 선거에서는 2명이 자천으로 입후보하였으나, 당선자는 없었다. 당초 자천 입후보 희망자수는 44명이었으나, 38명이 신청 수속을 하였고, 최종 후보자 명부에 등재된 후보자는 2명뿐이었다(Hiebert 1996, 194; 坪井善明 2002, 169). 하노이의 경우, 5명의 자천후보자가 있었으나, 서류 미비 또는 기한 내 서류 제출을 하지 못해 4명이 탈락하고 1명만 입후보할 수 있었다.[12] 이후, 1997년 제10기 선거에서는 11명 입후보 3명 당선, 2002년 제11기 선거에서는 13명 입후보 2명 당선이라는 결과를 낳았다(Vasavakul 1998, 312; Thayer 2003, 316).

자천후보자들에 대한 차별은 입후보과정에서 흔한 일이다. 입후보자들은 근무처 및 거주지에서 개최되는 유권자회의에 참석하여 유권자 대표들의 질의에 응답하고, 승인을 받아야 정식 후보자가 될 수 있다. 예컨대, 제9기 선거에서

---

12) 국회의원 입후보 의사를 표명하였으나, 신청서류를 기한 내에 제출하지 못하여 탈락하는 경우가 많다고 한다. 후보자들이 제출하여야 하는 서류는 신청서, 이력서, 거주지 인민위원회 발행의 거주증명서인데, 인민위원회가 거주증명서 발행을 지체하여 입후보자를 통제할 수 있다(坪井善明 2002, 169).

자천후보자로 하노이에서 출마한 응웬타인장(Nguyen Thanh Giang)은 당시 과학기술환경부 지질조사국에 근무하고 있던 지구물리학자였는데, 그는 거주지 유권자회의에서는 96%의 지지를 받았지만, 근무처 회의에서 30%의 지지밖에 받지 못해 결국 정식후보자가 되지 못하였다. 그의 근무처에는 약 300명의 동료들이 있었는데 그 가운데 회의에 참석한 대표는 16명으로, 이들은 대부분 공산당원, 노동조합원, 호찌민공산청년단원이었다(Hiebert 1992, 21; 坪井善明 2002, 170). 자천후보자에 대한 차별은 또한 선거공보에서도 나타난다. 하노이의 한 투표소의 예로는, 2명 정수에 3명이 입후보한 선거구에서 2명의 경력을 상세히 선거포스터에 기재하였으나, 1명의 경력을 간단히 기재하여 유권자들이 상세히 경력을 소개한 후보에게 투표하도록 유도하기도 하였다고 한다(水野孝昭 1995, 151).

한편, 유권자들은 유권자/후보자회의를 지역적 이익을 표출하고 후보자들이 국회의원으로 당선되는 경우 이를 실현하도록 압력을 가하는 장으로 이용하기도 한다. 1992년 7월 제9기 선거운동과정을 관찰한 한 외국인 특파원은 유권자회의에서 유권자들이 후보에게 부패와 사회적 불평등이 만연하여 정부를 신뢰하지 않게 되었다고 토로하고, 지역의 청년들을 위해 더 많은 일자리를 만들도록 요구하였고, 전기세를 인하하고, 퇴역 군인과 공무원들의 복지를 늘리도록 요구하였다고 한다(Hiebert 1996, 194).

또한, 1997년 선거법에서 입후보자를 각 기관 및 단체에서 추천할 때, 유권자회의를 통하여 선발하도록 하는 조항을 넣어 민주적 절차를 강화하는 조치를 취하였고, 명문상으로 규정되어 있지 않으나 공산당 이외 인사들을 일정 부분 포함하도록 고려하고 있는 것은 다원화하는 사회의 요구에 부응하기 위한 조치이다. 이상의 변화로 볼 때, 체제 자체의 틀은 그대로 유지되고 있으나, 미시적 변화가 누적되고 있음을 알 수 있다.

2. 국회 구성상 변화

국회 구성상의 특징은, 전면적 개혁정책인 '도이머이' 정책을 시작하기 전인 제7기 국회(1981~87)와 비교해 볼 때, 이후 노동자, 농민의 비율이 줄고 오히려 조국전선 및 각 인민단체 간부들과 국가관리분야 출신 인사들의 비율이 증가하는 현상을 보였다는 것이다. 이는 국회가 점차 노동자, 농민의 대의기구라는 상징적 의미를 지닌 기관으로부터 개혁과정에서 요구되는 전문성을 확보한 기관으로 변모하고 있음을 나타내주는 것이다. 이는 국회의원 중 대학졸업자수가 제9기 222명(56%)에 비해, 제11기 339명(68%)으로 대폭 증가한 것에서도 나타나며, 제11기에서 박사학위 소지자 126명을 합하면, 대학졸업 이상인 의원은 93%에 이른다(*60 nam Quoc hoi~*, 213). 전임 국회의원의 비율도 제10기의 2~3%에서 제11기에 20% 정도로 증가하여(Dao Tri Uc과의 면담), 국회가 직능부문별 대표들의 집합체가 아니라, 점차 자율적이고 전문적 기관으로서의 기능을 확보해가고 있다.

국회 구성상, 군인의 비율은 10% 전후로 유지되고 있고, 청년의 비율은 약간의 변화만 나타내고 있으나, 소수민족은 일정 비율을 유지하고 있고, 여성의 비율은 높아졌다. 최근 개혁과정에서 기업인들의 성장과 함께, 이들이 국회에 진출하는 사례도 늘고 있다(Cohen 2002, 21-22).

이러한 변화에도 불구하고 베트남에서 공산당의 국회 지배는 지속되고 있는데, **표 5**에서와 같이 국회의원 중 비공산당원의 수가 제8기 95명에서, 제9기 33명, 제10기 66명, 제11기 51명으로 그다지 증가하지 않은 데서 나타난다. 더욱이 후보자 가운데 비공산당원 후보자의 당선율은 매우 낮다. 제9기 선거에서는 601명의 입후보자 중 63명이 비공산당원이었고 그 가운데 33명이 당선되었는데, 제10기 선거에서는 663명 후보자 가운데 비공산당원은 112명이었으나 최종 당선된 의원수는 66명에 그쳤다(Abuza 2001, 100). 제11기 선거에서 비공산당원 입후보자는 제10기보다 더 많은 135명이었으나(Cohen 2002, 22), 당선된 의원수는 51명으

표 5 베트남 국회의원의 구성 (단위: 명)

기별		제7기 (1981-87)	제8기 (1987-92)	제9기 (1992-97)	제10기 (1997-2002)	제11기 (2002-2007)
입후보자		614	826	601	663	762
자천후보자		0	0	2(당선자 무)	11(3명 당선)	13(2명 당선)
당선자		496	496	395	450	498
비(非)공산당원		16%	7%	33 (8%)	68 (15%)	51 (10%)
출신 배경별 의원수 (비율)	노동자	100 (20%)	91 (18%)	19 (5%) (공업부문)	21 (5%) (공업부문)	2
	농 민	92 (19%)	105 (21%)	58 (15%) (농업부문)	17 (4%) (농림어업)	6
	수공업자	9 (2%)	19 (4%)	-	-	-
	비즈니스부문					25 (5%)
	군인 및 경찰	49 (10%) (군인)	49 (10%) (군인)	38 (10%) 군인(7%)	55 (12%)	55 (11%) (군인 46명, 9%)
	지식인(과학, 기술, 교육, 문화, 예술 종사자)	110 (22%)	123 (25%)	60 (15%)	-	-
	정치사회단체 간부 및 국가관료*	121 (24%)	100 (20%)	102 (26%)	63 (14%) (사회단체)	68 (14%) (정부기구 및 사회단체)
	원로 및 종교계	15 (3%)	9 (2%)	7 (2%)	8 (2%) (종교계)	7 (1%) (종교계)
	여 성	108 (22%)	88 (18%)	73 (19%)	117 (26%)	136 (27%)
	청 년	90 (18%) (35세 이하)	55 (11%) (35세 이하)	66 (17%) (35세 이하)	84 (19%) (40세 이하)	56 (11%) (40세 이하)
	소수민족	73 (15%)	70 (14%)	66 (17%)	78 (17%)	86 (17%)

· 주: * 정치사회단체 간부 및 국가관료는 조국전선, 각 인민단체 및 국가관리분야의 대표와 순수 정치간부를 포함. 기별로 사회단체 출신 의원 통계만을 제시하기도 함.

- 분류방식의 차이로 인하여 통계 미비

· 출처: 五島文雄 1994, 14; Thayer 1998, 468; Vasavakul 1998, 313; Quoc hoi 2004, 95-158; Van phong Quoc hoi 2005, 110-114; *60 nam Quoc hoi~* 자료를 종합.

로 줄었다. 전반적으로, 비공산당원 입후보자의 당선율은 50%를 약간 상회하는 정도다. 공산당은 국회의원 입후보과정에서 국회의 '의견'과 조국전선의 '협상'과정을 통하여 국회의 구성에 관하여 계속하여 영향력을 행사하고 있어, 국회 구성의 변화가 사회 변화를 그대로 반영하고 있다고 하기에는 적합하지 않으나, 공산당이 사회적 요구에 부응하여야 한다는 압력을 받고 있다는 것은 분명하다.

Ⅴ. 맺음말

이제까지 베트남에서 국회의원 선거절차는 형식상 민주적인 성격을 표방하고 있음에도 불구하고, 입후보과정에 대한 베트남조국전선의 독점과 통제에서부터 비롯되는 비민주성으로 인하여 현 정치체제는 절차적 민주주의의 초보적 단계에도 진입하고 있지 못하다고 할 수 있다.

그러나 개혁과정에서 선거제도나 절차상의 작은 변화들이 나타나고 있는 바, 정치체제 변화에 의의를 지니는 요소로는 의원 정수보다 많은 후보자 규정, 자천후보자 허용, 후보자 선발과정에서 유권자의 참여 확대, 당외 인사를 일정 수 포함해야 한다는 것 등을 들 수 있다. 이러한 변화가 당-국가의 "위로부터의" 주도에 의해 이루어지고 있다는 한계가 있어, 국회 선거과정의 변화가 단기적으로 정치체제 변화에 영향을 미칠 것이라고 보기는 어려우나, 장기적으로는 이러한 변화들이 점차 절차적 민주주의를 확보해가는 데 기여하리라고 볼 수 있다.

국회의 역할이 더 강화되고 국민의 대표 기능과, 입법 및 행정부 견제 기능 등을 확대할 때 국회의 중요성은 더 증가할 것이고 이에 따라 국민들의 국회 구성에 대한 관심과 능동적인 참여가 증가할 것이다. 따라서 국회의원 선거절차의 민주화와 국회의 역할 변화는 밀접히 연계되어 진행될 것이다.

보론 베트남 제12기 국회의원 선거과정[13)]

선거과정

국회 상무위원회는 2007년 1월 29일 선거일을 5월 20일로 공보하고 선거평의회를 구성하였다. 이번 선거에서는 예비후보 1,313명 중 베트남조국전선의 '협상' 과정을 통과하여 876명이 정식후보자로 선발되었다. 2007년 5월 20일 베트남 제12기 국회의원 선거가 전국 182개 선거구에서 실시되었다.

선거결과

제12기 선거 결과 당선된 국회의원은 의원정수 500명보다 적은 493명이었다. 당선자수가 의원정수보다 적은 이유는 선거구별로 과반수 득표한 후보자가 의원정수보다 적은 경우가 발생하였기 때문이다. 이번 선거에서는 이에 해당하는 결원이 7명이었다. 베트남의 국회의원 선거방식은 유권자들이 후보자 개인에 대하여 찬반 여부를 표기하면 선거구별 의원정수 한도 내에서 과반수 지지를 얻은 후보자 중 다수득표자 순으로 당선을 결정하는 것이다.

정치발전의 한 지표로 관심을 모았던 자천후보자는 제11기 13명보다 월등히 많은 30명이었으나, 당선자는 2명에서 1명으로 감소하였다. 또한 비공산당원 의원도 51명에서 43명으로 감소하였다.

국회사무처에서 제11기와 제12기 의원들의 부문별 분포를 동일한 항목으로 구분하여 통계를 제시하지 않아 비교하기에는 어려움이 있으나, 아래 **표 6**을 보면 전반적 추세를 읽을 수는 있을 것이다. 이번 국회에서는 기업인들과 군부 및

13) 이 보론은, 이한우. 2007b. "베트남 제12대 국회의원 선거와 정부 조직 개편." 『동아시아 브리프』 2(3)에서 일부를 따온 것이다.

경찰 출신 의원수는 감소한 반면, 공산당 간부, 국가관료 및 정치사회단체 출신 의원수는 전반적으로 증가한 경향이었다. 소수민족 출신 의원수는 큰 변화가 없지만, 종교계와 여성 의원수가 감소하였다. 이번 선거 결과 부문별로 공산당, 국가관료 및 정치사회단체의 비중이 강화된 반면 사회의 다양한 부문을 예전보다 과소 대표하게 되었다고 평가할 수 있다.

표 6 제11기 · 12기 베트남 국회의원의 구성

기별		제11기 (2002-2007)	제12기 (2007-2011)
입후보자		762	876
자천후보자		13 (2명 당선)	30 (1명 당선)
당선자		498	493
비(非)공산당원		51 (10%)	43 (9%)
출신 배경별 의원 (비율)	비즈니스 부문	25 (5%)	17 (3%)
	군인 및 경찰	55 (9%)	48 (10%)
	지식인 (과학, 기술, 교육, 문화, 예술, 의료 등)	-	66 (13%)
	당간부, 국가관료 및 정치사회단체	국회기관 56 - 정부기구 33 사회단체 35 합계 124+ (25%+)	국회전임(專任)의원 30 핵심지도자 60 사법/검찰 26 조국전선 및 사회단체 52 합계 168 (34%)
	종 교	7 (1%)	4 (1%)
	여 성	136 (27%)	127 (26%)
	40세 이하	56 (11%)	68 (14%)
	소수민족	86 (17%)	87 (18%)
	기 타	농민 6, 노동자 2	58 (12%)

· 주: - 통계 미비

· 출처: Van phong Quoc hoi(2005), 114; "Co cau Thanh phan ~"; Van phong Quoc hoi 제공 자료를 종합.

정치적 의의

이번 선거의 특징은, 첫째, 예전처럼 국회의원에 대한 선거가 국민들의 직접 선거로 이루어졌지만, 베트남조국전선이 입후보자 선발과정을 통제함으로써 여전히 절차적 민주주의를 실현하지 못하였다는 것이다. 조국전선은 국회에 각 사회단체의 의사가 잘 대표되도록 하기 위하여 입후보자 선발과정을 주도하는 역할을 수행한다고 하지만, 조국전선이 공산당의 지도를 받는 기관이어서 후보자 등록 및 정식후보자 명단 작성과정에서 공산당 및 정부의 영향력은 상당히 작용할 수 있다.

둘째, 국회의원수 대비 입후보자 비율이 이전보다 큰 폭으로 증가하였다. 국회의원수 대비 입후보자수는 1997년 제10기 선거에서 450명 대 663명, 2002년 제11기 선거에서 498명 대 762명으로 그 비율이 약 150% 전후였다가, 이번 선거에서는 493명 대 876명으로 170%를 상회하였다.

셋째, 자천후보자수가 대폭 증가하였으나, 당선자는 오히려 감소하였다. 공식적으로 인정된 자천후보자는 제9기 선거에서 2명, 제10기 선거에서 11명, 제11기 선거에서 13명이었다가, 이번 제12기 선거에서 30명이었다. 이번 선거에서 자천후보자로 당초 233명이 지원하였으나, 조국전선의 입후보자 선발과정을 거쳐 정식후보자로 된 인원은 30명이었다. 그러나 당선자수는 제10기 3명, 제11기 2명에 비하여, 이번에는 1명뿐이었다.

넷째, 비공산당원 국회의원수가 감소하였다. 비공산당원 의원수는 제10기 선거에서 68명, 제11기 선거에서 51명이었으나, 이번에는 43명에 불과하였다.

공산당 지도자들은 선거일 이전에 비공산당원 후보자들에게 문호를 대폭 개방하고 자천후보자를 중시하겠다고 언명하였으나, 이번 선거 결과는 그 주장과 상반된 것이었다. 의원정수 대비 후보자수를 대폭 늘린 점이나 자천후보자수를 늘린 점은 평가할 만하나, 선거과정이 여전히 공산당과 정부에 의해 통제되고 있어 다원화하는 사회의 요구를 잘 반영하지 못하였다. 이러한 결과는 베트남의 장래 정치발전에 긍정적 전망을 가질 수 없게 만드는 듯하다.

그러나 2006년 4월말 열린 제10차 공산당대회를 전후하여 개혁 요구가 분출하였고, 당대회 과정에서 당 총비서 선출시 복수 후보 추대를 용인하였다든지 총비서 후보를 당 중앙위원회가 아닌 당대회에서 추천한 것 등은 발전적 성과였다.[14] 더불어 체제 내 비판론자들(loyal opposition)이 여전히 활동하고 있다. 이런 점에서 개혁의 요구는 계속될 것이다. 단지, 아직까지 베트남에서 대안적 정치지도자들의 등장에 제약이 있어, 당분간 아래로부터의 압력에 대응하여 위로부터의 체제 내 개혁을 심화하는 방향으로 정치개혁이 전개되어 나갈 것이다.

---

14) 베트남 제10차 공산당대회의 과정과 결과에 대한 자세한 분석은 이한우(2007a) 참조.

참고문헌

유인선. 1999. "베트남." 서울대 국제지역원 편. 『아시아 · 태평양 1998-1999』. 서울: 서울대학교 출판부.

이한우. 2000. "'도이 머이' 정책 이후 베트남 정치제도와 지도부의 변화." 『베트남연구』 1.

______. 2002. "베트남의 체제 변화와 21세기 발전 방향: 제9차 당대회 결과 분석." 『국제지역연구』 5(4).

______. 2007a. "베트남에서 개혁의 확대와 정치적 일원주의의 완화: 제10차 당대회 결과 분석." 『신아세아』 14(1).

______. 2007b. "베트남 제12대 국회의원 선거와 정부 조직 개편." 『동아시아 브리프』 2(3).

木村哲三郎. 1996. 『ベトナム黨官僚國家の新たな挑戰』. 東京: アジア經濟研究所.

松尾康憲. 2005. 『現代ベトナム入門』. 東京: 日中出版.

水野孝昭. 1995. "「獨立候補」の誕生まで." 坪井善明 編 『アジア讀本ヴェトナム』. 東京: 河出 書房新社.

五島文雄. 1994. "ドイモイ下における國會の變容." 五島文雄 · 竹內郁雄 編. 『社會主義ベトナムとドイモイ』. 東京: アジア經濟研究所.

坪井善明. 2002. 『ヴェトナム現代政治』. 東京: 東京大學出版會.

60 nam Quoc hoi Viet Nam 1946-2006[베트남 국회 60년, 1946-2006]. Ha Noi: Nxb Thong tan, 2006.

"Co cau Thanh phan, Ket hop Nhung nguoi Trung cu Dai bieu Quoc hoi Khoa XII." [제12기 국회대표 당선자 구조, 성분, 결합], 〈http://baucukhoa12.quochoi.vn/news/File/ThongkeCCsaubaucu/CC%20thphan%20kethop-trungcu.htm〉.

Hien phap Viet Nam(nam 1946, 1959, 1980 va 1992)[베트남 헌법]. Ha Noi: Nxb Chinh tri Quoc gia, 1995.

Hoi dong Bau cu. 2002. *Tai lieu Phuc vu Cuoc bau cu Dai bieu Quoc hoi Khoa XI*[제11기 국회대표 선거 복무 자료]. Ha Noi.

"Luat Bau cu Dai bieu Quoc hoi 2002, 1997, 1992, 1980."[국회대표 선거법 2002, 1997, 1992, 1980].

Luat To chuc Nha nuoc Nuoc cong hoa Xa hoi chu nghia Viet Nam[베트남사회주의공화국 국가조직법]. Ha Noi: Nxb Thanh pho Ho Chi Minh, 2002.

Quoc hoi (Nuoc Cong hoa Xa hoi chu nghia Viet Nam). 2004. *So tay Dai bieu Quoc hoi*[국회대표 핸드북]. Ha Noi: Nxb Chinh tri Quoc gia.

Uy ban Thuong vu Quoc hoi. 2002. "Huong dan Mot so Diem ve Viec To chuc Cuoc Bau cu Dai bieu Quoc hoi Khoa XI."[제11기 국회대표 선거 조직 업무에 관한 몇 가지 점에 대한 지침]. Hoi dong Bau cu. 2002. *Tai lieu Phuc vu Cuoc bau cu Dai bieu Quoc hoi Khoa XI* [제11기 국회대표 선거 복무 자료]. Ha Noi.

Van phong Quoc hoi. 2005. *60 nam Quoc hoi Viet Nam*[베트남 국회 60년]. Ha Noi: Nxb Chinh tri Quoc gia.

Abuza, Zachary. 2001. *Renovating Politics in Contemporary Vietnam.* Boulder: Lynne Rienner.

Andersson, Göran, Pär Granstedt, Barbro Rönnmo & Nguyen Thi Kim Thoa. 2002. "Strengthening the Capacity of the Office of the Vietnam National Assembly." Stockholm: SIDA.

Brown, Frederick Z. 1996. "Vietnam's Tentative Transformation." *Journal of Democracy* 7(4).

Cohen, Margot. 2002. "The Business of Politics." *Far Eastern Economic Review.* 9 Nov.

Dang Phong & Melanie Beresford. 1998. *Authority Relations and Economic Decision-Making in Vietnam.* Copenhagen: NIAS.

Foreign Affairs Committee Office of the National Assembly. 2000. *The National Assembly of the Socialist Republic of Vietnam.* Hanoi: The National Assembly.

Gainsborough, Martin. 2005. "Party Control: Electoral Campaigning in Vietnam in the Run-up to the May 2002 National Assembly Elections." *Pacific Affairs* 78(1).

Hartmann, Christof. 2001. "Vietnam." Dieter Nohlen, Florian Grotz & Christof Hartmann, eds. *Elections in Asia and the Pacific: A Data Handbook*, Vol.2. Oxford: Oxford University Press.

Heng, Hiang Khng Russell. 1992. "The 1992 Revised Constitution of Vietnam: Background and Scope of Changes." *Contemporary Southeast Asia* 14(3).

Hiebert, Murray. 1992. "Election Strategy." *Far Eastern Economic Review.* 9 July.

______. 1993. *Vietnam Notebook.* Hong Kong: Review Publishing Company.

______. 1996. *Chasing the Tigers: A Portrait of the New Vietnam.* New York: Kodansha International.

Malarney, Shaun Kingsley. 1997. "Culture, Virtue, and Political Transformation in Contemporary Northern Viet Nam." *The Journal of Asian Studies* 56(4).

Marr, David G & Christine P. White, eds. 1988. *Postwar Vietnam: Dilemmas in Socialist Development.* Ithaca: Southeast Asia Program, Cornell Univ. Press.

McCormick, Barrett L. 1999. "Political Change in China and Vietnam: Coping with the Consequences of Economic Reform." Anita Chan, Benedict J. Tria Kerkvliet, & Jonathan Unger, eds. *Transforming Asian Socialism: China and Vietnam Compared.* Lanham: Rowman & Littlefield.

Porter, Gareth. 1993. *Vietnam: The Politics of Bureaucratic Socialism.* Ithaca: Cornell University Press.

Thayer, Carlyle A. 1993a. "Political Democratization in Vietnam: Candidate Selection for the 9th National Assembly." Paper presented to Conference on the Developmental Prospects of East Asian Socialism: The 'Four Little Dragons' or Eastern Europe? Transformation in Communist Systems Project, Research School of Pacific Studies, The Australian National University, 13-15 January 1993.

______. 1993b. "Recent Political Developments: Constitutional Change and the 1992 Elections." Carlyle A. Thayer & David Marr, eds. *Vietnam and the Rule of Law.* Canberra: The Australian National University.

______. 1998. "Vietnam." Wolfgang Sachsenröder & Ulrike E. Frings, eds. *Political Party Systems and Democratic Development in East and Southeast Asia, Volume 1: Southeast Asia.* Aldershot: Ashgate.

______. 2003. "Vietnam: The Stewardship of Nong Duc Manh." *Southeast Asian Affairs 2003.* Singapore: ISEAS.

Tonnesson, Stein. 1993. "Democracy in Vietnam?" NIAS Report No.16. Copenhagen: NIAS.

Turley, William S. & Mark Selden, eds. 1993. *Reinventing Vietnamese Socialism: Doi Moi in Comparative Perspective.* Boulder: Westview.

Vasavakul, Thaveeporn. 1998. "Vietnam's One-Party Rule and Socialist Democracy?" *Southeast Asian Affairs 1998.* Singapore: ISEAS.

Womack, Brantly. 1987. "The Party and the People: Revolutionary and Postrevolutionary Politics in China and Vietnam." *World Politics* 39(4).

인터뷰

Bui Xuan Duc, Head, Department for Theory of State and Government, Institute of State and Law, Hanoi, 21 Feb. 2005.

Dao Tri Uc, Director, Institute of State and Law, Hanoi, 20 Dec. 2004.

Nam, An Anonymous Researcher, Office of the Central Committee, Communist Party of Vietnam, Hanoi, 14 Feb. 2005.

Tran Ngoc Nhan, Head, Committee of Democracy and Law, Vietnam Fatherland Front, Hanoi, 20 Dec. 2004.

제11장 | 인도네시아, 말레이시아, 필리핀, 태국의 정치 체제 민주성 결정요인에 관한 경험분석*

최경희

Ⅰ. 문제제기

1974년 남부유럽의 군부독재체제 붕괴 이후에 시작된 민주주의로의 정치변동은 비교정치 영역 내에서 '민주화 이행'과 관련한 방대한 연구업적을 쌓게 하였다. 그러나 체제변동이 시작된 지 30년 가까이 경과한 현재의 시점에서 많은 경우 연구전략이 수정되었다. 왜냐하면 '민주적 이행'은 시작되었지만 이행의 결과가 기대와 다른 정치적 결과들을 배태하고 있기 때문이다. 대개의 국가들은 '허약한 다원주의'와 '지배적인 권력 정치' 사이에 불안정한 상태로 머무르고 있다(Carothers 2002). 그리고 이러한 상태는 단기적으로 머무르는 것이 아니라 장기적으로 지속하면서 특정한 형태를 유지하고 있다.

이러한 맥락에서 연구는 두 방향으로 진행될 필요가 있다. 하나는 '민주적 이행'과 '민주적 공고화' 사이의 간극을 채울 수 있는 개념과 연구주제를 개발하는

*이 논문은 『동남아시아연구』 제16권 2호(2006. 8)에 같은 제목으로 게재된 것이다.

것이다. 다른 하나는 새롭거나 정교한 정치체제의 분류체계를 구성하는 것이다. 전자는 뭉크(Gerardo L. Munck)의 '민주성'(democratic quality) 개념이다. 민주성 개념은 민주화 이행과 공고화 개념과 관련되어 있으면서도 구별되는 영역이다. 특정한 정치체제의 민주성을 측정하고 민주성에 영향을 미치는 요인을 파악하는 것은 정치체제의 이행과 공고화를 연구하는데 있어서 중요한 매개역할을 할 수 있다. 후자는 보다 세분화된 정치체제를 분류하는 것이다. 연구자들은 이행된 체제를 '혼성체제'(hybrid regime) (Diamond 2002), '경쟁적 권위주의 체제'(competitive authoritarianism)(Levitsky et. al. 2002), '선거민주주의'(electoral democracy) 내지는 '선거권위주의 체제'(electoral authoritarian)(Schedler 2002) 등으로 명명하여 왔다. 민주주의와 그 과정에 대한 민주화 연구는 정치체제 분류의 이론화와 관련되어 있다. 따라서 현재의 '민주화 이행'에 관한 연구의 초점은 세분화된 정치체제 분류의 이론화를 도모하거나 민주화 지체요인들을 밝혀내는 데 있다고 볼 수 있다.

본 연구는 이러한 문제의식을 바탕으로 인도네시아, 말레이시아, 필리핀, 태국을 대상으로 정치체제의 민주성을 결정하는 인자를 탐색하고자 한다. 경험과학적 지역연구의 방법론적 전략은 크게 '지역모형'의 구축전략, 일반모형의 지역적 재조정전략, 확산과 전이의 추적전략 등 세 가지 유형으로 요약될 수 있다(김웅진 2002). 본 연구는 세 가지 중에서 두 번째 일반모형의 지역적 재조정전략에 해당된다. 이러한 연구전략은 일반화된 기존 모형들을 연구대상 지역에 맞추어 재조정하는 전략이다. 즉, 기존 모형에서 상정된 독립변인 내지는 간섭변인들 가운데 해당 지역에 있어서 적실성을 지니는 변인들만을 선별하려는 목적을 지닌다. 그리고 이러한 전략을 적용하기 위해서는 기본 모형들이 상정하고 있는 변인들을 가능한 모두 포함한 잠정적 가설모형을 구축하되, 이를 역내 사례들을 대상으로 검증하였을 때 설명력을 상실하는 변인들, 즉 '부적절한 변인들을 소거'하는 방식을 취하게 된다(김웅진 2002, 32-33). 다시 말하자면, 지역적 또는 국가별로 실질적인 설명변인들을 찾아내고자 하는 것이다.

즉, 본 연구는 '사회구조변화의 정치적 효과'라는 일반이론의 측면에서 동아시아 지역과 연구대상 국가에 설명력을 갖는 독립변인들을 찾아내고자 한다. '사회구조변화의 정치적 효과'에 관한 연구는 비교정치영역에 있어서 '정치체제' 이행과 관련된 가장 포괄적인 이론이라고 판단한다. 봉건에서 근대로 이행하는 과정에서 사회세력의 정치적 선택의 문제, 자본주의 산업화에 따른 사회경제적 구조의 변화와 정치체제와의 관련성, 즉 경제발전과 민주주의에 관련한 논의 및 연구결과들은 이러한 연구와 맥락을 같이하고 있다.

무엇보다 아시아의 지역적 특수성을 고려해 분석모형을 구축해야 한다. 연구대상으로 삼고 있는 동남아시아는 '비서구 지역'이라는 측면에서 서구의 근대화 · 산업화와는 다른 경로, 다른 특징을 갖고 있다. 식민지 근대 및 서구열강에 의한 근대사회의 출발과 강력한 국가에 의한 위로부터의 경제발전 전략은 근대사회의 주요한 영역이자 행위주체인 국가, 시장, 시민사회, 자본가, 노동자의 형성과 역할에 있어 서구와는 전혀 다른 맥락과 특징을 갖게 했다. 따라서 '경제성장 · 경제발전'과 민주주의, 민주주의 행위주체로서 '사회세력'에 관한 기존 논의 및 동아시아 발전모델 및 산업화전략에 따른 국가와 사회 관계에 관한 논의를 재검토해 분석모형을 구축할 필요가 있다. 결과적으로 분석모형의 검증을 통해 동남아 지역 및 연구대상 국가별로 적실성 있는 설명변인을 찾아내고자 하는 것이다.

Ⅱ. 이론적 배경

1. 민주적 공고화(democratic consolidation)와 민주성(democratic quality)의 차이

기존 연구는 대개 '민주적 공고화'를 1) 행위자의 태도와 행태, 2) 규칙의 민주성으로 정의한다. 첫째, 민주적 공고화를 민주적 게임 규칙에 대한 행위자들의 태도와 행위로 기술하여 왔다(Linz and Stepan 1996; Diamond 1999). 그러나 이러한 개념 정의는 셰보르스키(Adam Przeworski)가 제기한 것처럼 '정당성 문제'의 취약성을 갖는다. 체제가 정당한가 아닌가의 문제는 체제가 안정적인가 아닌가의 문제와 곧 일치하는 것은 아니기 때문에, 행위자의 태도와 행태와 관련된 정당성 이슈가 체제의 안정성과 관련되어 있을지라도, '공고화'로 정의하는 것은 문제가 있다는 지적이다. 오히려 '민주적 공고화' 개념을 명확히 하기 위해 행위자의 태도와 행태를 공고화 개념의 요소가 아니라 공고화에 영향을 미치는 원인변수로서 고려해야 한다. 둘째, '민주적 공고화'와 '규칙'과 관련된 언급이다. 예를 들어 시민적 자유, 정치적 자유와 관련된 것, 정치참여에 대한 장애요소들, 국가권력에 대한 헌법적 제약, 법에 대한 행정부와 군대의 책임성 등을 민주적 규칙으로 언급하고 있지만, 민주적 공고화와 관련된 많은 규칙들은 오히려 '민주적 이행'과 관련된 논의들과 연관하는 것이 합당하다. 이러한 개념문제의 근원은 민주화 이행의 개념정의와 측정의 문제와 역시 연동되어 있다. 그래서 발전적인 측면에서 보았을 때, '민주적 게임의 규칙'들의 확립을 민주적 공고화의 개념과 연관시키기 보다는 '민주주의로의 이행' 속성으로서 이해되어져야 한다. 셋째, 이러한 측면에서 '민주적 공고화'의 개념을 예리하게 하기 위한 하나의 방법이자, 이것이 체제 분석의 의미론적 영역과 연관되기 위해서는 민주적 이행과 민주적 공고화와 관련되어 있으면서도 구별된 '민주성' 개념을 발전시키는 것이다(Munck 2001, 128). '민주성' 개념은 '민주적 이행'과 '민주적 공고화' 개념과 구별된 이슈들을 언급하기 위해 사용하였지만, 여전히 후자와 개념구분에 있어서도 모호하다. 다이아몬드(Diamond 1999)는 '민주성'과 '민주적 공고화'를 호환가능하게 사용하고 있다. 대조적으로 린쯔와 스테판(Linz and Stepan 1996)은 '민주성'과 '민주적 공고화' 개념을 구별하려고 하지만, 사례분석에 있어서 부패, 높은 예산적자, 격렬한 정치적 논쟁, 높은 사회적 갈등, 최하 빈곤층의 지속, 법의 지배의 취약성, 공포 문화

등을 '낮은 민주성'으로 언급함에 따라 구체적 분석에는 두 개념의 구별이 모호해진다. '민주성'을 좀더 명확하게 정의해야 하는 필요는 민주적 이행과 공고화의 개념에 의해 포섭되지 않는 정치의 차원을 언급하는 개념으로 발전해야 하기 때문이다. 이러한 것을 수행하지 않는다면, 개념은 더욱 논쟁 상태에 빠져 있게 된다(Munck 2001, 130).

정리하자면, 설명대상으로서 '민주적 이행', '민주적 공고화' 그리고 '민주성'을 분류할 필요가 있다. 이에 경험분석에 있어서 행위자의 태도와 행태는 '민주적 공고화'의 잠재적 원인으로서 파악해야 하는 것이고, 비민주적 규칙의 폐기와 민주적 규칙의 제도화는 '민주적 이행' 주제로 다루어져야 하고, '규칙의 지속성' 또는 '체제의 안정성'의 문제로서 '민주적 공고화'를 재규정해야 한다는 것이다. 셰보르스키가 민주적 공고화를 '정치제도의 지속성'으로(Przeworski 1991), 헌팅턴이 민주적 공고화를 '두 번의 결정적 선거의 유지'로(Huntington 1991), 가시오로브스키(Mark Gasiorowski)와 파워(Timothy J. Power)가 민주적 공고화를 '지속성(durability)'로 측정하는 것(Gasiorowski et al.1998)과 일맥상통한다.

2. 민주성과 측정의 문제

정치체제의 민주성은 특정한 정치체제의 민주주의의 정도의 문제이며, 특정 시기 동안에 정치체제의 민주성을 결정하는 원인에 대한 분석은 민주화와 민주주의 논의를 진전시키는 이론적 매개역할을 한다. 따라서 정치체제의 민주성에 관한 경험적 연구는 기존 연구에 있어서 '정치체제 분류'와 '민주주의'에 대한 경험분석과 연관된다. 정치체제 분류는 연구자의 기준에 따라 다양하다. 가장 포괄적으로 '민주적 정치체제'와 '비민주적 정치체제'로 구분하거나(Lawson 1993),[1] 민주주의, 권위주의, 전체주의로 구분하는 입장(Linz 1975; 2000; Macridis

1986), 특히 린쯔의 연구는 민주주의 체제의 다양성만큼이나 비민주적 정치체제의 다양한 형태를 구분하였다는 데 큰 의미가 있다.[2] 레이프하트(Lijphart 1984)는 민주주의 하위체제로서 다수제와 합의제를 구분하였다.[3] 달(Dahl 1971)은 폐쇄적 헤게모니 체제, 경쟁적 과두체제, 포괄적 헤게모니체제, 다두제로 구분하였다.[4] 그리고 민주화 이행론의 번성 이후, 2002년부터 현대 권위주의 체제에 관한 구체적인 하위분류유형에 관한 논의들도 진행되어왔다(Diamond 2002; Schedler 2002; Levitstky and Way 2002).

정치체제란 국가와 사회관계 속에서 형성되는 것이고, '권력형성과 권력작동'에서 나타나는 공식적 · 비공식적 원칙과 규범 및 규칙과 절차를 말한다. 민주적 정치체제란 '권력의 작동방식의 민주성'이 완벽하게 이루어진 체제를 말할 것이다. 그러나 현재로서는 어떠한 정치체제도 민주성을 100%(또는=1) 확보하지 못했다고 해도 과언이 아닐 것이다. 그리고 정치체제는 형성과 이행이라는 측면에서 살아있는 생명체와도 같은 것이다. 즉, 정치체제는 민주주의로의 방향으로 이행되기도 하고, 반대의 경우도 언제나 존재하는 것이다. 이행 이후 정치체제의 안정성이라는 측면에서 '공고화'를 파악한다고 할 때, 공고화도 다양한 국면에서 논의될 수 있다. 따라서 정치체제의 민주주의 수준, 즉 민주성 문제는 체제이행과 공고화와 관련이 있으면서도 독립적으로 다루어져야 할 대상인 것이다.

이상의 논의를 바탕으로 정치체제와 민주성 개념을 연관시키면, 다음 같이 의미화된다. ①의 분류는 다이아몬드(2002), 스케들러(2002), 레비츠키와 웨이

---

1) 로슨은 정치체제 분류의 기준을 '반대세력의 집권가능성'의 유무로 파악한다.

2) 린쯔가 제시하는 정치체제 분류의 기준은 다원주의, 이데올로기, 동원화, 리더십이다.

3) 레이프하트는 달의 8가지 기준 — ① 조직을 결성하고 가입하는 자유 ② 표현의 자유 ③ 투표권 ④ 공직의 피선거권 ⑤ 지지와 투표의 획득을 위하여 경쟁하는 정치지도자의 권리 ⑥ 정보의 선택적 소스 ⑦ 자유롭고 공정한 선거 ⑧ 정책을 작성하는 정부의 기구가 투표와 기타 선택에 대한 표현에 의존 — 을 유럽적 차원에서 적용하여 다수제와 합의제의 요소들을 도출한다.

4) 달의 체제의 분류기준은 경쟁, 참여 속성의 정도의 차이이다.

그림 1 민주성과 정치체제

민주성(1)--민주성(0)

① <---> <---> <---> <---> <---> <--->

자유 민주주의 | 선거 민주주의 | 중간 체제 | 경쟁적 권위주의 | 선거 권위주의 | 폐쇄 권위주의

<---> <---> <---> <---> <--->

이행 | 이행 | 이행 | 이행 | 이행

<---> <---> <---> <---> <---> <--->

공고화 | 공고화 | 공고화 | 공고화 | 공고화 | 공고화

② <-----------------------> <----------------------->

다양한 민주주의 체제 | 다양한 권위주의 체제

③ <---------> <---------> <---------> <--------->

다두제 | 포괄적 헤게모니체제 | 경쟁적 과두체제 | 폐쇄적 헤게모니체제

(2002)에 의한 것이고, ②의 분류는 린쯔, ③의 분류는 달에 의한 것이다.

뭉크와 베르쿠이렌은 현대 민주주의 정치체제에 관한 경험적 연구에 있어 지대한 영향을 준 것은 달의 개념이라고 지적한다. 달의 민주주의 개념은 '정치적 민주주의(political democracy)'로써 경쟁과 참여, 시민적 · 정치적 자유의 속성을 포함한다. 그러나 달의 정치적 민주주의의 세 가지 속성은 다른 학자들의 정치체제에 관한 경험연구에 있어서 '경쟁', '참여', '시민적 · 정치적 자유' 중에 하나의 속성만을 측정함으로써 달의 정치적 민주주의 개념은 실제적으로는 최소주의적 민주주의로 축소시키는 경향을 보이고 있다(Munck and Verkuilen 2002). 예를 들어, 다이아몬드(2002), 스케들러(2002), 레비츠키와 웨이(2002)의 연구도 '공정하고 자유로운 경쟁적 선거'라는 주요기준[5]과 보조기준[6]을 중심으로 정치체제를 여섯

5) 자유로운 선거 ① 정치영역에 진입하기 위한 법적 장애가 적다. ② 다른 정당 및 후보자에 대한 지지가 자유롭다. ③ 유권자가 선택과정에서 억압을 느끼지 않는 것이다. 캠페인의 자유로움은 연설, 행동, 집회의 자유로움을 요구한다. 공정한 선거 ① 선거가 중립적 권위에 의해 실행되는 것이다. ② 선거시기 정부는 투표 과정과 투표집계를 잘 처리할 수 있는 능력을 갖고 있고, 범죄에 대한 구체적인 예방능력을 가질 수 있어야 한다. ③ 경찰, 군대, 그리고 사법부는 중립적이고, 경쟁하는 후보와 선거과정에 관여할 뿐이다. ④ 선거구와 규칙이 반대세력에게 불리하지 않아야 한다. ⑤ 투표와 투표집계의 독립적인 모니터링이 모든

가지 — 자유민주주의 체제, 선거민주주의체제, 중간체제, 경쟁적 권위주의체제, 선거권위주의체제, 폐쇄적 권위주의체제 — 로 분류하고 있다. 즉, 선거의 경쟁성과 공정성을 기준으로 하는 최소주의적 민주주의 접근방식이다. 셰보르스키 외의 연구(2000)도 '최소주의적 민주주의'로서 '정치엘리트'를 선출하는 데 있어 '경쟁의 정도'를 기준으로 정치체제를 분류하고 있다. 이에 의회제 민주주의, 대통령제 민주주의, 혼합체제, 관료제, 개인독재로 정치체제를 분류한다(Przeworski et al. 2000). 현대 민주주의와 관련하여 다른 각도에서 접근하는 연구자는 슈미터(Philippe Schmitter)와 칼(Terry L. Karl)이다. 슈미터와 칼은 무엇이 민주주의이고 무엇이 민주주의가 아닌지를 구별하기 위해 노력하였다. 두 학자는 "근대적 정치적 민주주의는 통치자가, 시민들에 의해 선출된 대표들 간의 경쟁과 협력을 통하여 간접적으로 행위를 하면서 공적영역에서 그들의 행위에 대해 시민들에게 책임을 지는 (혹은 만족할 만한 이유를 제시하는) 지배의 체계(a system of governance)"라고 정의하고 있다(Schmitter and Karl 1996). 즉 민주주의를 선거를 통한 '대표성'과 아울러 '책임성'을 그 핵심요소로 파악하는 것이다. 본 개념의 차이는 기존에 정치체제로서 민주주의가 '대표성'과 그 대표를 뽑는 '경쟁성'의 문제만을 국한하여 파악하였다면, 정치 및 관료 엘리트의 책임성 문제를 포함시키는 데 있다.

지역에서 허락되어져야 한다. ⑥ 무기명 비밀투표가 보호되어야 한다. ⑦ 모든 성인이 투표할 수 있어야 한다. ⑧ 유권자를 조직화하는 과정과 계산하는 과정은 모든 이에게 투명하고 공개되어야 한다. ⑨ 불만과 분쟁 해결은 분명해야 한다. 이러한 선거의 자유로움과 공정성은 제도적 영역에서 분명히 확인할 수 있어야 한다(Diamond 2002, 28-29).

6) 6가지 정치체제를 분류하는 보조기준이다. 첫째, 자유민주주의와 선거민주주의 사이의 차이는 근대적인 민주주의를 위해서 선거는 필수적이지만 충분하지 않다는 관념으로부터 기원한다. 다시 말하자면, 선거민주주의는 자유민주주의의 최소 기준만을 갖고 있는 것이다. 이에 자유민주주의와 선거민주주의를 구별하는 기준으로 프리덤하우스의 지수를 사용하고 있다. 자유민주주의는 프리덤하우스 지수가 1~2.0을 나타내고, 선거민주주의는 프리덤하우스 지수가 2.0 이상을 의미한다. 둘째, 선거민주주의와 선거권위주의 차이는 민주주의가 선거를 요구한다는 공동적 확신에 기초하지만, 어떤 선거이냐에 따라서 다른 것이다. 선거가 민주적으로 이루어진다는 것은 '자유롭고 그리고 공정해야' 함을 의미한다. 그러나 선거민주주의에서 경쟁은 민주적 규준에 조응하고, 선거권위주의에서는 그렇지 않다는 것이다.

책임성이 정책수행의 결과와 그에 대한 제재 사이의 관계라고 할 때, 민주주의 하에서 정치엘리트들은 선거를 통해 교체가 가능하지만 관료행정 엘리트의 방대한 책임은 누가 져야 하는가라는 문제가 제기되기 때문에, 정치체제의 민주성의 문제는 선출된 엘리트만의 문제가 아니라 관료행정 엘리트의 책임성 요소를 포함하는 것이다. 이러한 문제의식은 한국뿐만 아니라 동아시아의 정치 · 경제적 조건에서 '관료체계의 특수성'을 감안해서 볼 때 민주주의의 측정에 있어서 중요한 문제가 아닐 수 없다(최장집 2002).

따라서 본 연구에서는 정치체제의 민주성 측정을 Polity Ⅳ의 인덱스[7]로 사용하고자 한다.[8] 왜냐하면, Polity Ⅳ의 인덱스는 민주주의에 관한 경험분석 중에서 대표성과 책임성이라는 두 가지 속성을 모두 측정하기 때문이다. 즉 Polity Ⅳ의 인덱스는 대표성만큼 '책임성'에 관한 속성을 중요하게 다루고 있다고 판단한다. Polity Ⅳ는 1800~2000년까지 지구촌에서 인구 50만 이상의 독립국가를 대상으로 정치체제와 권위구조(Authority Characteristics)에 대한 정보를 매해 기록한 것이다. 권위구조는 ① 행정부 충원의 규제(XRREG: Regulation of Executive Recruitment): 행정권력의 실행과 관련한 제도화된 절차, ② 행정부 충원의 경쟁(XRCOMP: Competitiveness of Executive Recruitment): 경쟁적 선거를 통해 선택된 행정부의 범위, ③ 행정부 충원의 개방(XROPEN: Openness of Executive Recruitment): 행정관료가 되기 위한 대중의 기회, ④ 행정부 제약(XCONST: Executive Constraints) : 최고 행정부 수반의 독립성의 범위, ⑤ 참여의 규제(PARREG: Regulation of Participation): 정치적 표현을 위한 제도적 구조의 발전, ⑥ 참여의 경쟁(PARCOMP:

---

7) Polity Ⅳ 연구는 엑스타인(Harry Eckstein)의 이론적 기초와 거(Ted Robert Gurr)의 연구디자인에 의한 Polity Ⅰ의 계속된 연구이다. Polity Ⅰ은 "정치체계에서 유지와 변동:1800-1971"라는 주제로 시작되었다. Polity Ⅳ 인덱스는 http://www.bsos.umd.edu/cidcm/polity/에서 볼 수 있다.

8) 최근까지 민주성 측정에 관한 기존 지표는 Gerardo L. Munck and Jay Verkuilen. 2002. "Conceptualizing and Measuring Democracy: Evaluating Alternative Indices." *Comparative Political Studies* 35(1) 논문을 참조하기 바람.

Competitiveness of Participation): 대중들이 정치적 표현을 위한 제도적 구조에 접근할 수 있는 정도를 말한다. 이러한 기본적인 측정을 바탕으로 ①과 ②와 ③의 구성을 행정부 충원 개방성(EXREC: Executive Recruitment Competition)이라고 하고, ④를 행정권력 제약수준(EXCONST: Executive Constraints)이라 하고, ⑤와 ⑥의 구성을 선거경쟁도(POLOCOMP: Political Competition)라고 한다. 따라서 본 연구에서는 행정부 충원 개방성, 행정권력 제약수준, 선거경쟁도 지수를 각기 표준화하여 합산한 지표를 정치체제의 민주성 지표로 사용한다.

3. 사회구조변동의 정치적 효과

1) 사회구조적 측면

제3세계 주요 사회세력의 형성과 역할은 서구와 전혀 다르다. 그 차이의 출발은 국가가 경제수행을 포함하여 사회와 관계를 맺는 데 있어서 '가부장적 또는 세습적 특징을 갖는 전통적 국가'인지, '발전적 국가'인지, 아니면 '자유주의적 국가'인지부터 시작된다. 왜냐하면 각 국가역할의 차이가 국가와 사회관계의 특징을 만들고, 이로부터 국가와 각 사회세력이 맺는 의존성 또는 자율성의 정도가 민주화 과정 및 정치체제의 민주성에 영향을 미치고 있기 때문이다.

동아시아 발전모델 및 발전국가와 민주화에 관한 쟁점이 존재한다. 동아시아 발전모델이 민주주의와 갈등적 관계를 맺고 있는 것은 첫째, 국가와 기업, 국가와 자본이 맺는 특수한 관계의 측면이고, 둘째, 국가주도형 경제발전의 한 측면인 노동과 민중부문의 배제 정책과 그로 인한 시민사회의 약화에 있다. 이 모델의 특징은 경제의 정치적 운영 혹은 관리가 경제발전에 중요한 영향을 미친다는 데 있다(이종찬 1995). 즉 경제발전의 핵심적인 요인은 국가에 있었고, 이러한 국가를 발전국가라고 한다. 동아시아 지역에 관한 연구에서 논쟁적으로 제기된 발전국가 개념은 동북아시아만의 특수한 현상을 설명하기 위한 것이라는 주장도 있지만 동남아시아 고성장 국가군을 포함하여 여타 지역에까지 그 외연을 확장한다(박은홍 1999).[9] 그리고 발전국가 개념은 경제에 대한 국가개입의 동아시아적 특수성을 넘어, 최근에는 경제수행에 있어 국가개입은 일반적인 현상으로 설명한다(Evans 1995). 또한 국가가 경제에 개입한다고 해서 반드시 경제성장을 이룩하는 것은 아니기 때문에 개입의 성격과 결과에 따라 발전국가와 약탈국가(predatory state)로 구분하기도 하고(Evans 1995), 또한 발전국가와 세습주의 국가로 구분하기도 한다(Bellin 2000).

발전국가는 국가주도의 계획중심적 시장경제를 특징으로 공공-민간부문 내 엘리트간 협력을 토대로 하는 것이 특징이며, 즉, 국가관료와 민간부문의 엘리트들이 맺는 특수한 관계가 경제성장의 핵심적 역할을 한다. 에반스(Peter Evans)는 발전국가와 약탈국가를 관료의 역할에 따라 구분한다. 약탈국가의 관료는 전통적, 비합리적, 개인적 역할을 수행하고, 발전국가의 관료는 자본주의 국가에서 나타나는 합리성에 기반한 역할을 한다고 기술한다. 약탈국가는 가부장적 전통에 따라, 국가기구의 통제가 사인화된 그룹에 의해 귀속되는 특징을 갖고 있다. 즉, 국가의 역할이 공적업무를 수행하는 합리적 기구라기보다는 개인적 신분적 이해로 수행된다(Evans 1995). 이 개념은 또한 벨린(Eva Bellin)이 주목하고 있는 인도네시아와 같은 세습주의 국가 개념과도 유사하다. 동아시아의 국가는 약탈국가는 아니었을지라도 관료의 역할은 합리적이라기보다는 비합리적, 친권력적 성향을 갖고 있고, 이러한 관료의 특징은 장기적인 권위주의 정치체제의 유지와 깊은 관련성을 갖고 있다.

---

9) 발전국가론은 동아시아 지역에 적용된 중범위 차원의 이론화를 위한 시도이다. 즉, 왜 라틴아메리카나 아프리카가 아니라 동아시아에서 이러한 현상들이 특수하게 나타나는가. 이에 비교정치경제적 차원과 국제정치경제적 차원에서 동아시아 지역에서 정치문화적 특수한 요인과 노동의 국제분업체계 및 1945년 이후 냉전시기에 따른 지정학적 요인 등 다각적인 분석이 필요한 것이다(Hoogvelt 1997).

따라서 동아시아 발전모델의 발전국가는 경제성장의 장점도 갖고 있지만 국가와 기업관계에 있어서는 강력한 비민주적 시스템과 사회 전반적인 부패구조와 연관되어 있다. 1997년 동아시아 경제위기도 이러한 동아시아 자본주의적 특성의 하나인 부패, 정실 관계로부터 오는 도덕적 해이로 설명하기도 한다(Kim 2002; Moon and Rhyu 2002). 이러한 발전국가에서 나타난 국가와 기업 관계는 정치 민주화 또는 경제위기로부터 동반된 경제개혁과 지구화 효과에 의해 변화를 요구받고 있다(김윤태 1999; 김일영 2001; Moon and Rhyu 2002; Kim 2002).

기존의 발전국가론은 상대적으로 취약한 사회를 전제하고 있다는 데서 민주주의와 대립된 특징을 갖고 있다. 환원하자면 사회계급의 취약성이 발전국가의 등장조건인 것이다. 지주계급은 국가 주도의 토지개혁을 통해 해체되었고[10], 국가가 주도적으로 자본가 계급을 형성하고, 이로 인하여 국가에 의존적인 자본가 계급이 재생산되는 것이다. 또한 정책결정과정에서의 배제적 노동정책을 수행하고 있는 것이다. 동아시아 신흥공업국은 물론이고 비교적 민주적 정치제도가 잘 작동하고 있던 일본의 노동계급도 정책결정과정에서 배제되었다(Johnson 1982; Deyo 1987; 박은홍 1999).

이러한 논의를 바탕으로 보았을 때, 선진 자본주의 국가의 자본가 계급은 구체제에 대한 도전세력으로서 발생하고 성장하였지만, 동아시아 지역 국가의 자본가 계급은 주로 국가에 의해 위로부터 형성되었기 때문에 체제에 대한 도전세력보다는 체제의존적인 성격을 갖는다(Bellin 2000). 그래서 뤼쉬마이어 등의 연구(Rueschemeyer et. al. 1992)는 제3세계에서 자본가계급은 민주주의에 대해 모호한 태도를 갖는다고 지적한다. 그리고 농민계층도 전통적으로 자율적인 성격을 갖는 계층이라기보다는 국면적 힘의 역관계에 따라 움직이는 계층으로서 평가된

10) 단, 연구 대상 4개 국가 중 필리핀은 동남아 고성장 국가군에 해당된다고 볼 수 없다. 그리고 '강한 국가'를 중심으로 경제성장을 성공한 사례에 해당되는 것도 아니다. 오히려 '약한 국가'의 전통을 갖고 있다. 그리고 토지개혁을 통한 지주계급의 해체의 특성을 필리핀에게는 적용할 수 없는 것이다.

다. 또한 중간층은 선진 자본주의 국가에서 일반적으로 민주화 지지세력으로 평가되지만, 게인스보로(Gainsborough 2002)는 사회주의 국가에서 중간계급은 민주화세력이기보다는 체제의존적인 세력이라고 평가한다. 그러나 게인스보로의 연구는 비단 사회주의 국가에만 적용되는 것은 아니다. 도시 중간층이 민주주의 지지세력이라고 평가했던 1990년대 논의와는 달리, 실제로 도시 중간층은 경제 발전의 혜택을 받은 세력으로서 중간층의 정치적 입장은 하나로 설명되기 어렵고 오히려 민주적이기보다는 보수적 성향을 갖는다는 분석도 제기된다(손호철 2000; 최장집 2002; Englehart 2003).

사회구조적인 측면에서의 첫 번째 설명변수로서 산업구조의 변동을 측정하고자 한다. 봉건에서 근대로 이행하는 근대화를 측정하는 데는 도시화비율, 문맹률, 대중매체 보급률 등 여러 가지 지표가 존재한다. 그 중에서도 본 연구의 문제의식에 입각하여 전체적인 사회구조변동을 파악할 수 있는 '산업화 구조변동'의 추이를 분석하고자 한다. 1차, 2차, 3차 산업의 비율 변화를 통해 각 나라의 산업화 정도가 정치체제 변화에 어떠한 영향을 주고 있는가를 파악하고자 하는 것이다. 정치적 자원은 소득, 부, 신분적 위상, 지식, 직업, 조직적 위상과 같은 다양한 가치의 배분에 기초한다. 즉, 가치의 극단적 불평등은 정치적 자원의 극단적 불평등과 같은 의미이다(Dahl 1971, 82). 따라서 달(Dahl)은 전통적 농업사회는 가치의 배분에 있어 극단적 불평등 상태이기 때문에 폐쇄적 헤게모니 정치체제와 유사하고, 가치의 배분이 평등하면 할수록 다두제와 가깝다고 주장한다. 초기는 토지보유의 불평등과 정치적 불안정의 관계를 연구하였고, 그 이후 불평등을 측정하는 데 있어 일반적으로 지니 인덱스(GINI Index)를 활용하였다(Dahl 1971). 정치적 자원에 기반이 되는 가치는 소득(부), 지식, 사회적 신분, 조직적 위상 등 다양한 것이 있지만, 본 연구는 소득 또는 부를 중심으로 측정하고자 한다. 소득을 측정하는 데 있어 대표적인 방법으로 가계소득의 계층별 분배상태를 측정하는 10분위 분배율 등이 있다. 그러나 본 연구는 위와 같은 이상적인 방법이 있음에도 불구하고 자료의 제약성으로 인해 소득의 배분양상에 관한 경험적 지표를 1인당 국민소득과 소비자 구매력 지수로 측정하고자 한다.

개별 국가에서 민주주의로 이행하는 데 있어 국가권력의 강도는 결정적인 역할을 한다. 하지만 국가권력이 너무 세거나(strong state)나 너무 약하거나(weak state)나, 둘 다 민주화로 이행하는 데는 적합하지 않다. 아프리카 국가들의 경우처럼 사회로부터 독립된 권위적 영역을 구별하기가 어려울 때도 민주화의 전망은 어렵고, 반대로 매우 강력한 국가도 권위주의로부터 이행하는 것을 도와주지 못한다. 따라서 민주적 이행이 성공의 기회가 되기 위해서는 국가권력이 너무 약하지도 너무 강하지도 않는 중간 정도 강도에 있어야 하는 것이다(Gainsborough 2002). 물론 국가의 강도를 경험적으로 측정하는 것은 상당히 어려운 문제이지만, 개별 국가의 민주화 이행의 성공과 유지라는 측면에서 국가의 역할은 중요하게 제기되고 있다. 필리핀을 논외로 하더라도, 인도네시아, 말레이시아, 태국 모두 국가주도형 산업화 모델에 부합하는 사례들이다. 국가주도형 산업화 전략은 사회에 대한 국가 자율성이 높다는 것을 의미한다. 이러한 특징은 한 사회 내의 국가의 위상과 역할이 그렇지 않은 서구에 비해 상당히 결정적인 역할을 하고 있다는 점이다. 이러한 측면에서 본 연구는 국가의 역할을 중앙정부재정의 건전성이란 측면에서 측정하고자 한다. 국가의 통치능력은 세입과 세출의 균형을 통해 적정한 정부지출에 영향을 받고 있다. 재정은 한 국가의 공공부문의 경제활동을 포괄하는 개념이다. 공공부문의 경제활동은 그 자체로도 중요한 의미를 지닐 뿐만 아니라 민간부문의 경제활동에도 지대한 영향을 미치기 때문에 국민경제에 있어서 재정은 중요하다(원순구 2000). 중앙정부 재정의 건전성은 조세수입과 재정 적자율로 측정하고, 동아시아라는 특수성을 감안하여 중앙정부지출에서 해외원조가 차지하는 비율도 함께 고려하고자 한다. 왜냐하면 해외원조가 많을수록 정부의 대외적 자율성은 줄어들기 때문에, 정부의 역할을 제약하는 효과를 갖는다고 판단하기 때문이다.

2) 시민사회적 측면

에렌버그(John Ehrenberg)는 시민사회의 현대적 개념을 국가와 시장 관계에서 재설정하였다. 그는 시민사회란 국가와 시장 사이에 존재하는 사회적 관계와 구조를 묘사하는 것이고, 시민사회는 국가와 시장, 이 두 영역 사이의 회색지대로 발견된다고 지적한다. 회색지대로 존재하는 시민사회는 국가를 중심으로 한 정치적 공적 업무와 시장을 중심으로 한 사적 경제영역으로부터 언제나 자율성을 유지하기 위해 노력해야 한다고 지적한다(Ehrenberg 1999, 235). 왜냐하면 국가와 시장으로부터의 시민사회의 자율성의 존재가 정치적 민주주의를 유지하고 지탱하는 데 있어 중요한 역할을 하기 때문이다.

그러나 시민사회의 다양한 행위주체, 단체들이 언제나 자율성을 갖는 것이 아니다. 왜냐하면 앞에서도 지적한 것처럼, 동남아시아 지역에서는 국가와 사회세력 간의 관계에 있어서 국가에 의존적인 사회세력들이 많기 때문이다. 국가가 비민주적 정치체제에 의존하고 있다면, 국가의 의존적인 사회세력들은 정치체제의 민주화에 기여하기보다는 민주주의의 반대세력으로 존재하게 된다. 따라서 국가에 의존적인 사회 세력들이 국가로부터 얼마나 자유로울 수 있는가가 정치체제의 민주화에 있어서 중요한 영향을 미친다고 볼 수 있다.

만약 자본이 비민주적 정치체제에서 국가와의 관계에서 수익성이 높았다고 한다면, 자본은 정치체제가 바뀌는 것을 선호하지 않을 것이다. 그리고 다른 측면에서 자본은 복지, 분배 같은 사회적 이슈로 운동이 활발해질 때, 자본의 이익을 위협한다고 파악하기 때문에 정치체제의 민주화에 반대한다고 볼 수 있다. 동아시아 여러 국가에서 국가와 자본의 관계는 정경유착을 넘어 정경일체가 되는 경우가 많고, 이는 국가권력이 정치제도에 따라 작동하는 것이 아니라 비합법적인 관행에 의해 작동해 권력이 사인화되는 경향을 낳는다. 이러한 맥락에서 동아시아의 국가에서 민주화 이전과 민주화 이후 국가와 자본이 맺는 관계가 얼마나 많이 민주적으로 재편되었는가는 민주화의 중요한 지표 중 하나이다. 즉, 비민주적 정치체제에서 국가와 자본의 정경유착관계, 후원-수혜관계, 정실관계가 지배적 양상을 나타냈다면,[11] 이러한 관계가 민주화 이후 얼마나 변화하였는가는 정치체제의 민주성을 파악하는 데 있어 중요한 요소라고 볼 수 있기 때문이다.[12] 동아시아 국가들의 경우, 정치적 여건이 경제발전에 상당한 영향을 미쳐왔고, 여기에 핵심적 관건은 경제에 대한 정치적 운영으로서 경제의 통치방향에 맞게 국가가 자본을 관리할 수 있느냐 없느냐에 있다고 지적되었다. 후발 또는 후후발 산업화 국가에서 국가는 자본을 통제하는 기제인 은행, 즉 자금공급원을 장악함으로써 자본에 대한 통제력을 높이고 있기 때문이다(김일영 2001, 105-106).[13]

이러한 맥락에서 자본의 국가의존성이란 사적자본부문의 수익성이 국가의 임의적 지원에 종속되어 있는 정도를 말한다. 국가의 지원은 전형적으로 보조금의 형태, 시장보호적 조치, 경제정책의 긴밀한 협조, 노동에 대한 국가의 봉쇄조치 등의 형태를 갖는다(Bellin 2000). 이러한 개념정의가 존재하지만, 사실 국가와 자본의 관계를 어떻게 계량화할 것인가는 매우 어려운 문제라고 볼 수 있다. 이에 본 연구에서는 자본부문의 역량과 제약을 국내 총투자에서 사적자본부문

11) 예를 들어, 국가가 전략적 산업을 정하고 그것을 위해 가용한 모든 자원과 신용을 동원하고 의도적으로 편중배분하는 것이 발전국가의 특징이라고 한다면, 이러한 모델에서 국가 관료와 정치인, 기업 그리고 금융기관간에 긴밀한 유대관계를 가질 수밖에 없고, 이러한 유대관계는 시간이 경과함에 따라 부패연합으로 변질되어 경제의 역동성을 가로막는 장애요인으로 변해갔다(김일영 2001, 117).

12) 김일영은 후발 내지는 후후발 산업화에 성공한 국가들은 대개 발전국가의 모습으로 발현된다고 지적한다. 발전국가란 앞에서도 설명하였듯이 경제에 대한 정치의 우위, 경제에 대한 국가의 개입을 가장 큰 특징으로 갖고 있다. 발전국가와 권위주의 정치체제 사이가 결정론적으로 규정지어지는 것은 아님에도 불구하고 상대적으로 높은 친화성을 나타내는 것으로 평가한다(김일영 2001, 91). 국가와 자본의 관계는 정치체제의 성격을 규정짓는 데 있어 상당히 중요한 지표라고 볼 수 있다.

13) 이러한 시스템은 금융개방, 금융제도의 자유화 조치 이후 변화할 것이라고 상정하고 있다. 하지만 동아시아 지역의 국가에서 시장자유화에 따른 변화가 실질적으로 일반화되었는가는 여전히 논쟁적이다(김윤태 1999; 박은홍 1999). 즉 국가주도형 경제구조가 시장중심적 경제구조로 변화할 것이라는 것은 이론적으로 전제하고 있지만 현실화되는 것과는 별개의 문제이다. 예를 들어 한국의 국가는 아직 발전국가인지 아니면 신자유주의적 규제국가로 성격이 바뀌었는지는 논쟁적이다(김일영 2001).

투자가 차지하는 비율과 전체 자본 형성 중에서 해외직접투자가 차지하는 비율과 기업 채무의 합으로 보려고 한다. 왜냐하면 한 자본주의 사회에서 총투자 중에서 사적자본 부문이 차지하는 비율이 높을수록 자본의 사회적 · 정치적 영향력은 높아지는 것이고, 이것은 자본의 국가의존적 성향을 줄어들게 하는 것이라고 볼 수 있기 때문이다. 그리고 해외직접투자는 국내 자본에게 긍정적 또는 부정적 영향을 둘 다 줄 수 있다. 또한 기업 채무의 증가는 기업의 자율성을 저하시키는 중요한 역할을 한다고 파악하기 때문이다.

노동의 국가의존성은 조직화된 노동이 노동을 조직화하여 생존할 수 있는 능력(viability), 지속력(vitality), 영향력(clout)에 있어 국가 지원에 종속된 정도를 말한다(Bellin 2000). 국가에 대한 노동의 의존성은 국가의 조합주의적 전략의 적용에 의해 구조화될 수 있다. 그리고 조직화된 노동이 국가에 의존적일수록 비조직화된 노동 또는 미조직 노동과 조직적 이득의 차이를 갖는다. 그래서 조직화된 노동이 특권화된 위상을 계속 유지한다면, 미조직 · 비공식 분야의 조직화되지 않은 노동대중과의 연대성은 줄어든다. 이러한 조건에서 조직된 노동의 관료적 위치는 진정한 시장 권력의 반영이라기보다는 정치적 개입의 결과이다. 따라서 국가에 대한 노동의 의존성은 자본의 경우에 작동하는 것과 유사한 이유로 민주화에 대해 망설이는 태도를 갖게 한다(Bellin 2000). 이러한 개념정의에 의한 국가에 대한 노동의 의존성 측정은 조직된 노동의 전체 사업규모에서 국가보조금의 의존율로 파악한다. 전체 사업비에서 국가보조금의 비율이 높을수록 국가에 대한 의존성은 높다고 보기 때문이다. 이러한 개념정의로부터의 조작화는 자료의 제약성으로 한계를 갖는다. 이에 본 연구는 노동부문의 역량과 제약을 전체 소비에서 차지하는 임금의 비율과 실업률과 노동쟁의(파업손실일수)의 합으로 분석하고자 한다. 임금은 노동자의 생계에 있어 가장 중요한 부분을 차지한다. 그리고 동아시아에서는 사회복지제도가 취약하기 때문에 간접임금의 형태도 적다. 반대로 실업률은 노동자의 정치 및 사회적 활동을 제약하는 중요한 기제의 하나이다.

마지막 노동쟁의는 가장 직접적인 경제적 정치행동의 표출이라고 볼 수 있다.

프리덤하우스 지수(Freedom House's Freedom in the World Survey)는 1970년을 시작으로 매해 정치적 권리(political rights)와 시민적 자유(civil liberties)를 조사하여 계량화한 것이다. 이 조사는 민주주의와 자유의 중요성을 강조하기 위한 것이고, 모든 국가와 지역에 대한 판단을 도와준다. 프리덤하우스 조사는 정부와 관련된 점수라기보다는 각 국가 또는 경계 안에 있는 개인들이 판단하는 권리와 자유에 관한 점수이다. 즉 개별 국가와 지역 안에서 정치적 조건에 대한 판단을 조사하는 것이 아니라, 이러한 조건이 개인의 자유에 미치는 결과에 대한 조사인 것이다. 정치적 권리는 국민들이 정치과정에 자유롭게 참여할 수 있는 것을 말한다. 자유로운 사회에서 정치적 권리란 투표할 수 있는 유권자의 권리, 공적 업무 그리고 공공정책에 대해 결정적 투표권을 가질 수 있는 선출직에 참여할 수 있는 권리를 말한다. 시민적 자유는 국가로부터 독립하여 사상, 조직, 개인적 자율성을 발전시킬 수 있는 자유를 함의한다(Karatnycky et al. 1999). 본 연구에서는 두 가지 정치적 권리와 시민적 자유 지수 중에서 시민적 자유와 관련된 지수만을 사용하고자 한다. 왜냐하면 본 연구는 시민사회의 자율성을 파악하기 위한 것으로써, 프리덤하우스의 시민적 자유지수가 이러한 의미에 부합하는 것으로 판단하기 때문이다.

3) 외적 변수로서 지구화

지구화와 정치체제 변동, 경제개혁과 민주화의 상관성 또는 경제개방과 민주주의가 소득불평등에 미치는 영향 등은 최근 논의되는 연구주제 중의 하나이다(Maxfield 2000; Reuveny and Li 2003).[14] 지구화의 범위와 정의는 논쟁적이지만, 지

14) 루베니와 리(Rafael Reuveny and Quan Li)의 연구는 경제적 개방이 소득불평등에 어떠한 영향을 주는지, 민주주의는 과연 소득불평등을 감소시킬 수 있는지를 경험분석하였다. 경험분석의 결과는 민주주의와 무역은 소득불평등을 줄이고, 해외직접투자는 소득불평등을 증가시키고, 금융자본의 이동은 소득불평등에 영향을 미치지 않는다는 것이다.

구화는 무역, 해외 직접투자, 금융자본 흐름의 경제적 개방을 함의한다(Held 2000). 또한 초국적 자본의 유동성을 파악하기 위한 가장 좋은 지표로는 주식-채권 시장에서 나타나는 해외자본의 유출입량이다. 그런데 이 지표에 관한 조사는 동아시아에서 1990년대 초반부터 가시화되고 되었고, 본고의 분석시기인 1980년대 중반은 관찰되지 않았다. 따라서 본고는 초국적 자본 흐름으로 대표되는 지구화를 국민총생산에서 무역이 차지하는 비율과 국민총생산에서 해외금융이 차지하는 비율과 국민총생산에서 자본유동성이 차지하는 비율의 합으로 측정하고자 한다.

Ⅲ. 분석모형, 연구가설, 연구방법 및 검증결과

1. 분석모형

정치체제의 민주성에 영향을 미치는 변수는 크게 내적 변수와 외적 변수로 구분하고, 내적 변수는 사회구조적 변수와 시민사회적 변수로 구분한다.

그림 2 정치체제 민주성의 결정요인 모형

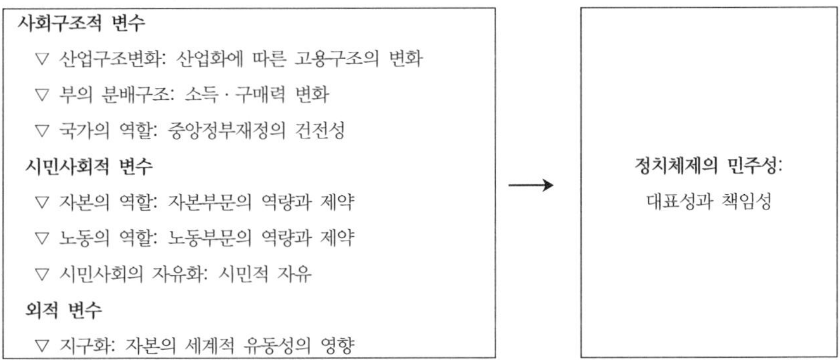

표 1 개념정의와 지표의 설정[15)]

구성개념		맥락정의(변인)	조작정의(지표)	측정방식
종속변수	정치체제의 민주성	정치적 민주주의	대표성과 책임성	Z(POLOCOMP)+Z(EXREC)+Z(EXCONST) · POLOCOMP: 선거경쟁도 · EXREC: 행정부 충원의 개방성 · EXCONST: 행정권력의 제약
독립변수	사회구조적 변수	산업구조변화	산업화에 따른 고용구조의 변화	Z(1차 산업고용비율)+Z(2차 산업고용비율)+Z(3차 산업고용비율)
		소득분배	소득 · 구매력 변화	Z(1인당 국민소득) + Z(소비자 구매력 지수)
		국가의 역할	중앙정부재정의 건전성	Z(GDP 대비 조세 비율)+Z(GDP대비 중앙정부의재정적자율)+Z(중앙정부지출에서 해외원조가 차지하는 비율)
	시민사회적 변수	자본의 역할	자본부문의 역량과 제약	Z(총국내 고정투자 대비 사적고정투자비율)+ Z(총자본형성 대비 해외직접투자율)+Z(외채)
		노동의 역할	노동부문의 역량과 제약	Z(전체지출에서 임금이 차지하는 비율)+Z(실업률)+Z(노동쟁의)
		시민사회의 자유화	시민적 자유	Z(프리덤하우스의 시민적 자유지수)
	외적 변수	초국적 자본의 영향	지구화	Z(GDP 대비 무역 비율)+Z(GDP 대비 해외금융이 차지하는 비율)+Z(GDP 대비 유동성이 차지하는 비율)

15) 측정방식에서 Z는 Z-score로서 한 분포 내에서 어떤 점수의 상대적 위치나 분포가 다른 두 점수들을 직접 비교하는데 유용하게 사용할 수 있는 점수이다.

2. 연구가설 및 계량통계 모형

표 2 연구가설 및 계량통계 모형

<table>
<tr><th colspan="2">동남아 지역모형</th><th colspan="2">개별 국가 모형</th><th rowspan="2">비고</th></tr>
<tr><th>연구가설</th><th>통계모형</th><th>연구가설</th><th>통계모형</th></tr>
<tr><td rowspan="4">인도네시아, 말레이시아, 필리핀, 태국의 정치체제의 민주성은 산업구조, 소득분배, 국가의 역할, 자본의 역할, 노동의 역할, 시민사회의 자유화, 지구화에 영향을 받을 것이다.</td><td rowspan="4">$Y=a + b_1X_1 + b_2X_2 + b_3X_3 + b_4X_4 + b_5X_5 + b_6X_6 + b_7X_7 + et$</td><td>인도네시아 정치체제의 민주성은 산업구조, 소득분배, 국가의 역할, 자본의 역할, 노동의 역할, 시민사회의 자유화, 지구화에 영향을 받을 것이다.</td><td>$Y_1=a + b_1X_1 + b_2X_2 + b_3X_3 + b_4X_4 + b_5X_5 + b_6X_6 + b_7X_7 + et$</td><td rowspan="4">Y: 동남아 4개 국가의 정치체제의 민주성(DEMOC)
Y_1: 인도네시아 정치체제의 민주성(IDEMOC)
Y_2: 말레이시아 정치체제의 민주성(MDEMOC)
Y_3: 필리핀 정치체제의 민주성(PDEMOC)
Y_4: 태국 정치체제의 민주성(TDEMOC)

X_1: 산업구조변화 따른 고용비율의 변화(CAS)
X_2: 소득 · 구매력 변화(INPUR)
X_3: 중앙정부재정의 건전성(CGF)
X_4: 자본의 역량과 제약(CA)
X_5: 노동의 역량과 제약(LA)
X_6: 시민사회의 자유(CL)
X_7: 초국적 자본유동성(GLOBAL)</td></tr>
<tr><td>말레이시아 정치체제의 민주성은 산업구조, 소득분배, 국가의 역할, 자본의 역할, 노동의 역할, 시민사회의 자유화, 지구화에 영향을 받을 것이다.</td><td>$Y_2=a + b_1X_1 + b_2X_2 + b_3X_3 + b_4X_4 + b_5X_5 + b_6X_6 + b_7X_7 + et$</td></tr>
<tr><td>필리핀 정치체제의 민주성은 산업구조, 소득분배, 국가의 역할, 자본의 역할, 노동의 역할, 시민사회의 자유화, 지구화에 영향을 받을 것이다.</td><td>$Y_3=a + b_1X_1 + b_2X_2 + b_3X_3 + b_4X_4 + b_5X_5 + b_6X_6 + b_7X_7 + et$</td></tr>
<tr><td>태국 정치체제의 민주성은 산업구조, 소득분배, 국가의 역할, 자본의 역할, 노동의 역할, 시민사회의 자유화, 지구화에 영향을 받을 것이다.</td><td>$Y_4=a + b_1X_1 + b_2X_2 + b_3X_3 + b_4X_4 + b_5X_5 + b_6X_6 + b_7X_7 + et$</td></tr>
</table>

3. 연구의 대상, 방법 및 자료

1) 연구대상

동남아시아 지역에는 미얀마, 태국, 말레이시아, 인도네시아, 라오스, 캄보디아, 베트남, 필리핀, 싱가포르, 브루나이, 동티모르 등 11개국이 있다. 본 연구는 동남아시아 국가 중에서 인도네시아, 말레이시아, 필리핀, 태국을 연구의 대상으로 삼고자 한다. 미얀마, 라오스, 캄보디아는 정치사회의 변동보다는 오히려 오랜 침체를 경험하고 있기 때문에 대상에서 제외하고, 사회주의 체제를 유지하고 있는 베트남은 경제적 변화에 따른 사회상태의 변화가 진행 중이지만 두드러진 정치체제의 변화는 아직 관찰되지 않기 때문에 제외하고자 한다. 그리고 싱가포르는 4개 비교 국가들과는 달리 '도시국가'로서 적은 인구수와 국가규모를 갖고 있기 때문에 분석에서 제외하고자 한다.

본 연구의 대상기간은 1985년에서 2000년까지이다. 20세기는 '다양한 정치체제의 실험기간'이다. 특히 제3세계에서는 제2차 세계대전 이후 식민지로부터 독립은 다양한 정치체제의 형성의 시작을 암시한다. 동아시아의 많은 나라들은 독립 직후 이식된 민주주의 체제의 짧은 경험이 붕괴되고 다양한 비민주적 정치체제의 출현을 경험하였다. 이러한 측면에서 아시아 지역에서 정치체제변동은 1986년 필리핀의 마르코스 체제의 붕괴를 시작으로 1980년대 중후반부터 체제이행의 양상들이 나타났고, 1990년대 초반 태국의 변화에 이어 1990년대 후반 경제위기로 촉발된 인도네시아와 말레이시아의 변화에서 포착될 수 있다. 이에 1980년대 중반에서 2000년까지를 본 연구의 분석시기로 삼고자 한다.

2) 연구방법 및 자료

통상적인 계량통계적 경험분석의 방법론적 규준을 따른다. 변인들간의 관계를 심도와 방향을 중심으로 측정함으로써 모형의 설명능력과 적실성을 탐색하는 방식을 취하기로 한다. 주로 사용될 분석기법은 중다회귀분석(重多回歸分析, multiple regressions)이며, 모든 독립변수 중에서 설명력이 가장 높은 변수 순으로 회귀방정식에 투입시켜 진행해나가는 단계선택방법(stepwise method)을 채택한다. 단계선택방법은 어떠한 변수가 모형에 대한 설명력을 가장 잘 예측할 수 있는지를 F검정치에 대한 유의확률값을 통해 결정할 수 있다(정충영 · 최이규 2002).

경험분석의 핵심은 믿을 만하고, 개념에 가장 적합한 '자료'를 찾는 데 있다고 해도 과언이 아니다. 이러한 측면에서 본 연구는 기본적인 한계를 갖고 있는 것이 사실이다. 앞의 '이론적 배경'에서 논의한 것처럼 본 연구의 문제의식에 입각한 개념설정과 지표를 직접적으로 설정하지 못하고, 간접적이고 2차적인 지표를 설정하고 측정하였다. 그 이유는 동남아 국가와 관련한 1차 자료의 취합과 축적의 어려움이다. 이러한 문제는 개인적인 능력의 문제뿐만 아니라 현 단계 동남아 지역연구의 구조적 한계를 내포하고 있다고 생각한다. 앞으로 동남아 지역연구에 대한 다양한 측면의 연구를 위해서도 시급히 해결해야 할 과제라고 생각한다. 자료의 제약성을 바탕으로 본 연구는 다음과 같은 자료를 사용하였다.

사회경제적 지표에 관한 경험적 연구에 필요한 자료는 세계은행(World Bank)에서 제공하는 *World Development Indicators 2002*를 사용하였다. 이 자료는 1960년부터 2001년까지 5개 분류 — 인구학적 변동, 환경, 경제, 국가와 시장, 지구화 — 에 따른 575개 범주의 1차 자료들이다. 그리고 사회경제지표 중에서 노동쟁의에 관한 경험적 지표는 한국 통계청에서 발간하는 『국제통계연감』을 사용하였다. 다음으로는 정치체제의 민주성에 관한 경험적 자료로는 *Polity Data Archive*를 사용하였다. 그 중에서도 Polity Ⅳ 인덱스와 2000년 인덱스를 사용하였다.[16] 시민사회의 민주성에 관한 경험적 지표로는 프리덤하우스의 지표 중에

16) 관련 사이트는 http://www.bsos.umd.edu/cidcm/polity/ 이다.

서 시민적 자유 지수를 사용하였으며, *Freedom in the World Country Ratings 1972-73 to 2001-2002* 에서 해당국가의 자료를 추출하였다.[17]

4. 검증결과

1) 동남아 4개국의 검증결과

표 3 동남아 4개국 정치체제 민주성 결정요인 검증결과

생존변수	중결정계수(R^2)	F값	Sig.
산업구조의 변화(X_1)	0.363	29.106	0.000

생존변수	비표준화 회귀계수 (B)	표준화 회귀계수 (Beta)	t값	Sig.	공선성 통계 (톨러런스 값)
(상수)	-0.174		-0.749	0.458	
산업구조의 변화(X_1)	1.734	0.603	5.395	0.000	1.000

위의 표에서 알 수 있는 것은 동남아시아 지역모형이 통계적 타당성을 갖고 있지만, 중결정계수(R^2)가 0.363, 약 40%로써 높은 설명력을 갖고 있다고 볼 수는 없다.

17) 관련 사이트는 http://freedomhouse.org/ratings/index.htm이다.

2) 인도네시아의 검증결과

표 4 인도네시아 정치체제 민주성 결정요인 검증결과

생존변수	중결정계수(R^2)	F값	Sig.
자본의 영향(X_4)	0.726	29.154	0.000

생존변수	비표준화 회귀계수 (B)	표준화 회귀계수 (Beta)	t값	Sig.	공선성 통계 (톨러런스 값)
(상수)	-0.127		-1.198	0.256	
국내자본의 영향(X_4)	0.293	0.852	5.399	0.000	1.000

인도네시아 국가의 분석결과는 모형이 통계적 타당성을 갖고 있을 뿐만 아니라 변수가 높은 설명력을 갖는다. F값이 유의 수준 p=0.05를 만족시키고, 중결정계수는 0.726이다. 전체 7개 변수 중에서 인도네시아 정치체제의 민주성에 영향을 미치는 변수는 자본의 영향력이라고 분석할 수 있다.

3) 말레이시아의 검증결과

표 5 말레이시아 정치체제 민주성 결정요인 검증결과

생존변수	중결정계수(R^2)	F값	Sig.
소득 · 구매력의 변화(X_2) 시민사회의 자유화(X_6)	0.952	78.512	0.000

생존변수	비표준화 회귀계수 (B)	표준화 회귀계수 (Beta)	t값	Sig.	공선성 통계 (톨러런스 값)
(상수)	-0.752		10.762	0.000	
소득 · 구매력의 변화(X_2)	-0.573	-0.901	11.568	0.000	1.000
시민사회의 자유화(X_6)	-0.299	-0.364	-4.676	0.002	0.732

말레이시아 국가의 분석결과는 F값이 유의수준(p=0.05)을 만족시키면서 통계적 타당성을 갖는다. 그리고 중결정계수가 0.952로서 높은 설명력을 갖는다고 평가할 수 있다. 그리고 말레이시아 사례의 경우 7가지 설명변수 중에서 소득-구매력의 변화, 시민사회의 자유화가 정치체제의 민주성에 영향을 미치는 것으로 나타났지만, 그 의미는 부정적 의미를 갖는다. 왜냐하면 회귀계수의 부호가 음의 부호를 보이고 있기 때문이다.

4) 필리핀의 검증결과

표 6 필리핀 정치체제 민주성 결정요인 검증결과

생존변수	중결정계수(R^2)	F값	Sig.
산업구조의 변화(X_1)	0.405	8.163	0.014

생존변수	비표준화 회귀계수 (B)	표준화 회귀계수 (Beta)	t값	Sig.	공선성 통계 (톨러런스 값)
(상수)	0.108		0.157	0.878	
산업구조의 변화(X_1)	2.543	0.636	2.857	0.014	1.000

필리핀 국가의 분석결과는 통계적 타당성을 갖는다. 필리핀 사례의 중결정계수의 값은 0.405로 인도네시아, 말레이시아와 비교해 보았을 때 낮은 값을 갖는다. 필리핀의 정치체제 민주성에 영향을 미치는 변수로는 산업구조의 변화임을 알 수 있다.

5) 태국의 검증결과

표 7 태국 정치체제 민주성 결정요인 검증결과

생존변수	중결정계수(R^2)	F값	Sig.
소득 · 구매력의 변화(X_2)	0.749	38.780	0.000

생존변수	비표준화 회귀계수 (B)	표준화 회귀계수 (Beta)	t값	Sig.	공선성 통계 (톨러런스 값)
(상수)	0.021		0.067	0.948	
소득 · 구매력의 변화(X_2)	1.127	0.865	6.227	0.000	1.000

태국의 분석결과도 F값이 유의수준($p=0.05$)을 만족시키면서 통계적 타당성을 갖는다. 중결정계수가 0.749로 높은 값을 갖는다고 볼 수 있다. 태국의 정치체제 민주성에 영향을 미치는 것은 소득 · 구매력 변수임을 알 수 있다.

Ⅳ. 검증결과의 이론적 해석

아래 **그림 3**은 1985년에서 2000년까지 동남아 4개국의 정치체제 민주성의 추이를 나타낸 것이다. 첫째, 변동폭의 측면에서 1985년에서 2000년까지 연구대상 4개 국가 중에서 필리핀이 정치체제의 급격한 변화를 경험한 사례에 속한다. 즉, 필리핀은 1986년 정치체제의 이행기간을 경험하였다. 변동폭이 그 다음으로 높은 사례는 태국이고, 완만한 변화를 보이는 것은 인도네시아와 말레이시아이다. 둘째, 정치체제 민주성의 측면에서 보았을 때, 1990년대 후반에서 2000년까지 인도네시아와 태국이 연구대상 4개 국가 중에서 가장 높고, 다음으로 말레이시아, 필리핀 순이다. 결론적으로 필리핀의 경우 체제변동의 폭은 크나 2000년 기준으로 보았을 때 연구대상 4개 국가 중에서 가장 낮은 정치체제 민주성을 보여주고 있다.

Polity Ⅳ 지수를 기준으로 체제 민주성의 수준을 상 · 중 · 하로 분류하였을 때, 연구대상 4개 국가의 체제 민주성은 중간 수준에 위치한다. 왜냐하면, 2000년을 기준으로 Polity Ⅳ 지수는 미국 27, 캐나다 27, 영국, 27, 룩셈부르크 27, 노르웨이 27, 덴마크 27, 스페인 27, 헝가리 27, 일본 27을 기록하고, 이것은 상위 수준에 위치하는 국가들이다. 한편, 멕시코 22, 브라질 22, 아르헨티나 22, 폴란드 23, 유고슬라비아 20 등으로서 중간 수준에 위치한 국가들이라고 볼 수 있다. 또한 중국 15, 캄보디아 13, 라오스 15, 탄자니아 16, 이라크 13, 사우디 11, 예멘 11을 기록하고 있으며, 10 이하의 국가들은 통고, 가봉, 르완다 등이다 (http://www.bsos.umd.edu/cidcm/polity/). 따라서 2000년을 기준으로 인도네시아 23, 말레이시아 21, 필리핀 20, 태국 23을 기록하고 있기 때문에, 4개국의 정치체제 민주성 수준은 상위군에 속하기보다는 중간 수준에 속한다고 볼 수 있다.

그림 3 정치체제 민주성 추이

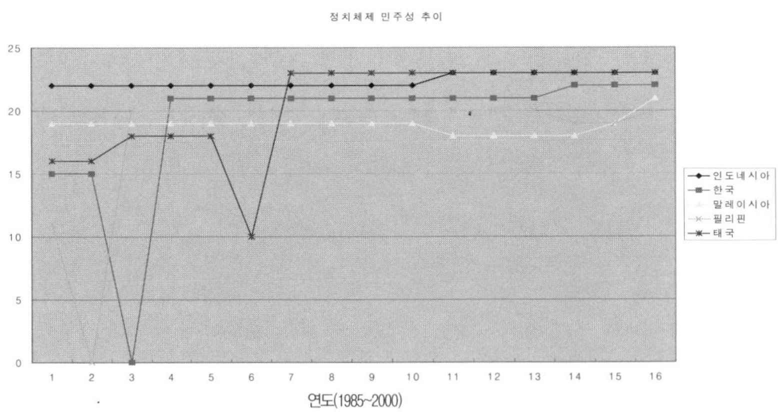

· 출처: Polity Ⅳ 인덱스 (http://www.bsos.umd.edu/cidcm/polity/)

1. 동남아시아 지역모형 분석

인도네시아, 말레이시아, 필리핀, 태국의 동남아시아 4개국 지역모형의 검증결과로써, 정치체제의 민주성을 결정하는 것은 산업구조(X_1), 소득분배(X_2), 국가의 역할(X_3), 자본의 역할(X_4), 노동의 역할(X_5), 시민사회의 자유화(X_6), 초국적 자본의 영향(X_7) 7가지 변수 중에서 산업구조의 변화가 40%의 설명력을 갖고 있다. 이러한 결과는 시민사회적 변수와 외적 변수보다는 사회구조적 변수가 더 많은 영향력을 갖고 있다는 것을 의미하고, 그 중에서는 산업화에 따른 고용구조의 변화로 표현되는 사회변화, 즉 거시구조적 사회변동이 정치적 변화에 영향을 미치는 것이라고 판단할 수 있다.

인도네시아, 말레이시아, 필리핀, 태국은 아시아의 후후발 신흥공업국으로서 1980년대 중반부터 급속한 경제성장률을 보인다. 특히 인도네시아, 말레이시아, 태국은 1965~90년 동안 세계에서 가장 빠른 성장사례에 속한다고 평가받는다(Hawes and Liu 1994). 1985년에서 1996년 경제위기가 있기 전까지 GDP 성장률은 태국 8.8%, 인도네시아 7%, 말레이시아 7.5%로 상당히 높았다. 하지만 필리핀은 2.6%로 다른 국가에 비하면 상당히 저조하였다.

아래 그림에서 나타내는 것처럼, 1997년 외환위기 이후 인도네시아, 말레이시아, 필리핀, 태국 모두 경제성장률이 급격하게 하락하여 마이너스 경제성장률을 보이지만, 급격한 하락에 버금가는 급격한 상승도 볼 수 있다. 또한 급격한 자본주의적 산업화는 전통사회의 계급구조를 변화시키면서, 각 산업별 고용구조의 변화를 동반한다. 아래의 **표 9**는 1980년부터 2000년까지 10년 단위로 1차, 2차, 3차 산업별 고용비율 변동이다.

표 8 GDP 성장률(%)

	인도네시아	말레이시아	필리핀	태국
1985	3	-1	-7	5
1986	6	1	3	6
1987	5	5	4	10
1988	6	10	7	13
1989	9	9	6	12
1990	9	9	3	11
1991	9	10	-1	9
1992	7	9	0	8
1993	7	10	2	8
1994	8	9	4	9
1995	8	10	5	9
1996	8	10	6	6
1997	5	7	5	-1
1998	-13	-7	-1	-11
1999	1	6	3	4
2000	5	8	4	4

· 출처: *World Development Indicators 2002* CD-Rom (World Bank 제공)

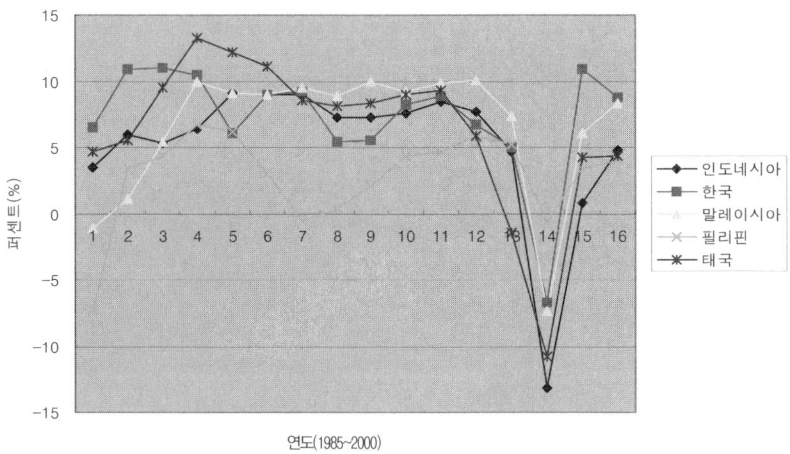

표 9 각 산업별 고용비율(%)

	인도네시아			말레이시아			필리핀			태국		
	1차	2차	3차	1차	2차	3차	1차	2차	3차	1차	2차	3차
1980	55.9	13.2	11.7	37.2	24.1	38.7	51.8	15.4	32.8	70.8	10.3	18.9
1990	55.9	13.7	30.2	26.0	27.5	46.5	45.2	15.0	39.7	64.0	14.0	22.0
2000	45.0	16.4	38.8	18.4	31.7	49.9	39.1	15.6	45.3	49.5	18.4	33.1

· 출처: *World Development Indicators 2002* (World Bank 제공)

1차 산업의 변동폭을 보면, 인도네시아는 10.9%, 말레이시아는 10.8%, 필리핀은 12.7%, 태국은 21.3% 줄었다. 2차 산업의 변동폭을 보면, 인도네시아는 3.2%, 말레이시아는 7.6%, 필리핀은 0.2%, 태국은 8.4% 증가하였다. 3차 산업의 변동폭을 보면, 인도네시아는 27.1%, 말레이시아는 11.2%, 필리핀은 12.1%, 태국은 14.1% 증가하였다. 이러한 결과에 근거하면, 1차 산업의 고용비율의 변동폭과 3차 산업의 변동폭이 비슷한 사례는 필리핀 국가이다.

2. 국가별 분석

인도네시아는 7개 변수 중에서 자본의 영향이 약 70%의 설명력을 갖고 있고, 말레이시아는 소득 · 구매력의 변화와 시민사회의 자유화 정도가 부정적인 영향으로서 약 95%의 설명력을 보여주고 있고, 필리핀은 산업구조의 변화가 약 40%의 설명력을 갖고 있고, 태국은 소득 · 구매력의 변화가 약 74%의 설명력을 보여주고 있다. 이러한 분석결과를 보았을 때, 동남아시아 지역모형의 가장 전형적인 사례가 필리핀 국가임을 알 수 있다. 아시아의 민주화는 경제발전보다는 시민사회와 관련이 있다는 견해(이와사키 이쿠오 2002)도 있지만 '때 이른' 평가인 것 같고, 현재 아시아 국가의 시민사회는 성장과 분화의 단계로 보여진다.

인도네시아 사례에서 자본의 역할이 높은 설명력을 갖는 것으로 밝혀졌다. 즉, 인도네시아의 경우 자본은 노동과 시민사회와 비교하여 상대적인 우위를 갖는다고 평가될 수 있다. 다른 국가와 1차 자료를 검토해 보았을 때, 인도네시아의 노동부문의 특징은 첫째, 총지출에서 임금이 차지하는 비율이 연구대상 4개 국가 중에서 가장 낮고, 둘째, 실업률이 높고, 셋째, 결과적으로 노동쟁의 행위가 상대적으로 높다. 그럼에도 불구하고 이러한 노동부문이 정치체제의 민주성에 영향을 주고 있지는 않다는 것은 인도네시아 정치체제의 책임성이 상대적으로 취약하다는 것을 함의한다. 프리덤하우스 지표를 보았을 때, 인도네시아의 시민사회의 자유화 정도는 연구대상 4개 국가 중에서 가장 낮았고, 90년대 중후반부터 말레이시아와 비슷한 수준에 있다. 따라서 인도네시아 정치체제의 민주성을 고양시키기 위해서 정치체제에 대한 노동의 반응성을 높이고, 시민사회의 자유화가 진전되어야 한다.

인도네시아의 자본형성 — 자본가계급 형성과 자본축적 — 은 수하르또(Soeharto) 시절에 급격하게 이루어졌다(신윤환 1993). 1977년에서 1990년까지 국내투자가 5,740억 루피아에서 598,780억 루피아로 증가했다는 사실에서 사적 부문이 국가부문을 능가하게 되었다는 것을 나타낸다(Robison 1993, 55). 그러나 인도네시아의 이러한 자본형성은 국가의 보호와 육성에 의해 형성된 것으로, 수하르또 신질서 체제의 통제경제정책은 중상주의와 가산제 · 지대-추구 행위라는 두 가지 측면에서 위로부터 자본가 계급을 형성하고 자본축적을 이루어 왔다(Robison 1993). 1980년대 중반 국제 원유가의 하락으로 구조조정을 통해 탈규제정책과 국영기업의 민영화를 중점으로 개혁조치를 이루어야 함에도 불구하고, 수하르또는 급격한 사회변동이 체제의 위험성을 가져올 수 있다는 판단하에 정치안정을 위해 경제논리를 무시하거나 왜곡하였다. 신질서 초기 광범위했던 정실체계는 서서히 집중화되어 1990년대 들어서면서 수하르또 개인과 그의 자녀들로 후견인 범위가 국한되었다. 즉, 1990년대 비약적인 경제적 발전은 수하르또의 권위주의를 더욱 강화시키는 기초가 되었다(양승윤 2000, 149). 그러나 1997년 경제위기는 인도네시아의 정치상황을 변화시킨 구조적인 요인이었다(윤진표 · 제대식 2000, 322). 수하르또 체제가 정치적 지지와 경제적 후원이라는 정실체계를 기반하고 있기에, 그 만큼 경제위기는 엘리트 내부의 균열을 가져오게 되는 계기로 작용하게 되는 것이다. 빠니고로(Arifin Panigoro) 같은 기업가는 수하르또 체제에 실망한 재계의 분위기를 선도하면서 공개적으로 수하르또 이후의 대안을 제기한 것이다(윤진표 · 제대식 2000, 323). 정리하자면, 인도네시아의 자본은 막강한 영향력을 갖고 있다. 그래서 현재적 수준에서 인도네시아의 정치체제 민주성에 가장 영향력을 미치는 부문이 사회부문인 것은 틀림없다. 하지만 자본이 비민주적인 정치체제에서 형성되어왔기 때문에 국가와 기업관계의 지대-추구행위, 후원-수혜관계, 정경유착의 특성을 갖고 있고, 이러한 국가-기업관계가 민주적 방향으로 재편된다면, 정치체제의 민주성은 더욱 높아질 것이라고 예측할 수 있다.

말레이시아는 정치체제의 민주성에 영향을 미치는 소득 · 구매력의 변화와 시민사회의 자유화 변수가 부정적(-) 영향을 나타내고, 높은 상관성을 보여주고 있다. 왜냐하면, 말레이시아는 높은 경제성장에 성공한 사례이지만 반면 동남아시아 4개국 중에서 가장 높은 지니계수(GINI Index)를 나타내고,[18] 또한 높은 경제성장률에 비하면, 소비자 구매력 지수는 4개국 중에서 최하위에 속한다. 이러한 결과는 말레이시아가 부의 불평등구조가 심화된 사회임을 반영한다. 그리고 말레이시아의 경우 프리덤하우스의 추이를 보면, 1990년대 중반 이후 시민사회의 자유화 정도는 더 나빠지는 것으로 나타난다.

---

18) World Development Indicatiors CD-Rom에 자료를 기초해 보면, 지니 계수가 인도네시아 31.70(1999년 조사), 말레이시아 49.0(1997년 조사), 필리핀 46.20(1997년 조사), 태국 41.40(1998년 조사)이다. 지니계수가 50에 육박하는 것은 라틴아메리카적 상황과 유사하다.

말레이시아가 태국과 필리핀보다 시민사회의 자유화 지수가 낮은 것은 말레이시아의 종족사회의 특징을 반영한다고 볼 수 있다. 말레이사회는 말레이인(63%), 중국계(27%), 인도인(8%)으로 이루어져 있고, 주요 정당도 각 종족을 단위로 조직되었다. 말레이인은 통일말레이국민조직(UMNO), 중국계의 말레이시아화인협회(MCA), 인도인은 말레이시아인도인의회(MIC)를 결성하고 있고, 말레이인은 예외 없이 말레이 정당에, 화인은 화인 정당에 투표한다. 말레이 정당은 말레이인 집단의 이익을, 화인 정당은 화인 집단의 이익을 제일 우선으로 생각하는 것이다(고우성 2001; 이와사키 이쿠오 2002). 그러나 말레이시아의 경우, 틈새 없는 듯한 국가와 사회연계구조도 조금씩 변화의 양상들이 나타난다. 첫째, 1990년대 말 183개 NGO의 탄생이다. 수는 적지만 종족분열을 뛰어넘어 종족 융화를 향한 사회개혁을 목표로 하는 운동이 나타나고 있다는 사실이다.[19] 둘째, 신세대 말레이인(Maleya Baru)이라 불리는 엘리트의 대두이다.[20] 셋째, 이슬람 원리주의 운동의 침투와 확대현상이다.[21] 이러한 이슬람운동의 확산은 신경제정책으로부터

19) 그 예가 1977년에 지식인을 중심으로 뻬낭에서 창설된 '알리란(Aliran: 국가의식각성동맹)'이다. 사회정의, 정치개혁 등을 기치로 말레이시아의 민주화, 인권의 개선을 위한 범국가적 운동을 전개하고 있다. 또 다른 대표적인 시민단체는 슈아람(Suaram)이다. 슈아람은 1987년 반정부 시위에서 야당 지도자, 사회운동가, 종교인 등 106명이 국가보안법과 공무원법으로 체포되자 이에 대한 저항의 의지로 1989년 설립된 비정부단체이다. 처음 설립 의도는 국가보안법의 폐지라는 단일한 목표였으나 이후 인권과 민주화, 사회정의를 위한 단체로 성장하였다(김지연 2002).

20) 신경제정책에 따른 부미뿌뜨라 정책을 실시한 정부의 의도는 말레이인에게 교육기회, 취업기회, 경제기회를 우선적으로 줌으로써 말레이인 전체를 밑바닥에서 끌어올리려는 데 있었다. 그러나 현실적으로 교육 기회와 경제기회가 일부 말레이인에게만 집중된 것이다. 부미뿌뜨라 정책의 혜택을 받은 젊은 말레이인 엘리트들이 중간층을 구성하게 된 것이다. 즉, 말레이인 내부에 소득격차와 사회계층을 확대한 결과로써 신세대 말레이인이라는 중간층을 탄생시킨 것이다(이와사키 이쿠오 2001).

21) 말레이시아에서는 닥와(dakwah)라고 불리우는 이슬람부흥운동이 있다. 그러나 소병국은 닥와는 단합된 움직임을 의미하는 운동이라기보다 흐름으로 보는 것이 옳다고 주장한다. 이러한 닥와 흐름은 1970년대와 80년대 말레이시아 사회전반에 걸쳐 이슬람 가치의 확산의 측면에서 성공을 거두었다고 볼 수 있으나, 이러한 지속적인 발전은 불투명하다고 판단한다. 왜냐하면 아래로부터의 이슬람화 운동은 마하티르에 의해 이슬람화정책으로 나타났고, 또한 포섭되지 못한 이슬람세력은 탄압을 통해 영향력을 잃어갔고, 또 내부적으

소외된 말레이계 저소득층 도시생활자와 대학생들에게 급속하게 확산되었다. 그러나 새롭게 등장하는 신중간층, 시민사회단체들과 이슬람운동이 민주주의에 기여할지는 아직 미지수이다. 그 이유는 그 동안 국가에 장착된 시민사회이기 때문에 NGO들은 많은 경우 종족 정치의 색채로부터 자유로울 수가 없다. 다음으로 말레이계 신중간층은 높은 소득과 높은 교육층으로 신경제정책의 수혜자들이기 때문이다. 따라서 기존 정책과 제도에 비판적 입장을 제시할 가능성이 적다. 마지막으로 안와르(Anwar Ibrahim)가 1982년 통일말레이국민조직에 참여했던 것처럼, 1996년 연합세력이었던 '46 정신(Semangat 46)'이 통일말레이국민조직에 흡수된 것처럼, 새롭게 만들어진 정치세력이 기존 종족정치로 흡수되기 때문이다.

필리핀 사회는, 검증결과에 따르면 동남아시아 사회변동의 전형적인 사례라고 볼 수 있다. 앞에서도 지적한 것처럼 동남아시아 지역모형의 결정변수와 필리핀 사회의 결정변수가 같다. 필리핀 국가는 동남아시아에서 가장 먼저 민주적 정치체제로의 변동을 경험하였지만, 2000년 기준으로 정치체제의 민주성 수준이 가장 낮은 국가이고, 시민사회의 자유화 정도를 보면 필리핀은 인도네시아, 말레이시아, 태국에 비해 높지만, 체제 민주성이 낮은 모순적 상황이다. 이러한 결과는 필리핀 사회구조의 특징을 반영하는 것이다. 흔히 "필리핀 사회는 강하고 국가는 약하다"는 평가를 받고, 이러한 특징 또한 민주주의를 위한 장점은 아니다(Lande 1991; 박사명 1999 재인용). 이러한 필리핀의 시민사회가 타 아시아 국가들보다는 다원주의적이고 자유주의적인 요소를 구비하고 있는 이유는 독립 직전의 식민종주국이 미국이라는 점에서 그 원인을 찾는다. 왜냐하면 미국은 식민통치 중반 이후부터 전략을 달리해서 민의 수렴이라는 명분하에 의회구성을 허락 및 조장함으로써 필리핀으로 하여금 '의사민주주의'를 경험하게 하였다. 그렇기 때문에 독립 후의 필리핀 정치가 비록 형식주의와 비효율로 점철되었지만, 타 아시아

로 분열이 가속화되기 때문이라고 지적한다(소병국 1997).

국가들보다는 활발하고 확산된 외연을 가지는 시민사회가 발달하게 되었다(박기덕 2002). 거의 모든 지역과 부문에서 다양한 시민사회조직의 자율적 조직과 활동이 급증함으로써 필리핀은 동남아시아에서 가장 역동적인 시민사회로 주목된다(박사명 1999). 그러나 이러한 시민사회가 스페인 식민통치기에 형성되고 미국 식민통치 기간에도 유지된 후원-수혜관계의 사회구조를 통하여 거의 전 민중부문을 헤게모니적으로 포섭하고 있기 때문에(박기덕 2002), 필리핀 시민사회의 체제비판적 성향은 양적 성장에 비해 취약하다고 볼 수 있다. 그리고 본질적으로 후원-수혜관계가 가산제의 근간을 이룬다. 지역 즉, 토지에 기초하고 있는 후원자는 외적 그리고 관료가 제공할 수 있는 자원들을 얻기 위해 기회들을 포착한다. 이것은 중앙국가에 비해 지역 과두의 권력이 줄어드는 것이 아니라 단지 오래 지속된 후원-수혜관계 안에 국가의 자원 역할을 증가시켰다. 전국적 선거체계의 맥락에서, 이러한 지방 과두들은 중앙정부의 특정한 분배능력을 끌어내기 위한 광범위한 능력을 유지하고 있다. 스페인 식민기간, 미국 식민기간, 일본의 짧은 식민기간, 마르코스의 개인독재시기까지 후원-수혜관계를 기본으로 한 세습주의 정치체제의 기본골격은 거의 변화하지 않았다. 따라서 상당한 지역적 권력을 갖는 지주계급의 정치적 후원과 중앙정부 관료의 경제적 수혜 사이의 확고한 관계는 필리핀의 정치지형을 변동시키는 데 제약요소로 작용하고 있다고 볼 수 있다.

태국의 정치체제의 민주성을 결정하는 요인은 사회구조적 변수 중에서 소득·구매력의 변화이다. 태국 사례에서는 경제성장에 따른 소득·구매력의 상승이 정치체제의 민주성을 이끄는 요인으로 작용한 것이다. 이러한 논의들을 사회구조적 측면에서가 아니라 시민사회 내의 행위자적 측면에서 좀 더 논해보자. 경제발전에 따른 사회적 변화가 정치체제에 영향을 미치는 경우는 중간층의 이해표출뿐만 아니라 자본의 이해표출에 있어서도 나타난다. 그러나 이러한 요소들이 정치체제의 민주성에 긍정적인 영향을 미칠지는 사례별로 논쟁적이다. 태국의 경우 1932년 입헌군주제로 변화한 이후, 1992년까지 태국의 가장 강한 정치세력은 군부였다. 태국의 정치학자 차이-아난(Chai-Anan Samudavanija)은 태국의 정치를 '악순환'이라고 표현했고, 이것은 1932년에서 1992년까지 정치적 위기 시기마다 군부쿠데타와 쿠데타 시도가 17번이 발생한 것에 기인한다(McCargo 2000). 그러나 이러한 악순환의 고리를 끊은 것은 1991년 군부쿠데타와 1992년 민주화투쟁으로써, 그 이후 비합법적인 방법에 의한 군부의 정치개입이 나타나지 않았다. 이러한 태국 정치의 변화원인은 태국의 급격한 경제성장과 산업화를 통해 태국 사회의 성격변화에 그 원인을 찾는다. 권력은 전통적 엘리트에서 중국계-태국 사업가로 이동하였고, 1980년대까지 내각이 관료와 퇴역한 군인에 의해 차지하고 있었다면, 새로운 사업가들의 태국 정치의 진출은 태국 사회가 다원주의 사회로 이끌 수 있도록 하였다고 평가한다. 다원주의 사회일수록 군부의 정치개입은 불가능하기 때문에 태국의 군부정치는 변화하였다고 본다(McCargo 2000). 동시에 경제성장은 학생, NGO, 미디어, 환경단체, 공무원단체를 포함한 새로운 정치적 이해를 갖는 새로운 세력의 발생을 수반하는 것으로 태국의 민주화는 다수가 근대화에 따른 중간계급 성장으로 설명한다(윤진표 1994). 특히 1992년 5월 사건은 정책결정에 대한 보다 큰 영향력을 획득하고자 하는 자본가계급과 중산층의 정치적 이해가 부합했기 때문으로 설명한다(Hewison 1993). 그러나 이러한 지배적인 견해에 전면적으로 반대하는 입장도 존재한다. 즉, 1992년 태국의 중간층의 태도는 직접적으로 민주주의를 지지했다기보다는 정권의 부패에 대한 정치적 반응으로 설명한다. 이때 중간층이 일관된 정치적 목적을 갖고 민주화를 진행시켰다기보다는 1991년 군부가 '부패척결'을 이슈로 권력을 찬탈했을 때, 국민은 적극적인 반대 의사를 표시하지 않았고 1992년 군부가 부패를 척결하고, 직접적으로 정치에 관여하지는 않겠다던 약속을 저버리는 일들이 나타나면서 시위는 증가하였다. 그러나 이 시위에 있어서도 화이트칼라와 전문가로 대표되는 중간층보다 학생, 실업자, 저소득층의 시위참여가 더 많았고, 피해도 더 컸다. 특히 이 시기에 중간층은 1980년대의 '준민주주의(semi-democracy)' 회복22)을 더 선호하면서 보수적 성격을 보였다고 지적한다(Englehart 2003). 즉, 태국의 민주화는 근대화로 인한 중간층의 성장이라기보다는 오히려 경제적 지구화와 긴밀한 연관을 갖고 있다는 점이다. 1997년의 경제위기는 개혁입법을 가능하게 하였고 이것은 태국 민주화 이행을 강화시키는 데 결정적인 역할을 하였다는 것이다(McCargo 2000; Englehart 2003). 왜냐하면 태국의 경제적 기초는 해외자본이기 때문에 태국의 경제는 국제 자본시장의 신뢰에 민감하다는 것이다. 국제 자본 시장이 민주정부와 정치적 안정을 선호한다는 정부 및 국민의 인식은 태국의 정치가들과 관료의 정치적 계산을 바꾸게 하였다는 것이다. 잉글하트(Englehart 2003)는 금융위기가 민주주의를 훼손하는 경향이 있다거나, 국제자본의 행동은 민주주의를 훼손하는 경향이 있다는 통상적인 주장과는 달리 태국의 경제시스템이 외국자본, 해외자본시장에 상당히 긴밀하게 연관되어 있기 때문에 1997년 외환위기 이후 정치적 안정과 민주정부를 선호하는 방향으로 변화하였다고 주장한다.

V. 맺음말

동남아시아 4개국 정치체제 민주성에 관한 경험적 연구가 갖는 이론적 함의는 다음과 같다. 첫째, 현재 수준에서 동남아시아 정치체제의 민주성은 사회구조적인 거시적 변화에 영향을 받고 있는 것이다. 왜냐하면 '소득 · 구매력의 변화'와

---

22) '준민주주의'는 태국의 고유한 정치특징을 설명하는 용어이다. '완전한 민주주의(full democracy)'와 대조를 이루는 개념으로써 쁘렘 총리 시절 이후 찻차이(Chatichai Choonhaven) 총리가 선거로 선출되었고, 정당의 수장으로서 연합정부를 형성하였다. 준민주주의는 쁘렘 총리 시절을 의미하고, 총리가 선거로 선출되지 않으면서, 국회는 군부에 호의적인 선출직 의원으로 구성되고, 관료 내의 기술관료들은 정책결정권의 우선성을 갖는 체제를 말한다(Likhit Dhiravegin. 1992. *Semi-Democracy: The Evolution of the Thai Political System*. Singapore: Times Academic Press).

'계급구조의 변화' 변수가 지역 및 개별국가 5개 모형 중에서 3개 모형에서 검증되었기 때문이다. 이것은 아직 시민사회의 다양한 요소들, 즉 자본, 노동, 시민사회의 자유화가 정치체제의 민주성에 영향을 미치지 못하고 있다는 것을 함의하고, 역으로 동남아시아 정치체제의 민주주의 수준의 한계를 반영하고 있다고 볼 수 있다. 둘째, 동아시아에서 시민사회적 요소들이 정치체제 민주성에 영향을 적게 또는 거의 미치지 않는 것으로 나타난다. 그렇다면 왜 체제 민주성에 시민사회의 요소들의 영향력이 적거나 거의 없는 것인가? 그 이유는 동아시아 시민사회의 형성의 구조적 특징에서 기인한다고 볼 수 있다. 시민사회의 주요한 구성요소인 자본가 계급, 사회단체, 노동단체들은 국가에 의해 '위로부터' 형성된 경우가 많다. 벨린은 제3세계의 사회세력들이 비민주적 체제에서 형성되었기 때문에 체제가 형식적으로 변화한다고 하더라도 기존의 비민주적 체제에서 형성된 국가와 사회관계, 즉 국가-자본, 국가-노동, 국가-시민단체의 관계가 실질적으로 바뀌지 않는다면, 체제변화의 의미가 삭감된다고 주장하였다(Bellin 2000). 벨린의 설명은 동남아시아 4개국에도 적용된다. 위로부터 포섭된 동남아시아의 시민사회는 1990년대를 거쳐 분화와 성장의 단계를 밟고 있기 때문에 동남아시아에서는 '시민사회의 반격'이라는 표현은 '때 이른' 분석이라고 볼 수 있다. 셋째, 지구화가 정치체제의 민주성에 어떠한 영향을 미칠 것인가? 경험분석의 결과로는 직접적인 영향을 갖고 있지 않은 것으로 나타난다. 대개 국가의 경우 수출주도형 산업화 전략이 이르면 1970년대 초반부터 늦으면 1980년 중반에는 실행됐기 때문에 1997년 일시적인 외환위기로는 정치체제를 변화시키는 직접적인 원인은 될 수 없었던 것으로 볼 수 있다. 그러나 경제위기로 인한 기존의 정치체제에서 나타난 정치와 경제의 융합이 더 이상 생명력을 가질 수 없음을 보여준다. 맥스필드(Sylvia Maxfield)는 금융자유화에 따른 시장개방이 두 가지 측면에서 민주적 공고화에 기여할 것이라고 보고 있다. 그 이유로 ① 과두적인 기업지배구조를 이완시키는 데 도움을 줌으로써 민주주의를 양산할 것이고, ② 시장의 신뢰를 회복하고 정보독점권을 해체함에 따라 합리적인 시장형성을 할 수 있고, 이것은 민주적 제도 형성에 영향을 미칠 것이라고 보았다(Maxfield 2000). 그러나 아직 동남아시아 국가들의 경제개혁은 이러한 목표와 수준으로 진행되고 있지 않다. 동남아시아 정치체제의 특수성 또는 이 체제가 민주주의에 기여할 수 없었던 가장 큰 특징이라고 한다면 국가-기업, 국가-자본 관계가 결정적이라는 측면에서 체제의 민주성을 위해 기존의 국가와 기업관계는 민주적으로 재편될 필요가 있다.

이와 같은 연구결과는 정치체제의 민주성 제고라는 측면에서 다음과 같은 연계를 갖고 있다. 첫째, 동남아시아 4개국의 정치체제 민주성 수준은 Polity Ⅳ 분석기준으로 보았을 때, 전 세계적 차원에서 중간수준이다. 그래서 시민사회의 다양한 사회세력이 체제 민주성에 영향을 미치지 않고 있기 때문에 체제 민주성 제고를 위해 시민사회 영역 또는 다양한 사회세력의 정치적 영향력을 높이는 방안을 모색해야 한다. 둘째, 정당정치의 활성화와 제도화를 위해 기존 정당의 사회적 기반에 관한 연구 및 신생정당의 출현과 신생정당의 사회적 기반에 관한 연구를 좀 더 구체적으로 발전시킬 필요가 있으며, 이는 기존 구체제의 정당체계에서 대표되지 못하였던 새로운 사회세력의 사회적, 정치적, 경제적 요구를 반영할 수 있는 제도개혁의 문제와 연관되기 때문이다. 셋째, 현재 시민사회에 대한 동아시아 지역 및 개별국가들의 연구는 체제 민주성 제고라는 측면에서 중요하게 부각되지만, 다양한 각도에서 논쟁 사안이 될 수 있다. 사회의 다양한 세력의 분화를 전제로 한 시민사회론이 아시아에 적용가능한가? 민주주의론이 서구적 담론으로서 동아시아 지역에 적용가능한가, 또는 체제로서 민주주의는 동아시아에 적용가능한가? 아시아의 전통적 요소가 존재한다면, 체제 민주성이라는 측면에서 동아시아의 문화적 전통은 어떠한 영향을 미치고 있는가? 이러한 질문들은 '아시아적 가치' 논쟁에서 일정 정도 다루어진 문제들이기도 하지만, 해결된 문제라고는 볼 수 없다. 따라서 비교정치론적 차원에서 이러한 사안들은 앞으로도 충분히 다양한 각도에서 다루어져야 할 것이라고 판단한다.

참고문헌

고우성. 2001. "말레이시아의 정당정치." 동남아지역연구회 편. 『동남아의 정당정치』. 서울: 오름.

김웅진. 2002. "지역연구의 목적 · 영역 · 전략: 경험과학적 재구성." 이상환 · 김웅진 외.『지역연구: 영역 · 대상 · 전략』. 서울: 형설출판사.

김윤태. 1999. "동아시아 발전국가와 지구화." 『한국사회학』 33.

김일영. 2001. "한국에서 발전국가의 기원, 형성과 발전 그리고 전망." 『한국정치외교사논총』 23(1).

김지연. 2002. "말레이시아 신경제정책과 사회변동: 중간계급의 성장을 중심으로." 연세대학교 석사학위논문.

박기덕. 2002. "필리핀 정치변동과 시민사회의 역할: 호혜적 포섭, 전략적 동원 그리고 민주적 참여." 『한국정치학회보』 36(1).

박사명. 1999. "필리핀 사회운동의 충격과 전환." 『국제정치논총』 39(3).

박은홍. 1999. "발전국가론 재검토: 이론의 기원, 구조, 그리고 한계." 『국제정치논총』 39(3).

손호철. 2000. "전환의 한국정치: '61년 체제'의 해체와 변형." 『아세아연구』 103.

신윤환. 1993. "'현대적 형태의 원시적 축적': 인도네시아의 재벌형성과정에 관한 일 연구." 『한국정치학회보』 27(2).

양승윤. 2000. "역대 총선거로 본 인도네시아 정치 · 경제 변동 50년." 『21세기 비교정치학』. 서울: 삼영사.

원순구. 2000. "말레이시아의 재정구조 및 특징에 관한 연구." 『동남아연구』 10.

윤진표. 1994. "태국의 정치변동과 민주화의 과제." 동남아지역연구회 편. 『동남아의 정치변동』. 서울: 서울프레스.

윤진표 · 제대식. 2000. "인도네시아의 민주화 연구: 군부와 이슬람세력 간의 동학." 『국제정치논총』 40(3).

이종찬. 1995. "동아시아 정치경제이론들에 대한 비판적 고찰: 신제도주의 이론을 중심으로." 『한국정치학회보』 29(4).

이와사키 이쿠오. 최은봉 편역. 2002. 『아시아 국가와 시민사회』. 서울: 을유문화사.

정충영 · 최이규. 2002. 『SPSS WIN을 이용한 통계분석』. 서울: 무역경영사.

최장집. 2002. 『민주화 이후의 민주주의』. 서울: 후마니타스.

Bellin, Eva. 2000. "Contingent Democrats: Industrialists, Labor, and Democratization in Late-Developing Countries." *World Politics* 52.

Carothers, Thomas. 2002. "The End of the Transition Paradigm." *Journal of Democracy* 13(1).

Dahl, Robert A. 1971. *Polyarchy: Participation and Opposition*. New Haven and London: Yale University Press.

Deyo, Frederic C., ed. 1987. *The Political Economy of the New Asian Industrialism.* Ithaca and London: Cornell University Press.

Diamond, Larry. 1999. *Developing Democracy: Toward Consolidation.* Baltimore : The Johns Hopkins University Press.

______. 2002. "Thinking about Hybrid Regimes." *Journal of Democracy* 13(2).

Ehrenberg, John. 1999. *Civil Society: The Critical History of an Idea.* New York and London: New York University Press; 존 에렌버그. 김유남 · 주미영 · 이상환 옮김. 2002. 『시민사회, 사상과 역사』. 서울: 아르케.

Englehart, Neil A. 2003. "Democracy and the Thai Middle Class: Globalization, Modernization, and Constitutional Change." *Asian Survey* 43(2).

Evans, Peter. 1995. *Embeded Autonomy: States and Industrial Transformation.* Princeton, New Jersey: Princeton University Press.

Gainsborough, Martin. 2002. "Political Change in Vietnam: In Search of the Middle-Class Challenge to the State." *Asian Survey* 42(5).

Gasiorowski, Mark. J. and Timothy J. Power. 1998. "The Structural Determinants of Democratic Consolidation: Evidence From the Third World." *Comparative Political Studies* 31(6).

Hawes, Gary and Hong Liu. 1994. "Explaining the Dynamics of the Southeast Asian Political Economy: State, Society, and the Search for Economic Growth." *World Politics* 45(4).

Held, David, ed. 2000. *A Globalizing World? Culture, Economic, Politics*. London and New York: Routledge.

Hewison, Kevin. 1989. *Bankers and Bureaucrats: Capital and the Role of the State in Thailand.* New Haven: Yale University Southeast Asia Studies.

Hoogvelt, Ankie. 1997. *Globalization and the Postcolonial World: The New Political Economy of Development.* Baltimore, Maryland: The Johns Hopkins University Press.

Huntington, Samuel P. 1991. *The Third Wave: Democratization in the Late Twentieth Century.* Norman: University of Oklahoma Press.

Johnson, Charlmers. 1982. *MITI and Japanese Miracle: The Growth of Industrial Policy,*

1925-1975. Stanford: Stanford University Press.

Karatnycky, Adrian. et al. 1999. *Freedom in the World: The Annual Survey of Political Rights & Civil Liberties 1998-1999.* New York: Freedom House.

Kim, Euiyoung. 2002. "Reconstructing the Development State." Young Rae Kim, Hochul Lee, and In-Sub Mah, eds. *Redefining Korean Politics: Lost Paradigm and New Vision.* Seoul: Korean Political Science Association.

Lawson, Stephanie. 1993. "Conceptual Issue in the Comparative Study of Regime Change and Democratization." *Comparative Politics* 25(2).

Levitsky, Steven and Lucan A. Way. 2002. "The Rise of Competitive Authoritarianism." *Journal of Democracy* 13(2).

Lijphart, Arend. 1984. *Democracies: Patterns of Majoritarian and Consensus Government in Twenty-One Countries.* New Haven, CT: Yale University Press.

Linz, Juan. J. 1975. "Totalitarian and Authoritarian Regimes." N. Polsby and F. Greenstein, eds. *Handbook of Political Science.* Mass: Addison Wesley Press.

______. 2000. *Totalitarian and Authoritarian Regimes.* Lynne Rienner Publishers.

Linz, Juan J. and Alfred Stepan. 1996. *Problems of Democratic Transition and Consolidation: Southern Europe, South America and Post-Communist Europe.* Baltimore: The Johns Hopkins University Press.

McCargo, Duncan. 2000. "Thailand: Crisis or Reform?" *Asian Affairs* 31(2).

Macridis, Roy C. 1986. *Modern Political Regimes: Patterns and Institutions.* Boston, Toronto: Little, Brown and Company; 김강녕 옮김. 1989. 『현대정치체제론: 유형과 제도』. 서울: 인간사랑.

Maxfield, Sylvia. 2000. "Capital Mobility and Democratic Stability." *Journal of Democracy* 11(4).

Moon, Chung In and Sang-Young Rhyu. 2002. "Dismantling Development State." Young Rae Kim, Hochul Lee, and In-Sub Mah, eds. *Redefining Korean Politics: Lost Paradigm and New Vision.* Seoul: Korean Political Science Association.

Munck, Gerardo L. 2001. "The Regime Question: Theory Building in Democracy Studies." *World Politics* 54.

Munck, Gerardo L. and Jay Verkuilen. 2002. "Conceptualizing and Measuring Democracy: Evaluating Alternative Indices." *Comparative Political Studies* 35(1).

Przeworski, Adam. 1991. *Democracy and The Market.* Cambridge: Cambridge University Press; 임혁백 옮김. 1997.『민주주의와 시장』. 서울: 한울아카데미.

Przeworski, Adam, Michael E. Alvarez, Jose Antonio Cheibub and Fernando Limongi. 2000. *Democracy and Development: Political Institutions and Well-Being in the World, 1950-1990.* Cambridge: Cambridge University Press.

Reuveny, Rafael and Quan Li. 2003. "Economic Openness, Democracy, and Income Inequality: An Empirical Analysis." *Comparative Political Studies* 36(5).

Robison, Richard. 1993. "Indonesia: Tensions in State and Regime." Kevin Hewison, Richard Robison, and Garry Rodan, eds. *Southeast Asia in the 1990s: Authoritarianism Democracy and Capitalis.* St. Lednards: Allen & Unwin.

Rueschemeyer, Dietrich, Evelyne Huber Stephens and John D. Stephens. 1992. *Capitalist Development and Democracy.* Chicago: Chicago University Press; 뤼시마이어 외. 박명림 · 조찬수 · 권혁용 역. 1997.『자본주의 발전과 민주주의: 민주주의의 비교역사 연구』. 서울: 나남출판사.

Schedler, Andreas. 2002. "The Menu of Manipulation." *Journal of Democracy* 13(2).

Schimitter, Philippe C. and Terry Karl. 1996. "What Democracy Is....and Is not." Larry Diamond and Marc F. Platter, eds. *The Global Resurgence of Democracy.* Baltmore and London: The Johns Hopkins University Press.

1차 자료

한국통계청.『국제통계연감』(한국통계청 출간)

Freedom House Indicator의 출처. http://freedomhouse.org/ratings/index.htm.

Polity Data Archive의 출처. http://www.bsos.umd.edu/cidcm/polity/.

World Development Indicators 2002 CD-Rom(World Bank 제공).

〈부록 1〉 전체 고용에서 1차 산업, 2차 산업, 3차 산업 고용비율 (%)

년도	인도네시아			말레이시아			필리핀			태국		
	농업	산업	서비스업	농업	산업	서비스업	농업	산업	서비스업	농업	산업	서비스업
1985	54.70	13.40	31.80	30.40	23.80	45.40	49.60	13.80	36.50	68.40	12.10	22.00
1986	55.10	8.20	36.50	30.60	22.90	46.50	49.80	13.40	36.80	66.70	10.60	22.60
1987	55.00	8.30	36.70	30.90	22.30	46.80	47.80	14.60	37.60	64.40	11.80	23.80
1988	55.90	8.30	30.40	30.60	22.60	45.90	46.10	15.60	38.30	66.40	11.30	22.20
1989	56.20	13.30	30.40	28.70	25.40	45.90	45.10	15.80	39.10	66.50	12.10	21.30
1990	55.90	13.70	30.20	26.00	27.50	46.50	45.20	15.00	39.70	64.00	14.00	22.00
1991	53.90	14.50	31.40	24.40	29.30	38.90	45.30	16.00	38.70	60.30	15.40	24.20
1992	54.90	14.10	30.90	21.80	31.60	46.60	45.40	16.00	38.50	60.80	15.80	23.30
1993	50.60	15.70	33.50	21.10	32.00	46.90	45.80	15.50	38.60	56.70	17.50	25.70
1994	44.00	18.40	37.60	22.90	34.10	37.90	44.70	15.80	39.50	56.00	18.00	26.00
1995	46.10	18.70	35.00	20.00	32.30	47.70	44.10	15.60	40.30	52.10	19.80	28.10
1996	44.00	18.10	37.90	19.40	32.20	48.40	41.70	16.60	41.60	50.00	20.80	29.10
1997	41.20	19.00	39.80	17.30	33.70	49.00	40.40	16.70	42.90	50.30	19.70	29.90
1998	45.00	16.30	38.80	18.80	31.80	49.40	39.90	15.70	44.40	51.30	17.70	31.00
1999	-	-	-	18.40	31.70	49.90	39.10	15.60	45.30	49.50	18.40	33.10
2000	-	-	-	-	-	-	-	-	-	-	-	-

· 자료출처: *World Development Indicators 2002*(World Bank 제공).

〈부록 2〉 1인당 국민소득 〔GNI per capital, Atlas Method (Current US $))과 소비자 구매력 (Purchasing Power Parity, LCU International $)

년도	인도네시아		말레이시아		필리핀		태국	
	GNI/C	PPP	GNI/C	PPP	GNI/C	PPP	GNI/C	PPP
1985	520	483	1940	2	530	4	810	10
1986	520	454	1890	1	560	4	850	9
1987	520	477	1970	1	620	4	970	9
1988	550	507	2140	1	680	4	1190	9
1989	570	567	2240	1	720	5	1350	10
1990	620	606	2380	1	740	5	1520	10
1991	680	645	2540	1	740	6	1680	11
1992	740	655	2860	1	790	6	1900	11
1993	810	705	3210	1	840	7	2130	11
1994	890	755	3580	1	940	7	2410	11
1995	1000	800	4030	1	1040	8	2770	11
1996	1110	864	4480	1	1190	8	3010	12
1997	1110	974	4600	2	1240	9	2780	12
1998	660	1672	3640	2	1090	10	2110	13
1999	580	1854	3450	2	1060	11	2000	12
2000	570	2016	3380	2	1040	11	2000	13

· 자료출처: *World Development Indicators 2002*(World Bank 제공).

〈부록 3〉 조세수입(Tax Revenue, % of GDP), 중앙정부의 재정적자(Central Government Debt, % of GDP), 원조 (Aid, % of Central Government Expenditure)

년도	인도네시아			말레이시아			필리핀			태국		
	TR	CGD	AID	TR	CGD	AID	TR	CGT	AID	TR	CGT	AID
1985	18.04	31.71	3.22	22.49	80.97	2.52	10.70	32.86	13.36	13.71	32.36	5.73
1986	13.95	49.88	3.66	21.58	101.51	2.04	10.77	39.37	22.76	13.64	35.41	5.53
1987	14.53	50.33	7.86	16.74	101.65	3.86	12.58	55.65	13.88	13.67	33.64	5.31
1988	14.32	53.61	9.58	17.22	-	1.07	11.30	53.29	13.42	14.82	28.99	5.71
1989	14.85	43.71	10.00	17.07	-	1.27	13.23	49.71	10.79	15.60	23.29	6.96
1990	17.75	42.42	8.28	19.07	-	3.63	14.08	51.30	14.69	17.05	18.44	6.63
1991	15.64	36.64	8.83	20.32	-	2.10	14.60	46.69	12.07	17.68	13.36	5.05
1992	15.75	39.30	8.07	20.41	-	1.20	15.44	52.77	16.47	15.89	10.87	4.59
1993	14.35	37.49	7.64	16.69	-	1.74	15.61	67.13	14.79	16.17	8.42	3.06
1994	16.30	36.57	5.73	20.35	-	2.08	16.02	56.41	9.0	16.63	5.77	2.46
1995	16.02	30.80	4.68	19.85	-	1.32	16.29	61.06	6.69	16.87	4.63	3.23
1996	14.69	23.90	3.37	19.73	-	0.31	16.93	53.18	5.89	17.14	3.68	2.77
1997	16.53	72.48	2.18	18.93	-	0.31	16.98	55.65	4.38	16.04	4.61	2.05
1998	15.44	55.20	7.42	-	-	0.36	15.63	66.61	5.05	14.38	10.83	2.77
1999	16.51	44.79	7.80	-	-	0.33	14.50	59.41	4.65	13.88	20.76	3.29
2000	-	-	-	-	-	-	13.92	65.60	3.95	14.13	22.78	2.90

· 자료출처: *World Development Indicators 2002*(World Bank 제공).

〈부록 4〉 사적고정투자(Private Fixed Investment, % of Gross Domestic Fixed Investment), 해외직접투자(Foreign Direct Investment, net inflows, % of Gross Capital Formation), 외채(External Debt, Current US $)

년도	인도네시아			말레이시아			필리핀			태국		
	PFI	FDI	ED	PFI	FDI	ED	PFI	FDI	ED	PFI	FDI	ED
1985	57	1	3.67E+10	53	9	2.03E+10	79	0	2.66E+10	68	1	1.75E+10
1986	67	1	4.29E+10	54	7	2.19E+10	83	3	2.82E+10	71	2	1.85E+10
1987	70	2	5.25E+10	60	6	2.28E+10	83	5	2.98E+10	78	2	2.03E+10
1988	68	2	5.41E+10	64	9	1.86E+10	84	13	2.89E+10	84	6	2.17E+10
1989	69	2	5.92E+10	63	15	1.63E+10	83	6	2.87E+10	85	7	2.35E+10
1990	70	3	6.99E+10	65	16	1.53E+10	82	5	3.06E+10	85	7	2.81E+10
1991	68	4	7.95E+10	68	23	1.71E+10	79	6	3.25E+10	83	5	3.77E+10
1992	66	4	8.80E+10	60	24	2.00E+10	76	2	3.30E+10	79	5	4.18E+10
1993	65	4	8.92E+10	62	20	2.61E+10	79	9	3.59E+10	80	4	5.26E+10
1994	69	4	1.08E+11	68	15	3.03E+10	80	10	3.94E+10	78	2	6.55E+10
1995	73	7	1.24E+11	72	11	3.43E+10	80	9	3.78E+10	78	3	1.00E+11
1996	77	9	1.29E+11	74	12	3.97E+10	81	8	4.01E+10	75	3	1.08E+11
1997	79	7	1.36E+11	74	12	4.72E+10	80	9	4.57E+10	66	8	1.10E+11
1998	71	-2	1.51E+11	58	11	4.24E+10	76	10	4.83E+10	67	32	1.05E+11
1999	61	-16	1.51E+11	51	9	4.19E+10	69	11	5.30E+10	68	26	9.68E+11
2000	-	-17	1.42E+11	49	7	4.18E+10	69	11	5.01E+10	69	12	7.97E+11

· 자료출처: *World Development Indicators 2002*(World Bank 제공).

〈부록 5〉 임금(Wage and Salaries, % of total expenditure), 실업률(Unemployment, % of total labor force), 노동쟁의(Working days lost)

년도	인도네시아			말레이시아			필리핀			태국		
	WAG	UNE	WL	WAG	UME	WL	WAG	UNE	WL	WAG	UNE	WL
1985	13.43	-	557	33.51	6.9	36	34.24	6.1	2457	28.99	4.1	13
1986	14.55	-	109	33.44	8.3	18	29.05	6.4	3637	30.42	6.5	157
1987	14.84	-	48	35.98	7.3	11	28.79	9.1	1907	31.58	4.7	89
1988	14.47	-	108	30.69	7.2	5	30.50	8.3	1524	31.77	3.3	39
1989	16.10	-	30	28.00	6.3	24	29.96	8.4	955	33.63	2.2	99
1990	15.57	-	316	25.78	5.1	301	28.52	8.1	1344	34.57	1.7	71
1991	16.42	-	534	25.95	-	23	29.27	9.0	1139	33.26	1.9	236
1992	15.52	-	1019	27.48	3.7	16	27.04	8.6	723	33.86	2.7	155
1993	17.84	-	966	27.47	3.0	7	27.63	8.9	709	32.17	1.5	214
1994	14.14	-	1421	27.23	-	5	27.16	8.4	567	29.31	1.2	81
1995	13.26	-	1300	26.18	2.8	4	31.91	8.4	584	33.77	1.1	219
1996	16.32	4.00	2496	28.88	2.5	2	30.72	7.4	518	31.87	1.1	92
1997	9.81	4.70	1250	26.12	2.5	2	-	7.9	672	27.39	0.9	150
1998	8.68	5.50	-	-	3.2	2	33.80	9.6	556	26.73	3.4	213
1999	8.55	6.40	-	-	3.4	10	28.42	9.6	229	24.95	3.0	142
2000	-	6.10	-	-	3.0	6	28.29	10.1	319	33.49	2.4	225

· 자료출처: *World Development Indicators 2002*(World Bank 제공); 『국제통계연감』(한국통계청 출간).

〈부록 6〉 프리덤하우스 중에서 시민적 자유 지수

	인도네시아	말레이시아	필리핀	태국
1985	6	5	4	4
1986	6	5	3	4
1987	6	5	2	3
1988	6	5	2	3
1989	5	5	3	3
1990	5	4	3	3
1991	5	4	3	3
1992	5	4	3	4
1993	5	4	3	4
1994	6	5	3	5
1995	6	5	4	5
1996	6	5	4	4
1997	5	5	4	3
1998	5	5	3	3
1999	4	5	3	3
2000	4	5	3	3

· 출처: http://freedomhouse.org/ratings/index.htm.

〈부록 7〉 무역량(Trade in goods, % of GDP), 해외금융부문(Financing from abroad, % of GDP), 자본유동성(Quasi-liquid liabilities, % of GDP)

년도	인도네시아			말레이시아			필리핀			태국		
	TRA	FFA	QLL	TRA	FFA	QLL	TRA	FFA	QLL	TRA	FFA	QLL
1985	32.52	0.72	13.33	87.31	2.19	89.98	32.73	0.03	24.85	42.06	1.72	52.88
1986	31.98	2.69	15.02	87.06	2.27	112.3	34.05	0.59	22.71	41.87	1.00	55.43
1987	38.10	0.35	16.58	95.20	2.79	102.3	38.59	0.99	21.89	48.83	0.38	56.61
1988	36.84	2.24	18.77	106.7	3.42	97.75	41.49	0.53	23.82	58.76	0.63	56.38
1989	38.05	1.60	21.27	122.4	1.13	44.96	44.37	0.89	26.47	63.45	0.08	60.49
1990	41.52	0.72	29.11	133.2	0.72	43.04	47.61	0.38	28.37	66.14	1.48	65.99
1991	42.92	0.72	29.42	144.5	0.12	45.64	47.45	0.55	29.43	67.20	0.15	68.68
1992	44.03	0.41	32.80	136.3	2.25	75.69	47.56	1.06	31.44	65.64	0.38	70.50
1993	41.23	0.14	33.17	138.6	1.93	80.22	54.89	0.88	37.23	66.27	0.11	74.79
1994	40.72	0.08	34.09	159.0	2.49	76.98	56.09	0.68	41.76	69.00	0.08	72.74
1995	42.57	0.37	37.68	170.6	0.81	81.53	61.84	0.70	46.55	75.60	0.18	74.18
1996	40.79	0.50	42.45	155.4	0.93	90.91	65.82	0.28	50.48	70.19	0.06	74.97
1997	44.09	0.74	44.46	157.5	0.06	94.50	77.12	0.28	56.03	79.55	0.22	89.55
1998	79.81	5.20	50.36	182.3	-	107.3	93.46	0.46	55.06	87.05	1.29	102.7
1999	51.42	1.44	47.32	189.0	-	110.7	90.79	2.78	54.93	89.12	1.18	100.5
2000	62.40	-	45.33	201.2	-	106.3	98.47	2.38	54.70	107.2	0.67	101.2

· 자료출처: *World Development Indicators 2002*(World Bank 제공)

〈부록 8〉 Polity 인덱스: 행정부충원경쟁도(EXREC), 행정권력제약수준(EXCONST), 선거경쟁도(POLOCOMP)

년도	인도네시아			말레이시아			필리핀			태국		
	REC	CON	POL	REC	CON	POL	REC	CON	POL	REC	CON	POL
1985	10	7	5	8	5	6	7	2	2	8	3	5
1986	10	7	5	8	5	6	-88	-88	-88	8	3	5
1987	10	7	5	8	5	6	10	7	3	10	3	5
1988	10	7	5	8	5	6	10	7	3	10	3	5
1989	10	7	5	8	5	6	10	7	3	10	3	5
1990	10	7	5	8	5	6	10	7	3	1	3	6
1991	10	7	5	8	5	6	10	7	3	10	7	6
1992	10	7	5	8	5	6	10	6	4	10	7	6
1993	10	7	5	8	5	6	10	6	4	10	7	6
1994	10	7	5	8	5	6	10	6	4	10	7	6
1995	10	7	6	8	4	6	10	6	4	10	7	6
1996	10	7	6	8	4	6	10	6	4	10	7	6
1997	10	7	6	8	4	6	10	6	4	10	7	6
1998	10	7	6	8	4	6	10	5	4	10	7	6
1999	10	7	6	8	5	6	10	5	4	10	7	6
2000	10	6	7	8	6	7	10	6	4	10	7	6

· 출처: http://www.bsos.umd.edu/cidcm/polity/

제12장 | 동남아의 후발산업화, 지구화, 그리고 선거민주주의: 민주화와 자유화에 따른 정치 · 경제적 변화*

김세걸 · 이동윤

Ⅰ. 문제제기

일본의 경제성장에 뒤이어 한국, 대만, 홍콩, 싱가포르 등 이른바 '네 마리 용'(four dragons)의 급속한 궤적을 따라 비상하는 것으로 보였던 동남아 후발산업국들에게 1997년의 동아시아 경제위기는 커다란 충격을 가져다 준 것이 사실이다. 홍콩으로부터 촉발된 금융위기는 태국으로 급속하게 확산되어 말레이시아, 인도네시아에 뒤이어 '한강의 기적'이라 불리는 한국에서 그 종지부를 찍게 되었다. 이른바 "지구화는 발전국가를 전복시킨다"(Jayasuriya 2002)는 주장이 바야흐로 현실화되는 것처럼 보였다. 특히 다음과 같은 세 가지 측면에서의 변화는 설령 지구화가 후발산업화 전략으로서 발전국가 모델을 채택하고 있는 이 국가들을 완전히 전복시키지는 않을지라도 근본적인 전환을 야기하게 될 것이라는 사실을 암시하고 있었다.

---

* 이 논문은 『동아연구』 51집(2006. 8.)에 같은 제목으로 게재된 것이다.

첫째, 지난 수십 년 동안 동남아를 포함하여 동아시아 대부분의 국가들에서 나타난 후발산업화의 성공조건은 정치권력이 경제발전에 지대한 영향을 끼치는 발전국가로 특징지어졌다. 국가는 정치권력을 통해 자금공급원을 장악함으로써 자본에 대한 통제력을 지니고 있었고, 은행 대출에 개입하여 자금배분을 관리함으로써 투자결정에 큰 영향력을 행사하였다. 그러나 금융세계화는 동아시아 국가들에 있어서도 기업들로 하여금 국제금융시장을 통한 자본 조달의 길을 열었고, 그 결과 기업들의 국가에 대한 재정의존도가 대폭 줄어들게 되었으며, 또한 기업에 대한 국가의 통제수단 역시 취약해졌다. 국제적인 자본의 유입이 증가하게 되면서 경제발전 전략에 있어서 기존의 발전국가가 지니는 국가 역할의 수정이 불가피해진 것이다.

둘째, 경제적 지구화가 진전되면서 초국가적 경제라고 지칭될 만한 현상들이 확산되어 경제활동에 있어서 국민국가라는 영토적 개념이 크게 약화되는 새로운 현상이 출현하였다. 새로운 정보 · 통신기술의 발달은 초국가적 기업들의 경제활동을 기존의 공간적 제약으로부터 괄목할 정도로 해방시키면서, 이들을 초국가적 경제 형성의 주체로 부상시켰다. 초국가적 기업들은 이른바 '전지구적 영업전략'을 통해 임금비용, 노동력의 질, 환경규제, 정부지원, 시장 전망 등에서 가장 유리한 생산입지를 공간의 구애를 거의 받지 않고 선택할 수 있게 되었다. 동남아를 포함하여 동아시아 지역에 있어서도 초국가적 기업의 영향력은 지난 20년 동안 급속히 증대되어 왔다. 이러한 변화는 기존의 발전국가 모델이 추구하는 국가의 '계획합리성'에 심각한 혼돈을 야기하고 있음은 물론이다. 요컨대 개별 국가들의 경제적 위상이 초국가적 기업의 지구적 생산망의 편입 여부에 크게 좌우되는 상황이 등장함으로써 발전국가 모델의 변용이 불가피해진 것이다.

셋째, 지구화를 경제적 차원을 넘어 보다 폭넓게 정의할 때, 이것은 무엇보다도 전지구적 의사소통 및 대중교통 수단의 신속한 확산을 통해 가능해진 '원거리 행위'(action at distance)의 심화과정으로 이해할 수 있다(기든스 1997). 주지하듯이 동남아 지역에 있어서도 인터넷 및 위성 텔레비전과 같은 새로운 정보통신 수단의 확산은 민주적 가치와 제도의 확산을 가져오는 데 긍정적으로 작용하여 왔다. 필리핀, 태국, 인도네시아 등 일련의 동남아 국가들이 연속적으로 민주화에 성공한 것이나 과거 사회주의체제 국가들에서 자유화가 단행된 것은 민주적 가치와 제도의 지구적 · 지역적 확산과 무관하지 않다는 것이다. 요컨대 지구화, 즉 '원거리 행위'의 심화과정은 시민사회에서 민주주의를 지향하는 의사소통의 공간을 확장시키는 데 기여하였고, 또한 지배 엘리트들의 탈권위주의화에도 긍정적으로 작용했다고 말할 수 있다.

물론 발전국가 모델의 전환 압력이 지구화의 충격으로부터만 등장한 것은 아니다. 동아시아, 특히 동남아 지역에 있어서도 발전국가 모델의 작동을 가능케 했던 국가와 시민사회 사이의 독특한 관계가 역설적으로 후발산업화의 성공과 더불어 부식하기 시작했다는 점을 주목해야 할 것이다. 요컨대 발전국가 모델이 추구했던 따라잡기식의 근대화와 후발산업화가 어느 정도 성공적으로 달성된 결과, 경제성장이라는 목표 아래 그 동안 억눌려왔던 시민사회의 다양한 욕구들이 정치적으로 분출되기 시작한 것이다. 발전국가는 이제 더 이상 사회의 압력으로부터 자유롭지 않게 되었으며, 이익집단들의 정치적 침투에 의해 점차 자율성을 침식당하기 시작하였다. 특히 지속적인 경제성장과 함께 기업과 사회의 영향력이 증대되면서, 이들이 점차 국가의 통제와 개입에 저항하는 상황이 등장하게 되었다. 이른바 후발산업화와 경제성장을 목표로 한 동남아 국가들의 발전국가 모델은 지구적 차원과 국내적 차원에서 동시적으로 정치 · 경제적 대전환의 압력을 받게 된 것이다.

그렇다면 후발산업화 추진과 발전국가 모델로 특징지어지는 동남아 국가들의 정치경제체제는 지구화 현상의 확산을 맞아 어떤 변화가 나타나고 있는가? 과거 동남아 국가들에서 경제성장과 발전을 견인하여 왔던 발전국가 모델은 지구화 현상에 적응한 독자적 모델로 생존할 수 있는가? 동남아 국가들의 후발산업화와 발전국가 모델이 직면한 위기의 성격은 무엇인가? 과연 민주화와 자유화의 확산은 동남아 국가들이 추구하는 후발산업화와 발전국가 모델을 붕괴시킬 수 있는가? 혹은 이들 국가들이 추구하는 발전국가 모델은 민주화 혹은 자유화의 확산을 통해 새롭게 재편될 수 있는가? 현재 동남아 국가들에서 확산되고 있는 민주화와 자유화 현상은 발전국가 모델의 전환이 나타난 결과이자 동시에 그러한 전환을 추동하는 힘이기도 하다. 최근 동남아 국가들의 민주화와 자유화과정은 지구화의 확산에 따른 발전국가 모델의 위기 및 재편과정과 함께 분석될 때, 이들 국가들의 민주화 및 자유화의 국내외적 맥락은 물론 그 정치 · 경제적 의미가 보다 명확히 밝혀질 수 있을 것으로 생각된다.

이에 따라 본 연구는 후발산업화에 따른 경제발전과 발전국가 모델을 표방하는 동남아 국가들의 정치 · 경제적 변화와 전환을 선거민주주의와 경제개방의 확대로 나타나는 민주화 및 자유화과정을 통해 살펴보고자 한다. 우선 본 연구는 후발산업화와 경제발전을 추구하는 발전국가 모델을 정치권력과 사회구조의 불균등한 발전에서 등장한 근대 자본주의 국가의 한 유형으로 파악하고, 그 정치경제적 특성과 성공의 조건들을 논의할 것이다. 또한 본 연구는 지구화 현상의 확산을 맞아 이 국가들이 어떻게 대응하고 전환되고 있으며, 이것은 이 국가들의 정치 · 경제적 전환 및 재편과 어떤 상관관계에 놓여 있는가를 논의할 것이다. 그리고 마지막으로 본 연구는 지구화의 영향으로 정치 · 경제적 전환과 재편이 나타나고 있는 가운데 동남아 국가들의 민주화 · 자유화 확산과 선거민주주의 확대가 정치 · 경제적으로 어떤 함의를 내포하고 있는가를 포괄적으로 비교 · 분석할 것이다.

Ⅱ. 후발산업화와 발전국가 모델: 정치경제적 특성과 성공의 조건들

1982년 찰머스 존슨(Johnson 1982)이 일본을 '발전국가'(developmental state)로 지칭한 이래 이 개념은 한국, 홍콩, 대만 등 동북아 국가들은 물론 싱가포르와 태국, 말레이시아 등 동남아 국가들의 후발산업화와 경제발전을 설명하는 키워드로 자리를 잡게 되었다. 이 개념이 처음 등장할 때만 하더라도 국가 관료의 계획합리성이 발전국가의 핵심으로 이해되었지만, 여러 국가들의 사례분석에 이 개념이 적용되면서 그 외연이 크게 확장되었다. 사실상 일본을 통한 발전국가 개념에서는 사기업의 활동을 조정하기 위한 관료기구의 역할이 중요했지만, 그 이후 출현한 한국, 대만, 그리고 동남아 신흥공업국들의 발전국가 개념에서는 관료기구뿐만 아니라 물리적 강제와 억압 역시 경제활동의 조정과 노동계급의 훈육에 있어 중요한 역할을 담당하였기 때문이다.

발전국가 개념을 동아시아 지역의 고도 경제성장 국가들로 확장시켜 적용한 여러 연구들은 이 지역의 발전국가 모델을 구성하는 요인들로 다음과 같은 것들에 주목하고 있다. 즉, 정부-은행-기업 간의 긴밀한 관계, 전략산업에 대한 우선적 투자 및 국가의 후원과 규율 및 지도, 보조금 지급을 축으로 한 산업정책, 기업의 부채에 대한 정부 보증, 제한된 시장경쟁과 독과점적 시장구조, 국가주도형 수출지향 공업화 전략, 강한 규제와 정부 간섭, 유교문화와 공동체주의, 저소비와 고저축, 개발독재형 권위주의체제 등이 그것이다(Amsden 1989; Wade 1990; Evans 1995; 구종서 1996; 이병천 1998; 박은홍 1999; 윤상우 2003). 이러한 요인들의 배치와 결합은 각 국가마다 조금씩 차이를 나타내고 있지만, 그럼에도 불구하고 이 요인들로 구성된 동아시아식 발전국가는 영미식의 자유주의적 '규제국가'(regulatory state) 또는 유럽 대륙식의 케인즈주의적 '복지국가'(welfare state)와 구별되는 독특한 국가 형태로 이해되고 있다.

그렇다면 기존의 국가 유형과 구별되는 발전국가의 특수한 자질은 무엇인가? 주지하듯이 경제발전에 대한 강조는 발전국가에만 국한된 문제는 아니다. 경제발전과 성장은 사실상 모든 근대 국가들의 공통적인 목표였다. 케인즈주의적 복지국가는 완전고용을 달성하고 유지하기 위해 지속적인 경제성장을 추구했으며, 최근의 신자유주의적 국가 역시 기업의 수익성 회복을 목표로 경제성장을 유도하는 여러 조치들을 강구하고 있다. 라틴 아메리카 국가들이 시도했던 수입대체 공업화전략 역시 경제발전을 목표로 한 것이며, 동아시아 국가들의 수출지향적 공업화전략 역시 급속한 경제성장을 달성하기 위한 것이었다. 국가 목표로서 경제발전과 성장은 근대 국민국가의 여러 유형들에서 공통적으로 발견되는 것이며, 발전국가를 특징짓는 독특한 성격이라고 얘기할 수 없다.

그렇다면 발전국가는 다른 근대 국민국가의 유형들에 비해 어떤 특성을 지니고 있는가? 우선 발전국가가 탄생할 수 있었던 정치적 조건으로서 국가와 사회의 지극히 비대칭적인 발전을 지적할 수 있다. 사회세력들로부터 일정하게 자율성을 확보한 강력한 국가권력의 존재는 발전국가가 출현할 수 있는 정치적 필요조건이다. 즉, 발전국가는 사회세력의 저발전 상태에서 등장한다. 두 말할 나위 없이 발전국가는 대항권력을 압도해야 한다. 예컨대 과거 일본에서와 같이 전후 노동운동의 분열과 패배, 그리고 한국이나 대만, 동남아의 여러 국가들에서처럼 수십 년 동안에 걸친 노동운동에 대한 억압과 통제 등이 발전국가의 성공적 작동을 돕는 전제조건이었던 것이다. 분배에 대한 노동 부문의 요구가 체계적으로 봉쇄되었을 때 발전국가의 성장 이데올로기가 사회 곳곳으로 침투할 수 있었다. 다른 한편으로 발전국가는 사회의 전통적 지배세력들에 대해서도 자율성을 획득하여야 한다. 발전국가로 분류되는 대부분의 국가들은 성공적인 토지개혁을 경험한 바 있다. 미군정 하에서 이루어진 전후 일본의 토지개혁은 지주계급을 해체하였고, 한국과 대만에서도 내전과정을 거치면서 지주계급이 소멸하였다.

필리핀을 예외로 한다면,[1] 고도 경제성장을 경험한 동남아의 대부분의 국가들 역시 탈식민화 과정에서 토지개혁을 경험하였다. 요컨대 발전국가는 사회의 대항권력 및 전통적 지배세력들로부터 독립된 강력한 국가권력을 갖고 있었기에 경제발전이라는 목표를 달성하기 위해 사회의 모든 자원을 효과적으로 동원할 수 있었던 것이다.

시민사회에 대한 국가의 우위는 발전국가 모델의 본질적인 특징이다. 그리고 이러한 특징이야말로 발전국가를 여타 다른 유형의 근대국가로부터 구분짓게 만든다. 그런데 사회세력들이 발달되지 않은 상황에서 정치권력의 우위는 발전국가를 종종 독재 권위주의체제와 결합시킨다. 그렇다고 하여 물론 모든 독재 권위주의체제가 발전국가로 형상화되는 것은 아니다. 예컨대 국가가 특정 사회집단에 포획되어 자율성을 상실한다면, 그것은 발전국가가 아니라 '약탈국가'(predatory state)로 전락할 것이기 때문이다.[2] 또한 예외적 현상이기는 하지만 발전국가는 민주주의체제와도 결합될 수 있다. 예를 들어 전후 일본의 경우 미국에 의해 강제된 민주주의체제가 정치 · 경제적으로 발전국가와 결합하는 모습을 띠기도 하였다.

발전국가 모델에서 시민사회에 대한 국가의 우위가 공고화된 요인으로는 사회세력의 취약함뿐만 아니라 국가의 '과대성장'에도 주목해야 한다. 발전국가의 원형으로 평가되는 근대 일본의 경험적 특징은 내부(사회세력)에 대해서는 물론 외부(서구 열강)에 대해서도 자신을 관철시키는 강력한 국가의 존재에서

---

1) 필리핀에서는 국가 밖에 강하게 뿌리내린, 그리고 국가기구에 대해 강력한 통제를 행사하는 지주계급이 존재하였다. 상당한 지역적 권력을 갖는 지주계급의 정치적 후원과 중앙정부 관료의 경제적 수혜 사이에서 이루어진 호혜관계가 필리핀의 정치를 특징지었다. 이러한 관계는 스페인 식민지배 기간, 미국의 식민지배 기간, 일본의 짧은 식민지배 기간, 그리고 독립 이후 마르코스(Ferdinando E. Marcos)에 의한 권위주의체제 시기에 이르기까지 거의 변하지 않고 지속되었다(Hutchcroft 1991).

2) 예컨대 에반스는 약탈국가의 전형적인 사례로 모부투(Mobutu) 체제 아래 자이레를, 그리고 발전국가의 예로 일본, 한국, 대만을, 그리고 그 중간의 사례로 브라질과 인도를 각각 들고 있다(Evans 1995, 45-70).

찾아진다. 한국과 대만에서 일어난 내전은 지주계급을 소멸시켰을 뿐 아니라 군대와 경찰 같은 거대한 국가기구가 구축되는 계기가 되기도 하였다. 동남아의 여러 국가들 역시 식민지 경험으로부터 잘 정비된 국가기구를 유산으로 받았으며,[3] 인도차이나 반도의 공산화과정을 경험하면서 군대와 경찰의 급격한 증대를 경험하였다. 탈식민화 과정은 사회를 혼돈 속에 빠뜨렸지만, 국가기구를 붕괴시키지는 않았다. 이와 같이 사회에 비해 압도적으로 과대 성장한 국가는 동아시아 여러 국가들에서 거의 절대적인 힘을 행사하는 '국가계급'(state class)의 출현을 가능하게 만들었다. 한국의 박정희 체제, 대만의 장제스(蔣介石) 체제, 인도네시아의 수하르또(Suharto) 체제,[4] 태국의 군부 권위주의체제,[5] 말레이시아의 마하티르(Mahatir) 체제[6] 등이 여기에 속할 것이다.

다른 근대국가의 유형들과 구별되는 발전국가의 특성은 경제에 대한 국가의 개입방식에서도 찾아진다. 모든 발전국가는 중앙집중화된 강력한 경제정책 입안기구를 가지고 있다. 일본의 통산성을 필두로 한국의 경제기획원, 대만의 경제계획발전위원회 같은 경제정책 입안기구는 이후 동남아 국가들에서도 발견

---

3) 말레이시아는 1826년에서 1957년까지 영국의 식민통치를, 인도네시아는 거의 350년에 달하는 네덜란드의 식민통치를, 그리고 필리핀은 20세기 전반부에 미국의 식민통치를 경험하였다(SarDesai 1997).

4) 1965년 수하르또는 수까르노(Sukarno) 정권의 친위쿠데타를 역쿠데타로 무너뜨렸다. 수하르또는 1967년 이후 권력을 획득하여 1998년 물러날 때까지 32년 동안 이른바 '신질서'(Orde Baru)체제를 유지하였다. 인도네시아의 경우 다른 발전국가와 달리 수하르또 개인 및 친족과 측근을 중심으로 권력이 집중되었기 때문에 흔히 가산주의(patriomonialism) 정치체제로 불려진다(Crouch 1979; Bellin 2000).

5) 태국은 1932년 소장파 군부와 신진관료들의 궁정쿠데타에 의해 절대군주제가 무너지고 입헌군주제가 채택되었지만, 사실상 반세기 이상 군부 권위주의체제가 유지되었다. 태국의 근현대사는 무려 17차례에 걸친 군부쿠데타의 경험을 보여준다(Hewison 1993).

6) 인종적으로 뒤섞여 있는 말레이시아는 마하티르의 권력 기반이 통일말레이국민조직(UMNO)에 의존되어 있다. 통일말레이국민조직은 1946년 말레이계의 민족의식과 권익옹호를 기치로 등장하였고, 1990년대까지 약 240만 명의 당원을 확보하면서 거대한 지역 조직망을 갖고 있었다. 통일말레이국민조직은 위로부터 국가기구에 의해 만들어진 조직이 정당 및 사회단체의 역할을 동시에 수행하면서 정치체제를 유지하는 핵심적 역할을 담당했다(이와사키 이쿠오 2002).

된다. 이러한 기구는 농업, 광업, 교통, 금융 등 다른 산업 분야를 관장하는 조직들과 잘 연계된 채 핵심적인 경제발전 전략을 수립하였다. 물론 발전국가 모델에서 국가의 경제적 역할은 경제계획과 정책입안에만 한정된 것은 아니다. 국가는 종종 경제계획자의 역할을 넘어서 기업가로서의 역할도 수행하기 때문이다. 한때 대만은 비사회주의 국가들 가운데 가장 큰 공공부문을 보유하여 1970~80년대에 대만의 국영기업은 전체 고정자본 형성의 3분의 1을 차지했으며, 한국에서도 그 비율은 4분의 1에 이르렀다. 싱가포르, 말레이시아, 인도네시아에서도 공공투자와 재정지원은 경제발전의 지렛대 역할을 하였다. 예컨대 싱가포르 주택공급의 90%는 국가에 의해 이루어지고 있었다. 말레이시아의 5개년 경제개발계획에서도 공공부문에 대한 할당액은 매번 큰 폭으로 증가해 왔으며, 인도네시아의 경우도 기업활동은 국가의 지원에 크게 의존했던 것으로 평가된다.

경제에 대한 국가의 강력한 개입은 발전국가를 서구의 케인즈주의적 국가보다는 동구의 스탈린식 경제개입과 비교하게 만든다(신광영 1999, 35). 그러나 동구권 사회주의가 자원배분에서 시장의 역할을 완전히 폐지하였던 것에 반해, 발전국가는 시장 논리를 설령 왜곡했을지언정 부정하지는 않았다는 점에서 큰 차이가 있다. 요컨대 전자가 시장의 역할을 국가의 포괄적이고 세부적이며 직접적인 경제계획으로 대체하려 시도했다면, 발전국가는 시장을 적극적으로 활용했다는 점에서 시장 친화적이었다고 할 수 있다. 발전국가는 시장이 형성되어 있지 않으면 시장을 창출하려 시도하였지, 현존 사회주의에서와 같이 시장을 국가가 지휘하는 현물경제로 메울 의도가 없었던 것이다.

경제에 대한 국가의 광범위한 개입이라는 측면에서 발전국가는 케인즈주의적 국가를 연상시키기도 한다. 그러나 케인즈주의적 국가가 완전고용을 창출하기 위한 경제성장을 목표로 수요 중심적으로 개입했다면, 발전국가의 개입은 지극히 공급 중심적인 것이었다. 물론 발전국가의 공급 중심적 개입은 신자유주의적 국가의 공급 중심적 개입과도 구별된다. 신자유주의가 탈규제화, 유연화,

자유화, 민영화라는 이름 아래 기업의 경쟁력이 의존하는 생산조건들의 개선을 체계적으로 지원함으로써 케인즈주의적인 수요 중심적 개입의 한계를 극복하려는 시도라고 한다면, 발전국가의 개입은 국가의 강력한 계획과 지도를 통해 공급 부문을 새롭게 창출하는 프로젝트였다고 할 수 있다.

발전국가가 경제에 개입하는 수단 중 가장 중요한 것은 은행의 국유화였다(Wade 1990, 161-72). 국가 소유의 은행은 수입을 억제하고 투자를 늘리는 전략적 도구였음은 물론이다. 발전국가는 자신의 계획에 따라서 특정 기업들에게 선택적으로 특혜 금융을 제공하는 방식으로 사기업들의 경제활동을 통제하였다. 국가는 저축을 장려하기 위하여 이자율을 높였고, 또한 전략산업 부문에 대한 투자를 확대하기 위해 전국적인 저축운동을 주도하기도 했다(신광영 1999, 36). 특히 무엇보다 중요한 것은 국가가 해외로부터 조달되는 자본을 직접 통제했다는 사실이다. 즉, 발전국가는 국제금융시장으로부터 유입되는 자본을 국내에 배분하는 '수도관'을 장악하고 있었던 것이다. 대부분의 발전국가에서 경제성장의 핵심요소였던 성공적인 국내자본의 형성은 은행의 자유화가 아니라 은행의 국유화를 통해 가능했다는 점에 주목해야 한다.

마지막으로 국가경제의 수출 주도형 축적체제 역시 발전국가 모델의 본질적 특징에 속한다. 주지하듯이 총수요 관리정책을 중심으로 운용된 케인즈주의적 복지국가는 본질적으로 내수 중심적인 축적체제였다. 신자유주의적 국가에서는 세계시장의 의미가 보다 강조되기는 하지만, 그러나 수출은 신자유주의적 국가가 지향하는 경제적 지구화의 한 부분에 지나지 않는다. 그런데 발전국가의 축적체제는 처음부터 생산이 국외시장의 수요를 향해 기획되고, 소비와 이윤 실현도 모두 국외시장에서 이루어지는 외향적 성장방식이다(Sum 1998; 왕젠환 2003). 수출 주도형 축적체제는 생산(국내)과 소비(해외)의 분리에 기초한 축적체제이기 때문에 국내 유효수요를 창출하기 위해 노동자의 소득과 복지를 향상시켜야 할 유인이 결여되어 있다. 높은 생산성과 높은 임금을 결합시켜 대중소비를 창출한 포드주의적인 선순환 구조 대신 수출 주도형 축적체제에서는 국제경쟁력 강화를 위한 비용 절감의 일환으로 임금 인상을 억압하는 노동 착취적 임금관계를 구조화시켰다. 수출 주도형 축적체제는 세계시장의 수요 증가에 맞추어 공급을 확대해 가는 성장 위주의 투자전략을 통해 고용기회를 확대함으로써 농촌의 과잉인구 흡수 및 도시의 실업문제 해결에 기여했지만, 노동자의 복지를 시장과 기업에 맡김으로써 사회복지의 빈곤화를 초래하였다. 발전국가 모형은 공급의 측면에서 국가의 강력한 개입과 지도를 행사하지만, 국가의 사회적 책임에 대해서는 극도의 자유주의적 입장에 서 있었다.

지금까지의 논의에 따라 발전국가 모델은 국가와 시민사회의 지극히 비대칭적인 발전 위에서 출현된 근대국가의 한 유형이라고 말할 수 있다. 사회세력의 저발전에 비해 국가가 과대성장한 상황은 사회계급들을 압도하는 '국가계급'의 등장을 가능케 하였다. 발전국가는 강력한 경제정책 입안기구를 가지고 국가경제에 개입했으며, 종종 기업가의 역할도 수행하였다. 특히 국가에 의한 은행의 소유는 자본의 흐름과 기업을 통제하는 지렛대로 작용하였다. 발전국가는 국내저축과 해외자본을 동원하여 국제 분업체계에서 비교우위를 확보할 수 있는 전략적 산업부문에 집중 투자하고, 여기서 생산된 재화를 세계시장에 수출하여 이윤을 실현한 다음, 다시 국내에 재투자함으로써 고도 경제성장을 실현하였다. 물론 발전국가는 '약탈국가'로의 타락 가능성과 수출 주도형 축적체제에 내재된 과잉투자의 잠재적 위기 요인을 항상 안고 있었지만, 국가기구의 '계획합리성'과 세계시장에서의 경쟁이라는 규율이 위기의 발현을 억제하고 경제성장의 가능성을 극대화할 수 있었다.

이러한 가운데 동남아를 포함하여 동아시아 국가들의 정치체제는 대부분 국가기구의 강력한 지도력을 바탕으로 경제발전과 성장을 기획하고, 국가가 전면에서 사회의 자원을 동원하는 독재 권위주의체제를 형성하였던 것이 사실이다. 국가와 민족의 번영이라는 미명 아래 "경제성장을 위한 정치적 안정"을 주창하는 국가권력은 노동 부문을 위시하여 사회와 경제 전반의 모든 부문을 장악하였으며, 시민사회의 형성과 성장을 원천적으로 봉쇄하였다. 여기서 국가권력과 정치체제의 유지를 담보하는 경제성장과 발전은 양면적 성격을 지니게 되는데, 우선 억압적 권위주의체제의 형성으로 권력의 정당성이 부족한 발전국가에서는 그들의 미약한 정당성을 만회하기 위해 경제성장을 국가목표로 설정하고 국가가 전면에 나서 사회적 자원을 동원하게 된다. 반면 경제성장의 성공은 시민사회의 정치사회화와 정치참여를 증진시킴으로써 궁극적으로 억압적 권위주의체제에 반하는 대항세력을 양산해 낼 수 있다. 현실적으로 후발산업화와 경제발전을 국가목표의 전면에 내세운 동남아 국가들에서 "경제성장을 위한 정치적 안정"의 논리는 급격한 경제성장의 성공과 결과를 발판으로 한 독재 권위주의체제의 유지에 중요한 요인으로 작용하였다.

따라서 후발산업화와 급속한 경제성장을 추구하였던 이들 국가들에서 그동안 대의민주주의의 실현을 위한 선거와 정당정치는 요식적인 행위에 불과하였다. 국가 중심적 권위와 질서를 추구하는 권위주의적 발전국가 내에서 시민의 자유로운 정치참여와 경쟁을 통해 대표자를 선출한다는 선거의 기본적 역할과 기능은 단지 국가정책을 기획하고 추진하는 특정 '국가계급'의 절차적 정당성을 확보해 주는 도구적 방편으로 전락하였다. 실질적으로 동남아 국가들에서 선거와 정당정치는 관료국가의 형성, 민족형성, 자본주의화 및 산업화와 동시에 유입되고 형성되었기 때문에 이것이 순차적으로 실현되었던 서구 국가들에 비해 훨씬 짧은 역사적 경험을 지니고 있었으며, 실질적으로도 이것이 일반적 대중과 사회에 뿌리 깊게 체화되지 못한 형편이었다. 이에 따라 후발산업화와 발전국가 모델을 추구하는 많은 동남아 국가들에서 선거와 정당정치는 국가의 위기 상황이 도래할 때마다 무시되었으며, 설령 야당의 존재를 인정하고 선거를 시행하였다고 하더라도 그것은 경제성장이라는 국가목표를 실현하기 위한 정부와 여당의 절차적 정당성을 보장하기 위한 들러리 역할에 불과하였다. 현실적으로 권위주의적 발전국가 모델의 성과로 치부되는 고도 경제성장과 발전의 결과는 정치적으로 이러한 정치체제의 존속을 보장해 주었던 것이다.

Ⅲ. 지구화와 발전국가 모델의 전환: 민주화와 자유화

지구화는 그것이 지니는 엄청난 영향력만큼이나 상당히 논쟁적인 개념이기도 하다. 지구화가 지칭하는 정확한 내용이 무엇인지에 대해서는 매우 다양한 견해들이 제시되고 있다. 여러 학자들이 낙관적 혹은 비관적으로 서로 다르게 강조하고 있는 지구화의 개별적인 특징들은 시 · 공간적, 정치적, 경제적, 사회적, 문화적, 생태학적, 의사소통적, 노동조직적 등등의 요소들을 포괄하고 있으며, 따라서 지구화라는 개념이 매우 다양한, 그리고 다차원적인 과정과 관련된 것이라는 점을 암시한다(헬드 외 2002). 지구화가 학문적으로 어떻게 논쟁되고 있든지 간에 지구화가 후발산업화와 경제성장을 추진하는 발전국가 모델의 전환을 가져오고 있다는 사실은 이미 현실적으로 등장하고 있다. 특히 1997~98년 발생한 이른바 '동아시아 경제위기'는 지구화가 발전국가에게 있어서 축복이 아니라 재앙을 의미할 수도 있음을 보여주었다. 그렇다면 발전국가 모델의 전환을 추동하는 지구화의 요인들은 어떤 것들이 있는가? 달리 얘기하여 발전국가 모델이 성공적으로 작동할 수 있었던 조건들을 지구화는 어떻게 변화시키고 있는가?

지구화와 관련하여 제시된 다양한 견해들에도 불구하고, 많은 학자들은 전반적으로 오늘날 지구화과정이 가장 급속하게 진행되고 있는 곳으로, 그리고 지구화의 문제점이 가장 전형적으로 드러나고 있는 곳으로 국제금융시장을 꼽는데 동의하고 있다. 전지구적으로 연결된 전자정보망을 통해 하루에도 수십 번씩 빛과 같은 속도로 움직이는 거대한 화폐의 흐름은 "자유로운 무한 국경의 시장"이라는 말을 새삼 실감나게 만든다. 국제금융시장은 24시간 전지구적으로 연결되어 움직이면서 상상을 초월하는 규모의 엄청난 매출액을 기록하고 있다. 오늘날 전세계를 통틀어 이루어지는 하루 평균 무역액이 100억 달러를 겨우 상회하는 반면, 국제금융시장의 하루 매출액은 거의 3조 달러에 육박하고 있다. 이러한 상황은 화폐의 움직임이 생산과 교역이라는 실물경제 조건으로부터 일정하게 자립했음을 보여주는 것이라고 할 것이다.

1970년대 중반 이래 급속히 진전된 금융시장의 지구화와 자유화는 선진자본주의 국가들에서 한 때 성공적으로 작동했던 케인즈주의적 경제정책을 무력화시켰고, 1980년대에는 소위 '채무위기'를 통해 제3세계 대부분의 국가들을 경제적 정체 속으로 몰아넣었다. 금융시장의 지구화는 1990년대에 들어 보다 강화되었고, 1992~93년의 유럽통화제도(EMS) 위기, 1994~95년의 멕시코 위기를 통해 대외적으로 표출되었다. 금융시장의 지구화와 관련된 불안정이 발전국가 모델을 '전복'시킬 수 있음은 홍콩으로부터 시작하여 태국, 한국, 말레이시아, 인도네시아를 강타한 1997~98년의 금융위기를 통해서도 잘 드러나고 있다. 한국의 국제통화기금(IMF) 사태를 비롯하여 태국, 인도네시아, 말레이시아를 휩쓴 소위 '동아시아 경제위기'는 전지구적 자본주의의 가장 역동적인 성장지역을 강타했다는 점에서 주목할 만한 것이지만, 금융시장의 지구화와 결부된 파괴적인 영향력의 표현이라는 점에서는 크게 새로운 것은 아니었다.

그럼에도 불구하고 금융 지구화와 자유화가 '금융 쇄국주의'를 전제로 하여 성립된 동아시아 발전국가 모델의 정치 · 경제적 근간을 뒤흔드는 것이었음은 물론이다.[7)] 금융 지구화는 이미 1980년대 일본에서 국가능력의 명백한 쇠퇴를 가져 왔으며, 고도 경제성장을 추구하던 한국 또한 1990년대에 이르러 국제금융

7) 금융 지구화와 자유화는 동전의 양면과 같은 상호 연계된 현상이다. 금융 지구화는 주요 국가들의 자유화 조치를 통해 이루어졌고, 역으로 금융 지구화는 보다 급진적인 자유화 조치를 유도하였다.

자본의 시장개방 압력에 직면하여 다양한 금융 자유화 조치를 단행하였다. 사실상 발전국가 내에서 이러한 국제금융자본의 영향력 증대는 발전국가 자체의 성공의 지지기반을 동시에 상실케 만드는 계기가 되었다. 이른바 금융 쇄국주의, 즉 금융 부문의 국유화와 통제야말로 그 동안 발전국가의 성공적인 산업화전략의 지렛대였기 때문이다. 금융 자유화와 함께 국제금융자본들은 투자수익률이 높은 동아시아 국가들의 단기채권에 투자하였고, 국내 금융기관과 재벌들도 해외시장에서 금리가 낮은 단기성 차관을 끌어들여 금리가 높은 장기투자에 활용하는 등 방만한 자금운용 실태를 보여주었다. 이로 인해 동아시아 국가들의 외채구조는 단기외채의 비중이 과도하게 높은 구조로 급격히 전환되어 국제금융자본의 유동성에 대한 취약성이 노출되었다. 이러한 상황에서 동아시아 외환위기를 발단으로 국제금융자본이 동아시아 지역에서 급격히 철수함에 따라 이들 국가들에서 외환위기가 발생한 것이다. 물론 이들 국가들의 외환위기는 투기 자본화된 국제금융자본의 군집적 투자행동과 기업 및 금융기관의 도덕적 해이 등 구조적 원인도 있었지만(Sachs 1997; Wade et al. 1998; Krugman 1994), 무엇보다도 발전국가의 자발적 해체, 즉 섣부른 신자유주의 정책으로의 전환과 위기관리 능력의 상실도 큰 책임이 있다고 하겠다.

경제적 지구화의 관철과 더불어 발전국가 모델을 추구하는 국가들 내에서 국가와 자본 사이의 관계는 근본적인 변화가 모색되었다(이병천 1998). 국가가 금융지배를 지렛대로 하여 기업들을 규율하고, 자신이 설정한 전략적 산업부문으로 대규모 투자를 유도하였던 산업화전략은 경제적 지구화의 시대에는 불가능한 것으로 판명되었다. 경제가 성장함에 따라 국가와 기업 사이의 정보 비대칭성 문제가 더욱 심화되고, 국가-기업간 전략적 상호의존 관계가 고착됨으로써 국가의 자율성이 점차 약화되었던 것이다. 경제적 지구화와 결부된 국가 역할의 변화는 동남아 국가들에 있어서도 더 이상 예외가 아니어서 기존의 발전국가 모델에서 표출된 국가의 효율성이 심각히 훼손되었으며, 1990년대 이후에는 이미 과거 발전국가 모델이 추구했던 전통적인 산업정책의 의미도 크게 쇠퇴되어 갔다. 이러한 변화는 초국가적 기업들의 생산기지를 자국에 유치하려는 새로운 생산입지 정책의 출현을 가져왔으며, 개별 국가들의 경제적 위상이 초국가적 기업의 지구적 생산망 편입 여부에 따라 크게 좌우되는 상황에까지 이르게 되었다. 이에 따라 초국가적 기업의 지구적 생산망은 기존 국내 자본들의 배치구조에 커다란 변화를 가져오게 되었으며, 초국가적 기업에 편입된 기업들과 그렇지 않은 기업들 사이에 이해관계의 균열이 등장하여 이것이 다시금 발전국가 자체의 지반을 와해하는 방향으로 작용하였다.

다른 한편으로 경제적 지구화는 단지 경제적 영역에만 국한되지 않고 정치·사회적 영역에 있어서도 점진적인 변화와 전환의 영향력을 시사하였다. 국가 중심적 권위주의체제 아래에서 자본을 통제하던 '국가계급'의 영향력이 상대적으로 약화된 발전국가의 위기는 그 동안 지속적으로 억압되었던 시민사회 영역을 크게 성장시키는 결과를 초래하였던 것이다. 초국가적 기업들에 의해 추동되는 경제적 지구화의 확산과정은 기존의 국가와 자본 사이의 관계, 즉 자본주의적 축적과정에서 뿐만 아니라 국가와 시민사회 사이의 관계에서도 민주주의 전파에 따른 국가 역할의 변화와 전환을 촉진시켰다. 지구화된 경제체제 내에서 국가의 새로운 역할은 전지구적으로 유연하게 활동하는 자본에 대하여 다른 국가들에 비해 보다 유리한 가치증식 조건을 제공하기 위한 경쟁으로 특징지어지는데, 이러한 국가들 간의 경쟁은 보다 많은 투자 유치를 위해 초국가적 기업들에게 일방적인 양보를 일상화하는 소위 "바닥으로의 경쟁"을 양산해냈다.[8] 이러한 가운데 정치과정과 사회구조에 있어서도 국가 및 지배계급의 역할과 입지가 상대적으로 축소되었으며, 노동과 자본, 기업과 사회의 역량은 상대적으로 증대됨으

8) 자본의 전지구적 유연화전략을 지원하기 위한 국가의 새로운 역할은 신자유주의적 '경쟁국가' 또는 슘페터리안적 '근로국가' 등의 개념으로 묘사되기도 한다(이호근 2001).

로써 정치체제의 지배구조와 정치과정에 있어서도 새로운 변화와 전환이 나타나게 된 것이다.

어쩌면 이러한 현상은 후발산업화와 경제성장을 추구하였던 발전국가 모델이 노정한 자연스러운 결과였을지도 모른다. 흔히 산업화와 경제성장에 따른 부(富)의 축적과 중산층 증가는 일반 시민들의 정치적 사회화과정과 교육 수준을 향상시키게 되며, 이러한 일련의 과정은 자연스럽게 국가 통제에 대한 정치적 자유와 참여를 갈망하는 민주시민 의식과 시민사회의 성장을 촉진시키게 된다는 것이다(Lipset 1959, 69-105; Seligson 1987). 특히 오늘날 세계체제는 국가간 상호의존성이 증대됨에 따라 개인과 국가(정부), 초국가적 기업들이 서로 복잡하게 얽혀있는 그물망 구조를 형성하고 있으며, 과거 국가가 담당하였던 다양한 기능과 역할들이 점차 축소되어 시민사회와 초국가적 기업들의 역할로 대체되는 현상이 확대되고 있다(Dicken 1998, 79-80). 또한 이러한 현상은 단지 그러한 상황이 발생한 한 국가나 지역에만 머무르지 않고 다른 국가와 지역들로 자연스럽게 전이되는 도미노 현상이 나타나고 있다. 따라서 산업발전과 경제성장에 따른 중산층 증대와 시민사회의 확충은 그동안 억압적 통제구조와 권위주의체제를 유지해 왔던 정치적 영역에 있어서도 필연적으로 자유로운 경쟁과 참여를 촉구하는 민주화와 자유화를 추동하게 되었던 것이다.

경제적 지구화의 확산과 국가 역할의 약화라는 세계적 변화의 흐름은 그동안 경제성장과 발전을 권위주의체제의 미덕으로 간주해 왔던 동아시아 발전국가들에 있어서도 새로운 정치변동을 유도하였다. 이미 1986년에는 필리핀 국민들의 격렬한 저항 끝에 마르코스의 독재 정권이 붕괴되었으며, 1987년 한국에서는 '6월 항쟁'이 발생하여 권위주의적 지배엘리트들의 퇴진과 정치구조의 재편을 이끌어냈다. 태국의 1992년 5월 민주항쟁은 그 동안 17차례나 계속된 군사쿠데타에 종지부를 찍게 만들었으며, 여기에는 중산층과 시민단체들의 참여가 지대한 영향력을 발휘하였다. 이에 따라 동아시아 경제위기의 와중인 1997년 태국의 시민사회는 '인민헌법'(People's Constitution)이라 불리는 태국 정치사상 가장 민주적인 헌법을 쟁취하는 데 성공하기도 하였다. 그리고 1997년 경제위기는 인도네시아에서도 일반 시민들이 봉기한 민주화운동을 촉발시킴으로써 결국 1998년 5월 32년간 장기 권위주의체제를 향유하였던 수하르또 신질서체제의 종식을 고하게 되었다. 말레이시아의 경우 비록 민주화에 성공하지는 못했지만, 중산층을 중심으로 정치적 자유를 요구하는 야당과 시민사회의 공세가 더욱 증대되었으며, 경제위기의 진화 이후 결국 마하티르 총리가 퇴임하고 신임 바다위(Badawi) 총리를 중심으로 한 새로운 정부가 출범하였다. 이른바 민주화로 지칭되는 이들 국가들의 정치적 변화와 전환은 과거 국가 지배계급의 절차적 정당성을 확보하기 위한 정치적 수단으로 간주되었던 선거과정에 있어서도 정치세력들 간의 경쟁성 제고를 촉진시켰으며, 특히 후발산업화와 경제발전의 성공으로 증대된 중산층의 정치참여는 정치과정의 새로운 변동 요인으로 자리잡게 되었다.

비록 발전국가는 아니지만, 탈냉전 이후 발전국가 모델을 표본으로 정치경제적 재편과정을 추진하였던 동남아 지역의 구(舊) 공산권 국가들도 지구화 시대의 변화와 흐름에 부응하는 새로운 전환을 모색하게 되었다. 1986년 도이머이(Doi Moi) 정책의 추진으로 이미 자본주의 시장경제체제를 도입한 베트남은 발전국가 모델에 입각한 국가의 역할을 강조하면서도 경제적 자유화의 유입에 부응하여 정치 · 사회적으로도 새로운 변화와 대안을 모색하게 되었다. 과거 오랜 내전을 끝내고 1993년 유엔(UN) 감독 아래 민주적 선거를 치르고 새로운 정부를 구성하게 된 캄보디아 역시 지구화의 확산에 따른 자본주의 시장경제체제의 자연스러운 유입과 민주주의의 확대를 경험하게 되었다. 비록 1997년 발생한 훈센(Hun Sen) 주도의 쿠데타는 유엔에 의해 주어진 타율적 민주화의 한계를 노정하기도 하였으나, 정치적 민주화와 경제적 자유화를 향한 캄보디아의 거대한 변혁의 흐름은 제어할 수 없는 상황에 이르게 되었다(이동윤 2005a). 이른바 경제적 자유화로 특징지어질 수 있는 시장경제체제로의 급격한 전환이 이루어지면서 이들 국가들에서 이제는 경제적 변혁은 물론 정치적 영역에서도 점진적인 변화와 개혁의 조짐들이 나타나고 있는 것이다.

결과적으로 후발산업화와 경제성장을 위해 발전국가 모델을 채택한 동아시아 여러 국가들에서 지구화의 확산에 따른 정치경제적 변화와 전환은 곧 민주화와 자유화로 특징지어질 수 있다. 궁극적으로 지구화의 확산은 국가 중심적 경제기획과 발전전략을 추진함으로써 국가와 정부의 강력한 역할을 표방하였던 발전국가 내부의 경제적 변화뿐만 아니라 정치 · 사회적 변혁을 추동하게 되었다. 뒤늦게 후발산업화에 뛰어들어 국가 중심적 발전국가 모델을 기반으로 하여 1970~80년대 고속의 경제성장을 이룩한 동아시아 국가들은 1990년대부터 급격하게 밀어닥친 지구화의 거대한 환경 변화 속에서 점진적으로 변혁의 길을 모색하게 되었던 것이다. 특히 국제금융시장의 환경 변화와 1997~98년 발생한 '동아시아 경제위기'는 이들 국가들이 당면한 경제위기는 물론 정치 · 사회적으로도 커다란 전환을 촉진시키게 되었다. 권위주의적 발전국가 모델을 중심으로 경제성장을 추구하였던 동아시아의 독재국가들에서는 중산층 증대와 시민사회의 성장에 힘입은 민주화운동이 거세게 추진되었으며, 발전국가 모델을 모방하여 국가 기획의 자유시장 경제체제를 채택한 구 공산권 국가들에서는 더욱 빠른 자유화와 더불어 정치 · 사회 영역에 있어도 점진적인 변혁의 움직임이 목격되기 시작하였다. 물론 이러한 변화와 전환의 움직임들은 각 국가가 처해 있는 제반 환경 조건들에 따라 부분적으로 차이를 나타내거나 혹은 변혁에 실패한 경우도 발생하였으나, 그럼에도 불구하고 그러한 변화와 전환의 주요 흐름은 바로 민주화와 자유화로 대변되고 있는 것이다.

Ⅳ. 동남아의 민주화와 자유화, 그리고 선거민주주의의 확대

지구화의 확산은 과거 발전국가 모델이 성공적으로 작동했던 국가들의 제반 조건들을 와해시키고 정치 · 경제적 위기를 초래하였으나, 결과적으로 이들 국가들의 위기 극복과 전환은 동시에 발전국가 모델의 새로운 성공을 의미하는 것이기도 했다. 과거 발전국가 모델이 추구하였던 '따라잡기 식 근대화' 혹은 고도의 압축적 경제성장이 성공적이면 성공적일수록, 발전국가의 이데올로기는 쇠퇴하고 경제성장이라는 국가 목표 아래 억제되었던 시민사회의 다양한 욕구들이 분출되었던 것이다. 이른바 '민주화'와 '자유화'로 일컬어지는 이들 국가들의 정치경제적 변화와 전환은 발전국가 모델이 경제개발 전략의 핵심이 되었던 동남아 국가들에 있어서도 예외가 아니어서 각 국가들마다 부분적으로는 정도의 차이가 있을지언정 억압적 권위주의체제의 쇠퇴와 절차적 민주주의의 확산이 공통적으로 정치변동의 주요한 동학으로 작용하면서 전반적인 차원에서 선거민주주의의 확대가 심화되기 시작하였다.

사실상 그 동안 동남아 국가들에 있어서 선거란 비교적 짧은 역사와 경험을 지닌 낯선 정치제도에 불과하였다. 서구 국가들에 의한 식민지 지배와 이들로부터의 해방, 그리고 새로운 독립국가의 수립과정으로부터 유입된 선거제도는 동남아 국가들의 토착적인 정치발전을 통해 형성되기보다는 인위적인 유입과 필요에 따라 급조되었기 때문에 제도적 실행의 초기 과정부터 많은 굴곡과 문제점을 유발하게 되었다. 그 동안 이 국가들에서 선거제도는 서구 민주국가들의 그것과 같이 시민사회의 정치참여를 보장하는 정치적 기제라기보다는 국가와 시민사회 사이의 비대칭적 역학관계를 포획하는 도구적 수단에 지나지 않았다. 전체주의체제나 권위주의체제를 채택한 일부 국가들에서는 선거제도 자체가 완전히 무시되었으며, 이미 무력으로 정치권력을 장악한 집권세력의 절차적 정당성을 사후적으로 확보해 주는 정치적 도구로 선거제도가 활용되기도 하였다. 이들 국가들에서는 설혹 선거가 치러진다고 하더라도 대부분의 경우 관권선거나 금권선거 등 선거부정이 동반되는 경우가 많아 정치권력에 대한 국민적 통제라는 선거 자체의 본원적 기능과 역할을 기대하기 어려웠다. 과거 이들 국가들에서 선거는 형식적인 정치의례로서 오히려 민주적 정치발전을 저해하는 장애요인으로 작동하기도 하였으며, 선거를 통한 정권교체는 지극히 예외적인 현상에 불과하였다.

그러나 근래 들어 동남아 지역에서 확산되고 있는 이들 국가들의 민주화 및 자유화 경험은 선거에 대한 부정적 인식과 폐단에 대한 새로운 의식 전환을 초래하고 있다. 우선 과거 오랜 기간동안 '정치적 안정과 경제성장'이라는 미명 아래 발전국가 모델을 채택하면서 국가 중심의 억압적 권위주의체제를 형성하여 왔던 필리핀, 태국, 인도네시아 등이 민주화되어 선거민주주의가 확대되었으며, 말레이시아의 경우 국민적 욕구와 기원에도 불구하고 비록 민주화에는 실패하였으나 개혁(Reformasi)과 선거과정의 진전을 통해 새로운 내부적 도전관계가 형성되고 있다. 우리에게는 '킬링 필드'(Killing Field)로 보다 잘 알려진 캄보디아의 경우는 과거 오랜 기간동안 지속되어 온 내전과 정치적 갈등을 끝내고 유엔 감독 아래 민주선거를 치르고 새로운 정부를 구성하게 되었으며, 베트남, 라오스 등과 같이 1975년 공산화와 더불어 사회주의체제를 채택했던 국가들에서도 자발적인 경제자유화 조치와 더불어 정치적으로도 민주적 절차와 경쟁성을 강화한 점진적인 변화와 민주개혁의 새로운 바람이 불기 시작하였다.

우선 민주화와 자유화 이후 새롭게 추진되어 온 이들 국가들에서의 선거제도 변화는 정치적 경쟁성 강화와 절차적 공정성 보장 등으로 특징지어질 수 있다(이동윤 2003, 82-3). 비록 싱가포르나 말레이시아와 같이 일반 국민들의 정치적 의사와 민주화 욕구가 철저하게 차단되고 있는 일부 권위주의체제 국가들은 예외로 하더라도 1986년 필리핀을 필두로 1992년 태국, 그리고 1998년 인도네시아에서 성공한 민주화 운동은 이들 국가들의 선거제도와 과정에서 새로운 전환과 변혁을 초래하게 되었다. 필리핀은 1986년 민주화 이후 1987년 헌법 개정을 통하여 민주적 규범과 법 · 절차에 입각한 새로운 선거제도를 공포하였으며, 이어서 1991년에는 '통합선거법'(Synchronized Election Law)을 제정하여 국민들의 보다 폭넓은 정치참여와 선거경쟁을 보장하였다(정영국 2001, 56-7). 1992년에 민주화가 이루어진 태국은 1997년 헌법 개정을 통하여 태국 정치사상 가장 민주적이라고 평가를 받는 새로운 헌법을 만들게 되었으며(Siwaraksa et. al. 1997, 1), 1998년에는 선거법과 정당법 등을 개정하여 선거과정의 공정성과 경쟁성을 한층 더 강화하였다(Callahan 2000, 165; 윤진표 2001, 93). 1998년 민주화에 성공한 인도네시아 또한 일차적으로 1999년 1월 선거법과 정당법, 국회운영법 등을 개정하여 1999년 6월의 의회선거를 치르고, 지난 2002년 8월에는 헌법 개정을 통하여 정 · 부통령 직선제와 결선투표제 실시, 국회(DPR: Dewan Perwakilan Rakyat)와 국민협의회(MPR: Majelis Permusyawaratan Rakyat)의 군 · 경 대표제 폐지, 헌법재판소 설치, 선거위원회의 독립성과 중립성 강화 등을 내용으로 하는 민주적 법 · 절차의 기틀을 마련하였다.

특히 선거제도와 관련하여 이들 국가들에서 나타나고 있는 공통적인 특징은 선거과정의 공정성을 확보하기 위해 선거위원회의 독립성과 권한을 대폭 강화하였다는 점이다. 과거 권위주의체제 시기에 있어서 이들 국가들의 선거위원회는 비민주적 관행과 제도 운영을 통해 집권세력의 절차적 · 제도적 정당성을 보장해 주는 정치적 도구 역할을 수행하여 왔다. 군 · 경과 관료 등 관권을 동원한 부정선거나 금권을 이용한 매표(vote-buying) 행위 등을 규제하고 적발해야 하는 선거위원회가 적절한 기능을 수행하지 못함으로써 민주주의의 참뜻과 선거의 본원적 기능을 올바르게 지켜낼 수 없었다. 이에 따라 민주화 이후 이들 국가들에서 공통적으로 나타나고 있는 선거제도의 개혁은 선거위원회의 독립성과 중립성을 보장하고, 선거를 감시하고 규제할 수 있는 그들의 권한을 대폭 강화함으로써 선거과정의 공정성을 확보하는 것이었다. 필리핀의 경우 선거위원회(Comelec:

Commission of Election)가 설립되어 선거관리 및 감시업무를 총괄하면서 보다 강력한 위상과 역할을 통해 선거업무의 공정성을 확보하게 되었으며(Manacsa 1999, 179), 태국 또한 1997년 헌법을 통해 독립된 선거위원회(ECT: Election Commission of Thailand)를 설치하고 그 권한과 기능을 강화하는 조항들을 신설함으로써 보다 자유롭고 공정한 선거관리를 통해 선거과정의 경쟁성을 확충하였다(Callahan 2000, 165). 인도네시아도 정부로부터 독립된 선거위원회(KPU: Komisi Pemilihan Umum)를 설치하고 그 산하에 행정기구로서 지방 단위별 선거위원회를 구성하여 선거관리 및 감시업무의 공정성을 강화하였다. 과거 문제시되었던 금권선거를 방지하기 위해 선거비용을 제한하는 조항들이 신설되었으며, 선거법 위반에 대한 처벌 규정도 대폭 강화되었다(Hara 2001, 311-2).

비록 민주화가 이루어진 것은 아니지만, 점진적인 변화와 경제적 자유화의 길에 들어선 동남아의 사회주의체제 국가들도 국민들의 대표와 지도자를 선출하는 선거제도에 있어서 새로운 변혁을 맞이하게 되었다. 우선 캄보디아의 경우 과거 오랜 기간동안 지속되어 온 내전을 끝내고 유엔의 감독 아래 민주적 절차에 입각한 선거제도를 확립하고 의회선거를 실시하여 새로운 정부를 구성하게 되었다. 비록 선거법에 제시된 선거위원회의 역할과 기능은 아직도 제한적이고 부정선거를 감시하기 위한 제대로 된 기능을 수행하기에 부족한 점이 많지만, 그럼에도 불구하고 민주정치의 불모지였던 캄보디아에서 선거가 치러졌다는 점 하나만으로도 매우 놀라운 변화라고 아니할 수 없다(이동윤 2005a; 정연식 2006). 베트남 또한 비록 그들의 선거제도가 서구 민주주의 국가들의 그것과는 비교될 수 없지만, 1986년 전면적인 개혁정책인 '도이머이'(Doi Moi: 쇄신) 정책을 채택한 이후 정치 부문에 있어서도 점진적인 변화가 추진되어 국회의원 선거제도에 있어서 경쟁적인 요소가 도입되었으며, 선거과정에서 후보자와 유권자의 접촉 기회가 늘어나고, 비공산당원 출신의 후보자가 출마하여 당선되는 등 절차적 민주주의가 확대되는 경향마저 나타나고 있다(Brown 1996; 이한우 2006).

한편 이러한 제도적 · 절차적 변화에도 불구하고 동남아 국가들에서 나타나는 선거문화와 선거행태는 아직도 크게 개선되지 못하고 과거부터 지속된 여러 가지 문제점들을 양산해내고 있다. 아직 민주화의 길이 요원한 싱가포르나 말레이시아, 타율적 민주화에도 불구하고 변형과 일탈된 정치경로를 밟고 있는 캄보디아, 그리고 서구식 선거민주주의 개념과는 아직도 많은 차이점을 지닌 베트남 등을 예외로 하더라도 민주화에 성공한 필리핀과 태국, 인도네시아에서 과거 통용되었던 관권선거의 악행들은 거의 대부분 사라졌지만, 선거과정에서 나타나고 있는 매표 행위나 금권선거, 선거폭력 등의 그릇된 관행들은 아직도 근절되지 못한 채 지속되고 있다(Callahan 2000, viii; 이동윤 2003, 85). 이른바 "암살과 폭력, 금권"(3G: Guns, Goons, and Gold)으로 이어지는 선거과정에서의 부정적인 요인과 행태들은 가시적으로 점진적인 완화와 감소 현상이 나타남에도 불구하고 아직까지도 완전히 사라지지 못하고 있는 것이 현실이다(Linantud 1998, 298-318; Arghiros 1995, 13; Callahan et. al. 1996, 376-92).

특정한 정치지도자나 유력한 정치엘리트들을 중심으로 선거 시기마다 '헤쳐 모여'를 반복하는 정치인들과 정당의 선거행태 또한 동남아 국가들의 선거정치를 특징짓는 또 하나의 부정적인 요인이다. 과거 이들 국가들의 정치지도자나 정치엘리트들은 선거와 정당정치를 그들의 정치권력을 영속시키기 위한 수단으로 활용하여 왔다. 이에 따라 선거과정에서 정당정치는 근대화 이후 전통적인 후원자-추종자 관계(patron-client relations)를 대체하는 가장 효율적인 기제로 활용되어 왔다. 민주화 이후에도 동남아 국가들에서는 많은 수의 정당들이 선거 시기마다 급조되는 모습을 나타내고 있는데, 이 때 개별 정당의 후보와 선거운동원들은 선거과정에서 후원자-추종자 관계에 따라 유권자들을 동원하게 된다. 이에 따라 매 선거 시기마다 새로운 정당들이 출현하고 퇴장하지만, 정당의 지도자나 의원들은 바뀌지 않고 옛 정치인들의 모습 그대로를 보여주고 있다. 물론 이러한 현상들은 각 국가들의 주요 정당들이 민주화 이후 대중적 지지기반을 둔 정당으로 발전하기 위한 노력을 전개함으로써 점진적으로 개선되고 있기는 하지만, 선거 및 정당정치와 연관된 정치문화가 근본적으로 변화되지 않는 한 앞으로도 많은 문제점을 양산하게 될 것이다(Sidel 1989, 19-30; Leones et. al. 1998, 335; McVey 2000, 13). 특정 정치지도자나 지방의 유력한 정치엘리트 등을 중심으로 한 개인 중심적 정당정치와 투표행태, 군소정당의 난립 및 이합집산 등으로 특징지어지는 이들 국가들의 선거와 정당정치는 제도적 개혁만으로 개선되는 것이 아니라 현실적인 차원에서도 보다 지속적인 노력이 경주되어야 할 것이다.

결과적으로 동남아 국가들 중 민주화에 성공한 필리핀, 태국, 인도네시아의 민주화 이후 선거제도와 과정은 포괄적인 차원에서 공통적으로 정치적 혼란이나 불안정한 요인들을 억제하기 위해 저마다 자국 실정에 알맞은 제도적 개혁을 추진하였으나, 그 제도적 변혁의 성과는 아직도 미미한 수준이라고 평가할 수 있다(이동윤 2005b, 54). 또한 이들 국가들의 선거제도 개혁은 권위주의체제 붕괴 이후 민주주의체제의 수립이라는 측면에서 일단 가시적인 효과를 나타내고 있으나, 보다 근본적인 개혁과 변화를 촉진시키기 위해서는 정부와 시민사회 모두의 지속적인 노력이 이루어져야 할 것으로 보인다. 비록 민주화나 자유화를 통해 동남아 국가들은 저마다 선거제도나 과정의 민주적 절차와 경쟁성이 점진적으로 강화되는 선거민주주의의 확대를 경험하고 있지만, 이것이 현실적인 차원에서 보다 큰 성공과 결실을 거두기 위해서는 앞으로도 지속적인 노력이 요구되고 있는 것이다.

Ⅴ. 맺음말

오늘날 선거민주주의의 확대는 동남아 지역에서 후발산업화와 지구화, 그리고 발전국가 모델의 전환 및 재편과 관련하여 대단히 중요한 정치적 의미를 시사하고 있다. 즉, 지구화의 영향으로 인해 국가 주도의 위계적 통치구조나 권위주의적 통제구조의 유지가 더욱 힘들어지고 있는 상황에서 후발산업화를 효율적으로 달성하기 위한 동남아 각 국가들의 끊임없는 경쟁과 노력은 이제 시장과 시민사회의 다양한 주체들을 정책결정과정에 참여시켜 자율적인 조정과 협력의 메커니즘을 만들어내기에 이르렀다는 것이다. 이른바 민주화와 자유화로 일컬어지는 동남아 국가들의 새로운 변신은 과거 이들 국가들이 추진하여 왔던 후발산업화와 발전국가 모델의 새로운 변신이자 전환을 의미하는 것이기도 하다. 여기서 새로운 변신과 전환의 한 형태로서 나타나고 있는 선거민주주의의 확대가 시민사회의 자율적 조직화와 의식화를 촉진시키는 방향으로 작용한다면, 장기적으로 우리는 발전국가의 민주적 대전환을 기대해 볼 수도 있을 것이다. 그러나 선거민주주의의 확대는 지금 현재 필리핀이나 인도네시아 등지에서 찾아볼 수 있듯이 '엘리트 민주주의'(elite democracy)를 강화시키는 방향으로도 나아갈 수 있으며, 이러한 경우 후발산업화를 주창하는 발전국가는 민주화 혹은 자유화에도 불구하고 여전히 억압적 요소를 지니는 방향으로 재편될 가능성도 있다.

최근 들어 확산되고 있는 지구화의 영향과 발전국가 모델의 정치·경제적 위기 및 대처, 그리고 경제발전에 따른 시민사회의 성장과 그들 역량의 강화 등 일련의 현상들은 최근 동남아 여러 국가들에서 그 정도의 차이는 있을지언정 공통적으로 절차적 민주주의의 확대를 가져오게 만들었다. 이러한 결과로 나타나고 있는 선거민주주의의 확대는 오늘날 동남아 정치변동의 동학을 설명하는 가장 핵심적인 요인이자 지구화 영향에 따른 동남아 발전국가 모델의 정치·경제적 전환의 결과를 보여주는 가장 대표적인 모습으로 자리를 잡고 있다. 최근까지도 동남아 국가들 사이에서 전파되고 있는 민주화와 자유화의 흐름은 이제 더 이상 특정 정치지도자나 정치엘리트들을 중심으로 세습이나 물리적 강제력에 의해 정치적 정당성을 확보할 수 없게 되었음을 인식시켜 주고 있다. 지구화의 영향이 확대됨에 따라 동남아 국가들에 있어서도 점진적으로 민주화와 자유화가 진전되면서 과거 후발산업화와 경제성장을 위해 권위주의적 발전국가 모델을 추진하여 왔던 이들 국가들의 억압적 정치과정도 이제는 선거를 통한 경쟁과정으로 새로운 전환을 나타내고 있는 것이다.

결과적으로 이제 남은 과제는 새로운 발전국가 모델의 전환이 앞으로 어떤 방향으로 나아가고 정착될 것인가의 문제이다. 현실적으로 민주화나 자유화에 따른 발전국가 모델의 전환은 그것의 완전한 해체가 아니라 절차적 정당성과 정치권력을 획득하기 위한 정치구조의 재편을 초래하고 있다. 과거 권위주의적 위계질서와 통치구조를 형성하였던 구시대 지배엘리트들은 권좌에서 사라지고, 시민사회의 지지와 참여를 바탕으로 한 새로운 정치엘리트들이 정치권력 전면에 등장하여 정치구조를 재편하고 있다. 그러나 이러한 변화와 전환이 완전한 선거민주주의의 정착을 보장하는 것은 아니다. 아직도 현실적으로 동남아 국가들에 있어서는 과거 권위주의적 발전국가 모델의 정치질서나 정치구조로 회귀될 수 있는 가능성도 공존하고 있는 것이다. 따라서 지구화에 따른 발전국가 모델의 전환과 선거민주주의의 확대가 보다 안정적인 방향으로 자리를 잡기 위해서는 이것이 단순히 제도적인 변화와 개혁에만 국한되지 않고 현실적인 차원에서도 안정적으로 자리매김을 하기 위한 지속적인 노력이 경주되어야 할 것이다.

참고문헌

구종서. 1996. “아시아 발전모델과 한국.”『한국정치학회보』 30(2).

기든스, 앤소니, 김현옥 역. 1997.『좌파와 우파를 넘어서』. 서울: 한울.

박은홍. 1999. “발전국가론의 재검토: 이론의 기원, 구조, 그리고 한계.”『국제정치논총』 39(3).

신광영. 1999.『동아시아의 산업화와 민주화』. 서울: 문학과지성사.

왕젠환. 2003. “수출주의의 구조조정: 대만 성장 모델의 이해.” 김대환 · 조희연 편.『동아시아 경제변화와 국가의 역할 전환』. 서울: 한울.

윤상우. 2003. “동아시아 발전국가의 위기와 전환: 한국과 대만의 비교연구.” 김대환 · 조희연 편.『동아시아 경제변화와 국가의 역할 전환』. 서울: 한울.

윤진표. 2001. “태국의 정당정치.” 고우성 외.『동남아의 정당정치』. 서울: 오름.

이동윤. 2003. “선거제도의 변화와 민주화 이후 선거개혁: 필리핀, 태국, 인도네시아의 사례.”『국제 · 지역연구』 12(3).

______. 2005a. “캄보디아의 선거와 정당정치: 타율적 민주화의 한계.”『국제지역연구』 9(1).

______. 2005b. “민주화 이후 민주주의: 동남아 정당정치의 경험 비교.”『비교민주주의연구』 1(2).

이병천. 1998. “발전국가 자본주의와 발전 딜레마.” 이병천 · 김균 편.『위기, 그리고 대전환』. 서울: 당대.

이와사키 이쿠오. 최은봉 편역. 2002.『아시아 국가와 시민사회』. 서울: 을유문화사.

이한우. 2006. “베트남의 선거제도와 국회 구성의 변화.”『동남아시아연구』 16(1).

이호근. 2001. “세계화 경제속의 국가의 변화와 서유럽 다층적 통치체제의 발전.”『한국정치학회보』 35(2).

정연식. 2006. “캄보디아의 선거과정: 정치적 기능과 의미.”『동남아시아연구』 16(1).

정영국. 2001. “필리핀의 정당과 정당정치.” 고우성 외.『동남아의 정당정치』. 서울: 오름.

헬드, 데이비드 외. 2002.『전지구적 변환』. 서울: 창작과 비평사.

Amsden, A. H. 1989. *Asia's Next Giant: South Korea and Late Industrialization*. Oxford: Oxford University Press.

Arghiros, Daniel. 1995. *Political Structures and Strategies: A Study of Electoral Politics in Contemporary Rural Thailand*. Hull: Center for Southeast Asian Studies, University of Hull.

Bellin, Eva. 2000. “Contingent Democrats: Industrialists, Labor, and Democratization in

Late-Developing Countries." *World Politics* 52.

Brown, Frederick Z. 1996. "Vietnam's Tentative Transformation." *Journal of Democracy* 7(4).

Callahan, William A. 2000. *Pollwatching, Elections and Civil Society in Southeast Asia.* Aldershot: Ashgate.

______ and Duncan McCargo. 1996. "Vote-Buying in Thailand's Northeast: The July 1995 General Election." *Asian Survey* 36(4).

Crouch, Harold. 1979. "Patrimonialism and Military Rule in Indonesia." *World Politics* 31.

Cumings, Bruce. 1987. "The Origins and Development of the Northeast Asian Political Economy: Industrial Sectors, Product Cycles, and Political Consequences." Frederic C. Deyo, ed. *The Political Economy of the New Asian Industrialism.* Ithaca and London: Cornell University Press.

Dicken, Peter. 1998. *Global Shift: Transforming the World Economy.* New York: Guilford Press.

Evans, Peter. 1995. *Embedded Autonomy: States and Industrial Transformation.* Princeton: Princeton University Press.

Haggard, Stephan. 1994. "Business, Politics and Policy in Northeast and Southeast Asia." A. MacIntyre, ed. *Business and Government in Industrializing Asia.* Allen & Unwin.

Hara, Abubakar E. 2001. "The Difficult Journey of Democratization in Indonesia." *Contemporary Southeast Asia* 23(2).

Hewison, Kevin. 1993. "Of Regimes, State and Pluralities: Thai Politics enters the 1990s." Kevin Hewison, Richard Robison, and Garry Rodan, eds. *Southeast Asia in the 1990s: Authoritarianism, Democracy and Capitalism.* St. Leonards: Allen & Unwin.

Hutchcroft, Paul D. 1991. "Oligarchs and Crones in the Philippine State: The Politics of Patrimonial Plunder." *World Politics* 43(2).

Ikenbery, G. John. 2002. "America's Imperial Ambition." *Foreign Affairs* 81(5).

Johnson, Charlmers. 1982. *MITI and the Japanese Miracle: The Growth of Industrial Policy, 1925-1975.* Stanford: Stanford University Press.

Kim, Eun-Mee. 1988. "From Dominance to Symbiosis: State and Chaebol in Korea." *Pacific Focus* 3.

Krugman, Paul. 1994. "The Myth of Asia's Miracle." *Foreign Affairs.* Nov./Dec.

Leones, Errol B. and Miel Moraleda. 1998. "Philippines." Wolfgang Sachsenröder and Ulrike E. Frings, eds. *Political Party System and Democratic Development in East and*

Southeast Asia, Vol. I : Southeast Asia. Brookfield: Ashgate.

Linantud, John L. 1998. "Whither Guns, Goons, and Gold? The Decline of Factional Election Violence in the Philippines." *Contemporary Southeast Asia* 20(3).

Lipset, Seymour Martin. 1959. "Some Social Requisites of Democracy." *American Political Science Review* 53(1).

MacIntyre, A. ed. 1994. *Business and Government in Industrializing Asia*. Allen & Unwin.

Manacsa, Rodelio C. 1999. "The Formal Structures for Political Participation: The Electoral and Party Systems in the Philippines." Department of Political Science, Ateneo de Manila University, ed. *Politics and Government: Theory and Practice in the Philippine Context*. Manila: Office of Research and Publications, Ateneo de Manila University.

McVey, Ruth. 2000. "Of Greed and Violence and Other Signs of Progress." Ruth McVey, ed. *Money & Power in Provincial Thailand*. Singapore: Institute of Southeast Asian Studies.

Paul Hirst and Graham Thomson. 1996. *Globalization in Question. The International Economy and the Possibilities of Governance*. Cambridge: Polity Press.

Sachs, Jeffrey. 1997. "Korea: Riding to the Rescue." *The Financial Times*. Dec. 5.

SarDesai, D. R. 1997. *Southeast Asia: Past and Present*. Thailand: Silkworm Books.

Seligson, Mitchell A. 1987. "Democratization in Latin America: The Current Cycle." James M. Malloy and Mitchell A. Seligson, eds. *Authoritarians and Democrats*. London: University of Pittsburgh Press.

Sidel, John Thayer. 1989. "Beyond Patron-Client Relations: Warlordism and Local Politics in the Philippines." *Kasarinlan* 4(3).

Siwaraksa, Paichart, Chaowana Taimas, and Ratha Vayagool. 1997. *Thai Constitution in Brief*. Bangkok: Institute of Public Policy Studies.

Sum, Ngai Ling. 1998. "Theorizing Export-Oriented Economic Development in East Asian Newly-Industrializing Countries: A Preliminary Attempt from a Regulation Perspective." I. Cook et al., eds. *Dynamic Asia: Business, Trade and Economic Development in Pacific Asia*. Aldeshor: Avebury.

Wade, Robert. 1990. *Governing the Market*. Princeton: Princeton University Press.

______ and Frank Veneroso. 1998. "The Asian Crisis: The High Debt Model Versus The Wall Street-Treasury-IMF Complex." *New Left Review* 228.

필자 소개

신윤환(辛尹煥) 서울대학교 법학과를 졸업하고, 미국 예일대학교(Yale University)에서 "Demystifying the Capitalist State: Political Patronage, Bureaucratic Interests, and Capitalists -in-Formation in Soeharto's Indonesia"로 정치학 박사학위(1989)를 취득했다. 지금은 서강대학교 정치외교학과 교수로 재직하면서 동남아의 정치변동을 비교적 관점에서 폭넓게 연구하고 있으며, 동아시아공동체의 구축 가능성에 대해서도 깊은 관심을 갖고 있다. 주요 저서로는 『인도네시아의 정치경제』(서울대출판부, 2001), 『동아시아공동체와 한국의 미래』(2008, 공저) 등이 있다.

이현우(李賢雨) 서강대학교 정치외교학과에서 학사와 석사를 취득하고, 노스캐롤라이나 대학교(Univeristy of North Carolina at Chapel Hill)에서 "Policy Voting and Partisan Theory"로 정치학 박사학위(1996)를 취득하였다. 현재 서강대학교 정치외교학과 교수로 재직하면서 미국 선거를 비롯한 선거 전반에 관심을 가지고 연구하고 있다. 최근의 주요 연구로는 "McGann 지표를 활용한 국내주요 정당 정책연구소 평가"(2008), "미국선거에서 투표율 변화와 유권자 선택: 1968-2000 대선을 대상으로"(2008) 등이 있다.

최난경 성균관대학교 정치외교학과를 졸업하고 같은 대학 대학원에서 정치학 석사학위(1996)를 취득한 후, 인도네시아 가자마다대학(Gadjah Mada University, Yogyakarta)에서 인류학석사학위(1999)를 취득하였다. 호주국립대학교(Australian National University)에서 "Democra- tisation, Decentralization, and Local Party Politics in Post-Soeharto Indonesia"로 정치학박사 학위(2004)를 취득하였다. 현재 홍콩시립대학 동남아연구센터(The Southeast Asia Research Centre, City University of Hong Kong)에서 연구위원으로 있으며, 주로 인도네시아의 지방정치에 대하여 연구하고 있다. 주요 연구로는, "Local Elections and Party Politics in Post-*Reformasi* Indonesia: A View from Yogyakarta" in *Contemporary Southeast Asia* (August 2004), "Local Elections and Democracy in Indonesia: The Riau Archipelago" in *Journal of Contemporary Asia* (August 2007), "Elections, Parties, and Elites in Indonesia's Local Politics" in *South East Asia Research* (November 2007) 등이 있다.

김형준(金亨俊) 서울대학교 인류학과를 졸업하고, 호주국립대학교(Australian National University)에서 인류학 박사학위(1996)를 취득했다. 현재 강원대학교 문화인류학과 교수로 재직하면서 인도네시아 사회문화 및 이슬람과 관련된 연구를 진행하고 있다. 최근의 주요 연구는 "Reformist Muslims in Yogyakarta: An Islamic Formation of Contemporary Socio-Religious Life"(2007), "대중문화를 통한 한국이미지의 형성과 소비: 인도네시아 네티즌의 사례"(2008), "인도네시아 농촌 사회의 변화: 정치경제적 위기 이전과 이후 비교"(2006) 등이다.

김홍구(金洪九) 한국외국어대학교 태국어과를 졸업하고, 동 대학 대학원 국제관계연구학과에서 "타이 군부의 정치개입 원인에 관한 연구"로 정치학 박사학위(1990)를 취득했다. 현재 부산외국어대학교 태국어과 교수로 재직하면서 태국과 동남아 지역정치에 관심을 갖고 연구하고 있다. 최근의 주요 연구는 "태국의 선거제도 변화와 정당체제"(2006), "태국의 탁씬 정부와 군부쿠데타"(2007), "태국의 선거와 정치구조의 변화"(2007) 등이 있다.

이동윤 연세대학교 정치외교학과를 졸업하였고, 동 대학원에서 "동남아시아의 정당정치와 민주주의: 필리핀, 태국, 인도네시아의 사례 비교"로 정치학 박사학위(2002)를 취득하였다. 비교정치(정치과정)와 동남아 지역연구를 전공하고 있으며, 서강대학교 동아연구소 상임연구원, 연세대학교 정치외교학과 연구교수 등을 거쳐 현재 신라대학교 국제관계학과 교수로 재직 중이다. 주요 연구로는 "Democratic Consolidation and Electoral Reform in Southeast Asia: Philippines, Thailand, and Indonesia"(2005), "Political Crises after Democratization in South Korea and Thailand: Comparative Perspectives of Democratic Consolidation"(2008) 등이 있다.

김동엽(金東燁) 중앙대학교 정치외교학과를 졸업하고, (국립)필리핀대학교(University of the Philippines)에서 "The Political Economy of Telecommunications Service Market Liberalization: A Comparative Study of South Korea and the Philippines"로 정치학 박사학위(2003)를 취득했다. 현재 청주대학교 정치외교학과 전임강사로 재직하면서 필리핀 정치경제 및 정보사회(Information Society)와 지역통합에 관한 연구에 관심을 두고 있다. 최근의 주요 연구는 "필리핀의 선거와 권력구조의 변화: 민주화 이후 대통령선거를 중심으로"(2006), "A Political Explanation of Economic Performance: The Post-Independence Philippine Economy"(2007), "ASEAN's ICT Policy and Its Implication for East Asian Regional Integration"(2007) 등이다.

서경교(徐敬敎) 한국외국어대학교 정치외교학과를 졸업하고, 남일리노이주립대학교

(Southern Illinois University)에서 “Military Involvement in Politics and the Prospects for Democracy: Thailand, the Philippines, and South Korea in Comparative Perspective”로 정치학 박사학위(1993)를 취득하였다. 현재 한국외국어대학교 정치외교학과 교수로 재직하고 있으며 동남아를 포함한 동아시아의 정치변동, 특히 민주화와 관련된 연구에 집중하고 있다. 최근의 주요 연구는 “필리핀 선거와 정당정치: 민주주의에 대한 함의”(2007), “민주화 이행과 선거: 동아시아 사례들”(2007), “민주화의 위기: 태국과 필리핀의 비교연구”(2007) 등이다.

정연식(鄭然式) 한국외국어대학교를 졸업하고 사우스캐롤라이나대학교(University of South Carolina)에서 “Interest Representation in Socialist Market Economies: A Comparative Study of Civil Society in China and Vietnam”으로 정치학 박사학위(1997)를 받았다. 현재 창원대학교 국제관계학과 부교수로 있으며 베트남의 정치경제와 캄보디아의 정당정치와 민주화 등에 연구의 초점을 맞추고 있다. 최근의 주요 연구는 『동남아의 경제위기와 정치적 대응』(2005, 공저), 『동남아의 정부와 정치』(2005, 공역), 『평화를 향한 아시아의 도전: 아시아 민주화운동사』(2008, 공저) 등이다.

이한우(李漢雨) 서강대학교 정치외교학과를 졸업하고, 같은 대학 대학원에서 “베트남의 농업개혁정책, 1975-1993 — 탈집체화의 전개과정”으로 정치학 박사학위(1999)를 취득하였다. 서강대학교 동아연구소 책임연구원을 역임하였고, 현재 성균관대학교 동아시아학술원 연구교수 겸 서강대학교 공공정책대학원 대우교수로 있다. 동아시아 지역연구, 특히 베트남 정치경제 연구에 관심을 집중하고 있다. 최근의 주요 연구로, “베트남에서 개혁의 확대와 정치적 일원주의의 완화: 제10차 당대회 결과 분석”(2007), “베트남의 선거제도와 국회 구성의 변화”(2006), “베트남 국영기업 개혁의 정치경제”(2005) 등이 있다.

최경희(崔京姬) 시립인천대학교 생물학과를 졸업하고, 한국외국어대학교에서 “정치체제 민주성의 결정요인에 관한 경험적 연구: 동아시아 5개국을 중심으로”로 정치학 박사학위(2004)를 취득했다. 현재 한국동남아연구소 전임연구원으로 연구활동을 하고 있으며, 인도네시아를 중심으로 동남아시아 국가들의 정치변동, 정치문화 그리고 정치과정 연구에 관심을 집중하고 있다. 최근의 주요 연구는 “인도네시아의 민주적 제도와 사회적 의제해결”(2006), “인도네시아 유도요노 정부의 반부패전략과 성과에 대한 중간적 평가”(2008) 등이다.

김세걸(金世杰) 서강대학교 정치외교학과를 졸업하고, 같은 대학교 대학원에서 “재정위기와 자민당 지배구조의 균열"로 정치학 박사학위(1997)를 취득했다. 현재 서강대학교 공공정책대학원 대우교수로 재직하면서 일본정치 관련 과목을 담당하고 있다. 주요 저서로는 『현대 일본정치의 이해』(2008, 공저), 『일본의 민주주의』(2007, 공저), 『한국과 일본의 정치와 거버넌스』(2005, 공저) 등이 있다.

찾아보기

ㅈ

ㅊ

ㅋ

ㅌ

〈서강 동아연구총서〉를 발간하며

서강대학교 동아연구소는 국내에서 가장 오랜 역사를 가진 인문사회분야 연구소 가운데 하나로서 지난 40여 년 동안 동아시아 지역연구에 천착해 왔다. 그 동안 동아연구소는 동아시아 지역에 속한 중국, 일본, 남북한 및 동남아 국가들의 역사, 문화, 사회, 정치, 경제 및 이들 국가 간의 쌍무 및 다자 관계와 관련된 문제들을 국내외 전문가들이 연구, 토론, 발표할 수 있는 기회와 공간을 제공하는 데 앞장서 왔다.

〈서강 동아연구총서〉는 이러한 연구결과물을 주제나 국가 또는 하위지역별로 묶어 단행본으로 출판함으로써 더 많은 연구자들과 독자들이 연구성과를 공유할 수 있도록 기획된 것이다. 이는 동아연구소가 주관기관이 되어 16권의 단행본으로 출판했던 〈동아시아연구단 총서〉의 후속 작업이기도 하다. 우리는 이 〈총서〉가 동아연구소가 발간하는 한국학술진흥재단 등재 학술지인 『동아연구』와 함께 동아시아 지역연구의 확산과 심화에 밑거름이 되기를 바란다.

2008년 6월

서강대학교 동아연구소 소장 신윤환